高 等 学 校
法学系列教材

基I础I与I应I用

Legal Writing

法律文书写作

（第二版）

田荔枝 ◎ 编著

清華大学出版社

北 京

内 容 简 介

法律文书是法律思维的成果，尤其是裁判文书作为法律适用的最终结果，是连接司法与公众的桥梁，是实现司法社会功能的重要途径，文书的质量不仅关乎制作者的法律素养和文字水平，更能体现国家的司法权威性、司法公信力的可接受度。

本书以各类法律文书发展历史为背景，针对文书制作过程中存在的问题和困惑，从立意选材、结构安排、论证说理、语言规范等方面为学习者提供了明确标准，并辅以模拟练习。理论严谨、案例典型、格式推新，具有突出的实践性、综合性及习得性。作者深耕于法律文书教学与实践，长期从事法学本科生、研究生相关教研工作，数次参加法律文书评估及格式修订活动，广泛开展法律文书实践调研，积累了丰富的实务资源和教学经验。本书不仅有助于高等院校法学专业本科生、研究生的学习，同时也是司法实务部门日常工作的重要参考。

图书在版编目 CIP 数据

法律文书写作／田荔枝编著．--2 版．--北京：
清华大学出版社，2024.8．--（高等学校法学系列教材）．
ISBN 978-7-302-67088-9

Ⅰ．D926.13

中国国家版本馆 CIP 数据核字第 2024KA4276 号

责任编辑：朱玉霞
封面设计：汉风唐韵
责任校对：宋玉莲
责任印制：丛怀宇

出版发行：清华大学出版社
   网 址：https://www.tup.com.cn，https://www.wqxuetang.com
   地 址：北京清华大学学研大厦 A 座 邮 编：100084
   社 总 机：010-83470000   邮 购：010-62786544
   投稿与读者服务：010-62776969，c-service@tup.tsinghua.edu.cn
   质量反馈：010-62772015，zhiliang@tup.tsinghua.edu.cn
印 装 者：河北盛世彩捷印刷有限公司
经 销：全国新华书店
开 本：170mm×240mm 印 张：21.25 字 数：410 千字
版 次：2014 年 1 月第 1 版 2024 年 8 月第 2 版 印 次：2024 年 8 月第 1 次印刷
定 价：69.00 元

产品编号：087510-01

目　　录

第一章　绪论 ……………………………………………………………… 1

    第一节　法律文书的概念、性质和特点 ……………………………… 1

    第二节　法律文书的历史流变 ………………………………………… 5

    第三节　法律文书的分类 ……………………………………………… 15

第二章　法律文书的制作过程 …………………………………………… 17

    第一节　立意 …………………………………………………………… 17

    第二节　选材 …………………………………………………………… 18

    第三节　结构 …………………………………………………………… 19

    第四节　表达方式 ……………………………………………………… 22

第三章　法律文书的语用规范 …………………………………………… 29

    第一节　语汇的专业化 ………………………………………………… 29

    第二节　语言的理性化 ………………………………………………… 32

    第三节　语言的书面化 ………………………………………………… 34

第四章　公安刑事法律文书 ……………………………………………… 37

    第一节　概述 …………………………………………………………… 37

    第二节　呈请立案报告书 ……………………………………………… 41

    第三节　立案决定书 …………………………………………………… 44

    第四节　呈请拘留报告书 ……………………………………………… 47

    第五节　提请批准逮捕书 ……………………………………………… 50

第六节　通缉令 ·· 54

第七节　起诉意见书 ·· 58

第五章　检察法律文书 ··· 63

第一节　概述 ··· 63

第二节　立案决定书 ·· 69

第三节　批准逮捕决定书 ··· 71

第四节　不起诉意见书 ··· 75

第五节　起诉书 ··· 77

第六节　不起诉决定书 ··· 94

第七节　抗诉书 ·· 102

第八节　公诉意见书 ·· 108

第九节　检察意见书 ·· 111

第十节　检察建议书 ·· 113

第六章　刑事审判法律文书 ································· 120

第一节　概述 ··· 120

第二节　刑事案件审理报告 ····································· 127

第三节　第一审刑事判决书 ····································· 132

第四节　第二审刑事判决书 ····································· 157

第五节　再审刑事判决书 ··· 164

第六节　刑事裁定书 ·· 170

第七章　民事审判法律文书 ································· 176

第一节　概述 ··· 176

第二节　民事调解书 ·· 178

第三节　第一审民事判决书 ····································· 185

第四节　第二审民事判决书 ····································· 197

第五节　再审民事判决书 ··· 207

第六节　民事裁定书 ·· 214

第八章　行政审判法律文书 ································· 243

第一节　概述 ··· 243

第二节　第一审行政判决书 ……………………………………… 246

第三节　第二审行政判决书 ……………………………………… 256

第四节　行政赔偿调解书 ………………………………………… 261

第五节　行政裁定书 ……………………………………………… 265

第九章　监狱法律文书 ……………………………………………… 271

第一节　概述 ……………………………………………………… 271

第二节　罪犯入监登记表 ………………………………………… 272

第三节　罪犯奖惩审批表 ………………………………………… 275

第四节　提请减刑、假释建议书 ………………………………… 277

第五节　监狱提请起诉意见书 …………………………………… 280

第六节　对死缓罪犯提请执行死刑意见书 ……………………… 283

第七节　对罪犯刑事判决提请处理意见书 ……………………… 284

第十章　笔录类法律文书 …………………………………………… 288

第一节　概述 ……………………………………………………… 288

第二节　讯问笔录 ………………………………………………… 289

第三节　勘验笔录 ………………………………………………… 292

第四节　调查笔录 ………………………………………………… 294

第五节　法庭审理笔录 …………………………………………… 296

第六节　合议庭评议笔录 ………………………………………… 298

第七节　执行笔录 ………………………………………………… 299

第十一章　律师实务法律文书 ……………………………………… 302

第一节　概述 ……………………………………………………… 302

第二节　起诉状 …………………………………………………… 303

第三节　答辩状 …………………………………………………… 310

第四节　反诉状 …………………………………………………… 313

第五节　上诉状 …………………………………………………… 315

第六节　申诉状 …………………………………………………… 320

第七节　法律意见书 ……………………………………………… 323

第八节　律师见证书 ……………………………………………… 324

第九节　收养协议书 ……………………………………………… 325

　第十节　遗嘱 ……………………………………………………………… 326

　第十一节　辩护词 ………………………………………………………… 327

　第十二节　代理词 ………………………………………………………… 330

参考文献 ………………………………………………………………………… 333

第一章　绪　　论

第一节　法律文书的概念、性质和特点

一、法律文书的概念

法律文书,是一切具有法律效力的或法律意义的文件、公文的总称。其制作主体相当广泛,可以是国家机关(包括非司法部门)、企事业单位、社会团体,也可以是个人。

所谓"具有法律效力"的文书,是指那种具有强制执行作用的法律文书,这些文书一经生效就必须履行,如不履行就要承担相应的法律后果,并通过国家强制力保证实施,如检察机关的起诉书,生效之后就要依法将被告人交付法院审判。制作起诉书,向法院提起公诉,是刑事诉讼中必不可少的环节,非经检察院提起公诉,法院便不能对公诉案件进行审判,从这个意义上看,起诉书具有明显的法律效力。"具有法律意义"的文书,则是指那种只有某方面的法律意义,而不直接发生法律效力的法律文书,是对某种法律行为的真实反映,是诉讼活动或实施法律监督工作中,不可缺少而又并非据以强制执行的文书。

法律文书这一概念的外延很大,根据其是否具有普遍约束力可划分为两大部分:规范性法律文书和非规范性法律文书。所谓规范性法律文书,指文书的内容属于普遍的法律行为规范,是由国家立法机关所正式颁布实施的法律、法令等,对每个人都具有约束力。依据内容和效力的不同,规范性法律文书又包括宪法和法律(普通法和国际法)两项内容,例如《中华人民共和国刑法》《中华人民共和国民事诉讼法》以及我国承认和参加的各种国际条约、公约、宪章等。非规范性法律文书,是指那类针对具体人或个别事物而发布的法律文件,其内容不是要求人人都遵守的行为规范,只对特定的对象有效,是适用法律的结果,是一种法律事实。非规范性法律文书制作主体除了国家机关之外,还有自然人和法人,例如司法机关在执法过程中所涉及的侦查文书、检察文书、审判文书等,非司法机关制作的公证、仲裁、工商税务文书,法人或自然人起诉、应诉的各种文书等等。

非规范性法律文书又包含诉讼文书和非诉讼文书两部分。诉讼文书,顾名思义是指在诉讼活动中依法定程序和规格制作使用的、具有法律效力或法律意义的各种文书,其制作主体限于国家司法机关和诉讼参与人。这种文书最显著的特点是与

"诉讼"活动密切相关,包括司法文书和部分律师实务文书。非诉讼文书是有关主体在处理非诉讼法律事务时,依法所制作或使用的各种文书的总称。一般包括两类:一类是不存在当事人争议的法律事务;另一类是虽然当事人之间存在争议,但是不通过诉讼程序解决的法律事务。公证、仲裁文书的制作主体不是司法机关,且从严格意义上讲,公证、仲裁活动亦不属我国诉讼法调整的范围,因此非诉讼文书主要指公证、仲裁文书以及律师实务中的非诉讼法律文书。

司法文书,指国家司法机关在处理刑事、民事等诉讼案件的过程中,依照法定程序制作的具有法律效力或法律意义的文书。其制作主体只限于司法机关,即公安机关(含国家安全机关)、检察机关、审判机关、司法行政机关(监狱、劳改部门)。

比较法律文书、诉讼文书与司法文书三个概念,每一个概念的内涵和外延都是不同的,其中法律文书的外延最大,诉讼文书次之,司法文书最小。

法律文书不仅包括人们熟悉的公安、检察、审判等司法文书,而且还包括自然人、法人和司法机关以外的国家机关制作的与法律活动相关的文书,例如公证、仲裁、专利、工商、税务、海关、保险、金融、会计、审计、物价、环保、劳保、人事、民政等机关或组织处理各类非诉讼案件(事件)的有执行意义或证明作用的文书都可列入法律文书范畴,还包括案件当事人、律师及律师组织自书或代书的律师实务文书。可见法律文书不仅与司法机关密切相关,而且在人们生活的每一方面都发挥着重要作用。

诉讼文书只限于诉讼活动中司法机关和诉讼参与人所制作的文书,制作主体相对缩小。

司法文书这一概念所反映的也仅是司法机关在诉讼活动中为处理各类案件而制作、使用的文书这一特性,制作主体范围更加缩小。

可见法律文书是属概念,诉讼文书和司法文书为种概念。

二、法律文书的性质

法律文书的性质具体体现在以下三个方面:

第一,文体性质。法律文书专门运用于法律领域,有其独特的交际对象和交际职能,以及特殊的制作主体、内容和形式。因而从文体上看,它是一种实用性很强的专用文书,而非通用文书,是国家公文中的一种。

第二,学科性质。由于法律文书是用以实施法律、处理各类诉讼、非诉讼事务的工具和凭证,因此它首先属于法学范畴。它以法律公文为研究客体,是一门法学分支学科。同时,法律文书以篇章的形式出现,对有关案件的事实、理由等众多内容加以叙述、论证,使之在结构布局、语言运用、表达方式上吸取了文章写作学、语言学等学科的内容,可见法律文书既非文学写作课,亦非法学理论课,它是将诉讼法、实体法与文章写作学、语法修辞和语体学综合运用的交叉学科。

第三,课程性质。法律文书专用于法律领域的写作,是为法律工作服务的,其内容必然涉及各类实体法和程序法,具有强烈的法律专业特点;法律文书的制作在形式上有统一的格式,严格限制制作者的主观随意性,这一点与保持法律的严肃性密不可分。另外,司法部颁发的有关文件,明确规定"法律文书"是法律专业课。依上所述,理应将法律文书归入法律专业课程。

三、法律文书的特点

1. 内容的法定性。主要体现在内容的合法性和规范性两方面。

做到内容的合法性有两点:正确适用实体法和程序法;履行法定手续。大量的法律文书要解决实体问题,因而在制作时必须"以事实为根据,以法律为准绳",叙述事实、论证理由、得出结论都应坚持与实体法相适应的原则,如刑事案件要"罪罚相当",绝不可出现畸轻畸重量刑等失误。另外制作法律文书都有一定的法律根据,主要是依诉讼法而行,尤其是某些重要的法律文书更离不开程序法的规定。例如重要的公安文书、检察文书主要是根据刑事诉讼法的有关规定制作。这些文书既要反映诉讼活动的程序,又是进行各项诉讼活动的文字凭证,所以在每个重要的诉讼环节应制作什么样的公安、检察文书都有相应的规定。如检察机关对于确已构成犯罪、依法应追究刑事责任的犯罪嫌疑人,向法院提起诉讼,这是检察机关的基本职能,而提起公诉就必须制作起诉书,只有起诉书才是具体体现提起公诉职能的法定文书。制作该文书的法律依据是《刑事诉讼法》第 169 条:"凡需要提起公诉的案件,一律由人民检察院审查决定。"同法第 176 条第 1 款:"人民检察院认为犯罪嫌疑人的犯罪事实已经查清,证据确实、充分,依法应当追究刑事责任的,应当作出起诉决定,按照审判管辖的规定,向人民法院提起公诉,并将案卷材料、证据移送人民法院。"有关履行法定手续,主要是为了保证文书的合法性和有效性。这些手续有的是在诉讼法中有明文规定的,有的是法律机关内部规定的。前者如《刑事诉讼法》第 89 条规定:"人民检察院审查批准逮捕犯罪嫌疑人由检察长决定。重大案件应当提交检察委员会讨论决定。"这就是有关检察院制作《批准逮捕决定书》的法定手续的规定。

尽管各类文书的制作程序可能稍有不同,但基本的步骤应包括拟稿、签发、印制、用印、送达等几个阶段。

另外,为了保证迅速、及时地审结案件,有效地实施法律,诉讼法中还对某些重要文书的制作规定了严格的时限要求。比如《刑事诉讼法》第 172 条规定:"人民检察院对于监察机关、公安机关移送起诉的案件,应当在一个月以内作出决定,重大、复杂的案件,可以延长十五日;犯罪嫌疑人认罪认罚,符合速裁程序适用条件的,应当在十日以内作出决定,对可能判处的有期徒刑超过一年的,可以延长至十五日。人民检察院审查起诉的案件,改变管辖的,从改变后的人民检察院收到案件之日起计算审查起诉期限。"这就要求各级检察院在收到监察机关、公安机关移送审查起诉案件的第二天起,到检察机关办结案件向法院发出起诉书的时限,不得超过一个半月。

以上各方面都体现了内容的合法性这一特点。

所谓内容的规范性,指法律文书的写作内容每部分都有明确的规范,只有准确、完整地写清各项要素,才符合各种文书的法定要求,才能在实际工作中发挥作用。其中因文种的不同,内容事项也有不同的规定和要求,并且不能任意增减或颠倒顺序。比如审判文书中公诉案件适用普通程序的一审刑事判决书,其事实部分,首先应概述控辩双方的意见,然后详写法院审查认定的事实、情节和证据。这就构成了该文书的内容要素,而这只是大的构成要素,在制作时还有更具体的要素组成这两部分内容。这些要素都不是随意组合的,须依序严格排列,只有写明这些要素,才能判明被告人的犯罪性质、罪名及其犯罪情节的严重程度,为法院依法定罪量刑提供事实依据。又如检察院制作一份不起诉决定书,其事实部分的写法与前例便有所不同。它除了要叙述犯罪嫌疑人的有关事实,以说明其行为确已构成犯罪或不构成犯罪外,还要说明不需要起诉的法定或酌定情节,这样才完善了依法不起诉的事实依据。

　　法律文书的内容既要符合法律规范又要遵循要素规则,才能极大地保证文书的严肃性与权威性,这是每个制作者都应严格对待的。

　　2. 形式的程式化。主要体现在法律文书结构布局的固定性方面。该特性在我国各司法机关相继制定的司法文书样式中体现尤为明显。例如自 1979 年开始,公安部、最高人民检察院、最高人民法院都陆续拟定了本部门的文书格式。特别值得一提的如公安部 1989 年 2 月印发的《预审文书格式》,最高人民检察院 1986 年 9 月制定的《人民检察院制作刑事检察文书的试行规定》(征求意见稿,修改稿更名为《人民检察院制作刑事检察文书规定》),最高人民法院 1992 年 6 月 20 日印发的《法院诉讼文书样式(试用)》等。上述文书格式体例简明,用途单一,要求明确,通俗易懂,符合我国有关法律、法规和司法解释的要求,是在反复实践、认真推敲的情况下拟定而成,具有很强的科学性、规范性、权威性、实用性,为司法工作的顺利运转提供了方便条件。

　　综观法律文书的结构布局,大部分都可以划分为首部、正文(主体)、尾部三大板块,每一板块又包含着不同的固定构件。除了结构上的固定布置,最能体现法律文书程式化的外在特征是部分用语的成文化,不论是公安文书还是检察文书、审判文书,都有这种精炼至极、不可增删一字的固定语句。比如检察文书中的起诉书中有一段文字"本案由××××(侦查机关)侦查终结,以被告人×××(姓名)涉嫌×××罪,于××××年××月××日向本院移送审查起诉。"比较准确、简练地概括出公安机关对犯罪嫌疑人涉嫌的罪名以及移送审查起诉的日期。这类语言已经过实践的反复检验,成为不可移易的程式化表述文字。又如,文书中对当事人的称谓,必须严格依照法律规定来写,如"原告、被告"(第一审民事案件)"原告人、被告人"(第一审刑事案件)等等,都是相应固定、有法可依的,绝不能混淆代替。

　　3. 稳定的实效性。法律文书具有很强的实效性,一经宣布,非经法定程序是不能变更或撤销的。一旦生效,便有国家的强制力保证执行,任何机关、单位和个人都必须执行或认可,否则将承担法律后果。由此可见,法律文书作为具体实施、适用国家法律、法令的书面形式,不仅关系到国家法律的实施、适用,同时也关系到诉讼当事人诉讼权利的行使和义务的履行,更是考察法律人员工作能力的一面镜子。因此,制作法律文书一定要"以事实为根据,以法律为准绳",反复琢磨,精益求精,以保证法的尊严和威慑力,维护诉讼当事人的正当利益,加强人们的法制观念。

第二节　法律文书的历史流变

法律文书作为应用文书的一个分类,随着国家的产生而产生,同样有着沿革流变的发展过程,但是有关的研究尚未形成科学的系统,人们只能借助于地下发掘的古代文物和历史典籍去考证推测。在此,本书也只能粗略地对法律文书的产生、发展加以介绍。

一、古代法律文书的流变

法律文书在我国古代法律发展中经历了一个漫长的形成阶段。

(一)夏商时期。夏商时期,随着阶级的产生和文字系统的完备,法律文字见诸甲骨文中。我国最早的法律文本《尚书·甘誓》记载了有扈氏的罪行及讨伐的命令,该法律文本将具体个案与普适命令相结合,是我国法律文书形成的雏形。

(二)西周时期。1975年陕西岐山出土的𠊊匜青铜器上所刻的铭文,共157个字。记载了西周晚年的一起诉讼案件,是一个叫牧牛的下级官吏和他的上司之间的诉讼。铭文中引述了法官伯扬父对牧牛的判决,判决叫"劾","伯扬父乃成劾曰"。"𠊊匜铭文是我国目前发现的最早的一篇法律判决书"。[①]

𠊊匜铭文全篇记录本案,仅为事实的叙述,没有文学色彩,体现出判词语言的客观性特点。语言用词准确如"惟三月既死魄甲申",准确地表述出案件发生的时间。"式苟,我宜鞭汝千,幭靐汝。今我赦汝,宜鞭汝千,黜靐汝。今大赦汝,鞭汝五百,罚汝三百锊。"明确刑级的轻重,表述准确,概括了西周刑之加减,已有章式,由幭靐刑降至黜靐刑加罚金,具有一定的科学性,在当时已代表了较高水平。语言精练,铭文全文仅用一百五十七字即概括出案件审理的全过程,包括起诉、受理、调解、代理、民事判决的执行、誓审等等,而纯粹属于判词表述的语言则更少,准确地说只有从"牧牛,叔乃苟勘",至"罚汝三百锊",共八十一个字。[②] 该判词以第一人称的叙述角度展开,其结构可分为两部分:一部分为事实和罪名,一部分为法律责任,法律责任又

---

① 程武:《一篇重要的法律史文献——读𠊊匜铭文札记》,载《文物》1976年第5期第50页。

② 译文:"牧牛!你的行为被确定为诬告。你竟和你的师打官司。你违背了先前的誓言。现在你已办理了誓词,到啬夫见靐,交还五个奴隶。既然已立下了誓词,你也应遵守誓词。最初的责罚,我本应鞭打你一千,给你幭靐之刑;现在我赦免了你,还应打一千下,判你黜靐之刑;现在我再大赦你,鞭五百,罚铜三百锊。"

包括民事责任和刑事责任两部分;判词反映了司法官量刑时进行宥赦的情形,反映了量刑的具体情节。"今大赦汝,鞭汝五百,罚汝三百锊",短短十三个字即为此案的判决主文,其中简要概括了宽宥的理由,以及判决刑罚及罚金,表述确切无歧义。在这篇判文中,幭黥刑是指一种刺而涅墨之后,再在面部蒙盖黑巾的古代刑罚。而黜黥刑是指处以墨刑,再免官而不以黑巾蒙面的刑罚种类,判词准确区分出二刑的异同与轻重之分,无歧义,体现了判词语言的单一性、特指性即强调判词用语只能有一个义项。

《偯匜铭》作为现存最早判词的记录,较好地反映出西周时期判词语体的庄重性、用词准确性、精炼性、单一性等特点,为后世判词语体规范提供了传统理据。另外从《偯匜铭》看,西周判词已初步具备了判词制作的体式要求:有犯罪事实的叙说,有当事者的认罪表现,有量刑科比的裁决,判词的主要构件已经出现。

西周铭文中还有一些判词,成王时期《师旅鼎》铭文共 79 个字。这则判词是西周军队内部违犯军令行为的审判记录。

上述两则判词,说明西周时期我国的判词体现出一种书面语口语一致、简洁明确朴实、口语体色彩鲜明的特点。秦汉以前,儒家经典重在"述""说",口耳相授,不仅诸子散文《论语》《孟子》是当时口语的书面记录,历史散文《春秋》三传也均是口语之作,因此判词书面语言和口头语言的一致性正是当时语文状况的反映。

另外,康王二十五年时的《小盂鼎》铭文记载了有盂攻鬼方得胜俘获一万三千余人的记载,其中有审讯敌酋敌兵的判词。判词在内容上将罪状、判决、改判原因、改判结果四项内容一一列出,进一步表明西周时期的判词语体已有一定的格式。

(三)东周时期。此期的判词,继承和沿袭了西周时期判词在内容和结构方面的上述特点,语体风格略有变化。

据《国语·晋语三》记载:晋惠公六年(前 648 年),秦晋发生韩原之战,晋国君主晋惠公与大夫庆郑都参加了这次战争,庆郑因对惠公的对外政策不满,战斗中擅自进退,失次犯令,甚至当惠公被秦兵围困之时,不仅不去救援,还当面奚落他,致使惠公被俘,战争以晋国失败告终。晋惠公在秦国当了三个月的俘虏,最后割地讲和,才回到晋国。他回国后的第一件事,就是命令军中执法官司马谈杀庆郑。司马谈在行刑前宣布:

"夫韩之誓曰:失次犯令,死;将止不面夷,死;伪言误众,死。今郑失次犯令,而罪一也;郑擅进退,而罪二也;女误梁由靡,使失秦公,而罪三也;君亲止,女不面夷,而罪四也。郑也就刑!"①

这则判词详细列举了适用于本案的法律规定和庆郑的具体罪状及适用刑罚。虽

---

① 《国语·卷九·惠公斩庆郑》。

整个判词完全由排比、对仗句式组成,"死"字反复三次出现,"而罪一也""而罪二也""而罪三也""而罪四也"此起彼伏,语气铿锵有力,掷地有声,判处庆郑死刑的结论不容置疑。

《左传》记载了鲁昭公元年(前541年)郑国贵族中的一起案件:徐吾犯之妹许给公孙楚为妻,而公孙黑爱其女貌美,又强行下聘。徐吾犯不能决,请教于郑国执政子产。子产让其女自己选择,其女表示愿嫁公孙楚。公孙黑怒,内穿皮甲见公孙楚,"欲杀之而取其妻"。公孙楚发现公孙黑的阴谋,便将他赶走,并用戈将他击伤。公孙黑于是扬言:自己出于好心去看望对方,对方却存心不良把自己击伤。对此,子产判决公孙黑有罪,其判词为:

> "国之大节有五,女皆奸之。畏君之威,听其政,尊其贵,事其长,养其亲,五者所以为国也。今君在国,女用兵焉,不畏威也;奸国之纪,不听政也;子皙,上大夫;女,嬖大夫,而弗下之,不尊贵也;幼而不忌,不事长也;兵其从兄,不养亲也。君曰:'余不女忍杀,宥女以远。'勉,速行乎,无重而罪!"①

这则判词依旧采用第一人称角度叙论案情,用语整齐简约,有力地分析了判决的法律依据"国之大节",概述的方式列举了被告公孙黑的五项具体罪行,并以鲁国国君的口气明确了适用于被告公孙黑的刑罚"宥女以远",判决的事实、理由论证和结论均在其中。

《左传·昭公十四年》(前528年)记载了叔向对雍子、叔鱼、刑候的判决:

> "三人同罪,施生戮死可也。雍子自知其罪,而赂以买直,鲋也鬻狱,刑候专杀,其罪一也。已恶而掠美为昏,贪以败官为墨,杀人不忌为贼。《夏书》曰:'昏、墨、贼、杀。'皋陶之刑也,请从之。"

上述判词时代均晚于僕匜铭文判词,语篇模式上继承了西周第一人称叙述手法,内容上仍由罪情、判决依据、判决结论等部分构成。同时,在风格上已略有区别,体现了古汉语的典雅、整齐富有韵律的优势。正如王力在谈到语言形式美时说:"中国古典文论中谈到的语言形式美,主要是两件事:第一是对偶,第二是声律。……这两件事都跟汉语的特点有关。唯有以单音节为主(即使是双音词,而词素也是单音节)的语言,才能形成整齐的对偶。在西洋语言中,即使有意地排成平行的句子,也很难做到音节相同。那样只是排比,不是对偶。关于声律,我们的语言也有特点。汉语是元音占优势的语言,二又有声调的区别,这样就使它特别富于音乐性。"②

(四)战国时期。秦朝是中国历史上第一个中央集权的封建国家,经济的发展、

---

① 《十三经注疏·春秋左传正义》卷四十一。
② 王力:《中国古典文论中谈到的语言形式美》,载王力《谈谈学习古代汉语》,山东教育出版社1984年版,第63页。

封建法律制度的建立为司法文书的发展打开了空间。1975 年在湖北云梦睡虎地出土的一批秦简中,《封诊式》堪称法律文书的结集,内含 23 件法律文书,系战国末期秦国的墓葬品,为研究秦代司法文书提供了宝贵资料。记载了官方关于审理案件、现场勘验文书格式的规定和内容广泛的治狱案例。秦代司法文书发展的突出成就当属笔录类文书,主要包括:封守笔录、口供笔录、犯罪现场勘验笔录等。当时的诉讼卷宗并不规范,同一个案件的卷宗里既有司法文书,也有行政公文,这种现象正是中国封建社会政、法不分的反映。秦代司法文书还存在一文多用、内容互相取代的问题,虽然控告辞、口供都按口语记录,文中却把案件审理过程放在告辞里叙述,把口供记录放到勘验笔录里,有的案件把判词放到解送文书中交代。这种分类不细、互相混用的现象反映出秦代的司法文书仍欠完善的状态。

"汉代以前的判词,保留下来的极少。《僬匜铭》文、史籍记载,都非原始判词,仅是判词材料,难以反映判词原貌。但从总体而言之,这一时期判词较为简单、粗疏,名人徐师曾在《文体明辨》中说:'古者折狱,以五声听讼,致之于刑而已。',这一认识基本反映了汉代以前我国判词的实际状况。"①

《封诊式》中的《贼死》《经死》《穴盗》等三例勘查笔录,制作水平已达相当高度,文字说明详细严谨,选词用语恰当得体,还有比较规范的结构程式,一般先在文书开头写出标题,空出地位再写爰书(法律文书程式)。其中的《经死》译成现代汉语如下:

勘查笔录:某里的典甲说:"本里人士伍丙在家中吊死,不知道什么缘故,前来报告。"当即命令令史某前往检验。令史某如实记录:本人和狱卒某随甲、丙的妻、女对丙进行了检验。丙的尸体悬挂在他家中东侧卧室靠近北墙的房椽子上,面向南,用拇指粗的麻绳做成套,束在颈上,绳套的系束处在颈后部。绳索上面系在椽子上,绕椽子两周后打成死结,留下绳头有二尺长。尸体的头部上距房椽二尺,脚离地面二寸,头和背贴近墙,舌吐出与嘴唇齐,流有便溺,玷污了双脚。解开绳索时,尸体的口鼻中排出气体,像叹息的声音。绳索在与身体接触处留下了瘀血的痕迹,只差颈后两寸即到一周。其他部位经检查没有发现兵刃、木棒、绳索的痕迹。椽子粗一围,长三尺。西边地面上有土坎高二尺,站在土坎上面可以系挂绳索。地面紧硬,不能查知人们的足迹。绳长一丈。(死者)身穿络制的短衣和裙各一件,赤脚。当即命甲和丙的女儿把丙的尸体运送到县府。

尽管此期判词在文体上尚在萌芽阶段,但根据语言学界"先秦古文是和当时的

---

① 　汪世荣:《中国历代判词研究》,中国政法大学出版社 1997 年版,第 31 页。

口语基本一致的"①学说,可以看出,此期判词在语言风格上显示了古汉语简洁典雅的本色。

(五)汉代。汉代在司法实践中对法律的解释和适用,在中国古代法制史上特色极为显著,这主要表现在汉代判例多,其中除依据法律断案的判词外,以典型案例作为判决重要标准的断案方法——"决事比",还有依据经义断案的"春秋决狱"。汉代以成文法与判例法相结合的法律实践,对统一审判文书格式、规范判词内容、减少误判等都有积极的意义。

由于汉代法制有了较大发展,律令严密、诉讼制度完备,实行州、郡、县三级司法体制,逐级上告。起诉后经过"鞫狱"(审讯)、"断狱"(判决)、"读鞫"(宣判)、"乞鞫"(上诉)等程序,并均有相应文书,对司法文书的制作提出了较高的要求。办案官吏十分注意写作质量,制作的判词十分严谨,以达定罪减少"乞鞫"之目的。西汉路温舒在《尚德缓刑书》称赞说:"上奏畏却,则锻炼而周内之。盖奏当之成,虽咎繇听之,犹以死有余辜。"这种锻炼而周内(纳)的笔法至今仍可批判地借鉴。

西汉时期,董仲舒提出"罢黜百家,独尊儒术",强化了儒家思想作为行为规范的法律意义。据《汉书》本传记载,董仲舒老病致仕,朝廷每有大议,派使者和廷尉张汤到董家咨询,于是董仲舒在刑律方面给出的建议被整理成书——《春秋决狱》,以资借鉴。儒家参与司法,足见汉武尊崇儒术的程度。

《春秋决狱》中记载了232则判词,但绝大部分已经失传,保存下来的判词极少。从现存的少数几则看,皆是拟判,前面虚构一个案情,后面则道出判决的理由和结果,其中结果和理由融为一体,直接引用儒家的《诗》《书》《礼》《乐》《春秋》作为判案之依据,论理充分,逻辑性强。其写作目的固不在判词本身,但对后世判词潜在影响不可忽视,如唐代白居易的《甲乙判》与之基本相同。可见,判词的写作规范和体例在汉代已具雏形。

下面董仲舒《春秋决狱》的两则判例便是一证:

时有疑狱曰:"甲无子,拾道旁弃儿乙养之,以为子。及乙长,有罪杀人,以状语甲,甲藏匿乙,甲当何论?"仲舒断曰:"甲无子,振活养之,虽非所生,谁与易之?《诗》云:螟蛉有子,蜾蠃负之。《春秋》之义,父为子隐。甲宜匿乙诏不当坐。"②

甲父乙与丙争言相斗,丙以佩刀刺乙,甲即出杖击丙,误伤乙,甲当何论?或曰,殴父也,当枭首,论曰:"臣愚以父子至亲也,闻其斗莫不有怵怅之心,扶杖而救之,非所以诟父也。《春秋》之义,许止父病,进药于其父而卒,君子原心,赦而不诛。甲非

---

① 胡明扬:《现代汉语和现代汉语规范化》,载北京语言学会编《现代汉语讲座》,知识出版社1983年版,第2页。

② 程树德:《九朝律考》,中华书局1963年版,第164页。

律所谓殴父,不当坐。"①

从该引文可以看出这两则判词,从儒学伦理本位出发引用《诗经》《春秋》,其目的不在于诗意的渲染,而是在于说教的顺畅,是工具价值的追求而非美好意境的体现,引用儒家经典更显汉代判词语体精简、质朴、典雅之色。

明朝徐师曾在《文体明辨》中对"经义决狱"作出恰如其分的评价:"秦人以吏为师,专尚刑法。汉承其后,虽儒吏并进,然断狱必贵引经,尚有近于先王议制及《春秋》诛意之微旨,其后乃有判词。"这一点在上面的例子中即可看出。

以"经义决狱"是以儒家思想为最高司法原则,直接运用于司法,判决有罪无罪、罪重罪轻,意义非常重大。两汉《春秋》决狱的司法活动,使判词在经义断案、探讨《春秋》诛意之微旨方面,有了长足的发展。判词中注重有关当事人的身份,行为动机、目的的分析,在判决理由方面重点突出,特色鲜明。汉代判词中依据《春秋》经义说理,而置法律于不顾的做法,一方面促成了汉代法理学的形成,从法律实践方面为封建正统法律思想的建立创造了条件,同时也在另一方面为判词作用的充分发挥开了先河。上述董仲舒"春秋决狱"的案例,就反映了判词在创制法律规范中所起的重要作用。

纵观秦汉时期,对记录罪状的法律文书以"鞫"称谓,"鞫"被引申为我国古代裁判文书形成阶段的范本,其特点表现为内容简单、独立性差,大多夹杂在其他文书或文章之中。

(六)魏晋南北朝时期。东汉灭亡后,中国社会进入封建割据的战乱时期,史称"三国、两晋、南北朝"。这一时期,中国古代法律文书的发展因社会动荡暂时陷入停顿状态,主要是对前人法律文书的整理和总结,南朝梁代文章理论家刘勰的作品《文心雕龙》就是这方面的代表。刘勰在《书记》一篇列举的律、令、法、符契、券、疏、关、刺、解、牒、状、列的格式都与后世法律文书相似。刘勰对法律文书"争艺术之末品,而政事之先务"的评价,充分肯定了法律文书服务社会的宗旨,同时也指出了法律文书空乏的艺术和写作技巧的问题。

此期的判词基本上沿袭汉代春秋决狱的制作笔法,并无较大变化。此时,儒家思想虽已开始渗入法典之中,但又未全部支配法律内容,故审判决狱仍沿袭西汉以来于法律条文之外以儒家经义断狱的传统。据《晋书·刑法志》记载:"凡为驳议者,若违律令节度,当合经传,及前决故事,不得任情以破成法。……诸立议者皆当引律令经传,不得宜以情言,无所依准,以亏旧典。"说明当时承认经传的法律效力与律令相等。北魏制,"以有司断法不平,诏诸疑狱皆付中书,依古经义论决之",②"经义"的法律效力甚至还超越于成文法典之上。说明儒家思想在这个时期仍继续影响着各朝

① 程树德:《九朝律考》,中华书局 1963 年版,第 164 页。

② 《魏书·刑罚志》。

的司法活动,"引经决狱"则是这种影响的一种具体方式。

(七)隋唐宋明清。隋唐是我国传统法律发展的鼎盛时期,中国古代法律文书经三国、两晋、南北朝的萧条之后,自隋朝逐渐恢复生机,一方面判词类文书受到社会普遍重视,发展较快,至唐宋两代蓬勃发展起来,出现了繁荣的局面;另一方面,判词以外的法律文书不仅发展缓慢,流传下来的范例也极少。究其原因,主要是其所处的封建社会特定的审判制度造成的。中国封建社会地方各级司法机关与政权组织高度一致,没有独立的司法机关,司法职能由各级地方官吏兼任。这种政、法不分的司法制度和刑讯逼供的盛行,形成了判词类文书一枝独秀的发展格局。

在文风方面,隋代和初唐的法律文书仍受齐梁浮艳文风的影响,盛行骈体文,文中堆砌典故、华而不实,显露了其对事实的认定与证明的忽视,对裁判文书的实用性产生了一定的负面影响。为改变浮艳文风,韩愈、柳宗元等人打出"文以载道""文从字顺"的旗帜发动了"古文运动",至中唐打破了骈文长期统治文坛的地位。

自隋朝开创科举制度以来,唐朝正式确立了科举制度,判词这一文体已不仅仅是记述审判活动的文书,而且还是铨选官吏的科目之一。能否有效地掌握、运用这种文体的写作主旨和技巧,能否达到制判要求,是封建统治者选拔人才的一种标准,在唐朝,写作判词作为科举考试"文三判三"的内容之一,形成蔚然成风的局面。在唐朝保留的大量裁判文书范本中出现了为提高写作判词水准的"拟判",其中白居易编撰的《甲乙判》和敦煌出土的《文明判集残卷》最为著名,成为当代学者研究古代判词的经典法律文书。《文明判集残卷》中的判词结构清晰,分为首部、正部、尾部,在章法上以基本事实—判决理由—处理结果为结构,从而形成了由事到理、由理而断的正三段论的法律推理。唐代"拟判"结构完整、章法精到,为后世推崇,而判词的正三段论的演绎方法更是体现了传统法制的最高水准,因而一直被沿用至清末变法之前。因而历代文人学士也常有判词(拟判)传世,他们在饱读诗书经义的基础上,论案析理,赋予判词语言以文学的形象性,以至自唐以来,科举考试中"判"这一科目,一直为骈判所垄断。

判词在唐代发展完备,虽均为骈体,但产生了新的分野,风格多样化,主要表现为两种不同情形:一种为文学化判词,以张鹭的《龙筋凤髓判》为骈体类判词为代表。融文学语体与判词语体于一身,讲究辞藻的华丽、对仗的工整、用典的赅简以及音韵的和谐,表现出一种形式之美。注重张扬判词的文学因素,形成自身特有的文学品格和审美特征;一种是实用性判词,以白居易的《甲乙判》为代表,专注于判词的应用性传统,以在实践中的运用为最终目的,坚持其原有的文体特征,《甲乙判》虽同为骈判,但语言平实简洁,传承春秋决狱之风。当然,唐代实用性判词在文学方面还是颇有可观之处,并且形成了自身发展衍生的规律。

宋代也以判选人,要求以"文采俪偶为工",唐判"骈四俪六"的体式,为宋代所沿袭。到宋代中后期,经过一番革新,渐渐摆脱骈体的羁绊,起用散体,宋代裁判文书在经历唐中后期的散文化运动后,一改唐代判词的浮华之风,判词由骈体变为散体,内容也多为实例,既保留了前朝重说理即表达精准的优点,又在实用性方面有了极大的改进。宋代判词在结构上,以"照得"为阐述事实的起点,接着说明理由,最后以"在法"起领,援法而判。这种结构实际上仍是沿用唐代的正三段推理方式,但在表述上显得更加"眉清目秀"。其中王回的判词便属一例。元符中期,王回突破了骈体藩篱,"脱去四六,纯用古文",即用散体写作判词,其所作判词,从散体写作要求来衡量,并非上品,但从判词的发展来看,具有历史意义。明徐师曾在《文体明辨》中称之为"唯宋儒王回之作,脱去四六,纯用古文,庶乎能起二代之衰"。其实不止王回,后来的实判,多为散判,骈体判只在官场尚有沿用。

宋代以后开始有实判专集传世,《名公书判清明集》便是典型。该书收有判词117篇,均为散体。其中包括朱熹、刘克庄、胡颖等人所写的实判。另外《文体明辨》中也有几则,绝大多数为实判。在判词风格上由唐代的骈体改变为散体。除了保持唐代判词重视分析、说理,文字表达准确、精炼等特点外,由其实判性质决定,重视事实、情理的分析,并在判词中注意具引法律。另外在判词语篇模式上,改变了拟判事实与判词主体内容前后分立布局的结构形式,使案件事实与判词主题内容相互融合,形成了严密完整的判词体式。这种转变增强了制判者行文的主观灵活性,制判者可根据内容的需要,有针对性地遣词造句,不需为形式而凑足文字。议论说理有了更大的空间,判词语言质朴洒脱。

判词由骈判发展为散判,是判词规范化的重要的发展。骈判重用典,追求语言形式之美,缺乏对案件事实与证据的分析认定,从而影响了法律适用的准确性。正如《文体明辨》中所言,骈判"堆垛故事,不切于蔽罪;拈弄辞藻,不归于律格"。散判行文自然,因案情需要运用语言,"修辞立其诚",言能达意,能够有效地论案说理,语言质朴,易于理解,实用性强,更符合判词的规范属性。

宋代散判的流行,影响了明、清判词的发展趋势。到了明代,制作判词要求以"简当为贵",即文理清楚、言辞简练,引律恰当,判决公允,冲破了骈四俪六的形式束缚,形成了以散判为主骈散结合的判词体式,但是仍然保留着文学语言的特征,使判词语言风格呈现出一定程度的形象性、情感性。明朝末年李清的《折狱新语》判词专集便是一个典型代表,所作判词骈散结合,洒脱有致,形式更为灵活,对判词的创作有新的发展和贡献。①

判词发展到明清时期,文书趋于完善,不仅出现了专集专论,数量和质量也都达到高峰,可以说明清时代是古代判词的成熟时期。明代的判词特点是"兼蓄唐宋、简当为贵"。"兼蓄唐宋"是指兼具唐宋两代判词的优点,既吸收了唐朝文情并茂、推理精到的优点,又包含宋代文字平实、分析深刻的优点。"简当为贵"体现了明朝"法贵

---

① 田荔枝:《从〈折狱新语〉看判决书语言风格的变化》,载《语言文字应用》1996 年第 4 期。

简当,使人以晓"的立法思想,这一时期的裁判文书的制作原则突破了唐宋两代文辞华丽的文学特性,使裁判文书正式成为公文语体,奠定了古代裁判文书走向成熟的基础。虽然明代注重"简当为贵"以达世人知晓的目的,但是这种知晓的真正意图是教化的目的,因而在内容上并非完全法律理由的阐释,而夹杂着宗法伦理的宣教。清代判词的程式化程度更高,开卷以"审得"为案件事实之始,判决理由用"照得"开头,判决部分标示"判道",用"此判"标明判决全文结束。

清人于成龙、张船山、陆稼书、樊增祥等人,都是坚持用散体制判的大手笔,进而确立了散判的主体地位,其流传当代的判词是今人研习借鉴的宝贵资料。除了判词,明清还有诉状专集。

清末,受西方法律思想和法律制度的影响,在继承传统的基础上,借鉴了西方法律文书的制作规格。宣统年间,奕劻、沈家本等编纂的《考试法官必要》,对刑事、民事判决书的格式和写作内容做出了统一规定,但是在当时的司法实务中并未启用。

可以说,到了清代,我国的法律文书发展已比较完备,诸如诉状、笔录等都有相应的规定。

二、近代法律文书的流变

如上文所述,清末宣统年间奕劻、沈家本等编纂的《考试法官必要》,第一次区分刑事与民事判决书,并在格式和写作内容作出了统一规定,在裁判文书的章法上效仿英美国家的法律文书,改以往的正三段论构造为"主文——事实——理由"的倒三段论构造。其中刑事判决书须写明下列项目:①罪犯之姓名、籍贯、年龄、住所、职业;②犯罪之事实;③证明犯罪之理由;④援引法律某条;⑤援引法律之理由。民事判决书则写明:①诉讼人之姓名。籍贯、年龄、住所、职业;②呈诉事项;③证明理由之缘由;④判之理由。

然而,《考试法官必要》中所作的统一规定真正付诸实践,是在民国期间。

法律文书的嬗变使得中华法系裁判文书逐渐解体,裁判文书由注重文学性、情理性变为注重程式化、逻辑性、专业性,从而开启了中国近代法律文书的先河。①

民国以来,基本上沿用清末变法修律所引进的法律文书格式,同时仍注意吸取日本、德国等的文书格式,按照民事、刑事诉讼法的规定制作各类诉讼文书,其文书格式已与古代的差别极大。但在文书的语体风格方面仍然采用文言,直到新中国成立后才得到根本改变。这一时期的法律文书主要代表作有《最高法院判例汇编》《行政法院判决汇编》《司法院解释最高法院判决汇编》和《法院判例精华》。

新民主主义革命时期,在共产党的领导下,建立了工农民主政权的法律制度和司法制度,设有审判、检察等司法机构,诉讼活动包括侦查、预审、起诉、裁判等各个环

---

① 田荔枝:《论中国判词近代转型期的语体特色》,载《文史哲》2012 年第 6 期。

节,并有相应的文书配合。当时的法律文书如国家保卫局对季振同、黄中岳反革命案①的起诉书,临时最高法院对该案的判决书(第五号),瑞金县(现瑞金市)裁判部对谢步升反革命案件的判决书(第八号)等等,叙事简洁清晰,议论精辟透彻,在当时发挥了重要作用,是法律文书发展史上宝贵的研究资料。

抗日战争时期,基本上沿用国民党法院的法律文书格式。为了适应战争环境和群众的文化水平,文书种类有所减少,采用较为通俗的文言,结构上比较稳固,如刑、民判决书包括下列部分:标题、案号、当事人、案由、主文(结果)、事实、理由、签署等,和当代判决书大体一致。在当时最具代表性的如陕甘宁边区高等法院关于黄克功凶杀案的判决书、布告,关于田某芳离婚案的二审民事判决书,关于侯张某离婚案的二审民事判决书,关于王光胜汉奸案的刑事判决书等。这些文书非常讲究语言的锤炼加工,词汇丰富、句式多变,整散交错、行文灵活,并注意吸收富于生命力的文言词语,可谓雅俗共赏,简约而不干瘪,很值得今人借鉴。

三、现代法律文书的流变

新中国成立以后,中央人民政府司法部于1951年制定了一套《诉讼用纸格式》,借鉴了当时苏联、东欧等社会主义国家的文书格式,但基本上沿用新民主主义革命时期革命根据地的格式。同时废除了文言,改直排为横排。在我国的新民主主义革命和社会主义建设中,法律文书的作用愈加突出,如20世纪50年代对震惊全国的刘青山、张子善一案的审判,便充分发挥了法律文书的特点,从而显示了社会主义法制的威严。

"文革"期间,法律文书遭到严重破坏。自1979年开始,公安部、最高人民检察院、最高人民法院均相继重新拟定了本部门急用的文书格式。值得提出的有:

1980年由司法部普通法院司起草、以司法部名义颁发的《诉讼文书格式》共8类64种,为各基层法院以及法律顾问处提供了较为完备的统一格式。1982年最高人民法院民庭、经济庭制定了《民事诉讼文书样式》70种,完善了民事审判文书,有力地促进了《民事诉讼法(试行)》的贯彻执行。最高人民法院为加强审判业务建设,提高法院诉讼文书质量,改进和规范法院诉讼文书的内容要素和格式,在原有诉讼文书的基础上于1992年6月制定下发了《法院诉讼文书样式(试行)》共14类314种,自1993年1月1日试行。这次修订以刑事、民事、行政诉讼法等法律法规和司法解释的有关规定为依据,从审判工作的实际需要出发,总结审判实践经验,参考法学研究的有关成果,力求达到法院诉讼文书进一步规范化、标准化。尤其是具有强制执行力的法院裁决文书,力求内容明确,结构严密,层次分明,文字通顺,语言准确。本次修订以裁判文书样式和案件审理报告样式为重点,对其他文书样式,在合法、需要、规范的前提

---

①　1982年,中央组织部对此案给予了复审,经过调查研究,对季振同、黄中岳给以公正的评价,并予以平反。

下,注意简便易行。

1983 年最高人民检察院在原有 17 种格式的基础上制定了《刑事检察文书样式》40 种和《直接受理案件文书格式》45 种,最高人民检察院于 1991 年 6 月又颁布《人民检察院制作刑事检察文书的规定》25 条,并修订《刑事检察文书格式(样本)》计 46 种。2001 年 9 月 10 日最高人民检察院印发《人民检察院法律文书格式(样本)》,并于 2002 年 1 月 1 日起实行。

1989 年公安部拟定的《预审文书格式》,1996 年 11 月 14 日公安部发布修改和补充的《公安机关刑事法律文书》样本,并与 1997 年 1 月 1 日起施行,公安部于 1998 年颁布了《公安机关办理刑事案件程序规定》,2002 年又对《公安机关刑事法律文书》进行了修订,并于 2003 年 5 月 1 日正式启用《公安机关刑事法律文书格式(2002版)》。

至此,公安、检察、审判等机关都相应出台了各自的具体文书,并形成较严密的制作规范系统,法律文书的格式日趋科学、完善。各类法律文书后续修订情况,将在相应各章节予以介绍。

第三节　法律文书的分类

可从不同角度对法律文书加以分类,其中主要有以下五种划分方法。

(1)依制作主体分类。主要包括公安文书、检察文书、审判文书、狱政文书等。

(2)按文体分类。法律文书作为一种专用公文,其下属文体类别有:报告类文书、起诉类文书、意见书类、决定书类、判决书类、裁定书类、调解书类、通知书类、文告类、命令类、笔录类等。

(3)依案件性质分类。主要有刑事类、民事类(含经济)、行政类法律文书。

(4)依文书形式分类。包括书写式、填充式、笔录式三大类。书写式又称拟制式、叙议式,它虽有固定的结构,但其中又包括各种不能固定的具体内容,制作时必须根据案情或叙述或议论或说明,以体现具体案情。如起诉书、判决书、调解书等均属此类。先拟出文稿再经打印、校订后印发。填充式,比较简单。有印制好的表格供使用,只要依序将空白处填好,即可盖印行文。如法院的逮捕决定书、取保候审决定书等均属此类。笔录式,表现为文书首部只打印出笔录头,其余均为空白横格,使用时,只如实记录有关内容。如讯问笔录、调查笔录、勘验笔录、法庭审理笔录等。

(5)依文书内容繁简程度分类。可分为繁式文书、简式文书两大类。简式文书中包括要素式文书、令状式文书、表格式文书。这种分类主要是伴随司法改革中繁简分流的要求而产生,2015 年最高法组织修订裁判文书,2016 颁布实施修订后的法院民事诉讼文书样式,其中就出现了要素式判决书。

第一种分类方法,其优点是种类清晰,易于掌握,符合案件办理的程序;其不足之处是同类文体的文书有重复现象,如笔录类,公、检、法机关都使用,故本书以第一种分类方法为主,兼及其他分类法。

思考与练习

1. 简述法律文书的特点。
2. 简述法律文书中判词的历史流变。

第二章　法律文书的制作过程

任何文章的形成都离不开立意、选材、结构、表达和语言运用,法律文书的制作也是如此,但它作为一种专用公文,自有其独特之处。本章针对法律文书的制作理论加以探讨。

第一节　立　　意

所谓立意,就是提炼并确立文章的主题。法律文书的主题指制作主体依法对诉讼过程中某一具体问题所持的观点。确立法律文书的主旨应坚持下列原则。

一、客观性

种类繁多、作用不一的法律文书,不论是公开的,还是内部使用的;不论是刑事的,还是民事的;虽然它们所反映的案情千差万别,适用法律各不相同,但其主旨的确立都必须以事实为根据,客观、真实,符合案件实际情况。对此在相关法律中也有所规定,如《刑事诉讼法》第53条运用证据的原则,"公安机关提请批准逮捕书、人民检察院起诉书、人民法院判决书,必须忠实于事实真相。故意隐瞒事实真相的,应当追究责任。"这一点与文学创作有着截然反差。文学创作的主旨除了具有客观性外,还允许主观性的存在,即作者的思想、人生观等对于主题的提炼起着重要的制约作用。同一事物,相同材料,不同作者所得出的主题不尽相同、甚至大相径庭的情况,屡见不鲜。但是法律文书的主旨是绝对排斥主观意识的。因此,办案人员必须首先接触案件事实材料,从真实情况出发,经过去粗取精、去伪存真的精心研究,并依据有关法律,形成对案件性质的准确认识。绝不能凭主观臆测夸大或缩小案情,如果是这样,即使适用法律再准确,语言表述再精彩,也难以对案件形成正确处理,只能造成更多的冤假错案。由此可见,案情事实(材料)是第一性的,主旨是第二性的,只有从全部材料出发,深入细致分析研究,才能揭示本质。否则,我们司法机关的形象将会受到极大损害。

二、合法性

法律文书是法律的运用和具体化,因而其主旨的确立必须以法律为准绳,体现法的观念、法的精神和法的意志,体现国家法律的科学性和公正性,从而使法律文书具有高度的法理水平。在司法实践中,民事案件的主旨一般比较容易确立,这主旨就是当事人的诉讼请求,即当事人争执的具体的民事法律关系或权益(诉讼标的)。而刑事案件的主旨,就是被告人(或犯罪嫌疑人)的犯罪行为所触犯的罪名。这种罪名的确立要根据刑法规定的各种犯罪构成要件和犯罪的基本特征,对照犯罪嫌疑人、被告人的具体犯罪事实、情节,才能得到正确认定。因此确立刑事案件的主旨,就必须分析研究被告人、犯罪嫌疑人的身份、犯罪动机和目的、实施犯罪行为的方法和手段、犯罪所侵犯的客体等等。

可见,法律文书的主旨的确立,不仅要求制作主体对案件事实的特点了如指掌,而且还要求对有关法律规定、政策精神以及法学理论运用得准确、恰当,具有针对性。

三、鲜明性

法律文书主旨必须明确、突出、集中,一目了然,绝不能隐晦、含糊,让人产生歧义和误解。一部文学作品的主题有时可以有不同的理解甚至产生争议,然而法律文书必须极力避免这种情况。制作主体对案件的性质持何种观点,是与非、罪与非罪、肯定与否定都应清清楚楚,鲜明地予以表达。这样才能体现法律的公正性、权威性,才能促使当事人明白如何遵纪守法,才能不断地加深公民的法律意识。例如一起因赌博离婚的案件,在法院审理的过程中发现夫妻双方感情尚未破裂,而且男方(被告)对自己赌博的恶习表示彻底悔改,在制作调解书时,出现了"以不离为宜"的商榷性用语,这是不恰当的,离或不离应予明确,绝不能让略带犹豫的语言出现在文书中。

第二节 选 材

制作主体依照客观事实,根据有关法律规定,确定了案件性质后,便要以此为出发点,选择足以说明案件性质的材料入文,才能收到"提领而顿,百毛皆顺"的效果。各类案件的制作都应把握这一原则。

例如,刑事案件写犯罪事实时,不写非罪事实,而是围绕犯罪性质选材入文,即选择与本案本罪密切相关的事实写入,坚持摒弃那些与犯罪行为无关的事实材料,如思想意识、生活作风等,不构成犯罪的一般违法行为或劣迹,如不能作为定性、定罪、量刑依据的材料也一概不能写入,力求突出经过司法机关严格审查、核实的主要犯罪事实。例如检察人员通过对行为事实材料的调查核证,经过去伪存真、由表及里的分析,认定被告人的行为事实已构成抢劫罪,那么在制作起诉书时,理应把所掌握的足以说明被告人犯有抢劫罪的事实材料反映在文书中,如作案的时间、地点、动机、手段、危害后果等应依次写清,而被告人在抢劫后又流窜到某村民家盗窃未遂的事实便可删掉,因为它并不能说明起诉的罪名。

在制作有关民事案件的文书时，亦应选择那些能够说明纠纷性质的材料，如当事人之间的法律关系，发生法律关系的时间、地点，法律关系的内容，产生纠纷的原因、经过、情节和后果等。

选材时应力避两个极端：一是机械照相。制作者未经思考分析综合，而是平铺直叙，不分青红皂白照录案件所涉及的所有行为事实，以至于拖沓烦琐，分不出主次轻重，不能突出文书的实质性内容。二是任意增删有关材料，或者画蛇添足，或者残缺不全，难以反映案件实质。例如有一起因意外事故致死人命的案件，公安局侦查终结后，移送检察院审查起诉，经查证核实，检察院认为该案虽然有造成致死人命的严重后果，但被不起诉不是出于故意，而是由于不能预见的原因所致，并不构成犯罪，依据有关法律规定，决定对不起诉人不予起诉，立即释放。在制作相应的不起诉决定书时，事实部分这样写道：

××××年××月××日，被不起诉人张某某帮助表兄卜某某开山打石头，午饭后，张某某上山捉蝈蝈，看山人员张某胜误认摘自己的豆角，连喊两声，张某某未走，张某胜、王某某等持土枪将张某某撵走。张某某回到石坑对卜某某讲了吵嘴过程。卜某某即约张某某等四人去和张某胜等辩理，卜某某先将王某某竖在屋内山墙的土枪扔掉，张某某又将张某胜的土枪扔掉，均未响。王某某怕摔坏他的土枪，去拾起来。张某某又夺去向距其表兄卜某某15米的相反方向一扔，结果使枪撞响，击中其表兄卜某某胸部，经抢救无效死亡。

这段文字如实叙述了被不起诉人被指控的事实，且详细交代了有关无罪的情节，清楚地证明致死人命的恶果是因意外事故造成，宣告被不起诉人不构成犯罪有充分的事实根据。而没有因被不起诉人无罪而省略掉案件发生的时间、地点、原因、经过等有关要素。

第三节　结　　构

结构，即谋篇布局。它的任务是把各个部分、各种因素连结为一个和谐的整体，使内容的表现达到真实而鲜明的效果。为了保证法律文书的权威性、严肃性、完整性和实用性，司法机关对文书的结构形态做了明确规定，因而法律文书在结构上具有明显的特点——程式化。法律文书的谋篇布局绝不能像文学创作那样追求灵活多变、异彩纷呈的表现形式。但这并非说法律文书千篇一律、万古不变。我国古代的法律文书就有了一定的结构形式，经过漫长的历史发展才形成了现在经得起实践检验的文书格式，而古今相较差异迥然。所谓程式化，是指法律文书结构形态的类型化，同一种文书可以适应不同案件。比如同是起诉书,它可以针对张三的抢劫案,也可以适用李四的盗窃案,案情不同,但起诉书的结构布局没有变。但是同为法律文书,起诉书和判决书等其他文书又有着明显不同,结构方式也有变化,因而结构的程式化并不等于僵化、脸谱化,随着司法实践的深入,人们认识的不断提高,结构程式将日趋科学。除了程式化这一基本特点,进一步地对现行法律文书的结构形态从整体上考察,还有以下几方面特点。

一、严谨性

即结构布局精细严密,堪称无懈可击。这里以拟制式文书为例,这类文书在脉络、层次和段落、过渡与照应、开头和结尾等成分上都强调了严谨性。

(1)脉络。即文书中事理发展、推进所显现出来的轨迹。脉络把构成文书的材料有机地连接起来,使人们清晰地把握材料与材料之间的内在联系。拟制式文书在固定的结构形态下流动着显豁而突出的脉络——法律的钳制力,即以具体案件所适用的法律为轨迹,再现诉讼过程的是与非。这一脉络从首至尾贯穿全文,反映了制作主体的观点和看法,没有了它,所有的案情都不过是一盘散沙。

(2)层次和段落。法律文书的层次、段落的划分都是非常明确的。层次是针对文书内容的切割、划分,段落是根据文字表达上的停顿而形成的。从整体上看,法律文书的层次大都呈并列式,即各个层次之间呈现为并列关系。但是,具体到每一大的层次,其包含的小层次之间的关系则比较复杂,可能是并列关系,也可能是递进关系,或者是总分关系等等。这里就体现了拟制式文书因案情不同制作方法上的差异。

例如,判决书的主体部分由事实、理由、结果三大层次组成,在结构上三者表现为平列关系,其中理由这一部分又有事实论证和法律论证两个下属层次,这两个小层次之间亦属并列关系,即从事实、法律两方面论证判决结果的正确性。然而,主体中第一大层次即事实叙述,在划分下属层次时可能出现不同关系,如有依时序安排层次的,也有依空间变换顺序安排的,还有以罪责性质的不同安排层次的,等等,应根据案情安排事实的层次。

层次,是内容表现的顺序,体现着制作主体对全局和局部、总体与部分之间内在逻辑关系的把握,只有使每个层次之间契合有序、贯联严密,才能更充分地体现法律的威慑力。

段落,在文章的结构布局中也是很重要的,它能有逻辑地表现思维进程中的每一转折、间歇,清晰地反映文章的内在层次和节奏。法律文书的段落在格式中基本固定,和层次之间保持大体一致的关系。它强调表意的单一性和完整性,即一个段落集中讲完一个意思。另外法律文书的段落呈现为板块形状,而非条块形,这样从整体外观上给人一种严谨、整齐、庄重感,而没有零散琐细的印象,这也是与文书的司法特性保持一致的体现。因而在制作法律文书时,如遇到比较复杂的案件,叙事说理一定要注意认真思考、充分把握,以免出现段落过于繁复、杂乱的情况,力求以板块的形式布局。

（3）过渡与照应。指上下文之间衔接、转换，前后内容上关照、呼应的结构手段，有了这些手段才能让文章的脉络气势充分贯通。法律文书的段落层次虽然强调板块性，但每个段落层次间的意思表达都非常注意内在联系。

文章写作中常见的过渡手段有两种：语接和意接。语接，是上下文之间借助一定的文字搭桥接榫，又可分为"过渡段""过渡句""过渡词语"三种情况。意接，上下文之间没有具体的过渡文字，而是依逻辑轨迹衔接照应。为了明确表意，便于人们理解，法律文书多采用语接的过渡方式，这些在文书格式中有着严格的规定。

例如，刑事判决书中在诉讼参与人、公诉机关和事实之间有一段文字"××××人民检察院以×检×诉[　]××号起诉书指控以被告人×××犯××罪，于××××年××月××日向本院提起公诉。本院依法组成合议庭，公开（或不公开）开庭审理了本案。××××人民检察院指派检察员×××出庭支持公诉，被害人×××及其法定代理人×××、诉讼代理人×××，被告人×××……等到庭参加诉讼。现已审理终结。"这便是一个过渡段落，介绍了案件的由来和审判经过，结构上起到承上启下的衔接作用，使公诉机关、诉讼参与人和案情紧密联系为一体。其中最后一句"本案现已审理终结"又是一个简洁的过渡语句，将案件由来、审判经过与下文的事实、理由等紧密贯通。在事实和理由之间起过渡作用的又是"本院认为"这样的过渡词语。仅从上列实例我们便可以发现法律文书的结构布局是非常注意衔接过渡的，它以精当的过渡文字由一层意思转换为另一起意思，交接斗折，轻妙得体，使整个文书形成一个天衣无缝的逻辑体系。

至于内容上的呼应，在法律文书中主要注意以下几方面：事实和理由相呼应，结论与事实相呼应，结论与理由相呼应。什么样的法律事实就需有相应的法律规定，以论证是与非、罪与非罪等，否则就损坏了"以事实为根据，以法律为准绳"的办案原则；结论是建立在事实和理由基础之上的，三者之间必须保持一致性，不能出现相互矛盾、含糊不清的现象。比如，一份起诉意见书在叙述完较轻微的盗窃罪事实后，又写道"犯罪嫌疑人于5月15日自首，并主动将赃物退还失主"，这一情节说明犯罪嫌疑人已具备不起诉的条件，而文书中却得出了起诉意见这一结论，显然结论与事实间相矛盾。

（4）开头和结尾，是文章不可缺少的组成部分。法律文书的首尾自有其程式化特点，一般首部包括：制作机关、文书名称、文书编号三项，尾部包括：签署、日期、用印以及附项等项目。由于格式中对开头和结尾均已严格固定，所以在制作具体文书时只要依格式制作即可，表述上要干净、利落、条理分明。在此我们不多加介绍。

总之，法律文书的结构布局从首至尾都体现了严谨的特点，以求周详严密地实施法律。

二、完整性

指结构布局匀称饱满、首尾圆合，形式和谐、浑然一体，没有虎头蛇尾、前后割裂之感。综观诸种法律文书的结构格式，大体可以分为首部、正文、尾部三大部分，除了

表格类、笔录类中个别文书外,每一部分一般又包括如下构件:

首部,包括制作机关、文书名称、文书编号;

尾部,包括签署、日期、用印、附项(其他事项);

正文,包括当事人的基本情况、事项来源(案由案件来源)、事实和证据、理由及法律依据、结论。

以上构件可能因具体文种的变化而有增删,但必须在明确规定下变动,绝不能随意去留,以保证文书的完整性、统一性。严谨性与完整性是密不可分的,二者共同服务于法律的严肃性。

第四节　表达方式

写作学中的表达方式一般有叙述、议论、说明、抒情、描写五种。表达方式的选择与文体关系密切,如在文学作品中抒情、描写运用的比较多。法律文书自身的特点决定了它对表达方式的选择,即以叙述、议论、说明为主,不用抒情,少用描写。

一、叙述

在制作事实部分时采用叙述方式。由于案件的类别、性质不同,事实的叙述有繁有简,形形色色,不一而足。

(一) 时序法

即通常所说的"顺叙"记叙法。以时间为线索,按着案件的发展顺序加以记述。这是一种最常用、最基本的记叙方式,有广泛的适用性。其特点是文章的层次和案件发展的过程基本上一致,因此,首尾分明,脉络清楚,能比较详尽地反映案件全过程,符合读者的接受心理。但是,时序法的缺点也很明显,即容易平铺直叙,难以突出重点。

民事案件一般采用此法叙述案情,以客观、全面、真实地反映纠纷事实,当然,叙述时亦应抓住重点,详述主要情节和因果关系。

刑事案件在叙述凶杀、抢劫、强奸等一次作案的始末时,叙述被告人或犯罪嫌疑人多次犯性质相同的罪行时,叙述重大责任事故案或伤害案时多采用时序法。因为一次作案依时间线索叙述,条理清晰;数次触犯相同罪名时依时序陈述,能够让人清楚地把握每次作案的时、地、过程、后果、程度,以免混淆;重大责任事故案或伤害案均与时间密切关联,尤其适用时序法。

(二) 突出法

在叙述案情时,依突出其中主要矛盾、主要情节、主要人物的方法进行,将案件的重点人、事叙述清楚,并予以强调。这种叙述方法的特点是主次分明,以主带次,详略

得当,宜于突出案件的本质特点。突出法主要适用于刑事案件有关文书的制作,具体表现为:

第一,突出主罪法,即按被告人或犯罪嫌疑人所犯罪行的主次重轻顺序来记叙,把性质严重、情节恶劣、危害性大的罪行放在第一位详细叙述;将性质、危害、情节相对较轻的犯罪事实放在后面叙述。这样叙述主次罪责分明,可避免定罪失据,量刑畸轻畸重等弊端,适于记叙数罪并罚的案件。下面一例则违背了突出主罪的方法。

刘某某,长期好逸恶劳,不务正业。××××年秋,刘某某投拜巫婆黄某某为师,在家安位烧香,自称"刘大仙"。自××××年秋,刘某某采取装神弄鬼、拿妖捉怪等各种欺骗手段,先后流窜到大岭、马路口、狮子岗等地进行迷信欺骗活动30余次,欺骗100余人,给6人安了"神位",共骗得现金1200余元、鸡蛋240余斤、香烟50余包,以及鞋子、猪肉、鸡鸭、布料等物,还发展一名学徒。更为严重的是刘某某利用搞迷信活动之机,采取了各种卑劣手段,先后于2月3日、2月13日,奸污了×××村妇女罗某某和××村妇女吴某某、未婚女青年曹某某(吴、曹是母女)。奸污后,还多次拐带吴某某、罗某某、曹某某三人一同外出,四人同宿一床,轮流奸污她们,情节严重,影响极坏。

这段事实出自某县公安局的一份提请批准逮捕书,其缺陷是主次不清,详略失当。应将强奸罪放在首位,详细叙述实施该罪的时间(原文只有月、日,未写年度)、地点、手段、后果等要素,以突出主罪;而后可用综合归纳法简叙刘××所犯诈骗罪,原文中部分文字可删略(如加着重号者),这样便可避免喧宾夺主、冲淡主罪的弊病,收到较好效果。

第二,突出主犯法。适用于记叙共同犯罪或集团犯罪的案件。以各被告人或犯罪嫌疑人在共同犯罪中的地位和作用为线索,依先主犯后从犯的顺序叙述犯罪事实。其特点是罪责分明,便于定罪量刑,使复杂的案情条理清楚。例如某公安局起诉意见书的事实部分:

××××年4月26日晚,犯罪嫌疑人杨某某、熊某某、李某某、卢某某以及张某法在××县服务楼旁闲谈中,杨某某提出抢劫旅社。27日晚,杨、熊、李、卢四人又聚集在××私人在××县城开办的交通旅社里,当杨某某又提出抢劫旅社时,熊某某发现在该旅社的旅客已睡,熊某某说:"上那屋看看。"接着熊、杨先后到该旅社旅客胡某某、关某某夫妇住的房间外,熊从窗户处将门弄开,并入室把胡的提包拿到犯罪嫌疑人住的房间后又返回,后四犯罪嫌疑人相继入室,杨持三棱刀相逼,李某某拿斧头相威胁,抢走胡的现金人民币27元,李某某顺手拿了一副眼镜。

这份起诉意见书在叙述犯罪事实时,围绕主犯杨某某、熊某某的组织、实施等犯罪活动安排层次,并结合叙述其他从犯的罪行,每个犯罪嫌疑人在犯罪过程中的地位、作用和应负的罪责清清楚楚。

(三) 总分法

适于记叙触犯多种罪名的共同犯罪案件。这类案件案情错综复杂,叙述时要点面结合,既不能疏漏残缺,又不能平行罗列,所以难度较大。总分法的特点是:先把该案的犯罪事实提纲挈领地总括叙述,然后再依犯罪嫌疑人主从顺序或罪行重轻顺序分别叙述,以区分罪责,严谨结构。例如李某某等持枪抢劫和盗窃犯罪一案的起诉意见书,由于该案犯罪嫌疑人较多,共有十名,所犯罪名也较多,故该起诉意见书在叙述犯罪事实时,先总述"××××年以来,李某某个人或以李某某为首,先后伙同犯罪嫌疑人逢某某、李某财、付某某、王贵某、陈某某、穆某某、张某某、孟某某、王某海等人在本市内、西郊区、静海县大肆进行持枪拦路抢劫和盗窃犯罪活动,情节特别严重,严重地危害了公民人身和财产安全"。然后再分列叙述抢劫罪、盗窃罪两部分事实,各位犯罪嫌疑人的主从地位、作用和罪责随之明确。

(四) 归纳法

即用概括的文字将被告人、犯罪嫌疑人的犯罪事实加以综合归纳,适合记叙多次犯有同类罪行的案件。其优点是:语言简练,文字节省,便于了解犯罪嫌疑人、被告人的全部罪行。但归纳法易冲淡重点部分,运用时应注意既全面又能突出主罪。

但是,不论哪种叙述方式运用于任何性质的案件,都应注意将构成案件事实的有关要素交代清楚。刑事案件应从犯罪的预备写起,包括犯罪的已遂和未遂,以刑法学的犯罪构成理论为指导,抓住犯罪构成要件,写出不同罪行的不同特征,写明反映具体罪行特征的时间、地点、动机、目的、手段、行为过程、危害结果和被告人、犯罪嫌疑人事后的态度以及涉及的人和事等要素,兼叙影响量刑轻重的各种情节。

民事案件应反映下列要素,即当事人之间的法律关系,法律关系发生的时间、地点及内容,纠纷的原因,纠纷的过程、情节、后果,因果关系等等。总之,要叙述清楚每个具体案件中法律关系产生、变更、消灭的事实和争议的焦点。

二、议论

亦即"说理",是制作者通过事实材料及逻辑推理来明辨是非、阐发道理、表明见解和主张的一种表达方式。它是法律文书制作过程中不可缺少的表达方式之一,通常运用于理由部分。

理由,是依法对事实所作的分析、论证。从文章的结构布局角度来讲,理由是事实和结论之间的过渡桥梁,具有承上启下的连接作用。一篇好的法律文书,仅有充分的论据(事实、法律)、正确的论点(结论)尚不够,还必须具备严密有序的推理论证过程,以使最后的决定或结论建立在坚实的事实和法律基础上,材料和论点达到完美、有机的结合。

可见,法律文书中事实是基础,理由是灵魂。因此,理由部分对制作者的要求也相对较高。它不仅要制作者对本次事实的特点了如指掌,对有关法律规定、政策精神以及所涉法学理论运用得准确、恰当,具有针对性,而且还应具备分析判断的能力,熟练掌握推理论证的写作方法,以使法律文书收到理由充分、结论准确、令人信服的效果。

如果对理由部分加以分析,从内容、结构上可以分为两个层次:事实论证和法律论证。

(一) 事实论证

首先采用概括记述的表达方法,对犯罪事实或民事纠纷等事实以及有关法律事实进行概括。要求简洁有力,概括而不疏漏、简约而不空洞。它是在正文的第一部分"事实和证据"的基础上形成的、用来反映案件个性的文字。

其次针对事件性质进行论证。比如,刑事案件,在概括写明认定的犯罪事实之后,运用犯罪构成原理分析论定犯罪行为的社会危害性及犯罪性质、罪责、从轻或从重处罚的必要性;而民事纠纷则主要对争议的性质、焦点、当事人的责任加以分析,并提出如何解决纠纷的看法;对经济合同纠纷则要论定合同是否合法有效,当事人一方或双方有无违约行为,分清是非、责任,明确处理纠纷的目的。注意必须把有关事实、情节,提到法律的高度来认识,以体现文书整体结构的有机性,体现法律的公正、无私,做到以法服人,以理服人。

(二) 法律论证

法律论证即援引法律条文以充分论证事件性质。在引证法律依据时应坚持准确、具体、完整、有序这一原则。所谓准确就是指引用的律文应与事实相一致,所认定的事实恰恰适用该条法律。以刑事案件为例,则所引用的法律必须能够准确定罪定性,即不能用刑法分则中的类罪罪名代替案中具体罪名,如不能将"抢劫罪"定为"侵犯财产罪";也不能用不同犯罪阶段的犯罪行为代替所指控的罪名,如不能写成"杀人预备罪"或"抢劫未遂罪"等。所谓具体,即所引律文必须与事实有直接关系,不能泛泛而谈,缺乏针对性。又如对于共同犯罪的案件,其中有主犯、从犯,犯一罪、犯数罪以及成年、未成年的,因情况不一,在引用法律条文时应分别对待,而不能采取"一揽子"的引法,令人无法分清各被告人、犯罪嫌疑人所应适用的法律条款。

所引法律条文要完整、有序。完整,就是将所要援引的律文全部引出,不能只引一部分,使所得结论具有充分的法律依据。如凡是律条之下有款、项、目者,均应引到所适用的条款项目,不能只引到某条;有的既要引用实体法条文,还应引用程序法,既要引用分则,还要引用总则的律文,缺一不可,该援引的全引到,才能保证法律的严谨性。所谓引律有序,是指在援引的法律条文较多时,排列顺序要合理、科学,体现出一种严密的内在逻辑关系,而不能随心所欲、罗列堆砌。比如刑事判决书援引律文的先后次序为:先引述有关定罪与确定量刑幅度的条文,后引述从重、加重、从轻、减轻和免除处罚的条文;先引主刑的条文,后引附加刑的条文;适用以他罪论处的条文时,先引用本条条文,再按本条的规定,引用相应的他罪条文……。针对这个问题,最高人民法院专门制定了《关于在裁判文书引用法律、法规等规范性法律文件的规定》①。

例如,北京市第一中级人民法院制作的关于成某某案刑事判决书,其理由论证充实透彻,节选如下:

本院认为,被告人成某某身为国家工作人员,利用担任中共广西壮族自治区委员会副书记、广西壮族自治区人民政府主席的职务便利,伙同李某或单独接受他人请托,为他人谋取利益,非法收受财物,其行为已构成受贿罪。北京市人民检察院第一分院指控被告人成某某犯受贿罪的事实清楚,证据确实、充分,指控罪名成立。被告人成某某的受贿数额特别巨大,其作为高级领导干部,所犯罪行严重破坏了国家机关正常工作秩序,侵害了国家工作人员职务的廉洁性,败坏了国家工作人员的声誉,犯罪情节特别严重,依法应于严惩。虽然成某某受贿的赃款已被追缴,但不足以据此对其从轻处罚。辩护人请求对成某某从轻或者减轻处罚的意见缺乏事实和法律依据,本院不予采纳。据此,根据被告人成某某犯罪的事实、犯罪的性质、情节和对于社会的危害程度,依照《中华人民共和国刑法》第三百八十五条第一款、第三百八十六条、第三百八十三条第一款第(一)项、第二款、第五十七条第一款的规定,判决如下:……

另外,在论证的具体方法上,可采用正论与驳论两种。

正论,又叫立论,是以充分论据正面证明自己论点的议论方式。以案情事实、证据和法律依据为论据,经过分析、推理,证明制作主体对案件结论所持的观点。一般适用于非辩论文书,如起诉书、一审判决书、调解书等大量文书采用此法。

驳论,以有力论据反驳对方论点,从而以破为立的一种议论方式。立论是正面的、直接的证明,驳论是反面的、间接的证明,目的是一样的。根据反驳的直接着眼点不同,驳论又可具体分为:反驳论据法和反驳论点法、反驳论证法。

论据是用来证明论点的材料。前面已经讲到法律文书的论据大致可分两类:一类是事实论据,一类是法理论据。如果这些证据被驳倒了,无异于釜底抽薪,论据之上的论点便无立足之地。

论点是议论的中心,论点错误就会导致整个文章的失败。案件当事人有时为了寻找理由逃避责任,常常会出现错误观点,针对这种情况就应从事实、法律上加以反驳。例如在一起故意伤害案中,被告人辩解说,自己因被自诉人欺骗才伤害自诉人的,故不应负刑事责任和民事责任,判决书在理由部分反驳:"自诉人侯某某同时与两人恋爱,确属不当。但有过错的人其人身权利和财产权利同样受法律保护。被告人提出伤害有过错的人则不负任何责任的辩解意见不能成立。"反驳得令人心服口服。

---

① 《最高人民法院关于在裁判文书引用法律、法规等规范性法律文件的规定》,法释[2009]14号。

　　论证的任务在于揭示论点和论据之间的逻辑联系,它是运用论据去证明论点的过程。反驳论证就是要抓住观点与材料之间的矛盾、推理不合逻辑之处予以驳斥,斩断了论点与论据间的内在联系,那么对方的观点自然变得苍白无力。例如,一份上诉状的理由部分针对原判结论反驳道:"上诉人认为原判认定的事实和理由是不正确的。我与被上诉人结婚,虽由双方父母做主,但订婚后,不断约见,彼此印象都很好。结婚时,被上诉人欢天喜地,绝无异议,有亲友可证。这怎么能认定无感情基础呢?父母做主,必然无情,这是不能成立的。我们结婚12年,生了两个孩子,家庭和睦。只是由于近几年来被上诉人在经济上和生活上对上诉人和子女照顾不够,始有争吵。但就争吵的内容来说,毕竟是家庭琐事,原判也作此认定。因琐事而判决离婚,于法无据。"这段文字从三个层次反驳原判论证:(1)婚前双方印象均好,有感情基础;(2)由父母做主,推出必然无情是错误的;(3)因琐事争吵而判决离婚于法无据。一一指明原判中存在的推理错误。

　　正论和反论可以交叉运用,反论中的三种形式也可因情而定,或单用,或共用,或众法兼济,不拘一格,只是论析必须深透,从事理、法理以至情理上说服人。

　　三、说明

　　说明是对事物形状、性质、特征、成因、功用,或有关人员的经历、特点,以及事理的概念、意义等的解释和介绍。制作法律文书,说明是极重要的表达方式,并得到广泛运用。比如笔录类文书中的现场勘查笔录,要借助说明来介绍地理位置、现场遗留物等;填充类文书诸多项目要运用简洁的说明文字;拟制类文书除了事实和理由两大部分,其余均为说明性文字。由此可见,说明在法律文书中的重要性。

　　说明的方法主要有概括说明、定义说明、数字说明、引用说明。

　　概括说明,将有关事情进行概括性介绍,给人留下一个总体轮廓。比如文书中有关案由案件来源段便采用了此种说明方法,线条性地列述办案的法定程序,以示制作文书的合法性。

　　定义说明,通过下定义明确事物的内涵与外延,指出事物的性质特点,使它与别的事物严格区别开来,是一种比较严密、比较科学的说明方法。在法律文书中往往用来说明法律上的概念。例如一份公诉词在论证过程中穿插了说明:"……姚某某和董某某断绝恋爱关系,是不是要和他人结婚? 审判长、审判员,在这里我特别要说明一点,婚姻自由是我国法律明确规定的:《中华人民共和国婚姻法》第二章第五条规定:'结婚必须男女双方完全自愿,不许任何一方对他方加以强迫或者任何第三者加以干涉'。姚某某出于与董某某的恋爱关系本来就不巩固这样的情况而中断与董某某的恋爱关系,这完全是姚某某的权利,谁要加以强迫和干涉都是非法的。被告人董某某由于姚某某断绝与他的恋爱关系,就报复杀人,这是国法所不容的。"明确了何谓婚姻自由这一概念,被告人的犯罪行为昭然若揭。

　　数字说明,有些案件只用文字难以说清,需要借助数字,与文字配合起来,才能收到明确、清晰的效果。法律文书中的勘查笔录常用此法说明地理位置、现场遗存物件;各类案件中所涉及的物证等也要用说明方法讲清。例如,海南省海口市中级人民法院制作的陈某等故意杀人案第一审刑事判决书,就借助了数字说明法列述事实,其中一段文字如下:"综上所述,本院认为,被告人陈某的行为构成抢劫罪、故意杀人罪(未遂)、非法买卖枪支、弹药罪、非法持有、私藏枪支弹药罪、抢夺罪。其参与抢劫犯罪活动 13 次,抢得人民币 33 万余元、港币 36000 元、摩托车 3 辆、移动电话 3 部、金饰物 5 件、照相机 1 部、手表 110 块,数额巨大;其中 12 次持枪抢劫,4 次入户抢劫,社会危害极大,应依法严惩;其非法买卖手枪 1 支、子弹 5 发,5 次持枪抢劫;非法持有、私藏手枪 4 支,多次用于抢劫、故意杀人犯罪活动,情节严重,应依法惩处;其参与抢夺犯罪活动一次,抢得人民币 3000 元、移动电话 2 部,数额较大,亦应依法惩处;被告人陈某在犯罪后逃避追捕,两次向执行追捕任务的公安人员开枪射击,虽未致人伤亡,属杀人未遂,但情节恶劣,犯罪气焰极为嚣张,社会危害极大,且系累犯,应依法从重处罚;……"这一系列的数字,充分说明了本次作案性质的严重性。

引用说明,即引用能够说明案情的或与案件密切相关的文字来增强说服力的一种手段。可以引用当事人的话,也可引用律文以及名言警句。例如一份著作权纠纷的判决书理由部分有这样一段文字:"××××年 8 月,上影厂开始与池某联系商谈将该小说改编拍摄成电影的有关事宜,同年 12 月 12 日,池某与上影厂签订了《〈太阳出世〉文学作品改编合同书》。合同约定'池某同意上影厂在××××年 12 月 12 日至××××年 12 月 12 日的二年期间内,对小说《太阳出世》享有专有影视改编权。在此期间内,上影厂若要将该专有影视改编权许可(或转让)给第三方,必须事先征得池某的书面同意。如一方违约,由违约方向受害方承担恢复名誉、赔偿经济损失的责任。'双方还约定'本合同若有未尽事宜或需变更、解除,均由甲、乙双方重新协商,并另签书面合同'……"引用合同中的原文来说明双方当事人的是非责任,与整体议论融为一体增强了论证的深透性。

另外,还有举例说明、对比说明等具体方式,皆可因案情与文种的不同加以选用。不论哪种说明方式,都应注意说明的层次性(顺序性)、简洁性、客观性。说明的语言简练平实,内容客观真实,不能掺杂主观感情色彩和推理判断。

思考与练习

1. 简述法律文书制作时选择材料的原则。
2. 法律文书事实的叙述有几种方式? 各有什么特点?
3. 议论在法律文书制作中的作用及论述层次。

第三章　法律文书的语用规范

"语言是人类最重要的交际工具",言语交际便是对语言的具体运用。

法律文书作为实用性很强的一种公文,有其独特的交际领域、交际对象和交际职能,从语言的运用、表达方式到结构布局等诸方面形成了自身鲜明的文体特点。本章主要介绍法律文书的语用规范问题。

第一节　语汇的专业化

语言文字运用到法律领域,具体化为法制的载体,它记载与认定了侦查、起诉、审判、执法等活动,形成了各种类型的法律文书。因此,在语言运用上法律文书体现出高度专业化色彩,这一点尤其明显地表现在语汇选用方面。

一、法律文书的制作需要运用大量的法律术语

各行各业都有自己的行业用语或专业用语,但比较而言,法律文书可以说是使用专业语汇最严格、术语气氛最浓厚的。

我们可以把营造这种法律专业氛围的语汇分为三类:标准法律术语、一般标准法律术语和限选性一般语汇。

标准法律术语是指仅限于法律科学范围内使用的、意义精确、语义单一的语汇。它们构成了法律文书的骨干词汇成分。如有关诉讼参与人称谓及身份情况,在民事案件中就有原告、被告、第三人、上诉人、被上诉人、原审第三人、申诉人等不同用语,每一词语都有准确的外延与内涵,均在民事诉讼中有明确的规定。2018 年 10 月颁布实施的《中华人民共和国刑事诉讼法》第 108 条专门对"侦查""当事人""法定代理人""诉讼参与人""诉讼代理人""近亲属"等术语作了界定。①

一般标准法律术语指那类已在一般语言中(指法律交际领域之外的言语环境)

---

① 《中华人民共和国刑事诉讼法》第九章　其他规定　第一百零八条　本法下列用语的含意是:(一)"侦查"是指公安机关、人民检察院对于刑事案件,依照法律进行的收集证据、查明案情的工作和有关的强制性措施;(二)"当事人"是指被害人、自诉人、犯罪嫌疑人、被告人、附带民事诉讼的原告人和被告人;(三)"法定代理人"是指被代理人的父母、养父母、监护人和负有保护责任的机关、团体的代表;(四)"诉讼参与人"是指当事人、法定代理人、诉讼代理人、辩护人、证人、鉴定人和翻译人员;(五)"诉讼代

常常被作为一般词语来使用的法律术语。比如"疑案"一词,本指真相不明、证据不足、一时难以判决的案件,原是法律上的术语,后来在一般语言里也用于泛指情况了解不够、无法确定的事件或情节。又如"法度"原属法律上适用的专门用语,而今一般语言交际中也用来说明行为的准则,不再局限于法律交际范畴。这类术语可以说是由标准法律术语转化而来,仍然以法律交际领域为主要适用对象。所谓限选性一般语汇,指那些被有条件地吸收进法律文书中,用于丰富、补充文书专业化色彩的语汇。这类语汇广泛地运用于各种领域。

由上可知,这三类词汇中以标准法律术语为核心,一般标准法律术语次之,以体现文书专业气氛,而第三类语汇则只对前两类的表意起辅助作用。例如:

例一,被告人邢某某交通肇事犯罪,有第一现场目击者仲某某和第二现场目击者常某某出证证实,且有现场勘查笔录现场照片及交通事故责任鉴定书等证据在卷,被告人亦予以供认。

例二,上述事实,证明被告人的行为已构成犯罪,本应依法追究刑事责任,但因被告人王××在案件发生后,能主动坦白自首,根据《中华人民共和国刑法》第六十七条,《中华人民共和国刑事诉讼法》第一百七十三条第二款之规定,本院决定对王××不起诉。

例三,本院认为,被告人沈某无视国法,仅仅因为生活琐事竟动刀伤人,且又造成严重后果。根据《人体轻伤鉴定标准(试行)》第二十一条之规定,被告人沈某的行为已构成故意伤害罪,应当依法惩处。

例一是一份刑事判决书的证据部分,共包括两个句子,却运用了 5 次标准法律术语(如"—"所示)、4 次一般标准法律术语(如"⋯"所示),用法言法语详细列举了具体证据,证明力较强,合乎法律规范。例二是一份不起诉决定书的理由部分,其中出现了 8 次标准法律术语,这些术语均是我国刑法和刑事诉讼法中经常出现的语义单纯的词汇,集中运用到不起诉的理由部分,强化了论证的法律依据和法律效力,使文书的表意科学化、严谨化。例三除了运用标准法律术语"被告人""故意伤害罪"之外,还出现了"无视国法""动刀伤人""严重后果""依法惩处"等限选性语汇,它们以法律术语为核心,为文书用语的专业化起到烘托、渲染等辅助作用,也正是它们的出现才足以说明"故意伤害罪"的犯罪特征。但这些限选性一般语汇又不仅限于法律交际领域使用,在其他语言环境中亦可适用,所以它们是有条件地被收进法律文书中的,丰富、补充了文书用语的专业化色彩。

理人"是指公诉案件的被害人及其法定代理人或者近亲属、自诉案件的自诉人及其法定代理人委托代为参加诉讼的人和附带民事诉讼的当事人及其法定代理人委托代为参加诉讼的人;(六)"近亲属"是指夫、妻、父、母、子、女、同胞兄弟姊妹。

二、应严格区分近义词汇的界限

法律文书写作中常常会碰到"阴私"与"隐私""检察"与"检查"这类语汇,它们在一般言语交际中表意相近,甚至可以混用,然而在法律文书中却要严格区分它们之间的细微差别,绝对不能替换。注意辨析它们的不同,是保证法律文书词汇专业化的一个重要方面。

辨析时可以从词义的性质和范围上来进行,具体包括语义的轻重程度、范围大小、褒贬色彩、适应对象以及具体和概括之不同。例如:(情节)严重——(情节)恶劣,审判——判决,诉讼——起诉,隐私——阴私,询问——讯问,被告——被告人等,这几组词语意义上有相近之处,但又互相区别。"(情节)严重"和"(情节)恶劣"是文书理由部分在论证刑事案件被告人的犯罪性质时常用到的,但二者是有着语义轻重程度的差别:"严重"指行为的罪恶程度深,或社会危害性严重,相应的处刑也较重;"恶劣"偏重于反映行为人的主观态度和思想品质很坏,起点刑期相对不高。因而在刑事诉讼文书中这两个词语的运用应与案情相符。

"审判"和"判决"在语意上虽均指法院的司法职能,但前者所表范围较后者要广泛,既包括法院对案件的审查处理又包括判决,"审判"则更具概括性,"判决"一词具体化含义明显。"诉讼"和"起诉"与此相同,可从范围大小、具体与概括角度划分。"隐私"指不愿告人的或不愿公开的个人的事,但不一定是坏事或违法的事,多用于民事诉讼和行政诉讼中,为中性词语;"阴私"则指不可告人的坏事,多指男女关系或个人私生活方面的事,用于刑事诉讼中,带有贬义色彩。可见"隐私"与"阴私"在适用对象和感情色彩上均有区别。"询问"与"讯问"在适用对象上各异,"讯问"只适用于刑事案件的被告人、犯罪嫌疑人,而"询问"则适用于被害人、证人以及民事案件的当事人,态度和缓。"被告"与"被告人"的区别也在于适用对象之不同,前者是民事、行政诉讼中被提起诉讼的人,后者指刑事诉讼中犯罪嫌疑人被提起公诉后的称谓,不能互相替代。

以上所举是法律文书中比较典型的几组近义词,实际上这类近义词现象还有很多,通过这些词汇之间细微的差别,体现了法律术语界限的分明和适用的单纯性,因此也才能够在言语表达中避免信息误差的出现,确保法律震慑犯罪、排解纠纷的权威性、庄重性。

语汇的专业化,可谓制作法律文书的第一规范,一旦偏离则将丧失法律文书的文体特点。

第二节　语言的理性化

　　法律文书语言的专业化即法言法语,为文书整体语言风格奠定了一种色彩鲜明的基调,它直接制约着语言运用的其他方面,文书语言的理性化,就是在此基础上形成的。

　　所谓语言的理性化,指制作者依抽象思维的轨迹,客观冷静、平实质朴地运用语言,不介入任何主观情绪。

　　理性化的语言与形象化的文学语言、鼓动性的政治语言、道德教化性的语言,以及新闻语言有着显著的不同。

　　由于文书以记叙和认定侦查、起诉、审判、执法等活动为目的,追求语言表达的精确、明白,所以侧重于运用消极修辞手法即所用的语言,须是概念的、抽象的、普通的,而非感性的、具体的、特殊的,以保持高度的客观性,体现其制作主体——司法机关是代表国家意志进行各种诉讼活动的,而非某一个人的作品或建议,它绝对排斥制作人员主观情感的渗透。如果说文学作品中提倡作者个人风格争奇斗艳,那么法律文书这一实用性文体恰恰相反,可以说法律文书是最限制个性发挥的文体。试看下面两例。

　　例一,她和他同村,年方 19 岁,出落得清水芙蓉一般:那亭亭玉立的风姿,白里透红的瓜子脸,两泓波动秋水般的眸子,还有那如云的秀发,荡漾着甜美的笑靥,常常令他销魂。

　　例二,原告:程某,女,1954 年 3 月 2 日出生,汉族,××省××县人,××市××计算中心干部,住本市×××小区南区 A 楼 301 室。

　　例一引自一篇名为《残酷的爱》的法制报告文学。文中讲述了一个因恋爱不成,行凶杀人的案件,语言表述上具有较浓厚的文学形象性。文章开篇便对女主人公(被害人)做了形象性描绘,其中运用了三处比喻修辞手法,以及"亭亭玉立""白里透红""甜美的笑靥"等修饰性成分较多的文学语句,塑造出一个充满青春气息的美丽女子形象,流露出作者的褒爱之情,也为下文"她"的不幸遭遇起到反衬作用。例二引自一份民事判决书首部,介绍有关案件当事人的情况。同样是在写人,它则侧重于说明而非形象塑造,语言简明、朴实而理智,没有任何感人的修饰、描绘性语句,而更多的是限制性成分,更没有融入创作者的主观意向。一个是形象的文学语言,一个是客观冷静的公文性语言,显然风格迥异。

　　文学作品依形象思维运用语言,进行创作,没有固定的模式可依循,思路如行云流水,无拘无束。为达到言有尽而意无穷的目的,借助大量比喻、夸张、拟人等修辞手法。法律文书要求依逻辑思维按一定的格式去制作,思路受固定结构的制约,力求语言精确明白,为此还常常用到大量的数字,以增强准确度。如有关赃物的数量、地理位置的描述,被害人的伤害情况鉴定等。而文学作品中是较少使用这类说明性数字的,以防造成抽象、枯燥的印象,破坏所描绘的艺术气氛。试看下面两例:

例三,现场位于 308 国道 357 公里处路段南侧,向东 20 米处是 357 公里路段标志,北侧 25 米处是兰花饭店。

例四,看吧,由澄清的河水慢慢往上看吧,空中,半空中,天上,自上而下全是那么清亮,那么蓝汪汪的,整个的是块空灵的蓝水晶。这块水晶里,包着红屋顶,黄草山,像地毯上的小团花的小灰色树影;这就是冬天的济南。

例三是某公安局制作的有关抢劫案现场勘查笔录中的一段,例四引自老舍的散文《济南的冬天》。这两段文字虽然都是描写环境,但在选词、用句以及修辞方式等方面却有极大差别。前者运用了数量词、方位词以及表示并列关系的句子,从大范围渐趋具体地交代清楚发案地点,以为进一步的侦破工作提供线索。后者运用了描写性状、色彩的词语以及祈使语气的句子和比喻修辞手法,有形有色,促人联想,借景抒情,情景交融,极富感染力。

另外,法律文书在表达方式的选择上,不论是说明还是叙事、议论都应保持客观的态度,既不能出现"罄竹难书""荒谬至极"之类夸张性的语言,也不能言辞含混,模糊不清。例如一份抗诉书中对原判决情况进行评析时写道:

"我们认为丁某某的行为是正当防卫,而非故意伤害,原判定性失当,判决欠妥。现根据《中华人民共和国刑事诉讼法》第二百二十八条的规定,向你院提出抗诉。"

其中"失当""欠妥"等语虽合语法要求,但不切实际情况,不合法律规定。因为需检察院提起抗诉的,只能是确有错误的判决或裁定,而"失当""欠妥"之类的判决或裁定,可列入总结经验教训范围,勿须提起抗诉,所以应将"原判定性失当,判决欠妥"改为"原判定性量刑均有错误",语气庄重、肯定,态度明确,以示抗诉的合法合理。

又如一份解除养父子关系的民事判决书,理由部分(节录)的写法也犯了类似错误:

"本院认为,……双方曾发生过一段养父子关系,……因而,身为长者应念晚辈尚在年幼,……负一些力所能及的义务,以显长者之仁厚,何乐而不为? 被告亦应念原告为了养育自己花了一些心血……,自应以德报德,以示晚辈对老人孝敬之意,争得舆论之同情,挽回双方之裂痕,岂非美事! ……"

这段文字用了"何乐而不为?""岂非美事!"这类带有商榷口气的问句、感叹句,有失语言的明确性,冲淡了判决书语言的理性色彩。判决书的理由部分,应以论证的方式阐述清楚谁是谁非,谁应承担民事责任,谁不应承担;承担的应承担多少,纠纷如何解决,分析应切中要害,以理服人,为判决结果奠定坚实的基础。而该例既然判决双方解除养父子关系,就应围绕该结论分析论证原、被告是非责任,如再以商榷之语劝导双方挽回裂痕,显然脱离该文书的宗旨,拖泥带水,有失庄重。

第三节 语言的书面化

语言的风格类型一般有两种,一种是口头语风格,另一种是书面语风格,前者特点是言语表达的强烈针对性、灵活性、多变性表现得极为突出,语句简短、松散,含有不准确、不规范或者多余的成分。随意性、对语境的依赖性较强,如公安机关的预审语言。后者因(制)作者单方进行,可以从容遣词造句,具有言语表达的严密完整性和系统连贯性,因而书卷气较重,用词注重规范,句式严密完整,强调表意的逻辑性。

法律文书除了笔录类文书中(如讯问笔录)有口语风格存在,其余如叙议类、表格类文书均保持书面语风格。

一、语汇的书面化

语汇是建构文章的基础材料,前面已从语义角度谈了文书中语汇的专业化色彩,这里就语汇的规范性看文书语言的书面化特点。

法律文书强调选用书面标准语词汇,排斥方言、土语、俚俗语的渗透。方言、土语、俚俗语等在文学作品中可以帮助塑造人物形象,描绘典型环境,比如《红楼梦》中就巧妙地穿插了大量方言俗语,表现出作者驾驭民族语言的超凡能力。然而,俚俗语、方言若出现在法律文书中却会破坏文书的准确性、庄重性。如:

例一,王、张二人又在双港食品加工厂和双港农机站盗窃食油30余斤,以及废铅等物,由张、王二人俵分。

例二,张、赵出来,在新工一村岩坎下土坡处玩耍,摆谈中两人发生争执,当赵再次坚持不与张交朋友时,张即起杀人恶念。

以上两例分别出自两份起诉意见书的事实部分。例一中的"俵分"意为"按份儿或按人分发",例二中的"摆谈"与"交谈"同义,"玩耍"一词用来写成年人也多出现在方言中。这三个方言词夹杂在上下文中,与整体的书面语风格极不协调,有损文书的庄重格调。可将其分别改为"平分""交谈"和"散步"。

法律文书在排斥方言俗语的同时,却适当吸收了古汉语中的一些词汇。如单音节的虚词、双音节词语以及四字格结构短语。

例三,本院认为,被告人张某某,无视国法,在加强廉政建设,整顿不正之风之际,利用职权,收受贿赂31次,数额巨大,并为行贿人谋取非法利益已构成受贿罪,本应从重处罚。但鉴于被告人在案发后,能主动交代检察机关尚未掌握的主要事实,积极交出全部赃款,检举他人犯罪,有立功和悔罪表现。本院决定对被告人及其辩护人的意见,予以采纳。

例中运用了"并、已、本、但、及"五个单音节虚词,这些虚词本身并没有词汇意义,但有语法意义,当它们与上下文结合起来时,便可以表达丰富的逻辑关系。如果将其改换为双音节词"并且、已经、本来、但是、以及",意义没有变,但缺乏单音节词的精练、简洁,降低了语句层层推进的紧凑程度。另外,例中还出现了古文句式"在……之际"和双音节文言词语"鉴于、尚未、予以"和单音节的"其"等,简练明确,周密严详,表现出一种庄重的严谨的风格。古汉语是一种高度精练的语言,用最少的信息载体传送最丰富的信息,恰当选用有助于法律文书的表意。

例四,综上所述,张某某,杀人碎尸,手段残忍,情节恶劣,罪行严重,触犯了……,特将本案移请审查,依法起诉。

这段起诉意见书的理由部分,连续用了七处四字格结构(由四个音节组成)短语,音节整齐匀称,读来富有音乐性,表意言简意赅,节奏上铿锵有力,增强了法律的威慑力。

二、句式的选择

言语交际中同一个意思可以用不同的结构形式来表达,但表达效果不同,那么可依表达需要选择结构形式。

汉语中可供选择的同义句式丰富多彩,如语序的常与变,形体的长与短,组织的松与紧,结构的整与散,语气的抑与扬等,它们在表达重点、语意轻重、语气态度、风格色彩等方面体现出同一结构不同的表达效果。

法律文书侧重于运用陈述句,目的在于严谨、客观地叙说案情;较少使用祈使句,排斥感叹句。

从句式的结构上来看,法律文书侧重于使用散句,即那类结构上比较自由,不求相同或相似,没有特意安排的相同词语的一组组句子。散句长短不一,适应性较强,可用于表述各种内容。而整句由于结构上必须相同或相似,形式上求整齐匀称、长短划一,虽然有声音和谐、气势贯通之妙,但很大程度上限制了语意表达,多用在诗歌、散文中抒发强烈情感,因而法律文书中较少使用,只是在具有演说性质的公诉词中偶尔出现,以控诉犯罪,警醒世人。

从句式的长短上看,法律文书中常是长、短句并用。请看一份判决书的案由、案件来源部分。

例五,自诉人王某某以被告人李某某犯故意伤害罪,要求给予刑事处分,同时要求赔偿给她造成的经济损失为由,向本院提起控诉。本院受理后,依法由审判员郑某某独任审判,公开开庭审理了本案。自诉人侯某某、被告人李某某及其辩护人刘某、证人吕某到庭参加诉讼。本案现已审理终结。

　　该例由四个句子构成,前三句均为长句,第一句中"以……为由"这个介词结构做了长状语;第二句谓语"审理"之前也是个长状语;第三句主语为并列式结构。这些句子尽管形体较长,但是句中停顿较多,整体上长中有短,结构上疏密有致,读起来并不拗口,最后以短句"本案现已审理终结"收尾,简洁有力。一般来讲,长句这一组合形式形体较长,联合成分、修饰限制性词语较多,包含的内容比较复杂,表达上具有精确、明晰、周详的优势,便于郑重、庄严地表明主张、气势畅达。法律文书在交代案由、案件来源,议论说理,列举证据时多用长句。但长句较多时易形成沉闷、呆板的气氛,而短句恰恰可以弥补这一不足。相对而言,短句形体小、词数少,结构简单,表达上生动活泼,明快有力,因此法律文书在叙述事实时多用短句。长短句交错出现,优势互补,极大地丰富了语言的表现力。

　　总之,不论是何种句式的选用,都应符合法律文书的文体特性,力求表意完整、严密周详、不生歧义。

　　上述规范源于法律实践,反之,又制约着法律文书的语言运用,一旦偏离这些语用规范,法律文书便难于同其他文体相区别。

思考与练习

　　1. 法律文书的语用规范包括哪几方面?

　　2. 《折狱新语》是明末李清(字映碧,1602—1683)在宁波府推官任内审理各类民刑案件的结案判词专集,包括 10 卷 210 篇。试看其《诈伪卷·逼寡事》中一个片段:"审得胡氏者,陶四二(人名)远房伯母也。其人如虎,其舌若雕,此所以一逐于叔,再逐于婿,而今且怅怅无依也。于是孤飘无归,强欲求四二而子之。而高翔之鸿燕,肯投鹰鹯(老鹰)怀抱乎?",请问,此例的语言风格与当代法律文书有何不同? 并分析成因。

第四章　公安刑事法律文书

第一节　概　　述

一、概念和特点

公安刑事法律文书是公安机关在刑事诉讼活动中依法制作或者认可的具有法律效力或法律意义的文书。

所谓"认可的"是指公安机关认可的其他机关、团体和诉讼参与人依法制作的各种文书,如被告人、犯罪嫌疑人的亲笔供词、证人亲笔证词等。所谓"依法制作的"则指与公安机关的职责密切相关并由公安机关制作的文书。根据刑事诉讼法的规定,刑事诉讼活动中有一系列任务由公安机关完成:依法对刑事被告人、犯罪嫌疑人进行侦查、拘留、预审、执行逮捕,准确及时地查明犯罪事实,惩罚犯罪分子,保障无罪的人不受刑事追究;对侦查终结应当起诉的案件,移送检察院决定;对被判刑罚不予关押的罪犯执行监督考察等,因而在每个工作环节便有相应的文书出现。

公安刑事法律文书除了具有法律文书的共性外,它还明显地表现为下列个性:

1. 初创性。公安刑事法律文书是对刑诉活动最初阶段的记录,没有公安刑事法律文书就难以产生检察文书、审判文书。因而公安刑事法律文书处于刑事诉讼程序上的起步期,必须慎重对待。

2. 非公开性。绝大多数公安刑事法律文书是供司法机关内部使用的,不对外公开,具有较强的保密性。这一点和检察文书、审判文书相比尤其突出。检察文书中的起诉书、抗诉书皆可当庭宣读,审判文书中的判决书、调解书、裁定书具有很大程度的公开性。

二、当代发展简史

公安机关刑事法律文书是随着人民公安保卫机关的产生而产生的。新中国成立后,中央人民政府成立了公安部,刑事侦查工作走向规范化,法律文书也逐渐趋向统一规范,共有法律文书样式30多件。1979年我国第一部《刑法》《刑事诉讼法》颁布之后,法制建设得到不断加强,为适应"两法"实施的需要,公安部相继制定了一些法律文书。1996年3月,随着《刑事诉讼法》的修订,刑事诉讼制度不断完善,对公安机关侦查办案工作提出了更高要求。为了保证公安机关顺利实施修正后的《刑事诉讼法》,公安部组织专门力量,对各业务部门的侦查文书进行了全面清理,经过清理,可以继续使用的侦查文书共 58 种。在对 58 种文书进行修改、补充的基础上,又增加了 35 种侦查文书,共计 93 种,并制定了《公安机关刑事法律文书格式(样本)》,于 1996 年 11 月 14 日由公安部通知下发全国各级公安机关执行,以适应修正后的《刑事诉讼法》的需要。1998 年公安部修改了《公安机关办理刑事案件程序规定》(以下简称《程序规定》),随后,全国人大又相继对《刑法》进行了立法完善,鉴于此,公安部于 2002 年又对公安机关刑事法律文书进行了修改和补充,于 2002 年 12 月 18 日颁布了《公安机关刑事法律文书格式(2002)版》,并决定于 2003 年 5 月 1 日起施行。

2012 年 3 月《刑事诉讼法》进行了修改,公安部对《程序规定》也做了全面修改。为保证文书式样与修改后的《刑事诉讼法》同步施行,为了规范公安机关刑事执法活动,确保严格依法办案,提高办案质量,根据修改后《刑事诉讼法》《程序规定》的规定,2012 年公安部对《公安机关刑事法律文书格式(2002 版)》(公通字〔2002〕69 号)进行了修改和补充。公安部在 2012 年 5 月起草了《公安机关刑事法律文书式样》送最高人民检察院、最高人民法院、司法部、国家安全部以及相关业务局和地方公安机关征求意见,并召开了由部相关业务局和部分地方公安机关参加的征求意见座谈会。在此基础上,公安部对 2002 年 12 月 18 日印发的《公安机关刑事诉讼法律文书格式(2002 版)》进行了修改、补充、完善,经部领导审批同意,2012 年 12 月 19 日,公安部以公通字〔2012〕62 号通知发布了《公安机关刑事法律文书式样(2012 版)》(以下简称《文书式样》),该《文书式样》从 2013 年 1 月 1 日起开始启用。

这次修改主要体现出如下特点:多联式文书普遍增加了附卷联,在存根联中普遍增加了案件名称、案件编号等项目,增强了文书的实用性和可操作性,便于刑事诉讼中的执法监督;新格式中的叙述类文书与检察机关的检察文书、人民法院的裁判文书内容趋于一致,使法律文书写作更加规范、合法;内部审批文书一律使用呈请报告书格式,简化了内部使用的文书,使文书的制作与使用更为简便、规范。在修订和完善时,根据《刑事诉讼法》和《程序规定》,坚持了以下三个原则:一是依法设置。即对法律赋予公安机关的权力,通过文书进一步地明确了操作程序,例如,根据修改后的《刑事诉讼法》新增技术侦查措施的规定,文书式样中增加了技术侦查文书,并根据法律规定的采取、执行、延长期限、解除程序,相应设计了采取技术侦查措施决定书等 4 种文书;修改后《刑事诉讼法》增加了查封措施,修订后的《程序规定》增加了查封、扣押决定程序,文书式样中相应增加了查封决定书、扣押决定书,以保证执行查封、扣押程序的严肃性。同时,为保障公民权利以及法律监督的规定切实予以执行,根据修改后《刑事诉讼法》关于当事人权利义务的规定,八类法律文书中,侦查取证类文书修改变化最大,由原来的 34 种变更为 37 种,其中新增 12 种、删除 6 种、合并 3 种、修改 25 种,增加了《被取保候审人义务告知书》《被害人诉讼权利义务告知书》《证人诉讼权利义务告知书》《接受证据材料清单》《查封决定书》及《扣押决定书》等 12 种法律文书;根据执行公开的有关要求,增加了受案回执。旧版的律师参与类法律文书的内容全部删除,新增了《提供法律援助通知书》《会见犯罪嫌疑人申请表》《准予会见犯罪嫌疑人决定书、通知书》和《不准予会见犯罪嫌疑人决定书》,重新对讯问笔录的格式和内容进行了修改,集中体现了对犯罪嫌疑人、被告人权利的保护。新增了《传讯通知书》《保存证件清单》《指定居所监视居住通知书》和《不予释放/变更强制措施通知书》等4种文书,删除了《羁押期限届满通知书》《不予取保候审通知书》和《对保证人罚款/没收保证金复核决定书》等3种文书,以提高非羁押性强制措施的适用率。《犯罪嫌疑人诉讼权利义务告知书》增加了第5条规定,即在接受传唤、拘传、讯问时有权要求饮食和必要的休息时间,以防止连续讯问导致刑讯逼供。二是务实好用。例如,根据现场勘验检查的实践需要,并参考公安部刑侦局《公安机关刑事案件现场勘验检查卷宗制作规范》,对现场勘验笔录进行了修改,增加了提取痕迹、物证登记表,以解决现场勘验提取物证来源不清的问题,有利于及时固定证据;为保证取保候审、监视居住措施的有效执行,增加了传讯通知书、保存证件清单。三是高效减负。为减轻基层负担,方便基层一线民警使用,一方面将一些内容相近的文书予以合并。例如,将检查、复验复查、侦查实验、搜查、查封、扣押、辨认、提取等笔录整合为通用笔录文书,由民警根据办案需要填写;将未成年犯罪嫌疑人法定代理人到场通知书、未成年人证人/被害人法定代理人到场通知书,合并为未成年人法定代理人到场通知书。另一方面,对在一种文书中能够一并解决的问题,不再另设单独文书,提高民警工作效率。例如,在拘留证、逮捕证中增加"属于律师会见需经许可的案件"的填写事项,一并解决送押犯罪嫌疑人时,将是否属于需经许可会见案件通知看守所的问题。从办案实践看,一些案件往往在受案环节尚难以准确判断案件性质,很难选择是填写刑事还是行政案件登记表,经研究,将两个登记表的格式统一,合并为受案登记表,并将讯问犯罪嫌疑人,询问违法嫌疑人、被害人、证人的笔录内容予以简化整合,形成询问/讯问笔录,作为刑事案件、行政案件通用法律文书,便于实际操作。

三、类别

公安法律文书主要包括刑事法律文书和行政法律文书。本章只介绍公安机关刑事法律文书。

《公安机关刑事法律文书式样(2012版)》严格按照《刑事诉讼法》和《公安机关办理刑事案件程序规定》进行了修改和完善,其文书种类的增删、格式及内容的变化均充分展现了尊重和保障人权的宪法原则。修订后的《文书式样》,共分为八大类97种。

根据不同的标准,公安机关刑事法律文书有如下分类。

一是根据组成联数的不同,可分为单联式文书和多联式文书。单联式文书在整体结构上只有一联组成,但一般要求制作多份,实际制作时可以对其复印,但有关单位印章或者特定对象签名不得复印。笔录类、审批类文书多为单联式文书。多联式文书一般是对外使用的。与单联式文书相比,多联式文书的制作要求较为严格。多联式文书一般由存根和正副本各联组成,各联之间有骑缝线。填写文书时,存根和正副本各联之间的有关内容应保持一致,骑缝线上要填写字号,并加盖印章。决定类、通知类文书多为多联式文书。

二是根据制作和表达方式的不同,可分为填充式文书、填表式文书和叙述式文书。填充式文书内容框架事先已经印刷完毕,制作时只需在空白处按照要求准确填写有关内容。通知类文书多数属于填充式文书。填表式文书与填充式文书大致相同,也是事先已经印刷好表格,制作时只需在空白处准确填写有关内容即可。二者不同之处在于,填充式文书多数为有存根的文书。例如,通知书等多联式文书。而填表式文书大多为无存根的文书。例如,清单类文书。叙述式文书的内容一般不固定,根据不同案由和制作目的,组成不同的文书内容。例如,各种笔录、决定书等。这类文书,一般只印印制单位、文书名称、字号等开头内容,实际制作时,其他内容根据具体需要制作。

三是根据文书的内容和作用不同,可以将公安机关刑事法律文书分为决定类文书、通知类文书、笔录类文书和清单类文书。决定类文书是公安机关对案件有关事项或者当事人的有关权利义务作出处理决定时使用的文书。决定类文书一般由存根和正本组成。通知类文书是公安机关在办理案件和其他执法活动过程中,需要就有关决定和一些事务性问题通知有关单位和当事人时使用的文书。另外,由于需要将文书送达不同的当事人,虽然其通知事项一样,但表达方式应当有所不同。因此,除只有一个通知对象并且必须附卷留存的通知书以外,通知书应当分为正本、副本。通知书应当根据具体情形准确填写,涉及同一事项或者要素的,内容应当保持一致。笔录类文书是公安机关在调查取证过程中,对有关行为和结果予以记录和固定的文书。笔录是证明调查取证行为及过程的合法性和记录证据内容真实性的一种证据材料。此类文书一般是叙述式文书,只制作一份,并应当存卷。清单类文书是记录办案中扣押、保全、收缴有关物品、文件及其流转过程情况的单据。它是物品转移情况的证明,但具有十分重要的法律意义,也应当存卷。

四是根据侦查办案程序的不同,即按公安机关参与刑事诉讼的不同阶段,将公安机关刑事法律文书分为立案、管辖、回避文书,律师参与刑事诉讼文书,强制措施文书,侦查取证文书,技术侦查文书,执行文书,刑事通用文书和规范性文书等八大类(共97种)。

第一类立案、管辖、回避文书。有受案登记表、受案回执、立案决定书、不予立案通知书、不立案理由说明书、指定管辖决定书、移送案件通知书、回避/驳回申请回避决定8种。

第二类律师参与刑事诉讼文书。有提供法律援助通知书,会见犯罪嫌疑人申请表,准予会见犯罪嫌疑人决定书/通知书、不准予会见犯罪嫌疑人决定书,涉密案件聘请律师申请表 4 种。

第三类强制措施文书。有拘传证、传讯通知书、取保候审决定书/执行通知书、被取保候审人义务告知书、取保候审保证书、收取保证金通知书、保存证件清单、退还保证金决定书/通知书、没收保证金决定书/通知书、对保证人罚款决定书/通知书、责令具结悔过决定书、解除取保候审决定书/通知书、监视居住决定书/执行通知书、指定居所监视居住通知书、解除监视居住决定书/通知书、拘留证、拘留通知书、延长拘留期限通知书、提请批准逮捕书、逮捕证、逮捕通知书、变更逮捕措施通知书、不予释放/变更强制措施通知书、提请批准延长侦查羁押期限意见书、延长侦查羁押期限通知书、计算/重新计算侦查羁押期限通知书、入所健康检查表、换押证、释放通知书、释放证明书 30 种。

第四类侦查取证文书。传唤证、提讯提解证、询问/讯问笔录、犯罪嫌疑人诉讼权利义务告知书、被害人诉讼权利义务告知书、证人诉讼权利义务告知书、未成年人法定代理人到场通知书、询问通知书、现场勘验笔录、解剖尸体通知书、笔录、调取证据通知书/调取证据清单、搜查证、接受证据材料清单、查封决定书、扣押决定书、扣押清单、登记保存清单、查封/解除查封清单、协助查封/解除查封通知书、发还清单、随案移送清单、销毁清单、扣押/解除扣押邮件/电报通知书、协助查询财产通知书、协助冻结/解除冻结财产通知书、鉴定聘请书、鉴定意见通知书、通缉令、关于撤销字〔〕号通缉令的通知、办案协作函、撤销案件决定书、终止侦查决定书、起诉意见书、补充侦查报告书、没收违法所得意见书/违法所得清单、强制医疗意见书共 37 种。

第五类技术侦查文书。采取技术侦查措施决定书、执行技术侦查措施通知书、延长技术侦查措施期限决定书、解除技术侦查措施决定书 4 种。

第六类执行文书。减刑/假释建议书、假释证明书、暂予监外执行决定书、收监执行通知书、准许拘役罪犯回家决定书、刑满释放证明书 6 种。

第七类刑事通用文书。呈请报告书、复议决定书、要求复议意见书、提请复核意见书、死亡通知书 5 种。

第八类规范性文书。包括刑事侦查卷宗(封面)、卷内文书目录、告知书等。

本章择要介绍几种拟制式文书。

第二节　呈请立案报告书

呈请类报告书,是指公安机关办理刑事案件过程中,对于拟进行的有关诉讼行为呈报领导审批时制作的法律文书,属于审批文书。

审批文书包括两种情况,一种是对外使用的审批文书,多为单联式表格文书,如涉密案件聘请律师申请表、暂予监外执行审批表等,经领导审批后,应当根据审批结果制作相应的决定类文书,如涉密案件聘请律师决定书、暂予监外执行决定书、通知书等。另一种审批文书是内部使用的审批文书,多为文字叙述类文书,如呈请拘留报告书,经领导批准后,要制作拘留证、拘留通知书,呈请取保候审报告书经领导批准后要制作取保候审决定书、执行通知书、取保候审保证书等。

呈请类报告书属于通用文书类,其使用范围就相当广泛,《文书格式》规定,凡涉及与刑事办案有关的需要审批的事项,均可适用。严格说来,用于内部审批的文书不属于刑事法律文书,但由于我国《刑事诉讼法》和《程序规定》对公安机关的有关诉讼活动都有明确的审批程序规定,公安机关在采取拘传、取保候审、监视居住、拘留、逮捕等强制措施时要使用《呈请××报告书》,此外,呈请立案、破案、结案、撤案,呈请延长羁押期限,呈请搜查、调取证据,呈请查询存款、汇款,呈请侦察实验、复验复查等,都要使用相应的《呈请××报告书》,因而,格式对此类文书予以明确规定。

一、概念

呈请立案报告书,公安机关根据掌握的材料,确认犯罪事实存在并需要追究刑事责任,向上级领导提出的确定案件成立呈请备案的书面文件。

根据我国《刑事诉讼法》第 109 条、第 110 条规定,公安机关或者人民检察院发现犯罪事实或者犯罪嫌疑人,应当按照管辖范围,立案侦查。任何单位和个人发现有犯罪事实或者犯罪嫌疑人,有权利也有义务向公安机关、人民检察院或者人民法院报案或者举报。根据 2020 年修改的《公安机关办理刑事案件程序规定》①第 178 条之规定,公安机关接受案件后,经审查,认为有犯罪事实需要追究刑事责任,且属于自己管辖的,经县级以上公安机关负责人批准,予以立案;认为没有犯罪事实,或者犯罪事实显著轻微不需要追究刑事责任,或者具有其他依法不追究刑事责任情形的,经县级以上公安机关负责人批准,不予立案。决定不予立案后又发现新的事实或者证据,或者发现原认定事实错误,需要追究刑事责任的,应当及时立案处理。

立案是开展刑事侦查活动的必经阶段,经县级以上公安机关负责人对立案报告书审批后,作为填写《立案决定书》的依据,侦查活动才合法。

二、格式

领导批示	
审核意见	
办案单位意见	

---

① 《公安部关于修改〈公安机关办理刑事案件程序规定〉的决定》已经 2020 年 7 月 4 日第 3 次部务会议审议通过,自 2020 年 9 月 1 日起施行。

呈请立案报告书

一、犯罪嫌疑人的基本情况。尚未确定犯罪嫌疑人的,写明案件基本情况。如果涉及其他人员的,写明该人基本情况。

二、呈请事项。

三、事实依据。

四、法律依据。

五、结语和落款。

三、内容和制作方法

立案报告由首部、正文、尾部三部分组成。

(一) 首部

标题。如格式,点明呈请事项和文书名称即可。

(二) 正文

(1)犯罪嫌疑人的基本情况。姓名、性别、出生日期、出生地、身份证件号码、民族、文化程度、职业或工作单位及职务、政治面貌(如是人大代表、政协委员,一并写明具体级、届代表、委员)、采取强制措施情况、简历等。

尚未确定犯罪嫌疑人的,写明案件基本情况。写明接受案件基本情况,发案时间、发案地点、案件来源、伤亡及财物损失情况。如果涉及其他人员的,写明该人基本情况,例如报案人的姓名身份情况及其对案件发现情况或发生经过的陈述,写清发现的时间、地点、现场情况、犯罪嫌疑人及其去向等。

(2)呈请事项。需要领导批示的事项,此处为呈请立案。

(3)事实依据。文书的重点部分,应详细叙述有关案件事实,并对有关证据进行分析。一般包括现场勘查情况、现场调查访问情况及鉴定结论。

现场勘查情况主要写明以下内容:①现场环境及现场的中心地点;②现场上的主要发现。如杀人案中被害人的身份情况、尸体的位置、状态、致死原因、衣着等。盗窃案中门窗被撬情况,箱柜物品是否翻动及丢失钱物数额。现场提取的血迹、足迹、作案工具、遗留物、指纹等。现场勘查是为了获取第一手材料,所以该项内容应详细写明。当然没有明显现场的案件此项可略掉。

调查情况。调查访问是侦破案件的重要手段之一,调查访问所获情况对分析判断案情具有重要意义。具体写明:①调查对象。如受害人、目击者、知情人等;②调查内容。案件发生的时间、地点、经过。受害人或者受害单位的情况。如受害人的生活作风、经济条件、社会关系、政治思想等情况。犯罪嫌疑人的有关情况,如性别、年龄、形象特征、作案手段和工具,可能作案的原因,以及历史情况、现实表现、去向等。发案单位有无异常情况和异常人物,案件发生的因果关系及证据等。

(4)法律依据。写明呈请立案所依据的具体法律规定,针对报案、控告、举报或者犯罪嫌疑人自首的交代、现场勘查、调查访问及鉴定结论的综合分析判断,说明立案的条件和依据,是对上述阶段所获材料、线索的客观分析,为拟定侦查计划提供关键性的依据。主要写明认定犯罪事实确定案件成立的判断;对作案人数、作案时间、地点、手段、过程、是否第一现场的判断;明确犯罪嫌疑人的行为造成的后果依法应追究其刑事责任。最后引用刑法和刑事诉讼法的条款具体来认定案件性质,提出立案要求,有时还要写明案件的严重程度,即说明立为一般案件还是重大或特大案件。

正文部分的制作项目较多,逻辑层次要严谨清楚,语言宜简明通顺,以突出重点为当。

(三) 尾部

写明"以上报告妥否,请批示"或"请审批"等结束语,这是报告类文书不可缺少的。然后签署制作机关全称、日期,加盖该机关公章。盖章宜端正大方,注意要骑年盖月。

四、实例

实例:呈请立案报告书

第三节　立案决定书

一、概念

立案决定书,是指公安机关发现犯罪事实或者犯罪嫌疑人,按照管辖范围审查后,决定立案侦查时制作的法律文书。

《刑事诉讼法》第 109 条法规定:"公安机关或者人民检察院发现犯罪事实或者犯罪嫌疑人,应当按照管辖范围,立案侦查。"第 112 条规定:"人民法院、人民检察院或者公安机关对于报案、控告、举报和自首的材料,应当按照管辖范围,迅速进行审查,认为有犯罪事实需要追究刑事责任的时候,应当立案;认为没有犯罪事实,或者犯罪事实显著轻微,不需要追究刑事责任的时候,不予立案,并且将不立案的原因通知控告人。控告人如果不服,可以申请复议。"《程序规定》第 178 条规定,公安机关接受案件后,经审查,认为有犯罪事实需要追究刑事责任,且属于自己管辖的,经县级以上公安机关负责人批准,予以立案;认为没有犯罪事实,或者犯罪事实显著轻微不需要追究刑事责任,或者具有其他依法不追究刑事责任情形的,经县级以上公安机关负责人批准,不予立案。决定不予立案后又发现新的事实或者证据,或者发现原认定事实错误,需要追究刑事责任的,应当及时立案处理。

制作立案决定书应当符合三个条件:一是有犯罪事实,需要追究刑事责任。犯罪嫌疑人有无犯罪事实,应根据证据加以认定。是否需要追究刑事责任,应根据《刑事诉讼法》第16条和《刑法》的有关规定,结合有关证据认定。只要有犯罪事实,需要追究行为人刑事责任的,即应立案侦查,而不管是否已经明确犯罪嫌疑人为何人。二是符合管辖规定,即案件属于本公安机关管辖。三是县级以上公安机关负责人已经批准立案侦查。公安机关受理案件后,经过审查,认为有犯罪事实需要追究刑事责任,且属于自己管辖的,由接受单位制作呈请立案报告书,经县级以上公安机关负责人批准,予以立案。县级以上公安机关负责人直接在受案登记表上批示立案侦查的,也应制作立案决定书。

立案决定书是公安机关对刑事案件确认成立,并正式开展侦查活动的合法依据,只有立案以后,公安机关才能依法对案件进行侦查,不失时机地发现和收集证据,同时对犯罪嫌疑人采取各种侦查手段和强制措施,以使侦查工作顺利进行。

二、格式

××公安局 **立案决定书** **(存根)** 　　×公(　　)立字〔　　〕×号 案件名称 案件编号 犯罪嫌疑人 出生日期 住址 批准人 批准时间 办案单位 填发时间 填发人	**××公安局** **立案决定书** 　　×公(　　)立字〔　　〕×号 　　根据《中华人民共和国刑事诉讼法》第一百零九条/第一百一十二条之规定,决定对_____案立案侦查。 　　　　　　公安局(印) 　　　　　　　年　月　日

三、内容和制作方法

立案决定书为两联填充式文书。第一联为存根,统一保存,第二联为正本,附卷。两联均由首部、正文和尾部三部分组成。

（一）首部

包括标题和案号。如格式,应分两行居中写明机关和文书名称即可。

第一联在文书名称下一行居中加括号注明"存根"二字(存根联已印制好,依所列项目填写即可。下同),以表明与正本相同。

案号由五部分组成,即制作法律文书的机关代字,例如,"济公";"( )"括号内填写办案部门简称,例如,经济犯罪侦查部门制作的文书填写"经",刑事犯罪侦查部门制作的文书填写"刑";"字"前面填写文书名称简称"立";"〔〕"内填写年度;年度后填写发文顺序号(下同)。

（二）正文

第二联(正本联)正文部分应写明两项内容。

(1)法律依据。文书式样将法律依据设置为可选项。在填写时,如果是公安机关在工作中发现犯罪事实或者犯罪嫌疑人的,法律依据选择《刑事诉讼法》第109条。如果是公民报案、控告、举报、扭送或者是犯罪嫌疑人自首的,选择《刑事诉讼法》第112条。

(2)决定事项。即在法律依据后面填写犯罪嫌疑人的姓名以及涉嫌的罪名,如"决定对李某某涉嫌盗窃立案侦查"。

第一联(存根联)的正文部分应依次填写以下内容:案件名称、案件编号、犯罪嫌疑人姓名和性别、出生日期、住址、批准人、批准时间、办案单位、填发时间、填发人。

有关案件名称,立案时能够确认犯罪嫌疑人的,填写犯罪嫌疑人的姓名和涉嫌的罪名。例如,"刘某某盗窃案"。对于犯罪嫌疑人不明而被害人和被害情况清楚的案件,可写为"被害人某某被害情况"。例如,"高某某被故意伤害案"。对于尚未确定犯罪嫌疑人的和被害人不明,或者犯罪嫌疑人、被害人人数众多不便概括以及需要保密等情况的,可采取以案件发生时间、立案时间或者地名来命名。例如,"1.18特大银行抢劫案"。

立案决定书存根联中的批准人,应填写批准制作该法律文书的有关负责人的姓名。批准时间应填写制作该法律文书的有关负责人的签字时间。办案单位应填写办案单位或者部门的名称。填发时间应填写实际制作法律文书的时间。填发人应填写制作该法律文书的人的姓名。

（三）尾部

正本联的尾部,应写明制作文书的公安机关名称,写明文书制作的年、月、日,并加盖公安机关印章。

四、实例

<table>
<tr><td>

××公安局
立案决定书
（存根）

×公刑立字〔2020〕12 号

案件名称　刘某某故意伤害案

案件编号　××××

犯罪嫌疑人　刘某某，男

出生日期　××××年××月××日

住址　××市××路×号×单元×室

批准人　王某某

批准时间　××××年××月××日

办案单位　××市公安局分局刑警大队

填发时间　××××年××月××日

填发人　张某某

</td><td>

××公安局
立案决定书

×公刑立字〔2020〕12 号

根据《中华人民共和国刑事诉讼法》第一百零九条之规定，决定对刘某某故意伤害案立案侦查。

公安局（印）

2020 年×月×日

</td></tr>
</table>

第四节　呈请拘留报告书

如前所述，呈请类报告书属于刑事通用文书中的一种，是公安机关内部使用的审批性文书，经领导审批的呈请有关事项的报告书应当存入侦查工作卷。刑事通用文书在刑事诉讼侦查的各个阶段均可适用。由于公安机关进行的有关诉讼活动往往涉及公民的人身权利或者财产权利，因此，《刑事诉讼法》和《程序规定》对公安机关有关诉讼活动都规定了比较明确的审批程序。认真制作呈请类报告书，严格按照规定的程序进行审批，对于规范公安机关刑事执法活动，保证准确、及时地惩治犯罪，保护公民的合法权益不受侵害具有十分重要的意义。

一、概念

公安机关为了对现行犯或重大嫌疑分子实行刑事拘留，采取限制人身自由的临时性强制措施，呈请县级以上公安机关负责人审批的书面材料，即为呈请拘留报告书。领导批准后即签发《拘留证》，然后由提请批准拘留的单位负责执行。

根据《刑事诉讼法》第 82 条之规定，公安机关对于现行犯或者重大嫌疑分子，有下列七种情形之一者,可以先行拘留,即正在预备犯罪、实行犯罪或者在犯罪后即被发觉的;被害人或者在场亲眼看见的人指认他犯罪的;在身边或者住处发现有犯罪证据的;犯罪后企图自杀、逃跑或者在逃的;有毁灭、伪造证据或者串供可能的;不讲真实姓名、住址,身份不明的;有流窜作案、多次作案、结伙作案重大嫌疑的。

因此,呈请拘留报告书的作用很明显:可以保证实施刑事拘留的合法性;可以防止发生错误,保证实施刑事拘留的准确性;及时地羁押现行犯或重大嫌疑犯,可以保证案件侦破的时机性。

二、格式

领导批示	
审核意见	

呈请拘留报告书

一、犯罪嫌疑人的基本情况;

二、呈请事项;

三、拘留事实依据;

四、拘留法律依据;

五、结语和落款。

三、内容和制作方法

(一)首部

由标题、编号组成。其中编号中文书代字为"拘",其余如格式所示。

(二)正文

由被拘留人的基本情况、简历、拘留的理由、法律依据组成。

1. 犯罪嫌疑人基本情况。共十一项内容,应依次写出。

姓名,应以被拘留人户籍簿上填写的姓名为准。被拘留人的别名、化名、绰号等在犯罪过程中常使用的需要填写,否则从略。如系外国人或者少数民族,应填写汉语译名,并在汉语译名后面注明其原文姓名。出生地,具体写到省、县(区)。

文化程度,一般指国家承认的学历,如大学、大专、中专、高中、初中、小学等。没有学历的或学历较低,但通过自学、工作实践,已经掌握了较高学历所具备的知识、技术,填写时可写为"相当××",如"相当中专";没有学历又没掌握任何文化知识的写为"文盲"。

住址,应以拘留前常住地址为准。一般为户口所在地,户口所在地与经常居住地不一致时,写后者。拘留前暂住旅馆、招待所或亲友家的,仍应填其户口所在地并注明当时住处。例如"住辽宁省新民县(暂住辽宁省营口市××街×号)"。

政治面貌,如是人大代表、政协委员,一并写明具体级、届代表、委员。

根据全国人民代表大会组织法和地方各级人民代表大会和地方各级人民政府组织法以及有关司法解释的规定,公安机关、人民检察院在决定拘留下列有特殊身份的人员时,需要报请有关部门批准或者备案:

(1)县级以上各级人民代表大会的代表如果是因现行犯被拘留,决定拘留的机关应当立即向其所在的人民代表大会主席团或者常务委员会报告;因为其他原因需要拘留的,决定拘留的机关应当报请该代表所属的人民代表大会主席团或者常务委员会许可。

(2)决定对不享有外交特权和豁免权的外国人、无国籍人采用刑事拘留时,要报有关部门审批。西藏、云南及其他边远地区来不及报告的,可以边执行边报告,同时要征求省、自治区、直辖市外事办公室和外国人主管部门的意见。

(3)对外国留学生采用刑事拘留时,在征求地方外事办公室和高教厅、局的意见后,报公安部或国家安全部审批。

公安机关执行拘留时,必须出示拘留证,并责令被拘留人在拘留证上签名(盖章)、按指印。拒绝签名(盖章)或者按指印的,执行拘留的人员应当予以注明。被拘留人如果抗拒拘留,执行人员有权使用强制方法,包括使用戒具。

如有犯罪嫌疑人二人以上,按主犯、从犯顺序依次写好上述项目。

2. 呈请事项。简要写明需要领导批示的拘留事项。

3. 拘留事实依据。简要叙述有关案件事实,并对有关证据进行分析。写已经查明的犯罪事实,不能写无根据的推断。注意写清作案的时间、地点、手段、经过和危害后果等要素。

4. 拘留法律依据。写明犯罪嫌疑人所具备的《刑事诉讼法》第82条规定的拘留条件,并以《刑事诉讼法》第82条第×项之规定为法律依据,呈请批准拘留。

(三)尾部

应依次写明承办单位名称、承办人姓名以及制作文书的日期。

四、实例

领导批示	
审核意见	

呈请拘留报告书

犯罪嫌疑人王某,男,1981年11月1日出生,汉族,初中文化程度,××省××市人,农民,户口所在地同现住址:××市××街道××村,居民身份证码号:370629198×××××××××。

犯罪嫌疑人李某,女,1984年7月13日出生,汉族,初中文化程度,××省××市人,农民,户口所在地:××市××街道××村,现住××市街道××村,居民身份证号码:370687198407××××××。

现呈请拘留犯罪嫌疑人王某、李某三日,理由如下:

××××年3月18日中午,犯罪嫌疑人王某得知其岳父李某某(52岁,系××街道××村人)在××镇"聚德饭店"被人殴打后,遂骑摩托车带着妻子李某前往,看到岳父李某某被人打伤的情况后,向其妻子李某提出找本村"社会地痞"冯某(绰号"冷血",已捕)前来帮忙报复,经电话联系,犯罪嫌疑人冯某带着孙某(绰号"胖子")、董某、晓某(绰号"小兔子")、杨某等人,手持砍刀,从××处窜至"聚德饭店",在明知殴打李某某的几人已离开的情况下,无故将该饭店老板秦某、服务员柳某砍伤。经法医鉴定,秦某左下肢之损伤属轻伤。事后,在冯某的要求下,犯罪嫌疑人王某与其妻子李某三次共给发冯某等人13500元的好处费。

综上所述,犯罪嫌疑人王某、李某的行为已触犯了《中华人民共和国刑法》第二百三十四条第一款之规定,涉嫌故意伤害罪。为防止犯罪嫌疑人逃跑,根据《中华人民共和国刑事诉讼法》第八十二条第(四)项之规定,拟呈请对犯罪嫌疑人王某、李某刑事拘留三日。

以上报告妥否,请批示。

××市公安局刑警大队

办案人:刘某某 李某某

××××年××月××日

第五节 提请批准逮捕书

一、概念

提请批准逮捕书是公安机关对有证据证明有犯罪事实,可能判处徒刑以上刑罚的犯罪嫌疑人、被告人,采取取保候审尚不足以防止发生社会危险性的,提请同级人民检察院批准逮捕的文书。需要提请批准逮捕犯罪嫌疑人的,应当经县级以上公安机关负责人批准,制作提请批准逮捕书一式三份,连同案卷材料、证据,一并移送同级人民检察院审查。

"应当予以逮捕"的情形:提请逮捕必须符合定义中的三个条件,即罪行条件、刑罚条件和逮捕必要性条件。《刑事诉讼法》第81条第1款的规定:"对有证据证明有犯罪事实,可能判处徒刑以上刑罚的犯罪嫌疑人、被告人,采取取保候审尚不足以防止发生社会危险性的,应当予以逮捕:(一)可能实施新的犯罪的;(二)有危害国家安全、公共安全或者社会秩序的现实危险的;(三)可能毁灭、伪造证据,干扰证人作证或者串供的;(四)可能对被害人、举报人、控告人实施打击报复的;(五)企图自杀或者逃跑的。"《刑事诉讼法》第 81 条第 2 款规定"应当予以逮捕"的三种特殊情形：一是有证据证明有犯罪事实，可能判处十年有期徒刑以上刑罚的；二是有证据证明有犯罪事实，可能判处徒刑以上刑罚，曾经故意犯罪的；三是有证据证明有犯罪事实，可能判处徒刑以上刑罚，身份不明的。符合以上三种情形之一的犯罪嫌疑人，或罪行严重，或犯罪恶习较深，或缺乏不予羁押的基本条件，其共同点是均具有较大的人身危险性，因此审查逮捕时不需要再另行审查其是否具有上述第一款规定的五种"社会危险性"情形，而"应当予以逮捕"。以上两类"应当予以逮捕"的规定是并列的，符合其中之一规定，均应当依法批准或者决定逮捕。刑事诉讼法没有规定"应当予以逮捕"的兜底条款，故对于不符合上述规定条件的犯罪嫌疑人，应理解为"不应当予以逮捕"。那么，凡属下列情况的都不能制作提请批准逮捕书：证明犯罪事实的证据尚未查清；证明犯罪事实的证据已查清，构成犯罪，但不可能判处徒刑以上的刑罚（管制、拘役、罚金、没收财产等）；证明犯罪事实的证据已经查清，可能判处徒刑以上刑罚，但无逃跑、自杀、继续犯罪的可能；应当逮捕的犯罪嫌疑人、被告人是正在怀孕、哺乳自己婴儿的妇女；应当逮捕的犯罪嫌疑人、被告人患有严重疾病。

"可以予以逮捕"的情形：《刑事诉讼法》第 81 条第 3 款规定，被取保候审、监视居住的犯罪嫌疑人、被告人违反取保候审、监视居住规定，情节严重的，可以予以逮捕。

《刑事诉讼法》第 87 条规定，公安机关要求逮捕犯罪嫌疑人的时候，应当写出提请批准逮捕书，连同案卷材料、证据，一并移送同级人民检察院审查批准。必要的时候，人民检察院可以派人参加公安机关对于重大案件的讨论。第 90 条、第 91 条、第 92 条规定，人民检察院对于公安机关提请批准逮捕的案件进行审查后，应当根据情况分别做出批准逮捕或者不批准逮捕的决定。对于批准逮捕的决定，公安机关应当立即执行，并且将执行情况及时通知人民检察院。对于不批准逮捕的，人民检察院应当说明理由，需要补充侦查的，应当同时通知公安机关。人民检察院不批准逮捕的，公安机关应当在接到通知后立即释放，并且将执行情况及时通知人民检察院。对于需要继续侦查，并且符合取保候审、监视居住条件的，依法取保候审或者监视居住。公安机关对人民检察院不批准逮捕的决定，认为有错误的时候，可以要求复议，但是必须将被拘留的人立即释放。如果意见不被接受，可以向上一级人民检察院提请复核。上级人民检察院应当立即复核，做出是否变更的决定，通知下级人民检察院和公安机关执行。

提请批准逮捕书一般是一案一份，对共同犯罪案件需要提请批准逮捕数名犯罪嫌疑人的，制作一份文书，但案件如果不是对所有犯罪嫌疑人都提请批准逮捕的，在叙述犯罪事实时，应叙述清楚全部的犯罪事实，并对未提请批准逮捕的犯罪嫌疑人采取了何种强制措施的情况在文书中予以说明。

逮捕，是剥夺人身自由的一种最严厉的强制措施，对一个犯罪嫌疑人、被告人进行逮捕，必须同时满足证据要件、刑罚要件和人身危险性要件，必须慎重使用。

二、格式

×××公安局

提请批准逮捕书

×公(　　)提捕字〔　　〕×号

犯罪嫌疑人某某,姓名,性别,出生年月日,出生地,身份证件种类及号码,民族,文化程度,职业或工作单位和职务,居住地(包括户籍所在地、经常居住地、暂住地),政治面貌,违法犯罪经历及因本案被采取强制措施的情况。

辩护律师×××……(如有辩护律师,写明其姓名,所在律所或者所在法律援助机构、律师执业证编号)

犯罪嫌疑人涉嫌×××(罪名)一案,由×××举报(控告、移送)至我局。简要写明案件侦查过程中的各个法律程序开始的时间,如接受案件、立案的时间。具体写明犯罪嫌疑人归案情况。

经依法侦查查明:……

认定上述事实的证据如下:

……

综上所述,犯罪嫌疑人×××……,其行为已触犯《中华人民共和国刑法》第×条之规定,涉嫌×××罪,符合逮捕条件。依照《中华人民共和国刑事诉讼法》第八十一条、第八十七条之规定,特提请批准逮捕。

此致

×××人民检察院

公安局(印)

年　月　日

(局印)

附:本案卷宗　　卷　页

三、内容和制作方法

提请批准逮捕书属于叙议式法律文书。

(一)首部

名称、案号如格式所示,案号写法可参考前文立案决定书。

(二)正文

1. 犯罪嫌疑人基本情况。

姓名,写犯罪嫌疑人合法身份证件上的姓名,如果没有合法身份证件的,填写在户籍登记中使用的姓名。如果犯罪嫌疑人是外国人,除应当填写其合法身份证件上的姓名外,还应当同时写明汉语译名。应当在写明犯罪嫌疑人姓名的同时,写明犯罪嫌疑人使用过的其他名称,包括别名、曾用名、绰号等。如有必要,还可写明笔名、网名等名称。确实无法查明其真实姓名的,也可以暂填写其自报的姓名。查清其真实姓名后,按照查清后的姓名填写,对之前填写的内容可不再更改,但应当在案件卷宗中予以书面说明。犯罪嫌疑人出生日期、住址不明的,参照上述规定处理。

出生日期,以公历(阳历)为准,除有特别说明的外,一律具体到年月日。确定犯罪嫌疑人的出生日期应当以其合法身份证件上记载的出生日期为准,没有合法身份证件的,以户籍登记中的出生日期为准。

住址,写犯罪嫌疑人被采取强制措施前的经常居所地。犯罪嫌疑人的经常居所地以户籍登记中的住址为准。如果该犯罪嫌疑人离开户籍所在地在其他地方连续居住满一年以上的,则以该地为经常居住地,并应当在填写经常居住地的同时注明户籍登记的住址。

单位及职业,填写犯罪嫌疑人的工作单位名称以及从事的职业种类。单位名称应当填写全称,必要时在前面加上地域名称。认定犯罪嫌疑人的工作单位,不能单纯凭人事档案是否在该单位,而应当视其是否实际在该单位工作。只要其实际在该单位工作的,即可认定为工作单位。职业应当填写从事工作的种类。没有工作单位的,可以根据实际情况填写经商、务工、农民、在校学生或者无业等。

身份证件种类及号码。填写居民身份证、军官证、护照等法定身份证件的种类及号码文化程度。填写国家承认的学历。文化程度分为研究生(博士、硕士)、大学、大专、中专、高中、初中、小学、文盲等档次。

政治面貌,如是人大代表、政协委员,一并写明具体级、届代表、委员。如果犯罪嫌疑人有违法犯罪经历及因本案被采取强制措施情况,应注明时间、种类和执行场所。便于检察院在审查批准逮捕过程中,依法提审犯罪嫌疑人。如果犯罪嫌疑人是在被收容审查期间被提请批准逮捕的,应注明收审日期、原因,便于检察院全面审查。如有多名犯罪嫌疑人的,应逐一写清。

2. 案由、案件来源,具体表述为单位或者公民举报、控告、上级交办、有关部门移送、本局其他部门移交以及办案中发现等。简要写明案件侦查过程中的各个法律程序开始的,如接受案件、立案的时间。具体写明犯罪嫌疑人归案情况。

3. 犯罪事实。这是重点部分,应当根据具体案件情况,围绕刑事诉讼法规定的逮捕条件详细叙述经侦查认定的犯罪事实,并说明应当逮捕理由。

叙述犯罪事实时应注意以下四点:第一,因为逮捕不是侦查终结,不可能查清所有犯罪事实,逮捕的条件也只是有犯罪事实发生,而不是全部犯罪事实,所以所述犯罪事实是从逮捕角度而不是从结案角度出发的,只要犯罪嫌疑人具备刑法条文中规定的犯罪构成要件的主要情节即可。第二,有证据证明的犯罪事实可以是犯罪嫌疑人实施的数个犯罪行为中的一个,不仅可以是犯罪嫌疑人实施的所有的或者主要的犯罪事实,而且可以是犯罪嫌疑人实施的次要的犯罪事实,但是,必须是依照法律规定可能判处徒刑以上刑罚的犯罪事实。第三,所写的犯罪事实必须是有证据证明的,获得的证据应当是直接证据、主要证据,而且已经查证属实,对于尚未查清无证据证明的事实不应写入。第四,有的犯罪嫌疑人可能有多起犯罪事实,但只要有一起犯罪事实符合逮捕的条件,就可以提请批准逮捕。

对于只有一个犯罪嫌疑人的案件,犯罪嫌疑人实施多次犯罪的犯罪事实应逐一列举;同时触犯数个罪名的犯罪嫌疑人的犯罪事实应该按照主次顺序分别列举;对于共同犯罪的案件,写明犯罪嫌疑人的共同犯罪事实及各自在共同犯罪中的地位和作用后,按照犯罪嫌疑人的主次顺序,分别叙述各个犯罪嫌疑人的单独犯罪事实。

叙述犯罪事实应避免两种倾向:一是求全心理。即站在结案的角度尽全力罗列所有的犯罪事实,而冲淡了主要事实,眉毛胡子一把抓,分不清主次,破坏了提请逮捕的特点,二是求简心理。干巴巴几条筋,看似突出主罪,但过于简单不足以说明符合逮捕的条件。

主要写明犯罪时间、地点、手段、情节、动机和目的、受侵害的对象、犯罪的后果等要素。有两种以上罪行的,主罪在前,分层写明。共同犯罪者,先写共同罪行及每个人在共同犯罪中的地位和作用,再按照犯罪嫌疑人的主次顺序,分别叙述每个人单独犯罪的事实。然后,列举已知的证明犯罪事实的证据。

4. 证据。分列相关证据,并说明证据与犯罪事实的关系。

5. 法律依据。这一部分是在事实基础上指明犯罪嫌疑人构成了什么罪,构成犯罪的法律依据即刑法有关条款和提请逮捕的法律依据即《刑事诉讼法》第81条和第87条的规定。

(三) 尾部

签署和附项,依格式制作即可。

四、实例

实例:提请批准逮捕书

第六节　通　缉　令

一、概念

通缉令,是指公安机关在办理刑事案件过程中,针对在逃的应当逮捕的犯罪嫌疑人或者在逃的应当留置的被调查人发布追捕归案命令时制作的法律文书。

　　所谓应当逮捕,既包括检察机关已经批准逮捕的,也包括公安机关经过调查取证,认为犯罪嫌疑人符合逮捕条件,应当予以逮捕,但尚未提请检察机关批准的。对于应当逮捕但尚未提请批准逮捕的犯罪嫌疑人,应当办理刑事拘留手续,以免贻误战机。

　　我国《刑事诉讼法》第 155 条规定:应当逮捕的犯罪嫌疑人如果在逃,公安机关可以发布通缉令,采取有效措施,追捕归案。各级公安机关在自己管辖的地区以内,可以直接发布通缉令;超出自己管辖的地区,应当报请有权决定的上级机关发布。我国《监察法》第 29 条规定:依法应当留置的被调查人如果在逃,监察机关可以决定在本行政区域内通缉,由公安机关发布通缉令,追捕归案。通缉范围超出本行政区域的,应当报请有权决定的上级监察机关决定。《程序规定》第 274 条和 275 条规定,应当逮捕的犯罪嫌疑人在逃的,经县级以上公安机关负责人批准,可以发布通缉令,采取有效措施,追捕归案。县级以上公安机关在自己管辖地区内,可以直接发布通缉令;超出自己管辖的地区,应当报请有权决定的上级公安机关发布。通缉令的发送范围,由签发通缉令的公安机关负责人决定。通缉令中应当尽可能写明被通缉人的姓名、别名、曾用名、绰号、性别、年龄、民族、籍贯、出生地、户籍所在地、居住地、职业、身份证号码、衣着和体貌特征、口音、行为习惯,并附被通缉人近期照片,可以附指纹及其他物证的照片。除了必须保密的事项以外,应当写明发案的时间、地点和简要案情。

　　通缉令具有法律强制性,是公安机关协同作战并动员和组织群众共同查获在逃的犯罪嫌疑人的有效方式。对于被通缉的对象,各地公安机关都可以将其抓捕,任何公民都有权利和责任将其扭送公安机关处理。因此,发布通缉令对于及时抓获犯罪嫌疑人和案件顺利侦破具有十分重要的作用。

二、格式(对外发布联)

通　缉　令

×公(　)缉字〔××××〕×号

　　犯罪嫌疑人的基本情况、身份证号码、体貌特征、行为特征、口音、携带物品、特长:＿＿＿＿＿＿＿＿＿＿＿＿＿＿＿＿＿＿＿＿＿＿＿＿＿＿

＿＿＿＿＿＿＿＿＿＿＿＿＿＿＿＿＿＿＿＿＿＿＿＿＿＿＿＿＿＿＿

　　发布范围:＿＿＿＿＿＿＿＿＿＿＿＿＿＿＿＿＿＿＿＿＿＿＿＿＿

　　简要案情:＿＿＿＿＿＿＿＿＿＿＿＿＿＿＿＿＿＿＿＿＿＿＿＿＿

＿＿＿＿＿＿＿＿＿＿＿＿＿＿＿＿＿＿＿＿＿＿＿＿＿＿＿＿＿＿＿

　　注意事项:＿＿＿＿＿＿＿＿＿＿＿＿＿＿＿＿＿＿＿＿＿＿＿＿＿

＿＿＿＿＿＿＿＿＿＿＿＿＿＿＿＿＿＿＿＿＿＿＿＿＿＿＿＿＿＿＿

　　联系人、联系方式:＿＿＿＿＿＿＿＿＿＿＿＿＿＿＿＿＿＿＿＿＿

附:犯罪嫌疑人照片

公安局(印)

年　月　日

三、内容和制作方法

通缉令属于多联填充式文书。根据《文书式样》规定,通缉令由对内发布联、对外发布联和存根三联组成。

通缉令的存根是公安机关发布对犯罪嫌疑人通缉令的凭证。由公安机关留存备查,应按式样所规定的内容的顺序写明以下项目:案件名称、案件编号、被通缉人姓名、性别、出生日期、身份证号码、住址、单位及职业、通缉时间、批准人、批准时间、办案人、办案单位、填发时间和填发人。

对内发布联是公安机关依法对在逃的犯罪嫌疑人进行追捕的依据。对外发布联是公安机关通过广播、电视、报刊、计算机网络等方式对外发布通缉令的凭证。两联均包括首部、正文和尾部。

(一)首部

首部包括标题和案号。对内发布和对外发布联的标题中不写制作通缉令的公安机关名称,应居中写明文书名称,即"通缉令"。存根联则应分行居中写明制作的公安机关名称和文书名称,即写明"××××公安局""通缉令"。案号写法可参考前文立案决定书。

(二)正文

对内发布联和对外发布联的正文,应写明犯罪嫌疑人的基本情况、发布范围、简要案情、工作要求和注意事项、附件。

1. 犯罪嫌疑人的基本情况。应当写明犯罪嫌疑人的姓名、性别、年龄、民族、职业、工作单位、户籍所在地、住址等。在逃人员网上编号(对外发布联不写此项)、身份证号码、体貌特征、行为特征、口音、携带物品、特长等。体貌特征要写明通缉对象的面部特征、身高、肤色、体态、发型及颜色、生理病理特征、衣着等。行为特征要写明被通缉对象活动的一般规律、行为动作的特殊表现形态。口音要写明被通缉对象是否操有地方口音或操有何种地方口音。携带物品要写明被通缉对象逃跑时,是否携带枪支、弹药、爆炸物、赃款赃物以及有关物品的数量、特征等。特长应写明被通缉对象掌握何种技能,如驾驶、射击、摔跤、爆破等。例如,"犯罪嫌疑人刘某某,男,1982年2月10日出生,××县人,在逃人员网上编号×××,身份证号×××,身高177厘米,留平头,国字脸,单眼皮,体格健壮,皮肤较黑,操东北口音,逃走时上身穿白色衬衣,下身穿浅蓝色牛仔裤,白色旅游鞋,携带一把自制手枪,该犯罪嫌疑人曾经练过五年摔跤,会驾驶汽车。"

2. 发布范围。根据《刑事诉讼法》第 155 条第 2 款的规定,公安机关在自己管辖的地区以内,可以直接发布通缉令;超出自己管辖的地区,应当报请有权决定的上级公安机关发布。因此,发布范围与公安机关的管辖范围密切相关。

3. 简要案情。写明被通缉的犯罪嫌疑人的作案时间、地点、手段、案件性质、情节及后果等。对涉密的内容应当选择性地予以说明。例如,"近日,北京、河北、山西、内蒙古、辽宁、吉林、江苏、安徽、福建、江西、河南、湖北、湖南、广东、海南、四川等地公安机关正在侦办一批重大黑恶犯罪案件,犯罪嫌疑人高某某、贾某某、陈某某、马某某、张某某、林某某、王某某、孙某某、杨某某、刘某某、廖某某现在逃。"

4. 工作要求和注意事项。写明对被通缉对象的追捕措施以及抓获后的处置措施,并写明办案单位联系人、联系电话及通讯地址等。对内发布联一般写为:"望各单位接此通缉令后,立即布置警力,严格控制,注意查缉,如果发现犯罪嫌疑人某某某,立即拘捕并速告××公安局刑警大队。联系人、联系电话:×××、×××。"对外发布联可根据案情写明犯罪嫌疑人持有武器,具有危险性,请注意自我保护等内容。例如,"刘某某体格健壮,随身携带有一把自制手枪,危险性很大,发现其时请立即与公安机关联系,并注意保护自身安全,不要惊动犯罪嫌疑人。"

5. 附件。对内发布联,有条件的,在附件中附犯罪嫌疑人照片、指纹、DNA 编号及社会关系。但公开发布的通缉令不得将犯罪嫌疑人的社会关系公开。对外发布联中的附件只需附犯罪嫌疑人的照片。

(三)尾部

尾部包括署名、日期、加盖印章、抄送部门。署名写明制发通缉令的公安机关名称。对内发布联应写明抄送的部门名称。例如,抄送部门:××公安局。

通缉令制作好后,要立即发布。根据案情需要,通缉令的发布方式有三种:一是对内发布,即将通缉令发布给有关单位,包括相关的公安机关、有关保卫部门和居委会等。二是对外发布,即通过新闻媒体发布,如广播、电视、报刊、互联网等。三是将通缉令张贴在有关场所,向社会公开通缉。

公安部发布的通缉令分为 A 级和 B 级两种,具体写作要求相同,只是奖励金额和来源不同。A 级悬赏金由公安部奖励 5 万元且上不封顶,B 级悬赏金由省、区、市公安厅、局奖励 1 万元。在奖励方式上,对抓获 A 级公安部通缉令被通缉人或者提供线索的有关单位和个人,由公安部给予奖励;对抓获 B 级公安部通缉令被通缉人或者提供线索的有功单位和个人,则由申请发布通缉令的各级公安机关给予奖励。

四、实例

实例:公安部通缉令(A 级)

第七节　起诉意见书

一、概念

起诉意见书是公安机关对案件侦查终结后,认为应当追究犯罪嫌疑人刑事责任,移请同级人民检察院审查,建议对犯罪嫌疑人提起公诉的法律文书。

起诉意见书是公安机关在案件侦查终结后所使用的重要司法文书,也是检察院审查案件,决定是否提起公诉的基础,是侦查预审活动的总结,集中反映了公安机关的办案质量,故制作时应严肃、认真、仔细,力求做到层次分明,条理清楚,结构严谨,客观真实地反映案件事实,准确适用法律。

根据《刑事诉讼法》第162条的规定,公安机关侦查终结的案件,应当做到犯罪事实清楚,证据确实、充分并且写出起诉意见书,连同案卷材料、证据,一并移送同级人民检察院审查决定;同时将案件移送情况告知犯罪嫌疑人及其辩护律师。犯罪嫌疑人自愿认罪的,应当记录在案,随案移送,并在起诉意见书中写明有关情况。《程序规定》第289条规定,对侦查终结的案件,应当制作起诉意见书,经县级以上公安机关负责人批准后,连同全部案卷材料、证据,以及辩护律师提出的意见,一并移送同级人民检察院审查决定;同时将案件移送情况告知犯罪嫌疑人及其辩护律师。犯罪嫌疑人自愿认罪的,应当记录在案,随案移送,并在起诉意见书中写明有关情况;认为案件符合速裁程序适用条件的,可以向人民检察院提出适用速裁程序的建议。

起诉意见书,经县以上公安机关负责人(局长)批准移送同级人民检察院后,发现不应当起诉的或者人民检察退回补充侦查,经过补查,发现不应当移送起诉的,应及时撤回起诉意见书;如果发现犯罪嫌疑人有新的犯罪行为或者应当追诉的同案犯,可根据案件情况,重新制作起诉意见书或者制作补充起诉意见书。

二、格式

××××公安局

起诉意见书

×公(　　)诉字〔　　〕××××号

犯罪嫌疑人×××……(姓名,别名、曾用名、绰号),性别,出生日期,出生地,身份证件种类及号码,民族,文化程度,职业或工作单位和职务,居住地(包括户籍所在地、经常居住地、暂住地),政治面貌,违法犯罪经历以及因本案被采取强制措施情况(时间、种类及执行场所)。

辩护律师×××……(如有辩护律师,写明其姓名,所在律所或者所在法律援助机构、律师执业证编号。)

犯罪嫌疑人涉嫌×××(罪名)一案,由×××举报(控告、移送)至我局。……。犯罪嫌疑人涉嫌×××(罪名)一案,现已侦查终结。

经依法侦查查明:……

认定上述事实的证据如下:

……

上述犯罪事实清楚,证据确实、充分,足以认定。

犯罪嫌疑人×××………(具体写明是否有累犯、立功、自首等影响量刑的从重、从轻、减轻等犯罪情节)。

综上所述,犯罪嫌疑人×××……,其行为已触犯《中华人民共和国刑法》第×条之规定,涉嫌×××罪。依照《中华人民共和国刑事诉讼法》第一百六十二条之规定,现将此案移送审查起诉。(当事人和解的公诉案件,应当写明双方当事人已自愿达成和解协议以及履行情况,同时可以提出从宽处理的建议。)

此致
×××人民检察院

公安局(印)
年 月 日

附:

1. 本案卷宗共　　卷　　页。
2. 随案移交物品　　件。

三、内容和制作方法

(一) 首部

首部内容和制作方法与提请批准逮捕书基本相同,可参照制作。需要注意的有下列事项:

1. 文书案号中的文书代字应为"诉"字。

2. 违法犯罪经历。对犯罪嫌疑人前科情况以及受到治安处罚的情况应尽量表述清楚、具体,如刑种、时间、机关;例如,"××××年5月22日,马某因犯盗窃罪被××县人民法院判处有期徒刑三年。"犯罪嫌疑人如有数次违法犯罪经历的,应按时间顺序逐一写明违法犯罪的时间、种类及执行场所、释放时间等。对于犯罪嫌疑人服刑期间逃跑后又犯罪的,或者刑满释放后又犯罪的,以及解除劳动教养后又犯罪的,应当写明逃跑或释放、劳教、解除劳教的具体时间。上述情节按照全国人大常委会《关于处理逃跑或者重新犯罪的劳改犯和劳教人员的决定》的有关规定,属于从重或者加重处罚的条件。最后写明何年何月何日被哪一级检察院以何罪批准逮捕。例如,"犯罪嫌疑人吴某某20××年××月××日因涉嫌故意伤害罪被××市公安局刑事拘留,经××市人民检察院批准,于同年××月××日被依法逮捕。"如果案件变更强制措施的,应写明变更的有关情况。

3. 如一案有数名犯罪嫌疑人,应按首犯、主犯、从犯、胁从犯的顺序分别说明。

4. 单位犯罪的,应当写明单位的名称、所在地址,法定代表人的姓名、性别和职务

5. 如犯罪嫌疑人聘请了律师做辩护人的,应写明律师的姓名,所在律师事务所或者法律援助机构的名称,律师执业证编号。

(二) 正文

正文由案由案件来源、犯罪事实及证据以及提出起诉意见的理由和法律依据三部分组成。

1. 案由案件来源。案由案件来源是一个简短的过渡性段落,案由应根据犯罪事实和触犯的刑法条款来加以认定。案件来源是公安机关获取案件线索或者受理案件的来源,具体说明来源为单位或者公民举报、控告、上级交办、有关部门移送或工作中发现等。之后,简要写明案件侦查过程中各个法律程序开始的时间,如接受案件、立案的时间。具体写明犯罪嫌疑人归案情况。最后写明犯罪嫌疑人涉嫌×××(罪名)一案,现已侦查终结。

2. 犯罪事实及证据。犯罪事实及证据是详细叙述经侦查认定的犯罪事实,包括犯罪时间、地点、经过、手段、目的、动机、危害后果等与定罪有关的事实要素。应当根据具体案件情况,围绕刑法规定的该罪构成要件,进行叙述。一是犯罪的全部行为,涉嫌几条罪行就写几条罪行;二是犯罪的法定从重、从轻、减轻处罚或者免除处罚情节方面的事实;三是犯罪嫌疑人在侦查过程中检举、揭发他人犯罪活动或具有悔罪表现的事实。要围绕构成犯罪的四个要件展开叙述,但并非从理论上全面具体的叙述犯罪构成要件,而是通过对具体事实的时间、地点、动机、目的、手段、经过、危害后果等与定罪有关的事实要素的叙述,体现出犯罪嫌疑人的行为事实已具备了构成犯罪的四个要件即犯罪嫌疑人在实施犯罪时所侵害的客体、实施犯罪的具体行为、行为人是否达到刑事责任年龄具有刑事责任能力、主观上是否具有故意或过失。

另外,2018 年 10 月 26 日《刑事诉讼法》修改后,新增了认罪认罚从宽等制度,在犯罪嫌疑人认罪认罚的情况下,公安机关的《起诉意见书》也应作相应的调整,以体现犯罪嫌疑人认罪认罚的情况。因此,犯罪嫌疑人认罪认罚的情况下,经依法侦查查明的事实中要对犯罪嫌疑人的认罪表现加以叙述。

对于只有一个犯罪嫌疑人的案件,犯罪嫌疑人实施多次犯罪的犯罪事实应逐一列举;同时触犯数个罪名的犯罪嫌疑人的犯罪事实,应按照主次顺序分别列举;根据《程序规定》第 280 条,共同犯罪案件的起诉意见书,应当写明每个犯罪嫌疑人在共同犯罪中的地位、作用、具体罪责和认罪态度,并分别提出处理意见。共同犯罪与单独犯罪并存的,可先写共同犯罪的事实及各自在共同犯罪中的地位和作用、具体罪责和认罪态度,如对首犯,要着重叙述其组织、策划犯罪活动的事实,并阐明其在犯罪过

程中的主导作用;对于从犯、胁从犯,要叙述他们在共同犯罪中的直接责任,并说明他们的从属作用。再按照犯罪嫌疑人的主从顺序,分别叙述每个人的单独犯罪事实。总之,这类案件一定要分清每个犯罪嫌疑人的地位、作用、罪责,以便保证下一个诉讼环节的真实、合法。

在犯罪嫌疑人、被告人认罪认罚的情况下,由于认罪表现和认罪效果关系到量刑,起诉意见书在写明犯罪嫌疑人自愿认罪时要作具体区分,并可以笼统建议司法机关根据犯罪嫌疑人的认罪态度、认罪表现和认罪效果依法予以从宽处罚。另外,对于共同犯罪中部分犯罪嫌疑人同意适用认罪认罚从宽制度,起诉意见书中应写明同意适用该制度犯罪嫌疑人的姓名。

该部分要严格分清罪与非罪的界限,不构成犯罪的事实,如犯罪嫌疑人违反行政法规或其他规定,受到党纪或政纪处罚的事实,不能写入起诉意见书中。与认定犯罪无关的事实,也不能写入起诉意见书。

叙述方法因案情而有变化,具体可从第二章第四节中加以选择,或时序法或突出法或总分法、归纳法,当然亦可多种方法并用。

事实叙述完成后,要分别列举相应的证据,并说明证据和案件事实之间的关系。证据宜具体、有证明力、有针对性,不需把证明犯罪嫌疑人犯罪事实的全部证据一一列举出来,而是要根据不同性质案件的不同特点,有针对性地列出部分主要证据,所列的相关证据应能说明与案件事实的关系。

犯罪嫌疑人自愿认罪的,写明认罪表现和认罪效果,如犯罪嫌疑人明显悔罪,其供述对于查明主要犯罪事实、起获关键证据的意义,建议司法机关依法予以从宽处罚。

案件的有关情节,应具体写明是否有累犯、立功、自首、和解等影响量刑的从重、从轻、减轻等犯罪情节。

2018 年 10 月 26 日《刑事诉讼法》修改后,新增了认罪认罚从宽制度,在犯罪嫌疑人认罪认罚的情况下,《起诉意见书》也应作相应的调整,以体现犯罪嫌疑人认罪认罚的情况。在"经依法侦查查明"的案情叙述中,概括叙述侦查认定的犯罪事实,包括犯罪时间、地点、经过、手段、目的、动机、危害后果等之后,要写出犯罪嫌疑人的认罪表现。在列述证据之后写明:"上述证据收集证据合法,内容客观真实,足以认定指控事实。犯罪嫌疑人自愿认罪,……(写明认罪表现和认罪效果,如犯罪嫌疑人明显悔罪,其供述对于查明主要犯罪事实、起获关键证据的意义,建议司法机关依法予以从宽处罚。认为案件符合速裁程序适用条件的,可以在起诉意见书中建议人民检察院适用速裁程序办理,并简要说明理由。)"

3. 理由和法律依据。这一段在格式中规定得相当明确,应根据犯罪构成简要写明犯罪嫌疑人的罪状、触犯的刑法条款,涉嫌的罪名,以及提出起诉意见的法律依据。

制作时注意:一是表述语序不能颠倒,先引实体法条款后引诉讼法;二是有关定罪的条款一定要准确、全面,尤其是一案数人的情况,即要引用其共同适用的条款,还要引用各自相应的条款,应清楚有条理,使每项事实与相应的律文紧密衔接、准确无误。有的案件在定罪的条款之外,还要引用有关犯罪情节所适用的条款,要引用反映犯罪预备、未遂、中止、自首、累犯、教唆的法律条文等,不仅要引用刑法、刑事诉讼法的有关条款,而且还要引用全国人大常委会对《刑法》《刑事诉讼法》作出的补充规定的条款。

当事人和解的公诉案件,应当写明双方当事人已自愿达成和解协议以及履行情况,同时可以提出从宽处理的建议。

被害人提出附带民事诉讼的,应当记录在案;移送审查起诉时,应当在起诉意见书末页注明。

(三)尾部

依次写明受文机关全称,制作日期,加盖局印和附项。

四、实例

实例:××市公安局××区分局起诉意见书

思考与练习

1. 试述公安机关刑事法律文书的特点及类别。

2. 根据下面材料制作公安机关起诉意见书。

案例材料

第五章 检察法律文书

第一节 概 述

一、概念和特点

检察法律文书是检察机关为实现法律监督职能所依法制作的具有法律效力或法律意义的文书总称。

我国宪法和人民检察院组织法规定,检察机关是专门的法律监督机关。检察文书就是为实现和履行法律监督职能,对刑事、民事、行政诉讼实行检察监督的一种体现。

人民检察院的法律文书是各级人民检察院为实行法律监督,保证法律实施的重要载体,是行使检察权的重要文字凭证,是办理案件和反映办案质量的客观记录,是总结经验、复查案件的重要依据,也是法制宣传的重要教材。准确制作人民检察院的法律文书,提高检察机关法律文书的制作质量,对于依法行使检察权、强化法律监督、维护法律秩序和公平正义具有重要意义。

人民检察院法律文书的性质和作用是由人民检察院的性质及职能决定的。我国《宪法》规定:人民检察院是国家的法律监督机关。《刑事诉讼法》第8条、《民事诉讼法》第14条和《行政诉讼法》第11条分别明确规定了"人民检察院依法对刑事诉讼实行法律监督""人民检察院有权对民事诉讼实行法律监督""人民检察院有权对行政诉讼实行法律监督"。《人民检察院组织法》中还具体规定了各级人民检察院行使以下职权:(一)对于叛国案、分裂国家案以及严重破坏国家的政策、法律、法令、政令统一实施的重大犯罪案件,行使检察权。(二)对于直接受理的刑事案件,进行侦查。(三)对于公安机关侦查的案件,进行审查,决定是否逮捕、起诉;对于公安机关的侦查活动是否合法,实行监督。(四)对于刑事案件提起公诉,支持公诉;对于人民法院的审判活动是否合法,实行监督。(五)对于刑事案件判决、裁定的执行和监狱、看守所等机关的活动是否合法,实行监督。根据《中华人民共和国国家赔偿法》的有关规定,人民检察院作为行使检察职权的机关与其工作人员,在行使职权时有法律规定的侵犯人身权或侵犯财产权情形之一的,应当依法予以赔偿。因此,人民检察院也有刑事赔偿的工作任务。2015年12月21日,最高人民检察院第十二届检察委员会第四十六次会议正式通过了《关于人民监督员监督工作的规定》,决定对各级地方人民检察院办理直接受理立案工作中存在的问题及情形实施人民监督员监督制度。目前,人民监督员制度在全国普遍实行。人民检察院依法实行法律监督，行使上述职权，办理各类案件，都需要依照法律规定制作相应的法律文书，这些文书在人民检察院的工作中发挥着越来越重要的作用。

人民检察院法律文书的特点，主要有如下方面：

1. 制作主体的特定性。人民检察院的法律文书是人民检察院为正确行使宪法和其他法律赋予的职权而制作的一种国家公文，其制作主体是独特和唯一的，只能由各级人民检察院依照有关法律的规定制作，其他任何机关、团体、单位和个人都无权制作，否则即是违法。例如，起诉书、不起诉决定书是对于经过侦查的犯罪嫌疑人是否需要提交法庭审判，给予刑事处罚的决定，必须经人民检察院审查后，才能做出起诉或者不起诉的决定，制作起诉书或者不起诉决定书。人民法院接到人民检察院的起诉书才能开庭审判。决定对于犯罪嫌疑人不起诉的，才能被释放，终止刑事追诉。由此可见，人民检察院法律文书的制作主体是唯一的，这是宪法和法律赋予人民检察院独立行使的职责，不受任何行政机关、社会团体和个人的干涉。

2. 制作内容的合法性。人民检察院制作各种法律文书，必须遵循和依照法定程序，这是法律文书合法性的要求，否则是违法和无效的，目的在于保证法律文书的法律效力。不能只注重追求实体上的公正，而忽视程序上的公正。我国的刑事诉讼法、民事诉讼法、行政诉讼法，以及相关司法解释是人民检察院制作法律文书的依据。

3. 实施的强制性。人民检察院的法律文书依据有关法律的授权而制作，以国家强制力作为保障，具有法律效力，即具有普遍的约束力，任何单位或者个人都必须遵守，否则要承担相应的法律责任。

二、当代发展简史

人民检察院法律文书的制作和适用，是人民检察院基本业务建设的重要内容，直接体现了人民检察院的工作程序和工作水平，反映了检察人员的素质。

新中国成立不久，根据开展检察工作的需要，国家检察机关就于1950年制定了一批检察文书。1979年检察机关重建后，最高人民检察院根据我国的《刑事诉讼法》和《刑法》，制定了《批捕、起诉用的法律文书格式》和《直接受理案件用的法律文书格式》共40种。1983年以后，最高人民检察院进一步总结经验，根据办案实际需要，对原规定的文书格式进行了补充修改，重新制定了《刑事检察文书格式》和《直接受理案件法律文书格式》；有关业务部门分别制定了《监所检察文书格式》《控告、申诉检察文书格式》《民事、行政诉讼法律文书格式》和《刑事技术文书样表》等，总共143种。特别是1996年3月，全国人大对《刑事诉讼法》进行修改之后，为保证各级人民检察院严格执行修改后的《刑事诉讼法》，最高人民检察院对刑事诉讼法律文书进行了全面修改，将原来由院及各业务部门分别规定的主要刑事诉讼文书格式，统一规定为《人民检察院刑事诉讼法律文书格式》，共119种，这些格式于1996年12月16日正式印发执行。其余的人民检察院内部使用的工作文书格式，由各业务部门分别规定。此后,最高人民检察院有关业务部门又制发了审查批准逮捕、审查起诉、侦查、直接受理案件的内部工作文书格式样本印发执行,这些格式样本共 102 种。

一直以来,最高人民检察院非常重视检察机关法律文书的规范化和制度化,近年来先后陆续制定、发布了一系列检察机关的法律文书格式样本,为各级人民检察院依法制作法律文书提供了依据。1996 年、1997 年,我国刑事诉讼法和刑法相继修改后,最高人民检察院于 2002 年制定了一整套刑事诉讼检察法律文书。2002 年 1 月,最高人民检察院根据检察业务的需要,综合多年来的司法实践结果,对原规定的刑事、民事、行政诉讼等各种法律文书格式,再次做了全面、系统的修改,并印发了《人民检察院法律文书格式(样本)》,从诉讼的类型看,包括刑事检察文书和民事、行政诉讼监督检察文书。刑事检察文书是当前检察文书的主体。民事、行政检察文书是人民检察院对民事、行政判决进行监督而成的,目前这部分文书主要对生效民事、行政判决进行监督所制作的法律文书。其中,刑事法律文书 7 类 139 种,民事、行政法律文书 15 种,通用法律文书 5 种,共计 159 种法律文书格式。2004 年 9 月,最高人民检察院法律政策研究室印发了试行人民监督员制度使用的人民监督员工作文书格式 16 种。2012 年刑事诉讼法再次修改后,为保证检察机关正确贯彻修改后的《刑事诉讼法》,最高人民检察院对《人民检察院刑事诉讼规则(试行)》和《人民检察院刑事诉讼法律文书格式样本》进行了全面修订,于同年 12 月 31 日发布了《人民检察院刑事诉讼法律文书格式样本》,共计 223 种,比 2002 年增加了 90 余种文书。根据试用情况和各地检察机关的意见和建议,在不到一年的时间里,又作了进一步补充、修改和完善,于 2013 年 10 月 18 日印发了《人民检察院刑事诉讼法律文书格式样本(2013 版)》,共计 11 部分,238 种。2020 年最高人民检察院发布《人民检察院刑事诉讼法律文书格式样本(2020 版)》(以下简称《格式样本》)12 类 333 种。

2020 年版的格式样本与最高人民检察院 2019 年 12 月 30 日发布的《人民检察院刑事诉讼规则》[①],共同构成了检察人员办理刑事案件、履行法定职责的基本依据。

三、类别

人民检察院法律监督范围较广,法律文书格式繁多,正确进行分类,有助于提高法律文书的制作质量。具体的分类如下:

1. 按照案件诉讼性质的不同,检察业务文书分为刑事诉讼检察业务文书、民事诉讼检察业务文书和行政诉讼检察业务文书、公益诉讼检察业务文书四大类。刑事诉讼检察业务文书是检察工作中使用数量最多、最为重要的业务文书,在刑事诉讼各个阶段都要制作相应的检察业务文书。

2. 按照制作方法的不同,可以分为填空式文书和叙议式文书。填空式文书是固

---

① 高检发释字〔2019〕4 号《人民检察院刑事诉讼规则》(2019 年 12 月 2 日最高人民检察院第十三届检察委员会第二十八次会议通过,自 2019 年 12 月 30 日起施行)。

定项目以统一的标准格式印刷,使用时根据具体案件的情况填写有关内容的法律文书;叙述式文书是根据不同案件的事实、证据、结论等分别加以叙述说明的法律文书。填空式文书与叙述式文书的划分,突出了检察机关法律文书不同的制作方式和要求,便于掌握文书的结构和制作特点,有利于法律文书的设计、印刷、使用和管理。

3. 按照检察业务文书的性质和使用范围的不同,可以分为(1)检察诉讼法律文书,即人民检察院依照刑事诉讼法、民事诉讼法、行政诉讼法和有关法律、司法解释所制作的能够引起诉讼活动启动、进行或终止并向有关机关送达或向诉讼参与人宣布或告知的业务文书,具有很强的执行性和严格的法定性,该类文书是对检察机关或文书制作部门以外的机关或部门使用的,可以让律师和其他辩护人以及诉讼代理人等依法查阅,包括各级人民检察院在办理刑事、民事和行政诉讼案件中依法制作的决定书、通知书、意见书和告知书等法律文书。最高人民检察院《关于印发〈人民检察院刑事诉讼法律文书格式样本(2013 版)〉的通知》(高检发研〔2013〕4 号)修订的《法律文书格式样本》,规定的就是诉讼法律文书,不包括检察机关内部工作文书。(2)证据文书,即人民检察院在履行法律监督职能中依法收集、调取证据材料所制作的各种笔录。(3)检察工作文书,即人民检察院内部业务工作环节和作出决定过程中各内设业务机构之间和上下级之间制作的文书。检察内部工作文书是人民检察院在诉讼监督过程中,按照程序制度、规定、内部进行程序流转、审查审批、请示报告、研究讨论、工作记录等形式的法律文书,是人民检察院内部的工作载体凭证,只供检察机关内部使用。该类文书不对外使用,如侦查监督部门使用的审查逮捕案件意见书、公诉部门使用的案件审查报告,等等。

4. 按照法律文书所处刑事诉讼阶段以及作用的不同,可以分为立案、管辖文书,回避文书,辩护与代理文书,证据文书,强制措施文书,侦查文书,捕诉文书,执行监督文书,特别程序文书、控告,申诉文书,未检专用文书,通用或其他文书等。

人民检察院刑事诉讼法律文书的设定,要依据《人民检察院刑事诉讼规则》要求,以满足人民检察院履行刑事诉讼职能的需要。依照文书性质和作用刑事检察文书可分成 12 类 333 种。

(1)立案、管辖文书。该类有 18 种:立案决定书,补充立案决定书,不立案通知书(移送线索),不立案通知书(控告/举报),指定管辖决定书,提请批准直接受理书,批准直接受理决定书,不批准直接受理决定书,提办案件通知书,要求说明立案理由通知书,要求说明不立案理由通知书,要求说明逾期不作立案决定理由通知书,不立案理由审查意见通知书,立案理由审查意见通知书,通知撤销案件书,通知立案书,移送案件通知书,案件改变管辖通知书。

(2)回避文书。该类有 2 种:回避决定书,回避复议决定书。

(3)辩护与代理文书。该类有 16 种:侦查阶段委托辩护人/申请法律援助告知书,提供法律援助通知书,值班律师提供法律帮助通知书,批准律师以外的辩护人与犯罪嫌疑人会见和通信决定书,批准律师以外的辩护人查阅、摘抄、复制案卷材料决定书,不批准律师以外的辩护人与犯罪嫌疑人会见和通信决定书,不批准律师以外的辩护人查阅、摘抄、复制案卷材料决定书,许可诉讼代理人查阅、摘抄、复制案卷材料决定书,不许可诉讼代理人查阅、摘抄、复制案卷材料决定书,调取已收集证据决定书,收集、调取证据决定书,不予收集、调取证据决定书,许可辩护律师收集案件材料决定书,不许可辩护律师收集案件材料决定书,纠正阻碍辩护人/诉讼代理人依法行使诉讼权利通知书,辩护人/诉讼代理人申诉、控告答复书。

(4)证据文书。该类有 4 种:纠正非法取证意见书,排除非法证据调查结论告知书,提供证据收集合法性说明通知书,提请有关人员出庭意见书。

(5)强制措施文书。该类有 27 种:拘传证,取保候审决定书、执行通知书,被取保候审人义务告知书,保证书,解除取保候审决定书、通知书,退还保证金决定书,没收保证金决定书,对保证人处以罚款通知书,监视居住决定书、执行通知书,指定居所监视居住决定书、执行通知书,指定居所监视居住通知书,被监视居住人义务告知书,解除监视居住决定书、通知书,拘留决定书,拘留决定书(监察案件),延长拘留期限决定书,拘留通知书,拘留人大代表报告书,报请许可采取强制措施报告书,乡镇人大代表强制措施报告书,关于委托报请许可对人大代表采取强制措施的函,关于报请许可对上级人大代表采取强制措施的报告(上级),逮捕意见书,逮捕通知书,撤销强制措施决定书、通知书,变更(撤销)逮捕措施通知书,决定释放通知书。

(6)侦查文书。该类有 61 种:传唤证,传唤通知书,提讯、提解证,犯罪嫌疑人诉讼权利义务告知书(侦查阶段),被害人诉讼权利义务告知书,证人诉讼权利义务告知书,询问通知书,调取证据通知书,调取证据清单,勘查证,勘验检查笔录,解剖尸体通知书,侦查实验笔录(普通),侦查实验笔录(技术),搜查证,查封决定书,查封财物、文件清单,登记保存清单,解除查封决定书,扣押决定书,扣押财物、文件清单,解除扣押决定书,协助查封通知书,协助解除查封通知书,退还、返还查封/扣押/调取财物、文件决定书,退还、返还查封/扣押/调取财物、文件清单,处理查封/扣押财物、文件决定书,处理查封/扣押财物、文件清单,移送查封/扣押、冻结财物、文件决定书,移送查封/扣押、冻结财物、文件清单,扣押邮件、电报通知书,解除扣押邮件、电报通知书,查询犯罪嫌疑人金融财产通知书,协助查询金融财产通知书,冻结犯罪嫌疑人金融财产通知书,解除冻结犯罪嫌疑人金融财产通知书,协助冻结金融财产通知书,解除冻结金融财产通知书,扣押/冻结债券/股票/基金份额等财产告知书,许可出售扣押/冻结债券/股票/基金份额等财产决定书,不许可出售扣押/冻结债券/股票/基金份额等财产决定书,鉴定人诉讼权利义务告知书,鉴定聘请书,聘请书,委托勘检书,委托鉴定书,鉴定意见通知书,复验、复查通知书,销毁清单,侦查终结财物、文件处理清单,终止对犯罪嫌疑人侦查决定书,撤销案件决定书,案件侦查终结移送起诉告知书,起诉意见书,不起诉意见书,采取技术侦查措施决定书、执行通知书,解除技术侦查措施决定书,延长技术侦查措施期限决定书、通知书,调取技术侦查证据材料通知书,通缉通知书,撤销通缉通知书。

(7)捕诉文书。该类有88种:犯罪嫌疑人诉讼权利义务告知书(审查逮捕阶段),被害人诉讼权利义务告知书(审查逮捕阶段),批准逮捕决定书,批准逮捕决定书(不捕复议),批准逮捕决定书(不捕复核),批准逮捕决定书(不捕申诉),逮捕案件继续侦查提纲,逮捕决定书(自侦案件),逮捕决定书(监察案件),逮捕决定书(追捕),应当逮捕犯罪嫌疑人建议书,不批准逮捕决定书,不批准逮捕决定书(不构成犯罪不捕),不捕案件补充侦查提纲,撤销不批准逮捕决定书,不予逮捕决定书,撤销不予逮捕决定书,维持不予逮捕决定通知书,提请批准延长侦查羁押期限报告书,批准延长侦查羁押期限决定书,延长侦查羁押期限决定书,不批准延长侦查羁押期限决定书,重新计算侦查羁押期限决定书,羁押必要性审查建议书,核准追诉决定书,不予核准追诉决定书,提前介入侦查意见书,提前介入调查案件回复函,犯罪嫌疑人诉讼权利义务告知书(审查起诉阶段),认罪认罚从宽制度告知书,认罪认罚具结书(自然人),认罪认罚具结书(单位),被害人诉讼权利义务告知书(审查起诉阶段),补充侦查决定书,补充侦查决定书(自侦案件),补充调查决定书,要求说明未重新移送起诉理由通知书,提供法庭审判所需证据材料通知书,报送(移送)案件意见书,交办案件通知书,补充移送起诉通知书,延长审查起诉期限通知书,重新计算审查起诉期限通知书,起诉书(自然人犯罪案件适用),起诉书(自然人犯罪认罪认罚),起诉书(单位犯罪案件适用),起诉书(单位犯罪认罪认罚),刑事附带民事起诉书,刑事附带民事财产保全申请书,适用简易程序建议书,适用速裁程序建议书,证人(鉴定人)名单,申请证人(鉴定人、有专门知识的人)出庭名单,召开庭前会议建议书,派员出席法庭通知书,调卷函,公诉意见书,量刑建议书,量刑建议书(认罪认罚案件适用),量刑建议调整书(认罪认罚案件适用),延期审理建议书,追加起诉决定书,补充起诉决定书,变更起诉决定书,撤回起诉决定书,恢复庭审建议书,最高人民检察院核准撤销案件决定书,最高人民检察院不予核准撤销案件决定书,最高人民检察院核准不起诉决定书,最高人民检察院不予核准不起诉决定书,不起诉决定书(法定不起诉适用),不起诉决定书(相对不起诉适用含认罪认罚),不起诉决定书(最高检核准不起诉后适用),不起诉决定书(存疑不起诉适用),重新调查/侦查建议书,移送不起诉案件材料通知书,移送有关主管机关处理违法所得意见书,移送有关主管机关处理违法所得清单,撤销不起诉决定书,提请抗诉报告书,抗诉请求答复书,支持刑事抗诉意见书,上诉人(原审被告人)诉讼权利义务告知书(二审、再审阶段),刑事抗诉书(二审程序适用),刑事抗诉书(审判监督程序适用),抗诉(上诉)案件出庭检察员意见书,撤回抗诉决定书、通知书,纠正审理违法意见书。

(8)执行监督文书。该类有13种:停止执行死刑建议书,撤销停止执行死刑建议通知书,提请暂予监外执行检察意见书,对法院暂予监外执行征求意见回复函,提请减刑检察意见书,提请假释检察意见书,纠正不当暂予监外执行决定意见书,纠正不当减刑裁定意见书,纠正不当假释裁定意见书,减刑案件出庭意见书,假释案件出庭意见书,监狱巡回检察告知函,巡回检察反馈意见书。

(9)特别程序文书。该类有 21 种:和解协议书,最高人民检察院核准提起公诉决定书(缺席审判案件适用),最高人民检察院不予核准提起公诉决定书(缺席审判案件适用),补充证据通知书(犯罪嫌疑人、被告人逃匿、死亡案件违法所得的没收程序适用),要求说明不启动违法所得没收程序理由通知书,要求启动违法所得没收程序通知书,终止审查决定书,启动违法所得没收程序决定书,没收违法所得意见书,没收违法所得申请书,不提出没收违法所得申请决定书,抗诉书(违法所得没收案件二审程序适用),抗诉书(违法所得没收案件审判监督程序适用),强制医疗案件补充证据通知书,要求说明不启动强制医疗程序理由通知书,要求启动强制医疗程序通知书,采取临时保护性约束措施建议书,启动强制医疗程序决定书,强制医疗申请书,不提出强制医疗申请决定书,纠正强制医疗案件不当决定意见书。

(10)控告、申诉文书。该类有 7 种:刑事申诉审查结果通知书,刑事申诉复查决定书,刑事申诉复查通知书,申诉事项说明理由通知书,审查提请抗诉通知书,指令抗诉决定书立案监督审查通知书。

(11)未检专用文书。该 4 类有 51 种:诉讼权利义务告知文书,特殊检察制度文书,未检讯问、询问文书,未检捕诉文书。

(12)通用或其他文书。该类有 25 种:社会调查委托函(认罪认罚案件),换押证,变更羁押期限通知书,补正决定书,复议决定书,复议决定书(立案监督复议),复议决定书(不捕复议),复议决定书(不诉复议),复核决定书,复核决定书(立案监督复核),复核决定书(不捕复核),复核决定书(不诉复核),纠正案件决定错误通知书,纠正违法通知书,撤销纠正违法意见决定书,更换办案人建议书,检察意见书,检察建议书,再审检察建议书,变更检察建议决定书,撤回检察建议决定书,指令变更检察建议决定书,指令撤回检察建议决定书,驳回申请决定书,送达回证。

由于人民检察院在司法实践中使用较多的是刑事诉讼法律文书,因此,本章择要介绍几种常用的检察刑事法律文书。

第二节 立案决定书

一、概念

立案决定书,指检察院按照管辖范围,认为有犯罪事实发生,需要追究犯罪嫌疑人的刑事责任,符合立案条件,决定对案件行使侦查权时所制作的文书。

《刑事诉讼法》第 19 条,规定刑事案件的侦查由公安机关进行,法律另有规定的除外。

人民检察院在对诉讼活动实行法律监督中发现的司法工作人员利用职权实施的非法拘禁、刑讯逼供、非法搜查等侵犯公民权利、损害司法公正的犯罪,可以由人民检察院立案侦查。对于公安机关管辖的国家机关工作人员利用职权实施的重大犯罪案件,需要由人民检察院直接受理的时候,经省级以上人民检察院决定,可以由人民检察院立案侦查。

自诉案件,由人民法院直接受理。

《刑事诉讼法》第109条规定:公安机关或者人民检察院发现犯罪事实或者犯罪嫌疑人,应当按照管辖范围,立案侦查。第112条规定:人民法院、人民检察院或者公安机关对于报案、控告、举报和自首的材料,应当按照管辖范围,迅速进行审查,认为有犯罪事实需要追究刑事责任的时候,应当立案;认为没有犯罪事实,或者犯罪事实显著轻微,不需要追究刑事责任的时候,不予立案,并且将不立案的原因通知控告人。控告人如果不服,可以申请复议。

立案决定书作为审查起诉阶段以前最重要的检察文书之一,为检察长、检察委员会决定对案件立案侦查时使用。它是人民检察院对案件正式开展侦查活动的合法依据,只有立案以后,人民检察院才能依法对犯罪嫌疑人采取各种侦查措施和强制措施。检察院应当提供给辩护人查阅、摘抄或者复制,以使辩护人了解犯罪嫌疑人涉嫌的罪名,了解人民检察院的侦查活动是否合法等,所以是公开性法律文书。具体表现为二联填充式。

二、格式

人民检察院 立案决定书 (存根)	人民检察院 立案决定书
××检××立〔20××〕×号 案由_____ 涉案人基本情况(姓名、性别、年龄、身份证号码、工作单位、住址、是否人大代表、政协委员)_____ _____ 批准人_____ 承办人_____ 填发人_____ 填发时间_____	××检××立〔20××〕×号 　根据《中华人民共和国刑事诉讼法》第一条的规定,本院决定对_____涉嫌_____一案立案侦查。 　　　　　检察长(印) 　　　　　年　月　日 　　　　　(院印)
第一联统一保存	第二联附卷

检立〔　〕号

三、内容和制作方法

立案决定书为填充式检察文书,共两联,其中第一联为存根,第二联为附卷。

(一)正本。是决定立案侦查时制作的文书,具有启动侦查程序的作用。由首部、正文、尾部三部分组成。

1. 首部,依次由标题、编号组成。

(1)标题。居文书正中分两行写明制作文书的检察院的全称和文书名称。

(2)文书编号。依顺序写明检察机关代字(院名代字和部门代字)、文书简称、年度、顺序号。其中文书简称固定为"立"。例如,××检××立〔2020〕6 号。

2. 正文。正文的内容按照固定格式填写,即:"根据《中华人民共和国刑事诉讼法》第＿条的规定,本院决定对(填写犯罪嫌疑人或单位的名称)涉嫌(罪名)一案立案侦查。"其中对于人民检察院自行发现或者公安机关等其他机关移送的案件,法条空白处填写"一百零九",对于公民或单位报案、控告、举报或犯罪嫌疑人自首的案件,法条空白处填写"一百一十二"。

共同犯罪的案件,应依据顺序在相应的空格内填写全部犯罪嫌疑人的姓名等身份事项。以事立案的案件,不填写犯罪嫌疑人基本情况一栏。根据有关规定,人民检察院对人大代表、政协委员立案,需要履行特别的程序,因此,犯罪嫌疑人如果是人大代表或者政协委员的,犯罪嫌疑人基本情况一栏中对这一内容应明确写明。

3. 尾部。填写制作文书时间及加盖做出立案决定的人民检察院检察长签名或盖章,并加盖立案的人民检察院印章。

(二)存根。按照固定格式依次填写制作机关名称、文书名称、文书文号、案由、犯罪嫌疑人基本情况(姓名、性别、年龄、工作单位、住址、是否人大代表、政协委员)、批准人、承办人、填发人、填发时间等。存根联中的批准人应填写批准制作该工作文书的有关负责人的姓名。办案单位应填写办案单位或者部门的名称。填发人应填写制作工作文书人的姓名。填发时间应填写实际制作工作文书的时间。

第三节　批准逮捕决定书

一、概念

批准逮捕决定书,是指人民检察院对公安机关提请逮捕犯罪嫌疑人的案件进行审查后,认为犯罪嫌疑人的行为符合法定的逮捕条件,依法决定批准逮捕犯罪嫌疑人时制作的法律文书。

《刑事诉讼法》第91 条第3 款规定:人民检察院应当自接到公安机关提请批准逮捕书后的7 日以内,做出批准逮捕或者不批准逮捕的决定。人民检察院办理审查逮捕的案件应当指定办案人员认真进行审查。办案人员应当审阅案件材料,制作阅卷笔录,提出批准或者决定逮捕、不批准或者不予逮捕的意见,经部门负责人审核后提请检察长批准或者决定;重大案件应当经检察委员会讨论决定。审查部门办理审查逮捕案件,不能直接提出取保候审、监视居住措施的意见。批准逮捕决定书是人民检察院批准逮捕犯罪嫌疑人的正式法律凭证,也是公安机关依法执行逮捕的法律依据。逮捕由人民检察院批准决定,充分体现了公安机关接受人民检察院法律监督的原则,可以防止和减少错捕无辜的现象发生,保证办案质量,最大限度保障公民的人身自由权不受侵犯。

二、格式

××人民检察院
批准逮捕决定书
(存根)

××检××批捕〔20××〕×号

案由＿＿＿＿＿＿犯罪嫌疑人基本情况(包括姓名,性别,年龄,工作单位,住址,身份证号码,是否人大代表或政协委员)＿＿＿＿＿＿

＿＿＿＿＿＿＿＿＿＿＿＿＿＿＿

送达机关＿＿＿＿＿＿＿＿＿＿

批准人＿＿＿＿＿＿＿＿＿＿＿＿

承办人＿＿＿＿＿＿＿＿＿＿＿＿

填发人＿＿＿＿＿＿＿＿＿＿＿＿

填发时间＿＿＿＿＿＿＿＿＿＿

检批捕〔 〕号

××人民检察院
批准逮捕决定书
(副本)

××检××批捕〔20××〕×号

＿＿＿＿＿:

你＿＿＿于＿＿＿年＿＿＿月＿＿＿日以＿＿＿号提请批准逮捕书提请批准逮捕犯罪嫌疑人＿＿＿＿＿。经本院审查认为,该犯罪嫌疑人涉嫌＿＿＿＿＿犯罪,符合《中华人民共和国刑事诉讼法》第八十一条规定的逮捕条件,决定批准逮捕犯罪嫌疑人＿＿＿＿＿。请依法立即执行,并将执行情况三日内通知本院。

××××年××月××日
(院印)

××人民检察院
批准逮捕决定书

××检××批捕〔20××〕×号

_____：

你____于____年____月____日以____号提请批准逮捕书提请批准逮捕犯罪嫌疑人_____。经本院审查认为，该犯罪嫌疑人涉嫌_____犯罪，符合《中华人民共和国刑事诉讼法》第八十一条规定的逮捕条件，决定批准逮捕犯罪嫌疑人_____。请依法立即执行，并将执行情况三日内通知本院。

××××年××月××日
（院印）

××人民检察院
批准逮捕决定书
（回执）

××检××批捕〔20××〕×号

人民检察院：

根据《中华人民共和国刑事诉讼法》第九十条的规定，现将你院____年____月____日____号批准逮捕决定书的执行情况通知如下：犯罪嫌疑人已于____年____月____日由执行逮捕（或者因_____未执行逮捕）。

特此通知

××××年××月××日
（公章）

三、内容和制作方法

根据《格式样本》规定，批准逮捕决定书为四联填空式文书。第一联是存根，统一保存备查；第二联是副本，由侦查监督部门附卷；第三联是正本，送达侦查机关执行；第四联是执行批准逮捕决定书回执，由侦查机关退回批准逮捕的人民检察院后附卷。存根和回执联依据所列项目填写即可，正本与副本内容相同，均由首部、正文和尾部三部分组成。

（一）首部

首部包括标题、案号和送达单位名称。

（1）标题和案号。应分两行居中写明人民检察院名称和文书名称。批准逮捕决定书的案号应写为："××检××批捕〔20××〕×号"。第四联（回执联）不写文书案号。

（2）送达单位名称。二、三联填写提请批准逮捕的公安等机关名称，第四联填写批准逮捕的人民检察院名称。

（二）正文

正文是文书的核心内容，包括案件来源、人民检察院的审查意见、法律依据和决定事项。

1. 案件来源。根据《刑事诉讼法》第 91 条第 3 款规定:人民检察院应当自接到公安机关提请批准逮捕书后的 7 日以内作出决定。为严格掌握办案时限,这项内容应写明公安等机关提请批准逮捕书的具体时间、文书案号以及犯罪嫌疑人的姓名。例如:"你局于××××年××月××日以×号提请批准逮捕书提请批准逮捕犯罪嫌疑人×××。"

2. 人民检察院的审查意见。写明:"经本院审查认为,该犯罪嫌疑人涉嫌××犯罪",这里犯罪嫌疑人涉嫌的罪名是指检察机关审查认定的罪名。检察机关认定几个罪名,就写几个罪名。

3. 法律依据和决定事项。写明:"符合《中华人民共和国刑事诉讼法》第八十一条规定的逮捕条件,决定批准逮捕犯罪嫌疑人×××。请依法立即执行,并将执行情况在三日以内通知本院。"

批准逮捕决定书第一联(存根联)的正文,应写明案由,即涉嫌的罪名;犯罪嫌疑人基本情况,包括姓名、性别、年龄、工作单位、住址、身份证号码、是否为人大代表或政协委员;最后写明送达机关名称;由批准人、承办人、填发人分别签名;填写填发时间。填写批准逮捕决定书第一联时,如果犯罪嫌疑人是人大代表或者政协委员的,应在其基本情况一栏中填写清楚,并依照有关程序报请许可后才能批准逮捕。第四联(回执联)的正文,应写明法律依据,即写明《中华人民共和国刑事诉讼法》第九十条的规定;检察机关批准逮捕决定书的时间、文书案号,以及侦查机关执行逮捕的情况。表述为:"根据《中华人民共和国刑事诉讼法》第九十条的规定,现将你院××××年××月××日号批准逮捕决定书的执行情况通知如下:犯罪嫌疑人已于××××年××月××日由执行逮捕(或者因未执行逮捕)。"在这段的下一行写明"特此通知"。

(三)尾部

第二、三联的尾部包括填发文书的年月日,并加盖院印。第四联应当加盖侦查机关的公章。批准逮捕决定书尾部印章的使用。按照规定,人民检察院对外使用的文书,应当在成文日期上方写明对外名称,即人民检察院(下同),在单位名称和成文日期上加盖能够对外独立承担法律责任的单位印章。

批准逮捕决定书应当以被批准逮捕的人次为单位制作,即对于同一个犯罪嫌疑人,每一次批准逮捕时均应单独制作一书四联的批准逮捕决定书。一次对多名犯罪嫌疑人批准逮捕的,应当对每一个犯罪嫌疑人均单独制作批准逮捕决定书。对已经撤销原批准逮捕决定而释放的犯罪嫌疑人,又需要执行逮捕的,人民检察院应当重新制作批准逮捕决定书。人民检察院批准逮捕的危害国家安全的案件、涉外案件和检察机关直接立案侦查的案件,应当报上一级人民检察院备案。

另外,除了批准逮捕决定书,还有一个逮捕决定书,后者是指检察机关在办理案件过程中,依法决定逮捕犯罪嫌疑人所制作的文书。是检察机关在自侦过程中认为犯罪嫌疑人已经符合刑事诉讼法规定的逮捕条件时使用的文书。此处不做介绍。

第四节　不起诉意见书

一、概念

不起诉意见书是人民检察院侦查部门对立案侦查的案件侦查终结后，认为犯罪嫌疑人犯罪情节轻微，依照我国刑法规定对其不需要判处刑罚或者免除刑罚的案件，需要作出不起诉决定，移送公诉部门审查时使用的文书。

《刑事诉讼法》第 168 条、第 177 条第 2 款和《人民检察院刑事诉讼规则》第 237 条规定，人民检察院经过侦查，认为犯罪事实清楚，证据确实、充分，依法应当追究刑事责任的，应当写出侦查终结报告，并且制作起诉意见书。犯罪嫌疑人自愿认罪的，应当记录在案，随案移送，并在起诉意见书中写明有关情况。对于犯罪情节轻微，依照刑法规定不需要判处刑罚或者免除刑罚的案件，应当写出侦查终结报告，并且制作不起诉意见书。

侦查终结报告和起诉意见书或者不起诉意见书应当报请检察长批准。《人民检察院刑事诉讼规则》第 237 条第 3 款、第 235 条的规定，对于犯罪情节轻微，依照刑法规定不需要判处刑罚或免除刑罚的案件，侦查人员应当写出侦查终结报告，并且制作不起诉意见书。根据这一规定，自侦案件侦查终结后，如果侦查部门认为犯罪情节轻微，依照刑法规定对犯罪嫌疑人不需要判处刑罚或者免除刑罚，需要对犯罪嫌疑人做出不起诉决定的案件，就应当制作不起诉意见书，连同案卷材料，一并移送本院捕诉部门审查决定。

二、格式

××××人民检察院

不起诉意见书

××检××移不诉〔20××〕×号

犯罪嫌疑人××〔犯罪嫌疑人姓名（别名、曾用名、绰号等），性别，出生年月日，出生地，身份证号码，民族，文化程度，职业或工作单位及职务（作案时在何单位任何职务），住址，政治面貌，如是人大代表、政协委员，一并写明具体级、届代表、委员及代表、委员号，对应犯罪嫌疑人简历及前科情况。案件有多名犯罪嫌疑人的，逐一写明。单位犯罪案件中，应当写明单位的名称、地址、组织机构代码、法定代表人姓名、性别、公民身份号码、联系方式。〕

犯罪嫌疑人××（姓名）涉嫌×× _____ （罪名）一案，本院于 ____ 年 ____ 月 ____ 日立案侦查，……（采取强制措施、变更强制措施及延长侦查羁押期限的情况），现已侦查终结。

犯罪嫌疑人××涉嫌××案,现已侦查终结。

经依法侦查查明:……(概括叙写经检察机关侦查认定的犯罪事实,包括犯罪时间、地点、经过、手段、目的、动机、危害后果等与定罪有关的事实要素。应当根据具体案件情况,围绕刑法规定的该罪构成要件,特别是犯罪特征,简明扼要叙述。叙述犯罪嫌疑人的犯罪事实时,先按照其触犯罪名的犯罪构成作概括性的叙述,然后再逐一列举,最后列举相关证据。证据包括经侦查获取的能够证明犯罪嫌疑人的行为构成犯罪且需要追究刑事责任的证据。)

综上所述,犯罪嫌疑人××(姓名)的行为触犯了《中华人民共和国刑法》第××条之规定,涉嫌××罪(不要写构成罪),但是,……(具体写明犯罪情节轻微,不需要判处刑罚或免除刑罚的具体情形。)根据《中华人民共和国刑事诉讼法》第　条之规定,不需要判处刑罚(或免除刑罚),根据《中华人民共和国刑事诉讼法》第一百六十八条和第一百七十七第二款之规定,移送审查不起诉。……(对查封、扣押、冻结物品、文件提出处理建议。)

此致
负责捕诉的部门

侦查部门

××××年××月××日

(部门印章)

附:

1. 随案移送案件材料、证据

2. 犯罪嫌疑人现在处所

3. 查封、扣押、冻结物品、文件清单　份附后

(所附项目根据需要填写)

三、内容和制作方法

不起诉意见书属于论证式检察文书,其基本结构包括首部、正文、尾部三部分。

1. 首部。主要内容包括文书名称,文书编号,编号包括人民检察院的简称、自侦部门简称、年度和立案号。

2. 正文。主要内容包括:(1)犯罪嫌疑人的基本情况,包括姓名(别名,曾用名,绰号,化名),性别,出生年月日,出生地,民族,文化程度,职业或工作单位及职务(作案时在何单位任何职务),政治面貌,如果是人大代表、政协委员,一并写明具体级、届代表、委员,现在住址,前科情况。案件有多名犯罪嫌疑人的,应当逐一写明。(2)立案和采取强制措施情况。用"犯罪嫌疑人××(姓名)涉嫌×××(罪名)一案,本院于××××年××月××日立案侦查,……(采取强制措施、变更强制措施及延长羁押期限的情况),现已侦查终结"。(3)查明的案件事实和证据。由"经依法侦查查明:"领起,主

要概括叙写经检察机关侦查认定的犯罪事实,包括时间、地点、经过、手段、目的、动机、危害后果等与定罪有关的事实要素。应当根据案件具体情况,围绕刑法规定的该罪的构成要件,特别是犯罪特征,简明扼要叙写。叙述犯罪嫌疑人的犯罪事实时,先按照其触犯的罪名的犯罪构成作概括性的叙述,然后再逐一列举,最后分别列明相关证据。证据包括经过侦查获取的能够证明犯罪嫌疑人的行为构成犯罪且不需要追究刑事责任或免除处罚的证据。(4)提请不起诉意见的理由、法律根据。要写明:"综上所述,犯罪嫌疑人×××的行为触犯了《中华人民共和国刑法》第××条的规定,涉嫌××罪,但是,……(具体写明犯罪情节轻微,不需要判处刑罚或免除刑罚的具体情形),根据《中华人民共和国刑法》第××条的规定,不需要判处刑罚(或免除刑罚),依据《中华人民共和国刑事诉讼法》第一百六十八条、一百七十七条第二款的规定,移送审查不起诉。……(对扣押物品的处理建议。)"

3. 尾部。包括:(1)落款。用"此致捕诉部门"送达用语,之后写明制作文书的侦查部门,并加盖部门公章;(2)附项。主要包括随案移送案卷数、犯罪嫌疑人所在处所(在押的写明所押处所、取保候审的写明联系方式、监视居住的写明监视居住地点)、扣押物品、文件情况等。

四、实例

实例:××区人民检察院不起诉意见书

第五节 起 诉 书

一、概念

起诉书,指检察院确认犯罪嫌疑人的行为已构成犯罪,事实清楚,证据确实充分,为了追究其刑事责任,依法向法院提起公诉时所制作的文书,也称公诉书。

根据刑事诉讼法的规定,检察机关提起公诉的案件,需同时满足以下三个条件:(1)"犯罪事实已经查清"。"犯罪事实"是指犯罪的主要事实,对主要事实已经查清,但因为各种原因,一些个别细节无法查清或没有必要查清,且不影响定罪量刑的,应当视为犯罪事实已经查清。其中,对一人犯有数罪的,如果有一罪已经查清,而其他罪一时难以查清的,也可以就已经查清的罪提起公诉。(2)"证据确实、充分",即用以证明案件事实的证据真实可靠,取得的证据足以证实调查认定的犯罪事实和情节。刑事诉讼法第五十五条第二款对证据确实、充分的条件作了明确规定,"证据确实、充分,应当符合以下条件:(一)定罪量刑的事实都有证据证明;(二)据以定案的证据均经法定程序查证属实;(三)综合全案证据,对所认定事实已排除合理怀疑"。(3)"依法应当追究刑事责任"。这是指根据刑法的规定,犯罪嫌疑人有刑事责任能力,应当对犯罪嫌疑人判处刑罚,不存在《刑事诉讼法》第16条规定不追究刑事责任的情形。

根据《刑事诉讼法》第169条、第172条、第176第1款的规定,凡需要提起公诉的案件,一律由检察院审查决定。《人民检察院刑事诉讼规则》第357条规定,人民检察院立案侦查时认为属于直接受理侦查的案件,在审查起诉阶段发现属于监察机关管辖的,应当及时商监察机关办理。属于公安机关管辖,案件事实清楚,证据确实、充分,符合起诉条件的,可以直接起诉;事实不清、证据不足的,应当及时移送有管辖权的机关办理。在审查起诉阶段,发现公安机关移送起诉的案件属于监察机关管辖,或者监察机关移送起诉的案件属于公安机关管辖,但案件事实清楚,证据确实、充分,符合起诉条件的,经征求监察机关、公安机关意见后,没有不同意见的,可以直接起诉;提出不同意见,或者事实不清、证据不足的,应当将案件退回移送案件的机关并说明理由,建议其移送有管辖权的机关办理。

《人民检察院刑事诉讼规则》第358条第1款规定:"人民检察院决定起诉的,应当制作起诉书。"检察院对公安机关侦查终结、监察机关对涉嫌职务犯罪的案件经调查,移送起诉的案件,以及对本院直接受理侦查终结的案件进行审查后,认为被告人的犯罪事实已查清,证据确凿、充分,依法应当追究刑事责任的,应当做出起诉决定,制作起诉书,连同案卷和被告人提交同级人民法院审判。

因而,起诉书具有非常重要的作用。对侦查机关、监察机关来讲,它是对案件的全部侦查或调查、审查起诉工作的总结;对检察机关来讲,起诉书是代表国家向法院控告被告人的诉状,又是检察长(或检察官)在法庭上支持公诉的根据;对审判机关来讲,起诉书引起第一审程序的刑事审判活动,既是法院对公诉案件进行审判的凭据,又是法庭审理的基本内容;对被告人及其辩护人来讲既是告知已将被告人交付审判的通知,又是公开指控其犯罪行为的法定文书,还是辩护人进行辩护的指导材料。

二、格式

1.起诉书格式(样本)一:自然人犯罪案件普通程序适用

××××人民检察院
起诉书

××检××刑诉[20××]×号

被告人……(写明姓名、性别、出生年月日、居民身份号码、民族、文化程度、职业或者工作单位及职务、是否系人大代表或政协委员、户籍地、住址、曾受到刑事处罚以及与本案定罪量刑相关的行政处罚的情况和因本案采取强制措施的情况等)

本案由(监察/侦查机关)调查/侦查终结,以被告人×××涉嫌×××罪,于(受理日期)向本院移送起诉。本院受理后,于××××年××月××日已告知被告人有权委托辩护人,××

××年××月××日已告知被害人及其法定代理人(近亲属)、附带民事诉讼的当事人及其法定代理人有权委托诉讼代理人,依法讯问了被告人,听取了辩护人、被害人及其诉讼代理人的意见,审查了全部案件材料。本院于(一次退查日期、二次退查日期)退回侦查机关补充侦查,侦查机关于(一次重报日期、二次重报日期)补充侦查完毕移送起诉。本院于(一次延长日期、二次延长日期、三次延长日期)延长审查起诉期限 15 日。

经依法审查查明:

……(写明经检察机关审查认定的犯罪事实包括犯罪时间、地点、经过、手段、目的、动机、危害后果等与定罪、量刑有关的事实要素。应当根据具体案件情况,围绕刑法规定的该罪的构成要件叙写。)

认定上述事实的证据如下:

1. 物证:……;2. 书证:……;3. 证人证言:证人×××的证言;4. 被害人陈述:被害人×××的陈述;5. 被告人供述和辩解:被告人×××的供述和辩解;6. 鉴定意见:……;7. 勘验、检查、辨认、侦查实验等笔录:……;8. 视听资料、电子数据:……

本院认为,被告人……(概述被告人行为的性质、危害程度、情节轻重),其行为触犯了《中华人民共和国刑法》第××条(引用罪状、法定刑条款),犯罪事实清楚,证据确实、充分,应当以××罪追究其刑事责任。根据《中华人民共和国刑事诉讼法》第一百七十六条的规定,提起公诉,请依法判处。

此致

×××人民法院

检　察　官:×××

检察官助理 ×××

20××年××月××日

(院印)

附:

1. 被告人现在处所:具体包括在押被告人的羁押场所或监视居住、取保候审的处所

2. 案卷材料和证据××册

3. 证人、鉴定人、需要出庭的专门知识的人的名单,需要保护的被害人、证人、鉴定人的名单

4. 有关涉案款物情况

5. 被害人(单位)附带民事诉讼情况

6. 其他需要附注的事项

2. 起诉书格式(样本)二:单位犯罪案件普通程序适用

××××人民检察院
起诉书

××检××刑诉[20××]×号

被告单位……(写明单位名称、组织机构代码、住所地、法定代表人姓名、职务等)

诉讼代表人……(写明姓名、性别、年龄、工作单位、职务)

被告人……(写明直接负责的主管人员、其他直接责任人员的姓名、性别、出生年月日、公民身份号码、民族、文化程度、职业或者工作单位及职务、户籍地、住址、曾受到刑事处罚以及与本案定罪量刑相关的行政处罚的情况和因本案被采取的强制措施情况等)

本案由××××调查侦查终结,以被告单位×××涉嫌××罪,被告人×××涉嫌×××罪,于××××年××月××日向本院移送起诉。本院受理后,于××××年××月××日已告知被告单位和被告人有权委托辩护人,××××年××月××日已告知被害人及其法定代理人(近亲属)(被害单位及其诉讼代表人)、附带民事诉讼的当事人及其法定代理人有权委托诉讼代理人,依法讯问了被告人,听取了被告单位的辩护人、被告人的辩护人、被害人及其诉讼代理人的意见,审查了全部案件材料。………(写明退回补充侦查、延期审查起诉期限等情况。)

经依法审查查明:

……(写明经检察机关审查认定的犯罪事实包括犯罪时间、地点、经过、手段、目的、动机、危害后果等与定罪、量刑有关的事实要素。应当根据具体案件情况,围绕刑法规定的该罪的构成要件叙写。)

认定上述事实的证据如下:

1. 物证:……;2. 书证:……;3. 证人证言:证人×××的证言;4. 被害人陈述:被害人×××的陈述;5. 被害人供述和辩解:被告人×××的供述和辩解;6. 鉴定意见:……;7. 勘验、检查、辨认、侦查实验等笔录:……;8. 视听资料、电子数据:……

本院认为,……(分别概述被告单位、被告人行为的性质、危害程度、情节轻重),其行为触犯了《中华人民共和国刑法》第××条(引用罪状、法定刑条款),犯罪事实清楚,证据确实、充分,应当以××罪追究其刑事责任。根据《中华人民共和国刑事诉讼法》第一百七十六条的规定,提起公诉,请依法判处。

　　此致

××× 人民法院

检　察　官 ×××

检察官助理 ×××

20××年××月××日

（院印）

附件:

　　1. 被告人现在处所。具体包括在押被告人的羁押场所或监视居住、取保候审的处所

　　2. 案卷材料和证据 ×× 册 ×× 页

　　3. 证人、鉴定人、需要出庭的专门知识的人的名单,需要保护的被害人、证人、鉴定人的名单

　　4. 有关涉案款物情况

　　5. 被害人(单位)附带民事诉讼情况

　　6. 其他需要附注的事项

3. 起诉书格式(样本)三:附带民事诉讼案件适用

×××× 人民检察院

刑事附带民事起诉书

××检××刑附民诉〔20××〕×号

　　被告人……(写明姓名、性别、年龄、民族、职业、工作单位及职务、住址、是否刑事案件被告人等)

　　(对于被告单位,写明单位名称、住所地、是否刑事案件被告单位、法定代表人姓名、职务等)

　　被害单位……(写明单位名称、所有制性质、住所地、法定代表人姓名、职务等)

　　诉讼请求:

　　……(写明具体的诉讼请求)

　　事实证据和理由:

　　……(写明检察机关审查认定的导致国家、集体财产损失的犯罪事实及有关证据)

　　本院认为,……(概括叙述被告人应承担民事责任的理由),根据……(引用被告人应承担民事责任的法律条款)的规定,应当承担民事赔偿责任。因被告人×××的上述行为构成×××罪,依法应当追究刑事责任,本院已于××××年××月××日以×××号起诉书向你院提起公诉。现根据《中华人民共和国刑事诉讼法》第一百零一条第二款

的规定,提起附带民事诉讼,请依法裁判。

　　此致
×××人民法院

检　察　员×××

检察官助理×××

××××年××月××日

（院印）

附:

1. 刑事附带民事起诉书副本一式×份
2. 其他需要附注的事项

4.起诉书格式(样本)四:自然人犯罪案件认罪认罚适用

××××人民检察院
起诉书

××检××刑诉〔20××〕×号

　　被告人……(写明姓名、性别、出生年月日、居民身份号码、民族、文化程度、职业或者工作单位及职务、出生地、户籍地、住址、曾受到刑事处罚以及与本案定罪量刑相关的行政处罚的情况和因本案采取强制措施的情况等)

　　本案由×××(监察/侦查机关)调查/侦查终结,以被告人×××涉嫌××罪,于××××年××月××日向本院移送起诉。本院受理后,于××××年××月××日已告知被告人及其法定代理人有权委托辩护人和认罪认罚可能导致的法律后果,××××年××月××日已告知被害人及其法定代理人(近亲属)、附带民事诉讼的当事人及其法定代理人有权委托诉讼代理人,依法讯问了被告人,听取了被告人及其辩护人(值班律师)、被害人及其诉讼代理人的意见,审查了全部案件材料……(写明退回补充调查/侦查、延长审查起诉期限等情况)。被告人同意本案适用速裁/简易/普通程序审理。

　　经依法审查查明:

　　……(写明经检察机关审查认定的犯罪事实包括犯罪时间、地点、经过、手段、目的、动机、危害后果,以及被告人到案后自愿如实供述自己的罪行,与被害人达成和解协议或者赔偿被害人损失,取得被害人谅解等与定罪、量刑有关的事实要素。应当根据具体案件情况,围绕刑法规定的该罪的构成要件叙写。)

　　(对于只有一个犯罪嫌疑人的案件,犯罪嫌疑人实施多次犯罪的,犯罪事实应逐一列举;同时触犯数个罪名的犯罪嫌疑人的犯罪事实应该按照主次顺序分类列举。对于共同犯罪的案件,写明犯罪嫌疑人的共同犯罪事实及各自在共同犯罪中的地位和作用后,按照犯罪嫌疑人的主次顺序,分别叙明各个犯罪嫌疑人的单独犯罪事实。)

　　认定上述事实的证据如下:

　　……(针对上述犯罪事实,列举证据,包括犯罪事实证据和量刑情节证据)

上述证据收集程序合法,内容客观真实,足以认定指控事实。被告人×××对指控的犯罪事实和证据没有异议,并自愿认罪认罚。

本院认为,……(概述被告人行为的性质、危害程度、情节轻重),其行为触犯了《中华人民共和国刑法》第××条(引用罪状、法定刑条款),犯罪事实清楚,证据确实、充分,应当以××罪追究其刑事责任。被告人×××认罪认罚,依据《中华人民共和国刑事诉讼法》第十五条的规定,可以从宽处理。……(阐述认定的法定、酌定量刑情节,并引用相关法律条款),建议判处被告人×××……(阐述具体量刑建议,包括主刑、附加刑的刑种、刑期,以及刑罚执行方式;建议判处财产刑的,写明确定的数额。也可以单独附量刑建议书,量刑建议不在起诉书中表述)根据《中华人民共和国刑事诉讼法》第一百七十六条的规定,提起公诉,请依法判处。

此致
×××人民法院

检　察　官×××
检察官助理×××
××××年××月××日
(院印)

附件:

1. 被告人现在处所(具体包括在押被告人的羁押场所或监视居住、取保候审的处所)
2. 案卷材料和证据××册××页
3.《认罪认罚具结书》一份
4.《量刑建议书》一份(单独制作量刑建议书时移送)
5. 有关涉案款物情况
6. 被害人(单位)附带民事诉讼情况
7. 其他需要附注的事

5. 起诉书格式(样本)五:单位犯罪案件认罪认罚适用

××××人民检察院
起诉书

××检××刑诉〔20××〕×号

被告单位……(写明单位名称、组织机构代码、住所地、法定代表人姓名、职务等)

诉讼代表人……(写明姓名、性别、出生日期、工作单位、职务)

被告人……(写明直接负责的主管人员、其他直接责任人员的姓名、性别、出生年月日、公民身份号码、民族、文化程度、职业或者工作单位及职务、户籍地、住址、曾

受到刑事处罚以及与本案定罪量刑相关的行政处罚的情况和因本案采取强制措施的情况等)

本案由×××(监察/侦查机关)调查/侦查终结,以被告单位×××涉嫌××罪,被告人×××涉嫌××罪,于××××年××月××日向本院移送起诉。本院受理后,于××××年××月××日已告知被告单位、被告人有权委托辩护人和认罪认罚可能导致的法律后果,××××年××月××日已告知被害人及其法定代理人(近亲属)(被害单位及其诉讼代表人)、附带民事诉讼的当事人及其法定代理人有权委托诉讼代理人,依法讯问了被告人,听取了被告单位的辩护人(值班律师)、被告人的辩护人(值班律师)、被害人及其诉讼代理人的意见,审查了全部案件材料。……(写明退回补充调查/侦查、延长审查起诉期限等情况)。被告单位、被告人同意本案适用速裁/简易/普通程序审理。

经依法审查查明:……(写明经检察机关审查认定的犯罪事实包括犯罪时间、地点、经过、手段、目的、动机、危害后果,以及被告人到案后自愿如实供述自己的罪行,与被害人达成和解协议或者赔偿被害人损失,取得被害人谅解等与定罪、量刑有关的事实要素。应当根据具体案件情况,围绕刑法规定的该罪的构成要件叙写。)

认定上述事实的证据如下:

……(针对上述犯罪事实,分别列举证据,包括犯罪事实证据和量刑情节证据)

上述证据收集程序合法,内容客观真实,足以认定指控事实。被告人×××对指控的犯罪事实和证据没有异议,并自愿认罪认罚。

本院认为,……(分别概述被告单位、被告人行为的性质、危害程度、情节轻重),其行为触犯了《中华人民共和国刑法》第××条(引用罪状、法定刑条款),犯罪事实清楚,证据确实、充分,应当以××罪追究其刑事责任。被告单位×××、被告人×××认罪认罚,依据《中华人民共和国刑事诉讼法》第十五条的规定,可以从宽处理。……(阐述认定的法定、酌定量刑情节,并引用相关法律条款),建议判处被告单位、被告人……(阐述具体量刑建议)。根据《中华人民共和国刑事诉讼法》第一百七十六条的规定,提起公诉,请依法判处。

此致
×××人民法院

检 察 官×××
检察官助理×××
××××年××月××日
(院印)

附件:

1. 被告人现在处所:具体包括在押被告人的羁押场所或监视居住、取保候审的处所

2. 案卷材料和证据××册××页

3. 有关涉案款物情况

4. 被害人(单位)附带民事诉讼情况

5.《认罪认罚具结书》一份

6. 其他需要附注的事项

三、内容和制作方法

起诉书由首部、正文、尾部组成。

(一)首部

包括标题、编号、被告人(被告单位)的基本情况三项内容。

1. 标题。居文书正中分两行写明检察院名称和文书名称。制作时应注意下列事项:

(1)检察院名称要写全称,不能写简称或缩写。除最高人民检察院外,各地方人民检察院的名称前应写明省(自治区、直辖市)的名称。如将"××省人民检察院××分院"写成"××检察院分院"或将"××省××市××地区检察院"写成"××地区检察院"都是不全面、不完整的。比较规范的写法分别为:

省、自治区、直辖市人民检察院写为"××省(自治区、直辖市)人民检察院",如"××省人民检察院""××市人民检察院";

省、自治区、直辖市检察院分院写为"××省(自治区、市)人民检察院××分院",如"山东省人民检察院济南铁路运输分院"或可写为"山东省济南铁路运输检察院";

省市属地区检察院写为"××省××市××地区检察院",如"湖北省荆门市沙洋地区人民检察院"

自治州、省辖市人民检察院写为"××省(自治州)××市人民检察院";

县、市辖区人民检察院应写为"××省××县人民检察院""××省××市××区人民检察院"。

对涉外案件提起公诉时,各级人民检察院的名称前均应注明"中华人民共和国"的字样。

(2)文书名称必须写"起诉书"。不能画蛇添足地写为"起诉决定书""刑事附带民事诉讼起诉书"等,亦不能写为"公诉书"。

2. 编号。由制作起诉书的人民检察院的简称、案件性质(即"刑诉")、起诉年度、案件顺序号组成。其中,年度须用四位数字表述。文号写在该行的最右端,上下各空一行。其中案件性质为"刑诉",年度须用四位数字表述。例如××省人民检察院起诉书,其编号"鲁检刑诉〔2020〕×号"。

3. 被告人(被告单位)的基本情况。应当按照格式中所列要素的顺序叙写。依次写明下列11项内容:

(1)姓名。首先写出"被告人"三字,然后写清正在使用的正式姓名(户口簿、身份证等法定文件中使用的姓名),并选择与本案案情有关的曾用名、化名、别名、绰号等写出,在正式姓名之后用括号注明。被告人是外国人的,应当在其中文译名后面用括号注明外文姓名。其中"被告人"这一称谓不能用"被告"代替。

如果被告人是聋哑人或盲人,应当在被告人姓名之后,写明这一法定可以从轻、减轻或者免除处罚的特征,如"系又聋又哑的人""是盲人"。但是只聋不哑或只哑不聋的,不必写入。

(2)性别。

(3)出生日期。应当以公历为准。除未成年人外,如果确实查不清出生日期的,也可以注明年龄。

(4)公民身份号码。对尚未办理身份证的应当注明。

(5)民族。要写全称,如"维吾尔族""蒙古族"等,切忌写为"维族""蒙族"等。写此项内容,除了区别被告人外,我国少数民族地区还规定有对少数民族的刑事政策。

(6)文化程度。一般写所受正规教育的情况,如"初中二年级"或"相当于××""文盲"。

(7)职业。即写明被采取强制措施前被告人所在单位和职务,以明确认定犯罪主体。

对于检察院直接受理侦查终结的案件,以及其他法定由特殊主体才能构成的犯罪或对特殊主体应当从重处罚的,除必须写明被告人工作单位、职务或职业外,还应当认定被告人是特殊主体的身份,如"××,是国家工作人员(或是司法工作人员)""××,是××厂委托从事公务人员"等。

被告人如是从事农业生产劳动或个体工商业劳动、承包、租赁的,应分别写明"在××村务农"或"××市(镇)个体工商业者"。城镇无业者写为"无业"。对于职务的写法应尽量具体,不要笼统地写为"职员""工人""干部"等。

如果是单位犯罪,应写明犯罪单位的名称,所在地址,法定代表人或代表的姓名、职务;如果还有应当负刑事责任的"直接负责的主管人员或其他直接责任人员",应当按上述被告人基本情况内容叙写。

(8)住址。写被告人的经常居住地。被告人是外国人时,应注明国籍、护照号码、国外居所。

被告人真实姓名、住址无法查清的,可以按其绰号或者自报的姓名、住址制作起诉书,并在起诉书中注明。被告人自报的姓名可能造成损害他人名誉、败坏道德风俗等不良影响的,可以对被告人编号并按编号制作起诉书,附其被告人的照片,记明足以确定被告人面貌、体格、指纹以及其他反映被告人特征的事项。

(9)对被告人曾受到过行政处罚、刑事处罚的,应当在起诉书中写明,其中行政处罚限于与定罪有关的情况。一般应先写受到行政处罚的情况,再写受到刑事处罚的情况。叙写行政处罚时,应注明处罚的时间、种类、处罚单位;叙写刑事处罚时,应当注明处罚的时间、原因、种类、决定机关、释放时间。

(10)对采取强制措施情况的叙写,必须注明原因、种类,批准或者决定的机关和时间、执行的机关和时间。被采取过多种强制措施的,应按照执行时间的先后分别叙写。

(11)同案被告人有二人以上的,按照主从关系的顺序叙写。

(二)正文

包括案由和案件来源,犯罪事实,犯罪证据,起诉的理要求和根据四大部分组成。

1. 案由和案件来源。这段文字旨在说明本案符合刑事诉讼法规定的侦查管辖、移送审查等程序。在文书结构上起着承上启下的衔接过渡作用。在表述时就依次写明被告人姓名(犯罪主体),罪名,侦查终结及移送本院审查起诉的机关、时间,案件的审查经过等内容。因案件的情况不同,具体表述亦有差别,应依格式而行。叙写退回补充侦查、延长审查起诉期限时,应注明日期、原因。

案由案件来源部分,在文字表述上应规范准确,依格式而行。下列写法都是不规范:

(1)罪名不规范。如"以被告人×××涉嫌盗窃罪一案"将"罪"字删掉是不当的。因为在制作起诉书时已经认定被告人构成犯罪,所以应写上"罪"字。

(2)文字多余。如在"涉嫌"前加"因"字,显得累赘多余。

(3)侦查机关名称不规范。如将"本案由××公安局侦查终结"或"由本院侦查终结"写成"本案由××公安局预审科侦查终结"或"由本院法纪科侦查终结""经本院贪污贿赂检察处侦查终结"等是不合规范的。因为不能用机关内的某一个部门代替法定的侦查机关的名称。

(4)固定的表述文字不能随意替换。如将"调查/侦查终结"写成"预审终结""侦讯终结""审理终结"等是不合法律规定的。依刑事诉讼法规定,案件调查/侦查终结才能移送起诉,因此"调查/侦查终结"一语是不可移易的。

另外,将"审查查明"写成"检察查明"或"审查证实"都是不合规范的。

(5)移送案件的时间不清楚。这一时间必须写明年、月、日,否则无法计算本院受理该案的时间。

(6)2018年修改后的刑事诉讼法,新增了认罪认罚从宽等制度,在被告人认罪认罚的情况下,人民检察院的起诉书也要作相应的调整。案由案件来源部分表述为"本案由×××(监察/侦查机关)调查/侦查终结,以被告人×××涉嫌××罪,于××××年××月××日向本院移送审查起诉。本院受理后,于××××年××月××日已告知被告人及其法定代理人有权委托辩护人和认罪认罚可能导致的法律后果,××××年××月××日已告知被害人及其法定代理人(近亲属)、附带民事诉讼的当事人及其法定代理人有权委托诉讼代理人,依法讯问了被告人,听取了被告人及其辩护人、被害人及其诉讼代理人的意见,审查了全部案件材料……(写明退回补充调查/侦查、延长审查起诉期限等情况)。被告人同意本案适用简易/普通程序审理。"

2. 犯罪事实。案件事实部分,是起诉书的重点。事实是论证理由和提出处理意见的根据,叙述时应当注意以下几个关键性问题:

(1)对起诉书所指控的所有犯罪事实,无论是一人一罪、多人一罪,还是一人多罪、多人多罪,都必须逐一列举。

叙述案件事实,要按照合理的顺序进行。一般可按照时间先后顺序;一人多罪的,应当按照各种犯罪的轻重顺序叙述,把重罪放在前面,把次罪、轻罪放在后面;多人多罪的,应当按照主犯、从犯或者重罪、轻罪的顺序叙述,突出主犯、重罪。

(2)叙写案件事实时,可根据案件不同情况,采取相应的表述方式,具体应当把握以下原则。

对重大案件、具有较大影响的案件、检察机关直接受理立案侦查的案件,都必须详细写明具体犯罪事实的时间、地点,实施行为的经过、手段、目的、动机、危害后果和被告人案发后的表现及认罪态度等内容,特别要将属于犯罪的构成要件或者与定罪量刑有关的事实要列为重点。既要避免发生遗漏,也要避免将没有证据证明或者证据不足,以及与定罪量刑无关的事项写入正文,做到层次清楚、重点突出。

对一般刑事案件,通常也应当详细写明案件事实,但对其中作案多起但犯罪手段、危害后果等方面相同的案件事实,可以先对相同的情节进行概括叙述,然后再逐一列举出每起事实的具体时间、结果等情况,而不必详细叙述每一起犯罪事实的过程。

必须是经检察机关审查认定的事实。一是要严格区分罪与非罪的界限,只记叙那些构成犯罪的事实,即经过检察院审查、核实的犯罪事实,对不构成犯罪的一般违法行为或者违反纪律、违反道德的行为劣迹等一概不予写入,因为这些材料并不能作为定性、定罪量刑的依据。要突出主要犯罪事实。二是不能局限于侦查或调查阶段的起诉意见书。起诉意见书中所列的不构成犯罪的事实,应予剔除,遗漏的犯罪事实应当补写进去。例如,一起教唆少年盗窃的案件,起诉书先后写了两稿,前稿基本是对起诉意见书的复述,篇幅大而杂,先写了被告人的恶劣品质、流氓习气,然后叙述被告人结伙打架、一般偷窃、侮辱妇女的违法行为,这些不属于指控犯罪的内容,占了大量篇幅,而最后叙述教唆盗窃这一主要罪行时,却寥寥数语,使得主客倒置。后经过严格审核后,将被告人教唆两个不满18岁少年流窜盗窃的主要事实和他传授犯罪手段、窝赃、销赃以及独占赃款2/3的重要情节写入正文,只在首部被告人基本情况一项中列入与案情有关的、受过治安处罚的两次偷窃行为,以说明其屡教不改的特点。这样集中揭露了被告人在共同盗窃中的主犯、教唆犯作用,主要事实突出,情节具体清楚,结构布局严谨。

事实的叙述涉及诸多构成要素,应一一注意。

时间要素,应具体,不能含糊笼统。具体交代出年、月、日、时,有些案件还要交代到分,即几时几分实施犯罪的。时间本身有时可以雄辩地证明被告人有无作案可能。对于时间要求不需要十分精确的案件,叙写的尺度可以放宽,例如"某日夜间10时左右"或"某日深夜"。

地点要素,应确切,要防止错别字,还要防止和邻近地区的同名地相混淆。

动机要素,必须是查明的"推动犯罪人实施犯罪行为的内心起因"。不同的犯罪行为有不同的动机,相同的犯罪行为,动机也不一定相同。应当把犯罪动机的深层结构表述出来。比如,某被告人犯盗窃罪的动机是为了偿还赌债,盗窃的直接目的是攫取财物。

目的要素,是犯罪行为人心理状态中所希望达到的外部结果。目的是犯罪主观方面的重要因素,是构成某些犯罪的必备的主观要件,但它只存在于直接故意(不包括间接故意)的犯罪之中,没有则不写。如制作、贩卖淫书、淫画的和组织、运送他人偷越国(边)境的,都必须是"以营利为目的"。

手段要素,要恰如其分地反映其实施犯罪行为的方式方法,从这一侧面,鲜明地反映出被告人主观恶性的大小。

犯罪情节,应写明犯罪各阶段的情况和变化。注意其阶段性、连贯性、系统性。如写明犯罪的准备、实施以及湮灭罪证等,使人了解其犯罪的全过程。要反映出是"情节较轻""情节严重""情节特别严重"还是"情节特别恶劣"。

犯罪结果,写明犯罪行为对社会所造成危害后果的基本状态。要反映出是"尚未造成严重后果""造成严重后果""使国家和社会遭受严重损失",还是"后果特别严重"等。

(3)对共同犯罪案件中有同案犯在逃的,应在其后写明"另案处理"字样。

(4)被告人的犯罪行为给国家、集体或个人造成损失的,须作简要叙述。

(5)正确对待特殊问题的叙述,应掌握分寸,妥善处理。如遇有涉及党和国家重大机密问题时,必须注意保守机密,非叙述不可的,应当尽力作笼统抽象的表述,决不能将机密的内容按原文抄录;对有伤风化的污秽情节不应写入起诉书,个别案件不写这一情节无法揭露犯罪性质的,也要概括抽象地写,不做具体叙述,涉及被害人个人隐私的,应注意省略被害人的名字,只保留其姓氏;起诉书必须涉及非本案被告人的人员姓名时,应当妥善处理,如对行为已构成犯罪或严重违法,政法机关已经或正在另案处理的,应当在该人姓名后面用括号注明"另案处理"。对本案被害人,只留其姓,隐去名字,特别是强奸案、流氓案中的被害妇女更应保护其名誉。

(6)叙述犯罪应避免烦琐和苟简两个极端。烦琐无法突出主要事实,文字冗长、拖沓;苟简,缺少必备的基本要素,交代不清,难以反映犯罪的客观情况。例如"被告人李某某伙同他人在丰台区马家堡西里四号楼下,乘无人之机,窃得铃木牌摩托车一辆,价值人民币8500元"。这里的"他人"是谁,作案的时间、手段以及赃物的下落

(销赃或被起获)均没有写清。而下面一例则是写得比较规范的:

"被告人刘某某、吴某某于××××年8月8日从××市窜入北京,预谋抢劫出租汽车。8月14日晚8时许,刘某某、吴某某携带匕首、绳索等作案工具,来到北京火车站广场停车处,骗租北京市某出租汽车公司司机张某某驾驶的日本皇冠轿车。当张某某驾车行驶至通县宋庄村东的偏僻处时,刘某某借口上厕所,要求停车,停车后,吴某某即用双手扼住司机张××的颈部,张极力挣扎呼喊,此时刘某某抽出匕首朝张某某身上猛扎数刀,致张某某当场死亡。作案后,二被告人驾车逃到河北省××县,将张某某的尸体抛进小刘庄玉米地里。××××年9月11日由被告人刘某某将抢得的皇冠牌轿车卖掉,获赃款45000元(已挥霍8000元)。同时将××××年××月××日在××处抢来的北京212吉普车一辆卖掉,获赃款11000元,后被告人被抓获归案。部分赃款及212吉普车已追缴在案,皇冠轿车已发还某出租汽车公司。"

此例采用了自然时序法,将被告人刘某某、吴某某犯故意杀人罪、抢劫罪的事实记叙得很清楚。对被告人作案前的准备、作案的情节和手段写得具体,特别是作案后果交代得更为详尽,从而突出了被告人犯罪的主观恶性及严重程度。

因此,叙述文字应简明、清楚。用简洁的文字写明构成该罪本质特征的那些事实,用事实说明行为人的行为具备了法定的犯罪构成要件。事实的来龙去脉应清晰,注意犯罪行为和危害后果之间的关系,使层次富有逻辑性。至于叙述方法可根据具体情况选择时序法、突出法、综合归纳法、总分法以及罪名标题法(即按不同罪名的重轻次序排列,分别列出小标题,然后按突出主罪法,逐罪叙述,实属突出法的变通运用)等。

根据《人民检察院刑事诉讼规则》第353条规定,属于单一罪行的案件,查清的事实足以定罪量刑或者与定罪量刑有关的事实已经查清,不影响定罪量刑的事实无法查清的可以不写;属于数个罪行的案件,部分罪行已经查清并符合起诉条件,其他罪行无法查清的可以不写。第356条规定,人民检察院在办理公安机关移送起诉的案件中,发现遗漏罪行或者有依法应当移送起诉的同案犯罪嫌疑人未移送起诉的,应当要求公安机关补充侦查或者补充移送起诉。对于犯罪事实清楚,证据确实、充分的,也可以直接提起公诉。

3. 犯罪证据。这一部分主要写明认定被告人犯罪事实的主要证据的名称、种类,但不必对证据与事实、证据与证据之间的关系进行具体的分析、论证。叙写证据时,一般应当采取"一事一证的"的方式,即在每一起案件事实后,写明据以认定的主要证据。对于作案多起的一般刑事案件,如果案件事实是概括叙述的,证据的叙写也可以采取"一罪一证"的方式,即在该种犯罪后概括写明主要证据的种类,而不再指出认定每一起案件事实的证据。无法查清作案工具、赃物去向的,需要有足以对被告人定罪量刑的其他证据;证人证言、犯罪嫌疑人供述和辩解、被害人陈述的内容主要情节一致,个别情节不一致,但不影响定罪的。

另外,《刑事诉讼法》第 176 条人民检察院认为犯罪嫌疑人的犯罪事实已经查清,证据确实、充分,依法应当追究刑事责任的,应当做出起诉决定,按照审判管辖的规定,向人民法院提起公诉,并将案卷材料、证据移送人民法院。犯罪嫌疑人认罪认罚的,人民检察院应当就主刑、附加刑、是否适用缓刑等提出量刑建议,并随案移送认罪认罚具结书等材料。

例如,俞某某、丁某某贪污挪用巨额公款罪起诉书中有关证据的制作:"上述事实,有证人证言,转账支票、电汇凭证回单、私人借据在案为证,被告人亦供认不讳,事实清楚,证据确实充分,足以认定。"

被告人认罪认罚的案件,尤其要注意列明犯罪事实证据和量刑情节证据。

4. 起诉的要求和根据。

(1)对被告人的行为性质、危害程度、情节轻重,结合犯罪的构成要件进行概括性地表述,突出本罪的特征,语言要精练、准确。

(2)对法律条文的引用,要准确、完整、具体,写明条、款、项。准确适用法律。概括完事实根据后,引用定罪条款,然后确定罪名。例如上例的下文:

"……其行为触犯了《中华人民共和国刑法》第 185 条、第 155 条和全国人大常委会《关于惩治贪污罪贿赂罪的补充规定》第 2 条第(1)项、第 4 条、第 5 条以及《关于严惩严重破坏经济的罪犯的决定》第 1 条第(2)项之规定,应当以受贿罪、贪污罪追究其刑事责任……。"

在引用法律条款时应完整、全面、准确、有序。

第一,明确引用律文的范围。

关于规定刑事案件如何处理的国家立法和司法解释都可以引用。比如,惩治犯罪的实体法(刑法)、程序法,包括全国人大及其委员会通过的决定、规定、补充规定。必要时最高人民法院和最高人民检察院正式公布的司法解释以及刑法中规定了触犯某些法规、制度即构成犯罪的空白罪状条款,由有关法规对上述空白罪状条款作了具体补充规定的(如海关法规、工商管理法规)也可以引用。

不应作为法律依据的有:内部文件,地方人大或政府颁布的地方规章;宪法、人民检察院组织法等。

第二,抓住引用环节。

当起诉书对案件实体问题做出认定处理和对办案程序问题做出诉讼处理决定时,都应引用相应法律依据。具体如下:认定被告人行为构成犯罪或构成何罪时;认定被告人在共同犯罪中的地位、作用以及应负的责任时;认定被告人犯罪行为处在某一犯罪阶段时;认定被告人具有自首情节时;认定被告人具有其他哪些从轻、减轻、从重、加重处罚情节时;本院对被告人做出诉讼处理决定(即提起公诉)时;其他方面,如叙述涉及案件管辖,及对被告人采取的强制措施等,也应引用相应法律依据。

第三,注意排列顺序。

引用律文的顺序,一般为先引用定罪条款,后写罪名,其次引用量刑情节的条款。下列情况应引起注意:

共同犯罪的,应先引定罪条款,再引区分共同犯罪责任的条款,除非多名被告人触犯的法律条文一样,才可集中引用;一案数罪的,先引重罪条款,后引轻罪条款,有几个罪名就引几个条款,引用律文顺序应当与前面叙述各种犯罪事实的顺序相一致,罪名的顺序应按定罪条款的顺序一一写清。

第四,用语宜规范。

引用实体法时,前加"触犯……",引用程序法时,加"依据……",不可混用。例如:"本院认为,被告人管某某身为国家工作人员,却无视国家法律,利用职务之便,收受和索取贿赂,贪污公款,数额均特别巨大,严重危害国家社会主义现代化建设,情节特别严重。其行为触犯了……"该例点明了被告人"利用职务之便,收受和索取贿赂,贪污公款""数额均特别巨大"等法定条件,为下文依法确定其行为构成受贿罪、贪污罪奠定了事实基础。

(3)对于量刑情节的认定,应当遵循如下原则:对于具备轻重不同的法定量刑情节,一般应当在起诉书中做出认定。但对于适用普通程序的案件,涉及自首、立功等可能因特定因素发生变化的情节,也可以在案件事实之后仅对有关事实做客观表述;对于酌定量刑情节,可以根据案件的具体情况,从有利于出庭支持公诉的角度出发,决定是否在起诉书中做出认定。

(4)依法提出量刑轻重的倾向性意见。论证犯罪情节后,根据具体案情的从轻、减轻或从重、加重情节和认定犯罪的事实根据中所概括出来的有关内容(主观恶性程度、手段恶劣程度、危害后果严重程度、事后认罪态度等)提出处罚的倾向性意见,并引用相应的法律依据。如有累犯、未遂、中止、自首、检举立功,以及刑事责任年龄、生理状况等方面情况,可提请法庭在量刑时加以考虑。倾向意见应肯定明确。在写完定罪的法律依据后,引用量刑条款时,以"根据"一词领起。例如:

"……被告人赵某某在共同犯罪中起主要作用,根据《中华人民共和国刑法》第二十六条之规定,系主犯,应从重处罚;被告人杨某能主动到公安局自首,并检举揭发同案人,有立功表现,根据《中华人民共和国刑法》第六十七条之规定,应从轻处罚;被告人王某某犯罪时不满18岁,根据《中华人民共和国刑法》第十七条第三款之规定,应从轻处罚。"

"本院认为,被告人韦某某,故意杀死李某某和追捕他的警察莫某某和高某某,其行为触犯《中华人民共和国刑法》第二百三十二条,构成故意杀人罪。虽有自首情节,根据《中华人民共和国刑法》第六十七条,可以从轻处罚,但被告人故意杀死多人,严重危害了社会治安,情节特别恶劣,后果特别严重,应当从重惩处……"

以上两例对犯罪情节的论证清楚有逻辑性,且倾向明确,堪称典范。

有关从轻、减轻、免除处罚这三种标准,在刑法中,往往是在某一条文里同时做出规定的,"……可以从轻、减轻或者免除处罚",但是,起诉书中论证情节引用这类条文时,应明确地表示所持观点,三者只选其一,不能用"从轻或减轻"代替。

需要指出的是,根据《人民检察院刑事诉讼规则》第 440 条规定,人民检察院建议人民法院适用速裁程序的案件,起诉书内容可以适当简化,重点写明指控的事实和适用的法律。

根据《刑事诉讼法》第 176 条第 2 款规定,被告人认罪认罚的,阐述认定的法定、酌定量刑情节,并引用相关法律条款,人民检察院应当就主刑、附加刑的刑种和刑期、是否适用缓刑、财产刑的,财产刑的数额或幅度等提出量刑建议,并随案移送认罪认罚具结书等材料。可表述为:"被告人×××认罪认罚,依据《中华人民共和国刑事诉讼法》第十五条的规定,可以从宽处理。……(阐述认定的法定、酌定量刑情节,并引用相关法律条款),建议判处被告人×××……(阐述具体量刑建议,包括主刑、附加刑的刑种、刑期,以及刑罚执行方式;建议判处财产刑的,写明确定的数额。也可以单独附量刑建议书,量刑建议不在起诉书中表述)。"

(5)准确写明决定事项。提起公诉本身是一种诉讼决定,因此,起诉书的这一层次要依序写明检察机关提起公诉的必要性、法律依据、提起公诉的决定,具体可表述为:"本院为维护社会秩序,保护公民的人身权利不受侵犯,依据《中华人民共和国刑事诉讼法》第一百七十六条之规定,提起公诉,请依法严惩(或惩处)。"

总之,起诉理由应充分,认定罪名要准确,适用法律恰当,内容概括,语言简练。

5. 尾部

正文部分结束后,依次写明:

(1)起诉书应当署具体承办案件公诉人的法律职务和姓名。

(2)起诉书的年、月、日,为签发起诉书的日期。

当自然人犯罪、单位犯罪并存时,在叙写被告单位、被告人情况时,应先叙述被告单位、法定代表人及有关属于责任人员的被告人的情况,再叙述一般的自然人被告人情况;同时,在起诉的理由和根据部分,也按照先单位犯罪、后自然人犯罪的顺序叙写。

根据《人民检察院刑事诉讼规则》359 条规定,人民检察院提起公诉的案件,应当向人民法院移送起诉书、案卷材料、证据和认罪认罚具结书等材料。起诉书应当一式八份,每增加一名被告人增加起诉书五份。关于被害人姓名、住址、联系方式、被告人被采取强制措施的种类、是否在案及羁押处所等问题,人民检察院应当在起诉书中列明,不再单独移送材料;对于涉及被害人隐私或者为保护证人、鉴定人、被害人人身安全,而不宜公开证人、鉴定人、被害人姓名、住址、工作单位和联系方式等个人信息的,可以在起诉书中使用化名。但是应当另行书面说明使用化名的情况并标明密级,单独成卷。

起诉书有正副本之分,正本送人民法院,副本存检察内卷。

四、实例

实例1:陕西省安康市人民检察院起诉书

实例2:××××自治州××县人民检察院起诉书(被告人认罪认罚案件)

实例3:××××人民检察院起诉书(单位犯罪案件普通程序适用)

第六节　不起诉决定书

一、概念

不起诉决定书是检察院自行侦查终结,或者对于监察机关、公安机关移送起诉的案件,经过审查,认为被不起诉人的行为不构成犯罪,或者证据不足,或者没有犯罪事实,因而做出不起诉决定的文件。

对于犯罪事实并非被不起诉人所为,需要重新调查或者侦查的,应当在做出不起诉决定后书面说明理由,将案卷材料退回监察机关或者公安机关并建议重新调查或者侦查。

根据《刑事诉讼法》第175条第4款规定,对于二次补充侦查的案件,人民检察院仍然认为证据不足,不符合起诉条件的,应当做出不起诉的决定,即存疑不起诉;第177条第1款、第2款规定,"犯罪嫌疑人没有犯罪事实,或者有本法第十六条规定的情形之一的,人民检察院应当做出不起诉决定。""对于犯罪情节轻微,依照刑法规定不需要判处刑罚或者免除刑罚的,人民检察院可以做出不起诉决定。"即绝对不起诉和相对不起诉。《刑事诉讼法》第16条规定了6种情形为决定不起诉的法定条件,即①情节显著轻微、危害不大,不认为是犯罪的;②犯罪已过追诉时效期限的;③经特赦令免除刑罚的;④依照刑法告诉才处理的犯罪,没有告诉或者撤回告诉的;⑤犯罪嫌疑人、被告人死亡的;⑥其他法律规定免予追究刑事责任的。

不起诉决定书是人民检察院对被不起诉人做出不起诉决定的凭证,具有终止本案刑事诉讼,不追究被不起诉人刑事责任的法律效力。不起诉决定一经送达,如果被告人在押,应当立即释放。

人民检察院决定不起诉的案件,应当同时对侦查中查封、扣押、冻结的财物解除查封、扣押、冻结。对被不起诉人需要给予行政处罚、行政处分或者需要没收其违法所得的,人民检察院应当提出检察意见,移送有关主管机关处理。有关主管机关应当将处理结果及时通知人民检察院。

二、格式

1.不起诉决定书格式(法定不起诉样本)一:根据《刑事诉讼法》第177条第1款规定决定不起诉时适用

×人民检察院

不起诉决定书

××检××刑不诉〔20××〕×号

被不起诉人……[写明姓名、性别、出生年月日、公民身份号码、民族、文化程度、职业或工作单位及职务(国家机关工作人员利用职权实施的犯罪,应当写明犯罪期间在何单位任何职)、户籍地、住址(被不起诉人住址写居住地,如果户籍所在地与暂住地不一致的,应当写明户籍所在地和暂住地),是否受过刑事处罚,采取强制措施的种类、时间、决定机关等。]

(如系被不起诉单位,则应写明名称、住所地等)

辩护人……(写姓名、单位)。

本案由×××(监察/侦查机关名称)侦查终结,以被不起诉人×××涉嫌××罪,于××××年××月××日向本院移送起诉。

(如果是自侦案件,此处写"被不起诉人×××涉嫌××一案,由本院侦查终结,于××××年××月××日移送起诉或不起诉。"如果案件是其他人民检察院移送的,此处应当将指定管辖、移送单位以及移送时间等写清楚。)

(如果案件曾经退回补充调查/侦查,应当写明退回补充调查/侦查的日期、次数以及再次移送起诉时间。)

经本院依法审查查明:

……

[如果是根据刑事诉讼法第十六条第(一)项即监察/侦查机关移送起诉认为行为构成犯罪,经检察机关审查后认定行为情节显著轻微、危害不大,不认为是犯罪而决定不起诉的,则不起诉决定书应当先概述监察/侦查机关移送起诉意见书认定的犯罪事实(如果是检察机关的自侦案件,则这部分不写),然后叙写检察机关审查认定的事实及证据,重点反映显著轻微的情节和危害程度较小的结果。如果是行为已构成犯罪,本应当追究刑事责任,但审查过程中有刑事诉讼法第十六条第(二)至(六)项法定不追究刑事责任的情形,因而决定不起诉的,应当重点叙明符合法定不追究刑

事责任的事实和证据,充分反映出法律规定的内容。如果是根据刑事诉讼法第一百七十七条第一款中的没有犯罪事实而决定不起诉的,应当重点叙明不存在犯罪事实或者犯罪事实并非被不起诉人所为。〕

本院认为,×××(被不起诉人的姓名)的上述行为,情节显著轻微、危害不大,不构成犯罪。依照《中华人民共和国刑事诉讼法》第十六条第(一)项和第一百七十七条第一款的规定,决定对×××(被不起诉人的姓名)不起诉。

〔如果是根据刑事诉讼法第十六条第(二)至(六)项法定不追究刑事责任的情形而决定的不起诉,重点阐明不追究被不起诉人刑事责任的理由及法律依据,最后写不起诉的法律依据。如果是根据刑事诉讼法第一百七十七条第一款中的没有犯罪事实而决定不起诉的,指出被不起诉人没有犯罪事实,再写不起诉的法律依据。〕

查封、扣押、冻结的涉案款物的处理情况。

被不起诉人如不服本决定,可以自收到本决定书后七日内向本院申诉。

被害人如果不服本决定,可以自收到本决定书后七日以内向×××人民检察院申诉,请求提起公诉;也可以不经申诉,直接向×××人民法院提起自诉。

×××人民检察院

20××年××月××日

(院印)

2. 不起诉决定书格式(相对不起诉样本)二:根据《中华人民共和国刑事诉讼法》第177条第2款规定决定不起诉时适用

×××人民检察院

不起诉决定书

××检××刑不诉〔20××〕×号

被不起诉人……〔写明姓名、性别、出生年月日、居民身份号码、民族、文化程度、职业或工作单位及职务(国家机关工作人员利用职权实施的犯罪,应当写明犯罪期间在何单位任何职)和户籍地、住址(被不起诉人住址写居住地,如果户籍所在地与暂住地不一致的,应当写明户籍所在地和暂住地),是否受过刑事处罚,采取强制措施的种类、时间、决定机关等。〕

(如系被不起诉单位,则应写明名称、住所地等)

辩护人……(写姓名、单位)。

本案由×××(监察/侦查机关名称)调查/侦查终结,以被不起诉人×××涉嫌××罪,于××××年××月××日向本院移送起诉。

(如果是自侦案件,此处写"被不起诉人×××涉嫌××一案,由本院调查/侦查终结,于××××年××月××日移送起诉或不起诉。"如果案件是其他人民检察院移送的,此处应当将指定管辖、移送单位以及移送时间等写清楚。）

（如果案件曾经退回补充侦查，应当写明退回补充侦查的日期、次数以及再次移送起诉时间。）

经本院依法审查查明：

……

（概括叙写案件事实，其重点内容是有关被不起诉人具有的法定情节和检察机关酌情做出不起诉决定的具体理由的事实。要将检察机关审查后认定的事实和证据写清楚，不必叙写调查/侦查机关移送审查时认定的事实和证据。对于证据不足的事实，不能写入不起诉决定书中。在事实部分中表述犯罪情节时应当以犯罪构成要件为标准，还要将体现其情节轻微的事实及符合不起诉条件的特征叙述清楚。叙述事实之后，应当将证明"犯罪情节"的各项证据——列举，以阐明犯罪情节如何轻微。）

本院认为，×××实施了《中华人民共和国刑法》第××条规定的行为，但犯罪情节轻微，具有×××情节（此处写明认罪认罚、从轻、减轻或者免除刑事处罚具体情节的表现），根据《中华人民共和国刑法》第××条的规定，不需要判处刑罚（或者免除刑罚）。依据《中华人民共和国刑事诉讼法》第一百七十七条第二款的规定，决定对×××（被不起诉人的姓名）不起诉。

查封、扣押、冻结的涉案款物的处理情况。

被不起诉人如不服本决定，可以自收到本决定书后七日内向本院申诉。

被害人如不服本决定，可以自收到本决定书后七日以内向×××人民检察院申诉，请求提起公诉；也可以不经申诉，直接向×××人民法院提起自诉。

×××人民检察院

20××年××月××日

（院印）

3. 不起诉决定书格式（存疑不起诉样本）三：根据《刑事诉讼法》第175条第4款规定决定不起诉时适用

×人民检察院
不起诉决定书

××检××刑不诉〔20××〕×号

被不起诉人……〔写明姓名、性别、出生年月日、公民身份号码、民族、文化程度、职业或工作单位及职务（国家机关工作人员利用职权实施的犯罪，应当写明犯罪期间在何单位任何职）和户籍地、住址（被不起诉人住址写居住地，如果户籍所在地与暂住地不一致的，应当写明户籍所在地和暂住地），是否受过刑事处罚，采取强制措

施的种类、时间、决定机关等。〕

（如系被不起诉单位，则应写明名称、住所地等）

辩护人……（写姓名、单位）。

本案由×××（监察/侦查机关）调查/侦查终结，以被不起诉人×××涉嫌××罪，于××××年××月××日移送本院审查起诉。

本案由×××（侦查机关名称）侦查终结，以被不起诉人×××涉嫌××罪，于××××年××月××日移送本院起诉。

（如果是自侦案件，此处写"被不起诉人×××涉嫌××一案，由本院侦查终结，于××××年××月××日移送起诉或不起诉。"如果案件是其他人民检察院移送的，此处应当将指定管辖、移送单位以及移送时间等写清楚。）

（如果案件曾经退回补充调查/侦查，应当写明退回补充调查/侦查的日期、次数以及再次移送起诉时间。）

×××（监察/侦查机关名称）移送起诉认定……（概括叙述监察/侦查机关认定的事实），经本院审查并退回补充调查侦查，本院仍然认为×××（监察/侦查机关名称）认定的犯罪事实不清、证据不足（或本案证据不足）（应当概括写明事实不清、证据不足的具体情况），不符合起诉条件。依照《中华人民共和国刑事诉讼法》第一百七十五条第四款的规定，决定对×××（被不起诉人的姓名）不起诉。

（如系检察机关直接受理案件，则写为：本案经本院侦查终结后，在审查起诉期间，经两次补充侦查，本院仍认为本案证据不足，不符合起诉条件。依照《中华人民共和国刑事诉讼法》第一百七十五条第四款的规定，决定对×××不起诉。）

查封、扣押、冻结的涉案款物的处理情况。

被不起诉人如不服本决定，可以自收到本决定书后七日内向本院申诉。

被害人如不服本决定，可以自收到本决定书后七日以内向××人民检察院申诉，请求提起公诉；也可以不经申诉，直接向××人民法院提起自诉。

××××人民检察院

20××年××月××日

（院印）

三、内容和制作方法

不起诉决定书由首部、正文、尾部组成。

（一）首部

1. 标题。由检察院名称和文书名称组成，文书名称为"不起诉决定书"，不能写为"不予起诉决定书"或"不起诉书"。

2. 文号。其中文书代字为"不诉"，其余写法同起诉书。

3. 被不起诉人基本情况。按格式中所列项目顺序叙明。如系被不起诉单位,则应写明名称、住所地,并以被不起诉单位代替"被不起诉人"。

4. 辩护人基本情况。包括辩护人姓名、单位。如系法律援助律师,应当写明指派的法律援助机构名称等。

(二) 正文

1. 案由和案件来源。其中"案由"应当写移送起诉时或者侦查终结时认定的行为性质,而不是负责捕诉的部门认定的行为性质。"案件来源"包括公安、安全机关、监察机关移送、本院侦查终结、其他人民检察院移送等情况。应当写明移送审查起诉的时间和退回补充侦查或调查的情况(包括退回补充侦查或调查日期、次数和再次移送日期)。写明本院受理日期。如:

"本案由某某市公安局茂南分局侦查终结,以被不起诉人况某某涉嫌合同诈骗罪,于 2019 年 2 月 14 日向本院移送审查起诉。审查期间,我院分别于 2019 年 3 月 12 日、2019 年 5 月 8 日退回侦查机关补充侦查,侦查机关分别于 2019 年 4 月 12 日、2019 年 6 月 6 日重新移送审查起诉。"

"本案由某某县公安局侦查终结,以被不起诉人何某某涉嫌非法经营罪,于 2019 年 8 月 23 日向本院移送审查起诉。本院于 2019 年 9 月 11 日第一次退回侦查机关补充侦查,侦查机关于 2019 年 10 月 11 日补查重报;本院于 2019 年 11 月 11 日延长审查起诉期限十五天;本院于 2019 年 11 月 25 日第二次退回侦查机关补充侦查,侦查机关于 2019 年 12 月 25 日补查重报。"

"本案由广东省某某公安局侦查终结,以被不起诉人杨某某、王某某、陈某甲、陈某乙涉嫌聚众扰乱社会秩序罪,于 2018 年 5 月 2 日向本院移送审查起诉。本院于 2018 年 6 月 1 日第一次退回侦查机关补充侦查,侦查机关于 2018 年 6 月 22 日补查重报;本院于 2018 年 7 月 20 日第二次退回侦查机关补充侦查,侦查机关于 2018 年 8 月 10 日补查重报。"

"本案由上海市公安局某某分局侦查终结,以被不起诉人李某某涉嫌重婚罪,于 2018 年 8 月 6 日向本院移送审查起诉。本院受理后,于 2018 年 8 月 9 日告知被不起诉人有权委托辩护人,依法讯问了被不起诉人,审查了全部案件材料。经审查,二次退回补充侦查,上海市公安局长宁分局于 2019 年 1 月 6 日补充侦查终结,移送本院审查起诉。"

被不起诉人认罪认罚的,应将相关事项予以表述。如:"本案由某某市公安局某某分局侦查终结,以被不起诉人潘某某、莫某甲、卢某甲、卢某乙、刘某某、莫某乙、朱某某、尚某某、饶某某、陈某甲、陈某乙、林某某、莫某丙、蔡某某、陈某丙、徐某某等人涉嫌诈骗罪,于 2019 年 9 月 5 日向本院移送审查起诉。本院受理后,已告知被告人依法享有的诉讼权利和认罪认罚可能导致的法律后果,依法讯问了被告人,听取了被告人及其辩护人或值班律师的意见，审查了全部案件材料。本院于2019年9月30日将案件退回侦查机关补充侦查，侦查机关于2019年10月29日重新移送审查起诉。"

2. 事实。此部分包括否定或者指控被不起诉人构成犯罪的事实及作为不起诉决定根据的事实。应当根据三种不起诉的性质、内容和特点，针对案件具体情况各有侧重点地叙写。

如原认定事实有误，应侧重写纠正过来的事实、证据；如原认定事实虽然属实，但不构成犯罪，应侧重把显著轻微和危害不大的情节、证据写清；如果被告人的行为属于《刑事诉讼法》第16条第（2）至第（6）项规定的情形的，应当概括写出危害行为、结果及证据后，再写清法定不追究刑事责任的有关事实和证据。如："……查被告人×××的上述犯罪行为已过追诉时效期限。"

3. 理由及法律依据、决定事项。首先应概括事实，然后引用有关法律条款，其中包括刑法规定的不负《刑事责任条款》及《刑事诉讼法》第16条不追究刑事责任的条款，接着引用检察院作出不起诉决定的根据，即《刑事诉讼法》第177条第几款，最后写明决定事项。例如：

"本院认为，被不起诉人王某某为使自己及家人的人身权利免受正在进行的暴力侵害，对深夜携凶器翻墙入宅行凶的王某，采取利止暴力侵害的防卫行为，符合《中华人民共和国刑法》第二十条第三款之规定，属于正当防卫，不负刑事责任。依据《中华人民共和国刑事诉讼法》第一百七十七条第一款的规定，对王某某做出不起诉决定。"

"本院认为，被不起诉人孙某某违反交通运输管理法规，在道路上醉酒驾驶机动车，其行为已触犯《中华人民共和国刑法》第一百三十三条之一第一款第（二）项，犯罪事实清楚，证据确实、充分，应当以危险驾驶罪追究其刑事责任。被不起诉人孙某某到案后能如实供述自己的罪行，系坦白，应适用《中华人民共和国刑法》第六十七条第三款，可以从轻处罚。本案犯罪情节轻微，依照《中华人民共和国刑法》第三十七条之规定，不需要判处刑罚。根据《中华人民共和国刑事诉讼法》第一百七十七条第二款之规定，决定对孙某某不起诉。"

"本院认为，被不起诉人朱某某实施了《中华人民共和国刑法》第二百四十五条第一款规定的行为，但系初犯、偶犯，认罪认罚，事后积极赔偿，取得被害人的谅解，情节较轻，且具有自首情节，根据《中华人民共和国刑法》第六十七条第一款的规定，可以免除处罚。依据《中华人民共和国刑事诉讼法》第一百七十七条第二款的规定，决定对朱某某不起诉。"

"本院认为，陆某某已经死亡，根据《中华人民共和国刑事诉讼法》第十六条第（五）项、第一百七十七条第一款的规定，决定对陆某某不起诉。"

"经本院审查并退回补充侦查，本院认为××市公安局××分局认定被不起诉人李某某的行为构成重婚罪证据不足，不符合起诉条件。依照《中华人民共和国刑事诉讼法》第一百七十五条第四款的规定,决定对李某某不起诉。"

"本院认为,被不起诉人潘某某、莫某甲、卢某甲、卢某乙、刘某某、莫某乙、朱某某、尚某某、饶某某、陈某甲、陈某乙、林某某、莫某丙、蔡某某、陈某丙、徐某某伙同他人实施了《中华人民共和国刑法》第二百六十六条规定的行为,均已构成诈骗罪,但其在共同犯罪中起次要作用,主观恶意和社会危害性较小,系初犯、偶犯,且到案后能如实供述其行为,自愿认罪认罚,有悔罪表现,犯罪情节轻微。该案符合宽严相济的刑事政策,根据《中华人民共和国刑事诉讼法》第一百七十七条第二款的规定,决定对潘某某、莫某甲、卢某甲、卢某乙、刘某某、莫某乙、朱某某、尚某某、饶某某、陈某甲、陈某乙、林某某、莫某丙、蔡某某、陈某丙、徐某某不起诉。"

在制作这部分时应当注意:在根据《刑事诉讼法》第177条第2款做出不起诉决定书时,要依照《刑法》规定的"不需要判处刑罚或者免除刑罚"法定条件撰写有关内容,要依据《刑事诉讼法》第12条规定的"未经人民法院判决,对任何人都不得确定为有罪"的精神,明确被不起诉人从法律上是作为无罪处理的。因此在制作相对不起诉决定书时,应当客观叙述被不起诉人的犯罪行为和事实,写明被不起诉人的行为触犯的刑法条款,但不得认定"被不起诉人×××的行为构成×××罪名"。

另外,所引用的法律应当引全称;所引用的法律条款要用汉字将条、款、项引全。

（三）尾部

包括告知事项、署名、日期等。

根据《刑事诉讼法》第180条规定,对于有被害人的案件,决定不起诉的,人民检察院应当将不起诉决定书送达被害人。被害人如果不服,可以自收到决定书后七日以内向上一级人民检察院申诉,请求提起公诉。人民检察院应当将复查决定告知被害人。对人民检察院维持不起诉决定的,被害人可以向人民法院起诉。被害人也可以不经申诉,直接向人民法院起诉。人民法院受理案件后,人民检察院应当将有关案件材料移送人民法院。第181条对于人民检察院依照本法第177条第2款规定做出的不起诉决定,被不起诉人如果不服,可以自收到决定书后七日以内向人民检察院申诉。人民检察院应当做出复查决定,通知被不起诉的人,同时抄送公安机关。

因此,告知事项部分应注意下面几个问题:凡是有被害人的案件,不起诉决定书应当根据《刑事诉讼法》第180条的规定写明被害人享有申诉权及起诉权;根据《刑事诉讼法》第177条第2款作出的不起诉决定,还应当写明被不起诉人享有申诉权;不起诉决定同时具有《刑事诉讼法》第180条和第181条所规定的情形,不起诉人决定书应当统一按被不起诉人、被害人的顺序分别写明其享有的申诉权及起诉权。

署名部分注意统一署检察院院名。具文日期应当是签发日期。

另外,不起诉决定书以人为单位制作,应当有正本、副本之分,其中正本一份归入正卷,副本发送被不起诉人、辩护人及其所在单位、被害人或者近亲属及其诉讼代理人、监察/侦查机关(部门)。

四、实例

实例1:××市××区人民检察院不起诉决定书

实例2:××县人民检察院不起诉决定书

第七节　抗　诉　书

一、概念

抗诉书是检察院依法行使审判监督的职能,对法院确有错误的刑事、民事、行政诉讼判决或裁定提出抗诉时,所制作的文书。

依案件性质可分为刑事抗诉书、民事抗诉书和行政抗诉书。本节主要介绍刑事抗诉书。

根据《刑事诉讼法》第228条和第254条第3款的规定,地方各级人民检察院认为本级人民法院第一审的判决、裁定确有错误的时候,应当向上一级人民法院提出抗诉;最高人民检察院对各级人民法院已经发生法律效力的判决和裁定,上级人民检察院对下级人民法院已经发生法律效力的判决和裁定,如果发现确有错误,有权按照审判监督程序向同级人民法院提出抗诉。

因此,抗诉分两种程序提出,一种是按二审程序提起的抗诉;另一种是按审判监督程序提起的抗诉。不论何种程序的抗诉,都必须制作相应的抗诉书,送达人民法院。

抗诉书是检察院代表国家对法院审判活动实行监督的一种表现形式,也是引起法院第二审或再审程序的法定程序之一。通过抗诉程序,可以及时有效地纠正法院确有错误的判决和裁定,促使上级法院及时纠正下级法院审判活动中出现的错误。

二、格式

1. 刑事抗诉书格式(样本)一:二审程序适用

××××人民检察院
刑事抗诉书

××检××诉刑抗〔20××〕×号

×××人民法院以××号刑事判决(裁定)书对被告人×××(姓名)××(案由)一案判决(裁定)……(判决、裁定结果)。本院依法审查后认为(如果是被害人及其法定代理人不服地方各级人民法院第一审的判决而请求人民检察院提出抗诉的,应当写明这一程序,然后再写"本院依法审查后认为"),该判决(裁定)确有错误(包括认定事实有误、适用法律不当、审判程序严重违法),理由如下:

……(根据不同情况,理由从认定事实错误、适用法律不当和审判程序严重违法等几方面阐述。)

综上所述……(概括上述理由),为维护司法公正,准确惩治犯罪,依照《中华人民共和国刑事诉讼法》第二百二十八条的规定,特提出抗诉,请依法判处。

此致

×××人民法院

××××人民检察院
年　月　日
(院印)

附件:

1. 被告人×××现羁押于×××(或者现住×××)
2. 其他有关材料

2. 刑事抗诉书格式(样本)二:审判监督程序适用

××××人民检察院
刑事抗诉书

××检××审刑抗〔20××〕×号

原审被告人……(依此写明姓名、性别、出生年月日、民族、出生地、职业、住址,服刑情况。有数名被告人的,依犯罪事实情节由重至轻的顺序分别列出)。

×××人民法院以××号刑事判决(裁定)书对被告人×××(姓名)×××(案由)一案判决(裁定)……(写明生效的一审判决、裁定或者一审及二审判决、裁定情况)。经依法审查(如果是被告人及其法定代理人不服地方各级人民法院的生效判决、裁定而请求人民检察院提出抗诉的,或者有关人民检察院提请抗诉的,应当写明这一程序,然后再写"经依法审查"),本案的事实如下:

……(概括叙述检察机关认定的事实、情节。应当根据具体案件事实、证据情况,围绕刑法规定该罪构成要件特别是争议问题,简明扼要地叙述案件事实、情节。一般应当具备时间、地点、动机、目的、关键行为情节、数额、危害结果、作案后表现等有关定罪量刑的事实、情节要素。一案有数罪、各罪有数次作案的,应当依由重至轻或者时间顺序叙述。)

本院认为,该判决(裁定)确有错误(包括认定事实有误、适用法律不当、审判程序严重违法),理由如下:

……(根据情况,理由可以从认定事实错误、适用法律不当和审判程序严重违法等几方面分别论述。)

综上所述……(概括上述理由),为维护司法公正,准确惩治犯罪,依照《中华人民共和国刑事诉讼法》第二百五十四条第三款的规定,对×××人民法院××号刑事判决(裁定)书,提出抗诉,请依法判处。

此致
×××人民法院

××××人民检察院
(院印)
年　月　日

附件:

1. 被告人×××现服刑于×××(或者现住×××)
2. 其他有关材料

三、内容和制作方法

抗诉书为论证式检察文书。由首部、正文和尾部、附注四部分组成。

(一)首部

包括制作文书的人民检察院的名称、文书名称及文号。写明所在省(自治区、直辖市)的名称,不能只写地区级市、县、区院名;如果是涉外案件,要冠以"中华人民共和国"字样。分两行写出检察院全称和文书名称"抗诉书"。其中文书代字为"抗",例"鲁检刑抗字[2013]1号"。

(二)正文

1. 原审被告人的基本情况。二审程序适用的刑事抗诉书不写原审被告人的基本情况项,只有审判监督程序适用的抗诉书必须写明,具体写明:被告人姓名、出生日期、住址等;被告人的身份号码、户籍地;刑满释放或者假释的具体日期等。

2. 原判决、裁定情况。有关案由,如果检法两家认定罪名不一致时,应该分别表述。

如果调查/侦查、起诉、审判阶段没有出现超时限等程序违法现象时,不必写明公安、检察与法院的办案经过,只简要写明法院判决、裁定的结果。

以"××人民法院以××刑事判决书(裁定书)对被告人(姓名)××(案由)一案做出判决(裁定)"引出判决裁定内容。

审判监督程序适用的刑事抗诉书,须写明诉讼过程、生效判决或裁定概况。如果是一审生效判决或裁定,不仅要写明第一审法院判决(裁定)主要内容,还要写明一审判决或裁定的生效时间。如果是二审终审的判决或裁定,应该分别写明一审和二审判决或裁定的主要内容,此外,还应该写明提起审判监督程序抗诉的原因。

3. 审查意见(包括事实认定)。这一部分的内容是检察机关对原判决(裁定)的审查意见,目的是明确指出原判决(裁定)的错误所在,告知二审法院,检察院抗诉的重点是什么。这部分要观点鲜明,简明扼要。对于案件具有被害人及其法定代理人请求检察机关抗诉情况的,也要写明。

其中事实认定与证据,对于原审判决、裁定中认定的事实或新发现的事实、证据,应该作比较详细的介绍。为下文有针对性的论析铺设过渡桥梁。

审判监督程序的抗诉书在写该部分内容时,主要阐述对生效判决或裁定的审查意见(含事实认定)。(1)事实认定与证据。对于原审判决、裁定中认定的事实或新发现的事实、证据,应该作比较详细的介绍。有两种情况:第一,认为一审判决或裁定正确,而二审改判的判决(或裁定)确有错误时,只写明二审判决(或裁定)的错误所在;第二,如果认为一、二审判决(或裁定)都有错误的,均应指出错误所在,以便下文分别论析反驳。(2)审查意见。这一部分的内容是检察机关对原判决(裁定)的审查意见,目的是明确指出原判决(裁定)的错误所在,告知再审法院,检察院抗诉的重点是什么。这部分要观点鲜明,简明扼要。

4. 抗诉理由。抗诉书是对法院原审裁判的错误进行驳辩,属驳论性的公文文体。因此反驳对象要明确有针对性,原判全部错的全部抗诉,部分错就部分抗诉。观点要鲜明,论证有逻辑性,论据真实全面,以法律为论据的,必须准确具体地援引条、款、项的内容,以事实为论据的,必须有查证属实的证据,从而驳倒错误论点,阐明抗诉意见的正确性。

抗诉理由是文书的主体部分,可针对原判事实确有错误、适用法律不当或审判程序严重违法等不同情况,分别写明抗诉理由。

(1)如果人民检察院认为法院判决书或裁定书认定事实有错误,包括遗漏罪行、遗漏罪犯,事实不实、不详等情况。一般运用对比的方法,针对原审判决裁定的错误提出纠正意见,强调抗诉的针对性。对于有多起"犯罪事实"的抗诉案件,只叙述原判决(裁定)认定事实不当的部分,认定没有错误的,可以只肯定一句"对……事实的认定无异议"即可。突出检、法两家的争议重点,体现抗诉的针对性。对于共同犯罪案件,也可以类似处理,即只对原判决(裁定)漏定或错定的部分被告人犯罪事实做重点叙述,对其他被告人的犯罪事实可简写或者不写。

关于"证据部分",应该在论述事实时有针对性地列举证据,说明证据的内容要点及其与犯罪事实的联系。

刑事抗诉书中不能追诉起诉书中没有指控的犯罪事实。

如有自首、立功等情节,应在抗诉书中予以论述。

例如,××县人民法院××××年××月××日(××××)×法刑字第 14 号刑事附带民事判决书中,认定被告人李广某、李宝某犯故意伤害罪,判处李广某有期徒刑 3 年,缓刑 4 年,判处李宝某拘役 6 个月,缓刑 1 年,赔偿被害人解某某医疗费用 542 元。检察院审查认为:该判决认定二被告人犯罪有从轻情节,认罪态度较好,没有事实和法律根据的,造成量刑不当,其抗诉书(按二审程序)中的抗诉理由:

一、判决书认定:"二被告人犯罪有义愤情节",但未说明义愤的表现所在,其含义不清。根据案情而言,所谓"义愤情节"也是不存在的。被告人李广某与被害人解某某系夫妻关系,解某某于××××年因与被告人争吵而离家出走,并提出离婚。经判决不准离婚,仍不归家。××××年 5 月 7 日,其子放学后去姨家,二被告人寻找不见,便以为被解某某哄骗出走,即经预谋后,将解某某从其娘家捆绑拖回家中,用剪刀剪掉解某某两耳轮、鼻尖和头发,次日又用铁丝烙烫面部后,才为解某某松绑。从整个案情看,二被告人的"义愤"所出无正当原因。所谓义愤,应是被害一方有不道德或不法行为的情况下,被告人一方出于正义而产生的愤恨。但本案的被害人并无不道德行为,更无不法行为,因而不构成被告人一方的义愤情节。

二、判决书认定"二被告人认罪态度较好",与被告人所作所为不符。①二被告人施加伤害致解某某住院以后,其医疗费用,分文未予付给,到庭审时仍不愿承担应付的医疗费;②二被告人在庭审中对某些情节采取了避重就轻的态度,如二被告人原交代对解某某捆绑后拳打脚踢,而且有在场人证言、被害人陈述及伤势诊断证明,情况经查属实。但在庭审时二被告人又拒不供认。据此不能说二被告人认罪态度好。

三、判决书在认定事实上不够全面准确。经查实二被告人实施伤害过程中,被害人解某某先后多次要求悔过求饶,判决书未作认定,这不利于反映被告人作案的主观恶性程度;另外,判决书认定"被害人解某某住院 70 余天",对案件的危害结果反映不全面,事实上,被害人解某某左耳轮外伤并发软骨膜炎,现仍在治疗中。

例中用引述原判的方式将正误事实加以比照,否定了原判的不当之处。

(2)如果法院适用法律有误,主要针对犯罪行为的本质特征,论述应该如何认定行为性质,从而正确适用法律。要从引用罪状、量刑情节等方面分别论述。适用法律有误主要包括定性(罪与非罪),定罪(此罪与彼罪),处罚或免除处罚不当,适用法律条款不当等。一般根据刑法关于犯罪的理论,围绕行为事实的本质特征,通过对案件性质的分析,指出原判决(或裁定)之误,论证如何正确适用法律,认定案件性质。如罪名不当,着重于区分此罪与彼罪的特征,阐明应定何罪而不应定何罪的理由、根据。

原判决(或裁定)量刑不当。包括罪刑不适应,刑罚畸轻畸重,未考虑法定从重加重、从轻减轻情节,以及适用缓刑不当,无正当理由而未依法判处刑罚等情况。

如果原判因认定事实错误,致使定性、定罪适用法律错误,进而导致量刑不当,在对事实与适用法律做了相应反驳论证后,再于正确的事实、法律基础之上,写清量刑不当之处,并阐明准确量刑的意见。如果原判仅是量刑畸轻畸重的,应着重从情节、社会危害等影响量刑的诸方面分析论证,确定应当适用的刑种、刑期,证明原裁判量刑的错误。

例如上例中有关适用法律和量刑方面的抗诉理由:

四、判决书引用法律条款不完善。二被告人有明显的主犯、从犯之分,这在判决书中也作了认定。但却只引用刑法第二十七条(从犯从轻、减轻、免除处罚),而不引用刑法第二十六条(主犯从重处罚)。说明判决不是在全面正确的适用法律的情况下进行的。

五、判决书中由于上述四条原因,得出了"应从轻处罚"的错误指导思想,使得量刑明显偏轻。二被告人在被害人多次求饶的情况下,非法捆绑,毁人容貌,致其重伤,手段毒辣,情节恶劣,后果严重,影响极坏。被害人解某某被害以后,不仅肉体上受到极大的痛苦,而且在精神上遭到了莫大的折磨,感到年仅三十几岁面容被毁,丑不堪目,痛不欲生。被害人之父得知其女遭此摧残以后,悬梁自尽。被告人的行为引起社会的公愤,如不从重从严处罚二被告人,则不足以严厉打击严重的刑事犯罪,不足以平息民愤和社会舆论。根据被告人的行为,依照《中华人民共和国刑法》第二百三十四条之规定,已构成故意伤害罪。根据全国人大常委会《关于严惩严重危害社会治安的犯罪分子的决定》:"故意伤害他人身体,致人重伤或者死亡,情节恶劣的,可在刑法规定的最高刑以上处刑,直到判处死刑。"但是,原判决书却将主犯李广某判处有期徒刑3年,将从犯李宝某减轻处罚为拘役6个月,皆适用缓刑,是与刑法有关规定和全国人大常委会决定精神相违背的,是非常错误的。

(3)如果法院审判程序严重违法,抗诉书就应该主要根据刑事诉讼法及有关司法解释,逐个论述原审法院违反法定诉讼程序的事实表现,包括时间、地点、审判人员或合议庭的违法行为等情况,再写明影响公正判决的现实或可能性,最后阐述法律规定的正确诉讼程序。如果原审法院在审判过程中,需要通知新的证人到庭,调取新的物证,重新鉴定或勘验,本应延期审理而当庭宣判,以致造成错判的,先将这一情况叙明,然后阐述违反法定程序和错判之间的因果关系,再引用《刑事诉讼法》第204条第1项内容说明正确的程序。例如:

三、法庭审理程序违反法律规定,证据未经当庭出示、质证即作为定案的根据。

本案中,对被告人王某某、张某某的"社会调查报告"未经当庭出示、质证的法庭调查程序查证属实,即作为判处二被告人缓刑的根据,违反了最高人民法院关于适用《中华人民共和国刑事诉讼法》的解释第六十三条"证据未经当庭出示、辨认、质证等法庭调查程序查证属实,不得作为定案的根据。"的法律规定。

抗诉理由部分常见的写作方法有三种:

其一,分段列举法。依抗诉理由的不同列出序号,标明观点,分段反驳。适于抗诉论点较多的案件。

其二,分人反驳法。一案多名被告人的,针对不同被告人的具体情况,分别阐述抗诉理由。适用于抗诉理由各不相同的两名以上被告人的抗诉案件。

其三,综合分析法。将抗诉理由集中在一个段落里加以阐述,适用于抗诉论点较少的案件。

共同犯罪案件,要对提出抗诉的被告人进行重点分析、叙写,对同意法院判决的被告人可以略写,或作为对比时提出。在叙写抗诉理由时,要利用案件证据情况有针对性地证明自己的观点。另外,抗诉书中只能针对一审审理的案件事实,不能包括进行追诉的事实。

5. 结论性意见、提起抗诉的法律根据、决定和要求事项。

在要求事项部分,应写明"特提出抗诉,请依法判处"。要综合上述审查情况和抗诉理由提出结论性意见。

刑事抗诉书中结论性意见应当简洁、明确。

(三) 尾部

署名方式,署检察院名称并盖院印。

(四) 附注

对于未被羁押的原审被告人,应将住所或居所明确写明。证据目录和证人名单如果与起诉书相同可不另附。

四、实例

实例:××省××县人民检察院刑事抗诉书(按二审程序抗诉)

第八节　公诉意见书

一、概念

检察院派员以公诉人身份出庭支持公诉,在法庭辩论阶段第一次系统的发言即为公诉意见书。

根据《刑事诉讼法》第189条规定,人民法院审判公诉案件,人民检察院应当派员出席法庭支持公诉。第198条第1款、第2款规定,法庭审理过程中,对与定罪、量刑有关的事实、证据都应当进行调查、辩论。经审判长许可,公诉人、当事人和辩护人、诉讼代理人可以对证据和案件情况发表意见并且可以互相辩论。第204条规定,在法庭审判过程中,检察人员发现提起公诉的案件需要补充侦查,提出建议的,影响审判进行的,可以延期审理。第209条规定人民检察院发现人民法院审理案件违反法律规定的诉讼程序,有权向人民法院提出纠正意见。

另外在《人民检察院刑事诉讼规则》第390条规定,提起公诉的案件,人民检察院应当派员以国家公诉人的身份出席第一审法庭,支持公诉。公诉人应当由检察官担任。检察官助理可以协助检察官出庭。根据需要可以配备书记员担任记录。第392条人民法院决定开庭审判的,公诉人应当做好拟定公诉意见、准备辩论提纲等准备工作;第418条人民检察院向人民法院提出量刑建议的,公诉人应当在发表公诉意见时提出。

因此,由人民检察院提起公诉的案件,经人民法院审查,决定开庭审理时,应当由检察长或者检察员以国家公诉人的身份出庭支持公诉,公诉人在法庭上对证据和案件情况集中发表意见。

公诉意见书的作用在于揭露被告人的犯罪行为、动机、目的、手段、后果危害性,以促使被告人认罪伏法;同时对法庭定罪量刑提出建议,依被告人的犯罪事实、危害程度、认罪态度和刑法的有关规定,提出罪名以及从轻处理或从重处理的意见;结合案情宣传法律有关条文,指出罪与非罪的界限,分析犯罪的社会原因,总结引起犯罪的主要教训,提出预防犯罪的建议,号召公民遵守法律,加强法制观念。

公诉意见书的制作是以起诉书为基础和依据,但二者不能等同。起诉书是人民检察院正式的司法文书,是将被告人交付法庭审判的重要文件,凡提起公诉的案件都必须制作起诉书。而公诉意见书是公诉人在法庭上以口头形式发表的以系统论证被告人犯罪行为为中心内容的演说词,它是对起诉书基本内容的补充和说明,是支持公诉的一种表现形式,发表公诉意见书并非必经的法定程序,一般只有重大复杂、典型的案件,才发表公诉词,案情简单的案件,只作简要发言,因此公诉意见书并非严格意义上的司法文书。另外,公诉意见书在内容上要和起诉书保持一致,不能互相矛盾,如经法庭调查,证实起诉书中控告的罪行确有不当之处,或提出的罪名不当,或证据不足,或引用法律不当,公诉意见书应以适当的方式予以修正,不能坚持错误。

二、格式

人民检察院

公诉意见书

被　告　人×××

案　　　由×××

起诉书号×××

审判长、审判员(人民陪审员):

根据《中华人民共和国刑事诉讼法》第一百八十九条、第一百九十八条和第二百零九条等规定,我(们)受×××人民检察院的指派,代表本院,以国家公诉人的身份,出席法庭支持公诉,并依法对刑事诉讼实行法律监督。现对本案证据和案件情况发表如下意见,请求法庭注意。

　　……(结合案情重点阐述相关问题)

　　综上所述,起诉书认定本案被告人×××的犯罪事实清楚,证据确实充分,依法应当认定被告人有罪,并建议_____(根据是否认罪认罚等情况提出量刑建议或从重、从轻,减轻处罚等意见)。

公诉人:

××××年××月××日当庭发表

三、内容与制作方法

(一) 首部

标题。一般分两行写检察院名称和文书名称

(二) 正文

1. 案件基本情况。主要说明被告人姓名、案由、起诉书文号。

2. 顶格写明称谓,"审判长、人民陪审员"或"审判长、审判员",以引起法庭注意。

3. 阐明公诉人的身份、职责、出庭的法律根据。

4. 发表公诉意见。

这是公诉词的主体部分。结合案情重点阐述以下问题:

第一、根据法庭调查的情况,概述法庭质证的情况、各种证据的证明作用,并运用各证据之间的逻辑关系证明被告人的犯罪事实清楚,证据确实充分。

第二、根据被告人的犯罪事实,论证应适用的法律条款并提出定罪及从重、从轻、减轻处罚等意见。

第三、根据庭审情况,在揭露被告人犯罪行为的社会危害性的基础上,做必要的法制宣传和教育工作。该部分可视情况决定是否制作。

这部分内容集中表达公诉人意见,制作与发表时注意与答辩意见等法庭上公诉人发表的意见合理分工,各有侧重点。须以法庭调查中已经查明的案件事实为依据,并注意结合每一案件的具体情况,进行恰如其分的分析、论证。要准确、全面,论点明确,具有针对性,论据充分,论证透彻,抓住要害,简明扼要,以法服人,以理服人。力避脱离案件事实和法律进行抽象议论,或夸大其词渲染气氛。结构上要严谨妥帖,语言可适当选用一些形象的修辞手段,以增强法制教育的感染力。

论证方法上一般以事实论证、法理论证为主,辅之以对比论证、因果论证等手段,使公诉词在已查明的犯罪事实和证据之上,根据有关法律规定,对被告人的犯罪行为及其刑事责任作出全面系统的分析论证,从而达到揭露犯罪,分析犯罪的思想和社会根源,宣传法制、预防犯罪和减少犯罪的目的。

（三）尾部

即结束语。总括全文,就被告人应负的刑事责任提出从轻判处或从重判处的意见,以供法庭评议判决时参考。用语宜简洁概括,干净利落,使全篇有一个响亮的结尾。

四、实例

实例:××省××市人民检察院公诉意见书

第九节　检察意见书

一、概念

检察意见书是人民检察院依法向有关主管机关提出对被不起诉人给予行政处罚、行政处分或向其他有关单位提出纠正意见及其他检察意见时使用的文书。《刑事诉讼法》第 177 条第 3 款规定:"人民检察院决定不起诉的案件,应当同时对侦查中查封、扣押、冻结的财物解除查封、扣押、冻结。对被不起诉人需要给予行政处罚、处分或者需要没收其违法所得的,人民检察院应当提出检察意见,移送有关主管机关处理。有关主管机关应当将处理结果及时通知人民检察院。"《人民检察院刑事诉讼规则》第 373 条第 2 款的规定:"对被不起诉人需要给予行政处罚、政务处分或者其他处分的,经检察长批准,人民检察院应当提出检察意见,连同不起诉决定书一并移送有关主管机关处理,并要求有关主管机关及时通报处理情况。"

检察意见书是 1996 年《刑事诉讼法》增加的法律文书。检察意见是检察机关在对犯罪嫌疑人依法做出不起诉的同时,认为对被不起诉人依法应当予以行政处罚、行政处分或没收违法所得,向有关主管机关提出的一种处理意见。检察意见书是由检察机关依法向有关主管机关提出的并要求相应机关及时反馈的对于需要给予行政处罚、行政处分或没收违法所得的被不起诉人的行政处理意见时所制作的文书。

检察意见的核心是提出意见,移送处理。根据《刑事诉讼法》的规定,凡是符合《刑事诉讼法》第 177 条第 3 款所规定的情形时,检察机关都应当提出检察意见,因此,提出检察意见是检察机关的一项重要职责和法定义务。

在向有关机关提出对被不起诉人给予行政处罚、行政处分时,检察意见书应与不起诉决定书一并送有关主管机关。本文书一式二份,一份送达有关机关,一份附卷。

二、格式

××××人民检察院

检察意见书

××检××意〔20××〕×号

一、发往单位。

二、案件来源及查处(审查)情况。

三、认定的事实、证据、决定事项(认定结论)及法律依据。

四、根据法律规定,提出检察意见的具体内容和要求。

年　月　日

(院印)

三、内容和制作方法

根据《格式样本》规定,属于检察机关刑事法律文书中通用或其他文书类。检察意见书为叙述式文书,由首部、正文和尾部三部分内容组成。制作时需要注意以下方面。

(一) 首部

首部包括标题、案号和主送单位的名称。

标题应写明人民检察院名称和文书名称,文号写为:"××检××意〔20××〕×号"。文号应由提出检察意见的具体业务部门分别填写。如公诉部门提出检察意见的,可填写"××检诉意〔20××〕×号"。

主送单位。即检察意见书发往的有关主管机关名称。一般应当顶格书写。

(二) 正文

案件来源及查处(审查)情况。案件来源一般由公安机关移送、监察机关移送或由其他机关移送。审查情况则要写明人民检察院在收到案件后所做的调查以及审查工作。具体表述为"×××(移送机关的名称)于××××年××月××日向本院移送审查的×××涉嫌×××一案,本院(受理后经两次退回补充侦查,现)已审查终结"。

认定的事实、证据、决定事项(认定结论)及法律依据。主要写明检察机关经审查后,根据现有证据认定的案件事实,并写明相应的证据材料,以及检察机关审查后根据相关法律规定做出的处理决定和法律依据。

根据法律规定,提出检察意见的具体内容和要求。即根据法律规定,提出检察意见的具体要求。向有关主管机关提出给予被不起诉人行政处分、行政处罚或没收违法所得的意见。

检察意见书是人民检察院依法行使法律监督职责,督促有关机关追究被不起诉人的其他法律责任的一种文书。它是检察机关使被不起诉人受到行政制裁,吸取教训的重要方式。根据《刑事诉讼法》的规定,有关主管机关负有及时反馈处理意见的法律义务。因此在检察意见书中,应当对有关主管机关的反馈期限做出要求。但由于我国《刑事诉讼法》没有对反馈期限做出规定,因此,应当由检察机关根据案件的具体情况合理确定。

（三）尾部

在文书右下方写明制作意见书的年、月、日,并加盖人民检察院院印。

四、实例

实例:检察意见书

第十节　检察建议书

一、概念

检察建议书,是指人民检察院在办案过程中,发现有关单位在管理工作中存在犯罪隐患,管理漏洞,执法不规范,以及认为应对有关人员或者行为予以表彰或者给予处分、行政处罚时,向有关单位提出建议时制作的法律文书。

最高人民检察院《人民检察院检察建议工作规定》[①]第3条规定:"人民检察院可以直接向本院所办理案件的涉案单位、本级有关主管机关以及其他有关单位提出检察建议。"检察建议书是最高人民检察院为进一步规范根据法律规定和社会治安综合治理的精神,人民检察院应当积极参加打击犯罪、预防犯罪等社会治安综合治理的工作。人民检察院对于办理案件过程中发现有关单位的各项管理工作混乱,规章制度不健全,有较大漏洞,给犯罪分子可乘之机,不利于打击犯罪、预防犯罪的问题,有义务协助或督促有关单位加以整顿治理。对于需要社会有关单位与人民检察院配合同犯罪做斗争的其他重要问题,也应主动提出建议。检察建议是人民检察院依法履行法律监督职责,参与社会治理,维护司法公正,促进依法行政,预防和减少违法犯罪,保护国家利益和社会公共利益,维护个人和组织合法权益,保障法律统一正确实施的重要方式。

检察建议书主要适用于社会治安综合治理,防范、减少犯罪工作等方面的建议。对于刑事诉讼程序上的问题,人民检察院法律监督业务范围内的问题,不能使用建议

---

① 高检发释字〔2019〕1号《人民检察院检察建议工作规定》,2018年12月25日最高人民检察院第十三届检察委员会第十二次会议通过,2019年2月26日公布实施。

书,应适用其他相应的检察文书。因此,检察建议书的受文单位,是指司法机关以外的社会上的单位。

为了确保检察建议书的质量,体现检察建议书的严肃性,向有关单位发出检察建议书,应当报请检察长批准。《人民检察院检察建议工作规定》确立了发送检察建议的层级对应原则,其中第三条规定,人民检察院可以直接向本院所办理案件的涉案单位、本级有关主管机以及其他有关单位提出检察建议。需要向涉案单位以外的上级有关主管机关提出检察建议的,应当层报被建议单位的同级人民检察院决定并提出检察建议,或者由办理案件的人民检察院制作检察建议书后,报被建议单位的同级人民检察院审核并转送被建议单位。需要向下级有关单位提出检察建议的,应当指令对应的下级人民检察院提出检察建议。需要向异地有关单位提出检察建议的,应当征求被建议单位所在地同级人民检察院意见。被建议单位所在地同级人民检察院提出不同意见,办理案件的人民检察院坚持认为应当提出检察建议的,层报共同的上级人民检察院决定。

检察建议书一式四份,一份附卷,一份送达受文单位,一份送达受文单位的上级主管部门,一份送本院预防部门。具体运用时,各级人民检察院可根据工作实际或根据承办部门提出的具体需要,增加印制份数。

二、格式

×××人民检察院

检察建议书

××检××建〔20××〕×号

一、写明主送单位的全称

二、问题的来源或提出建议的起因

写明本院在办理案件过程中发现该单位在管理等方面存在的漏洞以及需要提出有关检察建议的问题。

三、应当消除的隐患及违法现象

写明本院在办理案件过程中发现的犯罪隐患、执法不规范、需要加强改进或者建章立制的地方。

四、提出检察建议所依据的事实和法律、法规及有关规定

对事实的叙述要求客观、准确、概括性强,要归纳成几条反映问题实质的事实要件,然后加以叙述。检察建议引用依据有两种情况,一种情况是检察机关提出建议的行为所依据的有关规定;另一种情况是该单位存在的问题不符合哪项法律规定和有关规章制度的规定。

五、治理防范的具体意见

意见的内容应当具体明确,切实可行。要与以上列举的事实紧密联系。

六、要求事项

即为实现检察建议内容或督促检察建议落实而向受文单位提出的具体要求。可包括：

1. 研究解决或督促整改；

2. 回复落实情况，可提出具体时间要求。

年　月　日

（院印）

三、内容与制作方法

根据《格式样本》规定，属于检察机关刑事法律文书中通用或其他文书类。检察建议书为叙述式文书，由首部、正文和尾部三部分内容组成。参照《人民检察院检察建议工作规定》，制作时需要注意以下方面。

（一）首部

首部包括标题、案号和主送单位的名称。

标题应写明人民检察院名称和文书名称，案号写为："××检××建〔20××〕×号"。案号由各级人民检察院办公室统一负责。根据《人民检察院检察建议工作规定》第7条规定，制发检察建议应当在统一业务应用系统中进行，实行以院名义统一编号、统一签发、全程留痕、全程监督。

主送单位的名称。应顶格写明主送单位的全称。

（二）正文

检察建议主要包括以下类型和范围：再审检察建议；纠正违法检察建议；公益诉讼检察建议；社会治理检察建议；其他检察建议。再审检察建议是人民检察院对同级人民法院确有错误的生效裁判和损害国家利益、社会公共利益的调解书进行监督的一种方式；纠正违法检察建议主要适用于对人民法院审判活动和执行活动中的违法问题以及公安机关、刑罚执行机构等的执法活动中具有普遍性、倾向性的违法问题进行监督；公益诉讼检察建议是人民检察院在行政公益诉讼诉前程序中督促行政机关依法履行职责的方式；社会治理检察建议主要针对履行检察职责中发现的社会治理、单位管理等漏洞，向有关方面提出的完善治理、加强管理的建议。

正文是文书的核心内容，不论哪类检察建议，要阐明相关的事实和依据，提出的建议应当符合法律、法规及其他有关规定，明确具体、说理充分、论证严谨、语言简洁、有操作性。基本上都包括问题来源或提出建议的起因，应当消除的隐患以及违法现象，提出检察建议依据的法律、法规及有关规定，治理防范的具体意见和要求事项。

1. 案件或者问题的来源。写明本院在办理何人、何案过程中发现了该单位在管理等方面存在的漏洞，以及需要提出有关检察建议的问题。叙写这一部分时，要注意所涉及的问题必须是与受文单位有密切的联系。语言要求简明、确切。例如，"我院接到群众举报，反映你院(2006)永民初字第613号协助执行通知书的制作和送达涉嫌渎职犯罪。""本院在履行职责中发现,某某市某某区某某局未依法履行对违法在商品上使用人民币图样的监管职责,致使国家利益和社会公共利益受到侵害。"

2. 依法认定的案件事实或者经调查核实的事实及其证据。

应写明提出建议所依据的事实。检察机关是国家监督机关,提出检察建议是十分严肃的事情,必须依据确凿的事实。提出检察建议的事实,务求实事求是,客观准确,并与建议内容密切相关。根据《人民检察院检察建议工作规定》第13条,"检察官在履行职责中发现有应当依照本规定提出检察建议情形的,应当报经检察长决定,对相关事项进行调查核实,做到事实清楚、准确。"明确了对检察建议事项应当进行调查核实。同时在第14条中指出检察官可以采取以下措施进行调查核实:(一)查询、调取、复制相关证据材料;(二)向当事人、有关知情人员或者其他相关人员了解情况;(三)听取被建议单位意见;(四)咨询专业人员、相关部门或者行业协会等对专门问题的意见;(五)委托鉴定、评估、审计;(六)现场走访、查验;(七)查明事实所需要采取的其他措施。进行调查核实,不得采取限制人身自由和查封、扣押、冻结财产等强制性措施。

"经调查,我院认为该协助执行通知书加盖了你院公章,经鉴定公章真实,但没有执行裁定书。通过调阅你院执行卷宗,该协助执行通知书执行的内容也没有进入执行程序。且该协助执行通知书未由你院工作人员送达××市国土资源局,而是由当事人陈某某送达,××市国土资源局依据该协助执行通知书将××市大众汽车维修站×国用(土籍)第0180-2号土地过户给陈某某。""2018年,××省××市××区人民检察院在办理公安机关提请批准逮捕的陈某等人涉嫌诈骗一案中发现,陈某等人向某超市采购购物卡过程中,通过在银行网点先转账某超市账户一笔大额汇款,待转账成功并拍摄汇款凭证后,再向银行申请将前项汇款撤回并分多笔汇款重新转入某超市账户,即将一笔汇款通过银行冲正(在银行业务中,冲正是指对一笔正交易的反交易。如一笔取款,当因超时收不到回应或者其他原因交易不成功时,需要对原始取款发一个冲正交易,防止交易失败了却又记下了客户账。另外,如一期账单银行多收了客户费用,待银行核实后,银行会把这笔多收金额反方向记账,减去多收金额,这也被称为"冲正")业务获得两倍数额的汇款凭证,之后使用汇款凭证照片骗取超市购物卡。犯罪嫌疑人在长达半年的时间内,通过前述作案方式,先后在三家银行网点实施9次15笔虚假冲正操作,骗取了某超市公司2700余万元购物卡资金。"

大部分检察建议文书内容较为简单,侧重于提出对策建议,对于问题的来源或提出建议的原因分析不够透彻,甚至存在一句话带过的现象。有的检察建议先论述事实,再提改进建议,有的则直接提建议,在建议中夹杂对案件事实的阐述。有的建议书说理论证时会引用法条,有的则无。有的检察建议存在以原因分析代替对策建议的现象。

3. 存在的违法情形或者应当消除的隐患。也是提出检察建议所依据的事实,一般包括办案中发现的打击犯罪、预防犯罪不力方面的隐患,需要加强改进或者建章立制,规范管理等几方面的内容。根据检察实践,有关单位存在下列情况或问题时可以提出检察建议:一是安全保卫不到位,疏于防范,屡次出现违法犯罪活动的;二是物资、财务管理混乱,规章制度不健全、不落实,有较大漏洞,给犯罪分子以可乘之机的;三是单位内部纠纷突出,调解、疏导不力,矛盾可能激化,或者矛盾已经激化,出现了严重后果的;四是有庇护犯罪分子、知情不举或者以说情等其他形式干扰办案的情况,但尚未达到追究刑事责任程度的;五是被不起诉人,或其他有一般违反行为的人需由主管部门予以行政处分的;六是对积极协助检察机关同犯罪做斗争的人员,需建议主管部门予以表彰的;七是其他影响国家法制和社会治安综合治理的重大问题,需要提出检察建议的等。

"××区检察院发现,银行在办理其虚假冲正业务申请过程中,存在不核实其冲正事由便将已入账某超市账户的汇款撤回,或使用犯罪嫌疑人提供的虚假某超市财务负责人号码核实情况,且部分银行网点在发现犯罪嫌疑人不正常频繁开展冲正业务后,仅仅是拒绝该犯罪嫌疑人在该网点继续办理冲正业务,致使犯罪嫌疑人在其他网点实施同样的犯罪能够继续得逞。"

4. 建议的具体内容及所依据的法律、法规和有关文件等的规定。检察建议书是人民检察院制作的有法律意义的文书,具体意见的内容应当符合实际,实事求是,具体明确,切实可行,要与以上列举的事实紧密联系。凡是涉及对有关人员做出处理建议的,尤其应当慎重。一些检察建议对监督问题缺乏深入调研论证,提出的建议内容空泛,对策措施缺乏针对性、可行性。撰写检察建议要求检察人员不仅具备法律专业知识,还需要对管理、财务、金融甚至医学、化学等专业知识有所了解,实践中,由于检察干警大多是法学专业毕业,自身知识结构不够全面,起草检察建议时,多模板化地使用"制度不健全""管理不到位"等空话套话,甚至会出现一些常识性错误,出现"外行建议内行"的尴尬现象。为实现检察建议内容或者督促检察建议落实而向受文单位提出的具体意见和要求,包括三项内容:一是要求研究解决或者督促整改;二是要求加强与检察机关的联系;三是要求回复落实的情况。要注意理由、证据和运用法律等规章制度规定的准确性和充足性。提出的建议应当有明确的法律依据。检察建议书引用的法律依据主要有两个方面:一是检察机关提出建议的行为所依据的有关法律;二是受文单位存在的问题,不符合哪项法律规定和有关规章制度的规定,应当按照哪项法律规定去调整。例如,

"针对案发银行冲正业务存在的漏洞,区检察院于 2018 年 3 月 29 日向该银行提出检察建议:

(1) 近期在全省范围内集中开展一次对错账冲正业务的全面检查工作,排查可能存在的风险业务隐患,梳理关键操作环节和重要风险点,确保汇款冲正业务合规有序。

(2)完善冲正业务规范和流程监管。进一步加强冲正业务合规流程整合,完善业务规范并建章立制,提高银行集中授权部门的监管力度,深化日常监管,督促营业网点认真执行冲正业务操作规范和流程,严控冲正业务的合规适用范围。

(3)建立针对错账冲正等低频高危异常业务的系统风险预警制度,完善业务软件,提升安全处理和预警的技术含量,畅通相关业务条线和机构的风险信号共享。

(4)加强对一线业务人员和管理人员的风险业务培训和廉洁教育。对一线经办柜员、审核人员和管理人员等相关工作人员,加强内控制度、管理规定、法律法规的学习教育,增强其责任感和业务风险防范意识,切实提升履职水平。

(5)注重对银行会计凭证材料、客户签字凭证、监控材料等证明力较强证据的保管工作。确保违法行为发生后,办案机关能够调阅完整的相关证据材料,及时查清事实、打击犯罪,最大限度挽回客户的经济损失和银行信誉。"

5.要严格掌握提出检察建议的标准。发现的问题及所提建议针对的事实要求客观、准确、概括性强,能反映问题的实质,要将事实要件进行综合、归纳提炼。对事实不清、证据不足的问题不宜提出检察建议。

6.被建议单位提出异议的期限。该项是尊重被建议单位的异议权的体现。为了保证检察机关在提出检察建议时切实把问题搞准确、所提建议针对性和可操作性强,《人民检察院检察建议工作规定》明确:一是检察建议书正式发出前,可以征求被建议单位的意见;二是被建议单位在一定期限内可以提出异议;三是对异议应当立即进行复核,异议成立的及时修改检察建议书或者予以撤回,异议不成立的应说明理由。

7.被建议单位书面回复落实情况的期限。可以提出具体时间及结果的要求。例如:"以上建议请研究落实整改,并将落实情况在××日内及时告知我院。"该项强化跟踪督促,为提升检察建议的刚性提供了制度保障。要求人民检察院应当积极督促和支持配合被建议单位落实检察建议,并规定:被建议单位在规定期限内经督促无正当理由不予整改或者整改不到位的,经检察长决定,可以将相关情况报告上级检察院,通报被建议单位的上级机关、行政主管部门或者行业自律组织等,必要时可以报告同级党委、人大,通报同级政府、纪检监察机关。符合提起公益诉讼条件的,依法提起公益诉讼。

8.其他需要说明的事项。

规范了检察建议的制发程序。为确保检察建议的质量和严肃性、权威性,《人民检察院检察建议工作规定》要求,检察建议应当报经检察长或者检委会决定,以院的名义书面提出,并建立了由法律政策研究部门进行审核把关的机制。

检察建议书不具有强制性。为了保证建议内容的落实,承办人员应及时主动地了解、掌握建议的落实情况,如发现建议的部分内容不妥,但不影响建议效果的,可及时向有关单位说明更正,但不撤销建议书。

（三）尾部

在文书右下方写明制作建议书的年、月、日，并加盖人民检察院院印。

四、实例

实例：××市人民检察院检察建议书

思考与练习

1. 根据下列案情材料，拟制一份起诉书。

案例材料

2. 按照两种不同程序制作的刑事抗诉书，在制作要点上有什么异同之处？

3. 检察意见书与检察建议书的适用范围、法律依据及制作规范有什么不同？

第六章 刑事审判法律文书

第一节 概 述

一、审判文书的概念与特点

审判文书,是法院在处理诉讼案件时,依法制作和使用的具有法律效力或法律意义的公文总称。裁判文书是审判法律文书的核心。

审判文书,是人民法院行使审判权,进行审判活动的文字记录和凭证。是实施国家法律的重要手段。审判文书展现了审判的全过程,体现了司法过程与结果的公正性。是宣传法制的重要教材,也是考察法官业务素质的重要尺度。

人民法院独立公正地行使审判权,是宪法和法律赋予的神圣职责。裁判权是审判权的核心,裁判文书是人民法院依法行使审判权的重要表现形式。裁判文书是法院常用的一种应用写作文体,是经过法院审理后作出的文书,因此,裁判文书的制作主要具有以下特点:

1. 形式上的规范性。有严格的格式规范和技术规范标准要求。对于裁判文书引用法律也有严格的规范要求。裁判文书是法官公正审理案件,依法做出裁决,维护当事人合法权益的重要载体,制作必须符合形式规范性的要求。为了保证文书制作的规范性,1992 年最高人民法院印发了《法院诉讼文书样式(试行)》,实现了裁判文书的规范化、统一化。为了适应审判发展的新需要,各类裁判文书又经多次修改完善。在法院诉讼文书样式中,既包括法院制作的诉讼文书样式,也包括当事人参考使用的诉讼文书样式。最高人民法院统一裁判文书制作样式,为全国四级法院和广大法官提供了统一标准的文书样本,既是严格公正司法的要求,也是司法活动、司法行为规范化、公开化的最好体现。当事人参考诉讼文书样式,是当事人在诉讼过程中依法处分自己的民事实体权利、程序权利,以及承担民事义务的重要凭证,法院为当事人提供参考诉讼文书样式,帮助当事人解决了制作诉讼文书的困难,是司法为民、便民、利民的重要举措。

2018 年最高人民法院《关于加强和规范裁判文书释法说理的指导意见》第 11 条规定:"制作裁判文书应当遵循《人民法院民事裁判文书制作规范》《民事申请再审诉讼文书样式》《涉外商事海事裁判文书写作规范》《人民法院破产程序法律文书样式(试行)》《民事简易程序诉讼文书样式(试行)》《人民法院刑事诉讼文书样式》《行政

诉讼文书样式(试行)》《人民法院国家赔偿案件文书样式》等规定的技术规范标准，但是可以根据案件情况合理调整事实认定和说理部分的体例结构。"

由此可见，为了保证文书制作的规范性，最高人民法院做出了大量的工作，因此，无论是人民法院，还是诉讼当事人，在文书制作中，都应当严格按照法院诉讼文书样式的要求，遵循格式规范要求，依法制作出符合规范性要求的法律文书。

2. 内容的法律性。裁判文书，是司法公正的载体，是适用法律的结果。因此，文书制作具有合法性的特点。为了保证文书制作的合法性，我国《刑事诉讼法》《民事诉讼法》《行政诉讼法》及其相关的司法解释，对刑事、民事、行政审判文书的制作进行了规范性的要求。最高人民法院依据法律和司法解释，对各类裁判文书的格式也做出了明确的规定。文书制作的合法性，不仅要求裁判文书的制作符合格式规范的要求，还要求文书内容符合实体法规范和程序法规范的要求。符合合法性和规范性要求的裁判文书，应当做到要素齐全、结构完整、格式统一、逻辑严密、条理清晰、文字规范、繁简得当，能够以看得见的方式向公众展示司法正义，体现司法公正。

3. 效力的强制性。审判文书是为具体实施法律制作的，具有法律效力，发生法律效力的裁判文书，义务人不履行裁判文书中载明的义务，权利人可以依法向人民法院申请强制执行，为了保裁判文书的执行，我国刑法还规定了拒不执行判决、裁定罪。因此，裁判文书具有实施的实效性特点。为了确保民事判文书发挥应有的效应，最高人民法院于 2016 年发布施行的《民事诉讼文书样式》和《人民法院民事裁判文书制作规范》，对民事裁判文书制作内容提出了具体的要求，包括优化裁判文书体例结构、增强文书说理，实行裁判文书繁简分流、突出不同审级的特点等，主要目的是为了提高民事裁判文书的制作质量，突出民事裁判文书实效性的特点，使民事裁判文书不仅是全部诉讼活动的展现，也成为审判结果的结晶，司法公正的载体，以保证民事裁判文书在司法实践中得以切实的施行。

二、审判文书的类别

审判文书依不同的划分标准，可得出不同的类别。依案件性质划分，有刑事审判文书、民事(含经济纠纷、海事纠纷)审判文书、行政审判文书；依审判程序划分，有第一审裁判文书、第二审裁判文书、再审裁判文书、复核程序裁判文书、特别程序裁判文书和执行文书；按文种分，有判决书、裁定书、调解书、决定书、通知书、命令、布告、书函、证票、杂类等；依法律效应分，有具有特定法律效力的审判文书和具有特定法律意义的审判文书，前者如裁判文书、命令、批复、公告等，后者如笔录、布告、书函、案件审理报告等。

1993 年 1 月 1 日实施的《法院诉讼文书样式(试行)》中依文书用途和案件性质将法院诉讼文书分为 14 类 314 种，为我们介绍审判文书的类别提供了实用性的参考。其大类如下：

（1）刑事案件裁判文书类：共 40 种。根据文书的性质可分成五类，即刑事判决书 12 种，刑事附带民事判决书 3 种，刑事裁定书 22 种，刑事附带民事裁定书 2 种，刑事调解书 1 种。根据诉讼程序可分为七类，即第一审程序文书 8 种，第二审程序文书 7 种，死刑复核程序文书 9 种，类推复核程序文书 3 种，审判监督程序文书 9 种，执行和其他程序文书 4 种。

（2）民事案件裁判文书类：共 49 种。包括第一审程序文书 21 种，第二审程序文书 7 种，审判监督程序文书 9 种，督促程序文书 2 种，企业法人破产还债程序文书 2 种，执行程序文书 6 种，公示催告程序文书 2 种。

（3）行政案件裁判文书类：共 12 种。包括第一审程序文书 6 种，第二审程序文书 4 种，审判监督程序文书 2 种。

（4）决定、命令类：共 19 种。

（5）报告、批复类：共 21 种。

（6）笔录类：共 15 种。

（7）证票类：共 7 种。

（8）书函类：共 22 种。

（9）通知类：共 39 种。

（10）公告、布告类：共 11 种。

（11）涉外民事、经济纠纷案件专用文书类：共 18 种。

（12）海事案件专用文书类：共 9 类 87 种。包括海事诉讼财产保全文书 7 种，海事诉前财产保全文书 7 种，海事仲裁财产保全文书 2 种，强制拍卖船舶清偿债务文书 10 种，其他 3 种。

（13）书状类：共 21 种。

（14）其他类：共 11 种。

最高人民法院在 1993 年版本基础上对不同案件类型的诉讼文书进行针对性的立、改、废，分别形成了 1999 年版本的《法院刑事诉讼文书样式(样本)》、2015 年版本的《行政诉讼文书样式(试行)》、2016 版本的《民事诉讼文书样式》。经过修改后各类型诉讼文书均有数量变化。

三、刑事审判文书的概念和类别

刑事审判文书，是人民法院代表国家行使审判权，依照《中华人民共和国刑事诉讼法》和《中华人民共和国刑法》及其他有关刑事法律的规定，在审理各类刑事案件时，就其实体问题和程序问题所制作的具有法律效力的文书。

有关刑事审判文书，1999 年修订后的《法院刑事诉讼文书样式(样本)》包括下列 9 类 164 种。其中裁判文书类 45 种；决定、命令、布告类 24 种；报告类 19 种；笔录类 13 种；证票类 5 种；书函类 16 种；通知类 27 种；其他类 8 种；书状类 7 种。

对上述列举的人民法院制作的刑事诉讼文书，学理上根据不同的标准对其进行了不同的划分：

（1）根据文书性质的不同，可以分为刑事裁判文书、命令、票证、笔录等。

（2）根据诉讼程序的不同，可以分为第一审程序刑事诉讼文书、第二审程序刑事诉讼文书、死刑复核程序刑事诉讼文书、审判监督程序刑事诉讼文书和执行程序刑事诉讼文书。

（3）根据制作方法的不同，可以分为填空类文书、叙述类文书、笔录类文书。填空类文书是指在文书格式中已经规定了具体的内容，但预留了一些空格，在制作文书时只需要根据案件的具体情况填写即可的文书，如传票。叙述类文书是指文书格式中只规定了制作文书的基本要求，在制作时，需要按照既定的制作要求，根据案件的情况详细叙述的法律文书，如判决书。笔录类文书是指以文字形式记载的如实反映诉讼活动的文书，如合议庭评议笔录。

刑事裁判文书类，主要指刑事判决书和裁定书。刑事判决书，按照内容可分为有罪判决书和无罪判决书；而有罪的又分为科刑判决书和免刑判决书。按照审判程序，刑事判决书分为第一审刑事判决书、第二审刑事判决书、再审刑事判决书和刑事附带民事判决书。刑事裁定书分为第一审刑事裁定书、第二审刑事裁定书、死刑复核刑事裁定书、核准法定刑以下判处刑罚的刑事裁定书、再审刑事裁定书、减刑假释裁定书、减免罚金裁定书和中止、终止审理裁定书等。

四、刑事审判文书的当代发展简史

审判文书经过了一个日渐完善的发展过程。以往审判文书质量上存在某些问题：如裁判文书和案件审理报告、决定书、布告等有的结构不妥，层次不明，内容要素不齐全；有的叙事语义含糊或者语义未尽又转话题，用词造句和使用概念不准确、不合文理或者烦琐冗长；有的只摆事实不讲证据，或者简单列举证据名称而不讲证据的内容，缺乏对证据力的分析；有的说理不充分，不依法论理，对诉辩双方的意见和理由缺乏有针对性的评析；有的不成文体，方言土语甚至黑话充斥文中等。为了纠正这些问题经最高人民法院审判委员会原则通过，1992年6月20日最高人民法院制发统一的《法院诉讼文书样式（试行）》，以法发（1992）13号文件印发全国各级人民法院，共有14类314种样式，于1993年1月1日起试行，自此裁判文书制作有了初步规范和要求。这是新中国成立以来第一次针对法院诉讼文书进行的规范化，是法院审判工作的一项重要的基本建设，同时，这次规范化极有力地促进了对文书格式、内容要素及其要求和精神实质的研究，促进了对文书概念、性质、特点、作用及合法性、实用性、规范性、标准性的探讨，推动了审判文书的不断完善。

1996年《刑事诉讼法》修订后，随着国家司法政策和审判实践的发展，为贯彻执行修改后的刑法和刑事诉讼法，推行控辩式审理方式，改革诉讼文书的制作，提高刑事诉讼文书特别是裁判文书的质量，同年10月开始，最高人民法院开始对《法院诉讼文书样式（试行）》中的刑事部分进行修改。最高人民法院相继公布了《法院刑事诉讼文书样式(试行)》(最高人民法院 1999 年 4 月 6 日通过,并于 1999 年 7 月 1 日起施行),这是自 1992 年《法院诉讼文书样式(试行)》公布以来,对刑事诉讼文书的第一次完善。在拟定的 164 种文书样式中,有 53 种是根据修改后的刑事诉讼法、刑法和有关司法解释的规定新增加的;其他文书样式大多在原有样式的基础上作了不同程度的修改和补充,并对每一种文书的制作提出了要求。修订的重点是事实(包括证据)和理由部分。因为当时裁判文书存在两大缺点,一是叙述事实部分,不证明犯罪,不写具体证据,只写"上述犯罪事实,有证人证言、书证、鉴定结论证实,被告人也供认不讳"这样的套话。法官的认证、采信证据在裁判文书中体现不出来。二是不说理或者说理不充分,理由部分没理由,只引用法条,不阐明适用法律的道理,而裁判文书最精彩、最能体现法官水平的文字是理由部分。因此,修订后的文书样式,抓住重点,加大了对证据的分析、认证和增强了裁判的说理性。

　　1999 年发布的《人民法院五年改革纲要》(1999—2003)(简称《一五改革纲要》)中提出:"裁判文书改革重点是加强对质证中有争议的证据的分析、认证,增强判决的说理性;裁判文书不仅要记录裁判过程,而且要公开裁判理由。"《一五改革纲要》首次提出裁判文书改革,开启了裁判文书改革的征程。

　　最高人民法院根据司法实践的发展,于 1999 年、2001 年和 2003 年先后对《法院刑事诉讼文书样式(试行)》作出三次修改,但仅针对审理程序变更和特殊情形做出小范围更改,力度不大。例如增加一审未成年人刑事案件相关判决书样式等。一审、二审、再审、死刑复核、执行等各种程序的文书样式,体例都大致相同,文书样式同质化现象也较为严重。2001 年最高人民法院在《最高人民法院办公厅关于实施〈法院刑事裁判文书样式〉若干问题的解答》回应"表述控辩双方意见与经审理查明的'事实与证据'部分如何做到'繁简得当'"的问题时提出:针对抗辩双方没有争议的事实,可以扼要概括;针对控辩双方有争议的事实,无论控辩意见还是事实部分,都应当详尽叙述,并对争议的事实、证据进行具体的分析、认证,写明采信证据的理由。该解答体现出刑事裁判文书繁简分流的思想,将控辩双方对抗程度作为繁简分流标准。2001 年的《一审未成人刑事案件适用普通程序的刑事判决书等 4 份补充样式》、2009 年的《一审未成年人刑事案件适用普通程序的刑事判决书样式和一审未成年人刑事公诉案件适用简易程序的刑事判决书样式》《执行文书样式(试行)》均不同程度推进了刑事审判文书的完善。

　　2009 年,最高人民法院出台《关于裁判文书引用法律、法规等规范性法律文件的规定》,明确裁判文书适用法律及司法解释的要求。同年最高人民法院公布《人民法院第三个五年改革纲要》,要求建立裁判文书上网机制,加强和完善审判执行工作公开。

　　2010 年,最高人民法院出台《关于人民法院在互联网公布裁判文书的规定》,细化了裁判文书上网的原则、时间、范围等。

2012 年 10 月 15 日实行《人民法院国家赔偿案件文书样式》，最高人民法院根据修改后的国家赔偿法，对人民法院办理本院作为赔偿义务机关的国家赔偿案件文书样式和人民法院赔偿委员会审理国家赔偿案件文书样式予以统一规范。该样式既是国家赔偿审判人员制作裁判文书的规范，也是指导赔偿请求人申请国家赔偿的文书样本。样式按照立案、审理（审查）、决定、支付赔偿金的工作顺序和环节予以制定，内容系统全面，主要包括国家赔偿申请书、赔偿申请收讫凭证、受理案件通知书、不予受理案件决定书、听取意见通知书、参加质证通知书、审理报告、中止审理决定书、终结审理决定书、驳回申请决定书、指令受理决定书、国家赔偿决定书、驳回申诉通知书、司法建议书等 38 个样式。样式对于便利人民群众诉求，规范国家赔偿案件文书的制作，加强文书的裁判说理，提高文书质量，进而提高国家赔偿工作的司法公信力等发挥了重要作用。

2013 年，十八届三中全会通过《关于全面深化改革若干重大问题的决定》，其中提出"增强法律文书说理性，推动公开法律生效裁判文书"；2014 年，十八届四中全会通过《关于全面推进依法治国若干重大意见的决定》，提出："加强法律文书释法说理，建立生效法律文书统一上网和公开查询制度。"自 2014 年 1 月 1 日起施行了《关于人民法院在互联网公布裁判文书的规定》。裁判文书上网，使得裁判文书受众群体扩大至全体社会群众，裁判文书作为展示司法裁判权的重要窗口，裁判文书强化说理日益成为司法实务与学界重点关注的问题。2014 年人民法院第四个五年改革纲要（2014—2018）（简称《四五改革纲要》）明确将裁判文书繁简分流作为裁判文书改革的一项重要内容，规定了使用简式裁判文书的案件类型。《四五改革纲要》第 34条："事实清楚、证据确实充分、被告人认罪的一审轻微刑事案件，使用简化的裁判文书。"

虽然《四五改革纲要》将刑事裁判文书繁简分流正式纳入裁判文书说理改革之中，但仍有局限性。其将刑事裁判文书繁简分流局限于特定一种案件类型中，忽视了其他因素对繁简分流的影响。

2015 年，最高人民法院出台《关于全面深化人民法院改革的意见》，将法律文书改革纳入到司法改革中，并作为重要的一项改革工作来对待。

2016 年 9 月 12 日，最高人民法院发布并施行《关于进一步推进案件繁简分流优化司法资源配置的若干意见》，将法院审级、案件类型与庭审情况作为裁判文书体例结构与说理繁简分流的重要参考依据，弥补了《四五改革纲要》的局限性。同年 10月 1 日起施行的最高人民法院发布《最高人民法院关于人民法院在互联网公布裁判文书的规定》，对人民法院在互联网公布裁判文书的工作予以规范。

从《一五改革纲要》提出"裁判文书改革"到《四五改革纲要》要求裁判文书改革必须落实，体现出裁判文书改革的重要性。

2017 年，最高人民法院出台《司法责任制实施意见》，规定法官依法在裁判文书中进行说理是其应尽的职责,并规定法官对案件终身负责。

2018 年 3 月 16 日,最高人民法院对外发布了《最高人民法院关于人民法院通过互联网公开审判流程信息的规定》,在建立全球最大的裁判文书公开网站基础上,进一步扩大了诉讼文书的公开范围。根据《最高人民法院关于人民法院通过互联网公开审判流程信息的规定》,下列文书均应当于送达后通过互联网向当事人及其法定代理人、诉讼代理人、辩护人公开:起诉状、上诉状、再审申请书、申诉书、国家赔偿申请书、答辩状等诉讼文书;受理案件通知书、应诉通知书、参加诉讼通知书、出庭通知书、合议庭组成人员通知书、传票等诉讼文书;判决书、裁定书、决定书、调解书,以及其他有中止、终结诉讼程序作用,或者对当事人实体权利有影响、对当事人程序权利有重大影响的裁判文书。

2018 年,最高人民法院出台《关于加强和规范裁判文书释法说理的指导意见》,对规范裁判文书释法说理提出了新要求。在宏观层面上概括了民事裁判文书、刑事裁判文书、行政裁判文书改革的共性问题,并在第 3 条、第 8 条、第 9 条等提出刑事裁判文书繁简分流相关规定。第 3 条规定:"要根据案件社会影响、审判程序、诉讼程序等不同情况进行繁简适度说理,简案略说,繁案精说,力求恰到好处";第 8 条、第 9 条分别规定了哪些裁判文书应当强化说理,哪些可以简化说理。《指导意见》在裁判文书改革的进程中起到了承上启下的作用,对刑事裁判文书繁简分流制度化发展具有积极效果。

从 1999 年至今,关于刑事裁判文书繁简分流改革的规定大多以规范性文件形式发布,仅在《最高人民法院关于适用〈中华人民共和国刑事诉讼法〉的解释》①第 300 条中规定:"裁判文书应当写明裁判依据,阐释裁判理由,反映控辩双方的意见并说明采纳或者不予采纳的理由。适用普通程序审理的被告人认罪的案件,裁判文书可以适当简化。"

上述规定,对人民法院裁判文书制作水平的提升起到了较大的推动作用,并提供了人民法院裁判文书改革的框架和导向。

改革开放 40 多年来,随着法治建设的深化推进与司法改革的不断创新,裁判文书发展历程大致经历了四个阶段:裁判文书的创制阶段、变革阶段、发展阶段和完善阶段。其中前两个阶段侧重于裁判文书体例样式的规范统一,在司法实践中逐步形成了较为成熟的技术规范标准;而最近 20 年则更加注重通过阐明裁判结论的形成过程和正当性理由来提高裁判结论的权威性和可接受性,从而进一步增强裁判行为的公正度和透明度。

本章根据自 1999 年 7 月 1 日起施行《法院刑事诉讼文书样式(样本)》及 2001

---

① 2020 年 12 月 7 日最高人民法院审判委员会第 1820 次会议通过,自 2021 年 3 月 1 日起施行法释〔2021〕1 号。

年6月最高人民法院办公厅关于实施《法院刑事诉讼文书样式》若干问题的解答，择要介绍几种常用的刑事审判文书，包括：案件审理报告、刑事判决书、刑事裁定书等。

第二节　刑事案件审理报告

一、概念

案件审理报告，是独任审判员或者合议庭在评议案件之后，报送院领导审核案件或者审判委员会讨论决定案件的综合性书面材料，是在案件审理完毕之后，对前一段诉讼活动、审理过程、案情全貌作出的全面总结，并对案件的事实认定、定性处理提出意见。一般在案件作出正式裁判之前由主审人员写出关于案件全面审理情况的书面报告，报送领导审核、审判委员会讨论决定，征求本院有关组织或领导的处理意见，以便对案件作出正确裁判结果，也是日后检查案件质量，总结审判工作经验教训的重要依据。

案件审理报告是审判机关的内部文书，是制作判决书的重要依据，可以说判决书是在此基础上的高度浓缩；是坚持案件审批制度的重要环节；是提高办案质量的重要保证。

有关刑事案件审理报告的存废问题的争论一直存在。主张废除的理由主要还是审理报告请示汇报的原始作用已经丧失，审理报告实际利用率不高，改革后的裁判文书与审理报告几无二致，制作审理报告多属重复劳动，浪费资源，影响效率等。"主张保留审理报告的也不在少数，其中就包括这一法律文书的规定者——最高人民法院。主要理由包括第一，疑难、复杂、重大的提请院长提交审判委员会的案件必须制作综合性的审理报告，只有这样，才有利于审判委员会正确开展工作。第二，审理报告的全面性、系统性和综合性，不仅对于一审程序决定案件的实体处理是很必要的，而且对于二审程序、再审程序也是必要的，对于日后检查办案质量、总结审判经验具有重要的作用，这是其他诉讼文书所不能替代的。"[①]

一审刑事案件审理报告，是由第一审人民法院的合议庭成员或者独任审判员，对经按第一审程序审理后的特定案件，依法制作的反映案件审理全貌的内部综合性文书。

二、种类

依案件性质可分为民事案件审理报告、行政案件审理报告和刑事案件审理报告

---

① 周道鸾主编：《法院刑事诉讼文书样式的修改与制作》，北京人民法院出版社，1999年版，第1页。

三大类型。每一类又可根据程序划分,可有下列种类:

刑事案件的审理报告五种:一审刑事案件的审理报告,二审刑事案件的审理报告,复核死刑、死刑缓期执行案件的审理报告,再审刑事案件的审理报告,减刑、假释案件的审理报告。

民事案件的审理报告:一审民事案件的审理报告,二审民事案件的审理报告,再审民事案件的审理报告。

行政案件的审理报告:一审行政案件的审理报告二审行政案件的审理报告,再审行政案件的审理报告。

这三类报告性质不同,但制作方法大体相似。其中刑事案件审理报告更富有实用性和代表性。下面主要介绍一审刑事案件的审理报告。

三、格式

关于……(被告人姓名和案由)一案的审理报告

(年度)×刑初×号

一、控辩双方和其他诉讼参与人的情况。

二、案件的由来和审理经过。

被告人……(姓名和案由)一案,由××××人民检察院于××××年××月××日以×检×诉[ ]××号起诉书,向本院提起公诉。

本院审查后,认为符合法定开庭条件,决定开庭审判,依法组成合议庭(独任审判的改为:"依法由审判员×××独任审判"),于××××年××月××日公开(或不公开)开庭审理了本案。××××人民检察院检察长(或员)×××出庭支持公诉(自诉案件改为:"自诉人×××"),被害人×××及其诉讼代理人×××、被告人×××及其辩护人×××,鉴定人×××、翻译人员×××等到庭参加诉讼(没有到庭参加诉讼的不写)。现已审理终结。

三、案件的侦破、揭发情况。

四、指控和辩解、辩护的主要内容。

五、审理查明的事实和证据。

六、需要说明的问题。

七、处理意见和理由。

审判员(或者代理审判员)署名
年　　月　　日

四、内容和制作方法

刑事案件审理报告属于报告类法律文书,是因法院内部工作需要而产生的文书形式,它具有法律意义但并不具有法律效力。由于它是说明案情和对案件提出处理意见,报请上级领导或者审判委员会讨论决定时使用的,因此内容通常都很详尽具体。同时,由于刑事案件具有牵涉面广、涉及利益敏感、影响重大等特点,法院在办理刑事案件过程中,态度会更加审慎、程序会更加严密、要求会更加精确,因此刑事案件审理报告的制作标准和要求也相对更严格。

刑事案件审理报告写得是否符合要求,不仅影响着合议庭的评议、领导的审核和审判委员会的审议,而且直接影响着据以制作的裁判文书的质量。正因为如此,最高人民法院才对审理报告的制作提出了很高的要求,要参阅规定的项目和内容要素,如实地反映审理阶段的诉讼活动、审理过程和案情全貌,并对事实的认定和定性处理认真提出意见,叙述事实要实事求是,不夸大、不缩小,能认定的事实才予以认定,不能认定的和存在的问题要作出分析说明,所提定性处理的意见要严格依法办事,援引的法条要准确、完整、具体,审理报告的内容要兼收并蓄,它比同一审级程序的裁判文书的内容应更加全面、系统、丰富、具体,案件的来龙去脉、过程、情节和问题应当交代得更为清楚明白,对合议庭少数人的不同意见,应当一并写明。总之,要做到使不了解案情的人看过审理报告后,不需要翻阅案卷材料就可做出正确的判断和决定。根据这些要求,最高人民法院对刑事案件审理报告的内容与格式作了明确细致的规定。

一审刑事案件的审理报告应如实将立案、侦查、起诉、审理一直到结束的全部材料反映出来,并对事实的认定和定性处理认真提出意见,其内容兼收并蓄,在裁判文书中不能写国家机密、个人隐私等情况,但在审理报告中应如实写明。对合议庭少数人的不同意见,应当一并写明。

由此可见,审理报告制作得是否符合要求,不仅影响着合议庭的评议、领导的审核和审判委员会的审议,而且直接影响着据以制作的裁判文书的质量。

(一)首部

1. 标题。标题要特定化,即公诉案件应写明被告人的姓名、案由,自诉案件应写明双方当事人的姓名和案由。不能简写为"审理报告"或"案件审理报告",更不能更改为"结案报告""审理终结报告"等。

2. 案号。依次由立案年度、法院代字、类型代字、审判程序代字案件编号组成。

(二)正文

正文由七项内容组成。

1. 控辩双方与其他诉讼参与人的基本情况。

公诉案件需标明一审公诉机关情况,之后要列出被害人、自诉人、附带民事诉讼原告人、委托人或法定、指定代理人、被告人、辩护人的基本情况。这些基本情况通常包括姓名、性别、出生年月日、民族、出生地、文化程度、职业或者工作单位和职务、住址,与案件主要当事人的关系等。对于辩护人,只需写明姓名、工作单位和职务。

对被告人的情况必须写得非常清楚,除上述基本情况外,还要注明①"党派",列于"文化程度"项后;②因本案受到的强制措施和曾经受过行政、刑事处罚要详细写明。强制措施应写明具体时间、内容和被羁押处所,曾受处罚项要写明何时、何地、何故受过何种处罚,包括劳动教养、行政拘留、犯罪判刑或者免刑和是否累犯。③加写被告人家庭情况,如有亲属侨居国外或在港澳台的,也应写明。

最后写明其他诉讼参与人的身份事项。

如果被告人和其他诉讼参与人有多人的,应当在其相关项目之后增项续写。对于多名诉讼参与人,应当分别依次排列。自诉人、被害人,按其被侵害的严重程度,由重到轻,依次排列被告人,则按其可能判处刑罚的轻重程度,从重到轻,顺序列写。

单位犯罪的,先列写被告单位、名称和所在地,然后另行分项依次列写诉讼代表人、被告人、辩护人等及其有关情况。

2. 案件由来和审理经过。

如实反映出案件由起诉到审理的合法程序,写明案件的提起是公诉的、自诉的。具体包括以下内容:诉讼的提起、审判组织、审理方式、出庭参加诉讼的人员。公诉案件写法如格式所示。自诉案件写为"自诉人×××以被告人×××犯×××罪一案,于××××年××月××日向本院提起公诉。"公安、检察、法院三机关如果对案情性质和罪名认识不一致的,应当在这一部分做出交代,使阅读审理报告的人首先对此有个印象,避免在阅读过程中产生疑点。

3. 案件的侦破、揭发情况。

简要写明案件发生、揭发或侦查、破获过程的情况,包括时间、地点和方式方法以及涉及的主要人物等。有曲折过程、复杂情况与问题的,应详细写明。自诉案件此项从略。

4. 指控和辩解、辩护的主要内容,即控辩双方的意见。

控方主要写明检察机关或自诉人对被告人指控的罪名、犯罪事实、犯罪情节、证据、诉讼请求事项及其理由和根据。如有附带民事诉讼的,一并写明原告人所诉的事实、情节、证据、诉讼请求事项及其理由和根据等。

辩方意见主要写明被告人及其辩护人对起诉指控的罪名、犯罪事实和证据、犯罪情节的供认情况、辩解内容、辩护意见、证据和根据。被告人的口供有反复的,要在此一并写明。可以分三个层次表述:先写被告人的供述,即对被指控罪名、犯罪事实、证据和情节的供认,对有反复的口供,要一一写明;后写被告人的辩解,即否认有罪或认为罪轻、应减轻处罚的意见、主张和证据;最后写辩护人的观点和证据。

自诉案件中被告人提出反诉并依法受理的,应当同时写明反诉的内容,包括事实、情节、证据、诉讼请求事项及其理由和根据;被反诉人有答辩的,也应一并写明答辩的内容,包括主要意见及其理由、证据,对被告人提出的反诉未予受理的,也应简要写明反诉的内容,并具体写明不予受理的理由和法律依据等。

5. 事实和证据的分析。

主要写明法院经审理查证后所认定的犯罪事实及其具体证据。事实包括作案时间、地点、动机、目的、实施过程、犯罪情节、危害后果,以及被告人作案后的表现等。

叙述事实要实事求是,不夸大不缩小,能认定的事实才予以认定,不能认定的和有问题的则要说明。

证据,必须是经过庭审查对属实的。应具体详细列举,并用括号注明其系控方举证还是辩方提供、所在的卷宗和页次或者出处,对据以认定犯罪事实的有关物证、书证、证人证言、被害人陈述、勘验或检查笔录、鉴定结论、视听资料、同案人供述和被告人供述、辩解等证据及其内在链锁联系,进行分析论证;证据间有矛盾的,要在控辩双方举证、质证的基础上做实事求是的分析认证,去伪存真;对不真实的或者不能采用的证据和不能认定的事实和情节应作出有根据、有分析的说明,尤其是对有争议的事实和证据,更要作重点分析论证。

证据写作要反映出法官运用证据的逻辑思维过程,表明法官"用什么证明,怎么证明"这样的思维活动内容。前一个"什么"是指证据,即通过列举证据的方式,表明认定的事实有足够、充分的证据支持。怎么证明是分析和采信证据确认案件事实的判断推理过程,需要分析每一个证据的真实性、合法性,各证据之间的关联性和证明方向的一致性。采信或不采信证据都要有分析地说明,尤其那些有矛盾的证据更是论证的重点,据此表明某一个事实为什么被确认了,另一个事实未被确认。

制作该部分应避免出现只叙述事实,不列举证据或列举证据不确凿的弊病,如将证据写作"上述事实,有证人证言,有物证,有被告人口供予以认定",这样写流于笼统,没有说出足以认定被告人行为事实的确凿无疑的具体证据。

6. 需要说明的问题。

该项一般是属于涉及认定犯罪事实、情节、证据和定罪量刑而又不宜写入裁判文书的事实、理由等部分的问题,以及其他对案件的审判有影响的问题等。根据具体案件的实际情况,有什么需要说明的问题,就写明什么问题。需专门予以说明的问题有三类:一是不宜写入判决书的材料,如预审中有诱供逼供等非法侦查手段和超期羁押,有伪证、假证的;被告人或者诉讼参与人的亲属有妨碍侦查、预审、审判活动的非法行为的;执行法定的预审、起诉和审判程序上有不合法之处的;开庭审理中出现不正常情况的;发现未起诉的漏罪、漏犯的;被告人检举揭发他人的罪行,提供他人犯罪的重要线索的等。二是对本案认识和处理有较大争议又难以认定或否定的事实情节。三是其他对案件有影响的问题,如有关方面对本案的意见。如没有上述需要说明的问题则省略掉该项,直接写下面的项目。

7. 处理意见和理由。

该项内容主要写明法院对案件性质的确定、处理意见和理由、法律依据。

由"合议庭评议认为……"领起。具体表述时要根据法庭核实的证据和查明的事实与情节,依照有关法律、法规和司法解释等规定,运用有关法学理论,首先写明对控辩双方不同的意见及其理由的分析评论,正确的予以采纳,不正确的不予采纳;其次写明对被告人的行为的性质、情节、社会危害性如何,定罪的证据是否充分,能否认定被告人有罪,构成何种罪的分析论述,一案数名被告人的应分别论述清楚;最后写明被告人是否应负刑事责任及其责任的大小,有无法定从轻、从重的情节和其他可以从宽从严的情节,在法定量刑幅度的基础上应判处什么刑罚,还是应当免予刑事处分,或者是应当宣告无罪。

有附带民事诉讼的,要一并写明对被告人应否承担赔偿经济损失的论述和赔偿多少的处理意见。提出处理实体问题的具体意见时,应写明所适用的法律和司法解释规定的具体条款。

需提出司法建议的,应写明其内容,向哪个单位(机关、团体、企事业单位)提出建议。

(三) 尾部

由审理本案的独任审判员或者合议庭成员署名,并写明年月日。

本文书系不公开的内部文书,应归入副卷,并注意保密。

五、实例

实例 1:××××中级人民法院关于被告人李某某、张某某绑架一案的审理报告

实例 2:××××中级人民法院关于被告人赵某某抢劫一案的审理报告

第三节　第一审刑事判决书

一、概念

第一审刑事判决书,指第一审人民法院对于公诉或自诉的刑事案件,按法定程序审理后,根据已经查明的事实、证据和有关实体法的规定,对于被告人有罪或者无罪、构成何种罪,判处什么刑罚或者免除处罚,或者宣告无罪等实体问题作出处理决定时所使用的文书。

根据《刑事诉讼法》第 185 条、第 200 条、第 203 条的规定,"合议庭开庭审理并且评议后,应当作出判决。对于疑难、复杂、重大的案件,合议庭认为难以作出决定的,由合议庭提请院长决定提交审判委员会讨论决定。审判委员会的决定,合议庭应当

执行。""在被告人最后陈述后,审判长宣布休庭,合议庭进行评议,根据已经查明的事实、证据和有关的法律规定,分别作出以下判决:(一)案件事实清楚,证据确凿、充分,依据法律认定被告人有罪的,应当作出有罪判决;(二)依据法律认定被告人无罪的,应当作出无罪判决;(三)证据不足,不能认定被告人有罪的,应当作出证据不足、指控的犯罪不能成立的无罪判决","判决书应当由审判人员和书记员署名,并且写明上诉的期限和上诉的法院。"

一审刑事判决书是国家审判机关适用一审程序审理刑事案件的结论;是判决发生法律效力后,对被告人执行刑罚的法律根据;是当事人或其法定代理人、辩护人在法定期限内上诉或同级人民检察院在法定期限内抗诉的根据;同时为适用二审程序、审判监督程序继续审理案件打下了基础。

二、类别

根据所适用情况的不同,一审刑事判决书分为下列五种:一审公诉案件适用普通程序用;一审单位犯罪案件用;一审公诉案件适用简易程序用;一审自诉案件用;一审自诉、反诉并案审理用。另外,还有刑事附带民事诉讼判决书,分为下列两种:一审公诉案件适用普通程序用;一审自诉案件用。

一审刑事判决书具体有以下几种:适用普通程序的第一审公诉案件刑事判决书,适用普通程序的一审公诉案件"被告人认罪案件"的刑事判决书,适用普通程序的第一审死缓期间故意犯罪案件的刑事判决书,适用普通程序的第一审未成年人刑事案件的刑事判决书,适用单位犯罪的第一审刑事判决书,适用简易程序的第一审公诉案件刑事判决书,适用简易程序的第一审公诉未成年人刑事案件的刑事判决书,适用普通程序的第一审刑事附带民事判决书,第一审自诉案件刑事判决书,第一审自诉案件刑事附带民事判决书,第一审自诉、反诉并案审理的刑事判决书。

判决书是在案件审理报告的基础上形成的,二者都是在案件审理终结后对案件经过材料组织和文字加工后形成的文书,在内容上有密切的联系。但审理报告是司法行政内部文书,判决书是公开的审判文书,在格式、性质、作用上都有明显的不同。

本节主要介绍适用普通程序的第一审公诉案件刑事判决书、适用普通程序的第一审未成年人刑事案件刑事判决书、适用普通程序的第一审刑事附带民事判决书。

三、适用普通程序的第一审公诉案件刑事判决书

(一)概念

适用普通程序的第一审公诉案件刑事判决书是根据《刑事诉讼法》第185条和第200条的规定,一审人民法院对于公诉案件按照第一审普通程序审理终结后,根据已经查明的事实、证据,依据和有关的法律规定,做出被告人有罪或者无罪,构成何罪,判处什么刑罚或者免除处罚,或者宣告无罪等处理决定时使用的判决文书。

（二）格式

×××人民法院

刑事判决书

（年度）×刑初××号

公诉机关××××人民检察院。

被告人……。

辩护人……。

××××人民检察院以×检×诉[　]××号起诉书指控被告人×××犯××罪,于××××年××月××日,向本院提起公诉。本院于××××年××月××日立案,并依法组成合议庭,公开(或不公开)开庭审理了本案。××××人民检察院指派检察员×××出庭支持公诉,被害人×××及其法定代理人×××、诉讼代理人×××,被告人×××及其法定代理人×××、辩护人×××、证人×××、鉴定人×××,翻译人员×××等到庭参加诉讼。现已审理终结。

××××人民检察院指控……。

被告人×××辩称……。

经审理查明……。

本院认为……。依照……的规定,判决如下:

……。

如不服本判决,可在接到判决书的第二日起十日内,通过本院或者直接向××××人民法院提出上诉。书面上诉的,应当提交上诉状正本一份,副本×份。

审判长×××

审判员×××

审判员×××

××××年××月××日

（院印）

本件与原本核对无异

书记员×××

（三）内容和制作方法

判决书和案件审理报告在制作方法上都要开门见山,突出主旨;布局紧凑,层次分明,富有逻辑性。但二者又有明显的不同:判决书是对案件的处理决定,具有更强的约束力,是结论性文书,结构布局及语言运用上以简洁为贵,强调严谨缜密,准确无误,绝不能有遗漏和含混之处,更不能穿插附会;审理报告强调的是一个"实"字,既要真实又要充实,使阅者看后了然于心,以充分发挥内部文书的监督作用。

一审刑事判决书由首部、正文、尾部三大板块组成。

1. 首部。依次写明下列内容:

(1)标题。分两行居正中写法院名称和文书名称。其中法院的名称,一般应与院印的文字一致,但是基层法院应冠以省、自治区或直辖市的名称。涉外案件时,各级法院均应冠以我国国名。文书名称无需标明审判程序和起诉主体的性质。

(2)案号。由立案年度、法院代字、案件类型代字、审判程序代字、案件编号组成。立案年度是立案的公历自然年,用阿拉伯数字表示。法院代字是案件承办法院的简化标识,用汉字、阿拉伯数字表示。例如福建省厦门市中级法院2021年受理的第3号一审刑事案件应写为"(2021)闽02刑初3号"。

其中案件的顺序号,指按照受理案件的时间顺序编号。上一年未结的案件,下一年制作司法文书时,仍用原编的立案顺序号,不应按新年度重新编号。在一个案件中,可能制发数种裁定书、通知书的,均按照一案一号的原则,仍用原号写,但可以编数个分号,如"(1995)济历刑初字第1—1号"。委托中级法院执行的案件,中级法院在向高级法院写执行情况报告时,应编原案件顺序号。

(3)公诉机关的称谓。写明提起公诉的检察机关的全称,如格式所示。根据我国《检察院组织法》第20条和《刑事诉讼法》第169条的规定,代表国家提起公诉的是人民检察院,而不是院内的某一个人,故须写"公诉机关"而不应称"公诉人"。

《刑法》第98条规定的"告诉才处理"的案件,如果被害人因受强制、威胁无法告诉而由人民检察院直接起诉的,控方表述为"公诉机关",若由被害人的近亲属代为告诉的,则表述为"自诉人",但应当注明与被害人的关系。

(4)被告人的基本情况。应依次列明如下项目:姓名(括号注明与案情有关的别名、化名和绰号),性别,出生年月日,民族,出生地,文化程度、职业或工作单位和职务,住址,以及因本案所受强制措施情况,现羁押何处。

为行文简洁,其中的"出生年月日"与"出生地",也可以采用这种合并的写法"××××年××月××日出生于××(地名)"。

对不愿供述或者无法确定其真实姓名、出生地等基本情况的被告人,犯罪事实清楚,证据确实、充分的,也可以按照被告人自报的姓名和出生地等情况表述,并用括号注明"自报"。

被告人曾经受过刑事处罚、行政处罚、劳动教养或者又在限制人身自由期间内逃跑等,或者酌定从重处罚的情节,应写明其事由和时间。对涉及累犯的情形,则应当在首部被告人的基本情况中写明其原判刑罚的情况和刑满释放的日期。

凡被拘留、逮捕的,应写明被拘留、逮捕的年月日,不能只写被逮捕的日期,以便折抵刑期。表述为"因涉嫌犯××罪于××××年××月××日被刑事拘留、逮捕(或者被采取其他羁押措施)"。

同案被告人有二人以上的,按主犯、从犯的顺序列项书写。

被告人是外国人的,应在其中文译名后用括号写明其外文姓名、护照号码、国籍。

被告人是未成年人的,应当在写明被告人基本情况之后,另行续写法定代理人的姓名、与被告人的关系、工作单位和职务及住址。

上述各项之间可用逗号隔开,如果某项内容较多,可视行文需要,另行采用分号、句号等等。

(5)辩护人的基本情况。该项因担任辩护人的情况不同而写法有别。辩护人是律师的,写明姓名、工作单位和职务,例"辩护人×××,系××律师事务所律师";辩护人是由被告人所在单位或者人民团体推荐的,或者是经人民法院许可的公民,应写明其姓名、工作单位和职务;是被告人的亲友、监护人的,除应写明其姓名和职务外,还应写明与被告人的关系;辩护人是人民法院指定的,写为"指定辩护人"。

同案被告二人以上各有辩护人的,分别列在各被告人下一行。

2. 正文。

(1)案件的由来、审判组织、审判方式和审判经过。是一段固定化的表述文字。

这段文字是为了体现审判程序的合法性。主要包括:案件由来即是公诉日期,是组成合议庭审判还是独任审判,公开或不公开审理,到庭参加诉讼的情况。

具体叙写这部分内容需要注意以下几个问题:

其一,公诉案件要写明起诉日期,即法院签收起诉书等材料的日期,这关系到审理期限的计算。为了客观反映公诉机关(或者自诉人)的起诉日期和人民法院审查起诉后的立案日期,便于当事人和有关部门监督、检查人民法院对案件审理期限制度的执行情况,体现审理案件的公开性和透明度,提高办案效率,应当在裁判文书中写明审理案件的起始日,即立案的日期。如公诉案件,可以在"××××人民检察院……于××××年××月××日向本院提起公诉"之后,续写:"本院于××××年××月××日立案,并依法组成合议庭……"。有《刑事诉讼法》第158条规定的情形之一的,则应当写明:"经××××人民法院批准(或者决定),再延长期限三个月。"①

其二,对于依法不公开审理的案件,为了体现审理程序的合法性,应当写明不公开审理的理由。可表述为:"本院依法组成合议庭,因本案涉及国家秘密(或者个人隐私,或者被告人系未成年人),不公开开庭审理了本案。"

其三,对指定管辖或者延期审理、简易程序转入普通程序等情形,应当具体表述,以客观反映案件的审理过程。

其四,出庭参加诉讼的人员,不仅要写控方人员,而且还要写被告人及其辩护人出庭情况,意味着更加郑重地承认了辩护人在法庭上应有的地位,是诉讼参与人的诉讼权利依法得到保障的反映。

---

① 《刑事诉讼法》第二百零八条:人民法院审理公诉案件,应当在受理后二个月以内宣判,至迟不得超过三个月。对于可能判处死刑的案件或者附带民事诉讼的案件,以及有本法第一百五十八条规定情形之一的,经上一级人民法院批准,可以延长三个月;因特殊情况还需要延长的,报请最高人民法院批准。人民法院改变管辖的案件,从改变后的人民法院收到案件之日起计算审理期限。人民检察院补充侦查的案件,补充侦查完毕移送人民法院后,人民法院重新计算审理期限。

其五,公诉案件中如果对象明显、受害严重的被害人,与案件的利害关系密切,又是最了解案情的证人,开庭时应当依法通知到庭,写入出庭人员之内。

对于前案依据《刑事诉讼法》第 200 条第(三)项规定作出无罪判决,人民检察院又起诉的,原判决不予撤销,但应在案件审判经过段"××××人民检察院以×检×诉[　]××号起诉书"一句前,增写"被告人×××曾于××××年××月××日被人民检察院以××××罪向××××人民法院提起公诉。因证据不足,指控的犯罪不能成立,被××××人民法院依法判决宣告无罪。"

(2)事实。是判决书的基础部分,包括两大层次内容。

首先,要概述检察院指控的基本内容,写明被告人的供述、辩解和辩护人辩护的要点。该段文字旨在加强刑事判决的透明度,突出争讼的焦点,有利于法院在认定事实和列举证据及阐述判决理由的时候具有针对性,有利于在下文对控辩双方的意见表态。但是在归纳双方意见时,应简练概括,忌文字冗长,以免与后文有明显重复。原则上可以控辩双方有无争议为标准。

控辩双方没有争议的事实,可以扼要概括,检察机关指控的证据可以用"检察机关提供了相应的证据"一句来概括。在下文的"经审理查明"的事实和证据部分,则应当具体写明经法庭审理认定的事实和证据。在证据的表述上可以首先写明:"上述事实,有检察机关提交,并经法庭质证、认证的下列证据予以证明。"

控辩双方有争议的事实,则无论是"控辩意见"还是在下文的"经审理查明"的事实部分,都应当详细叙述,并对有争议的事实、证据进行具体的分析、认证,写明采信证据的理由。

其次,详叙法院认定的事实、情节和证据。该段文字由"经审理查明,……"一语领起,将经过法庭查证属实的事实和证据,详细写明。它是有罪、无罪和定性判刑的主要根据,叙述时一定要实事求是,对控辩双方有异议的事实、情节、证据,应当作重点分析论定。具体应做到如下几点:

要素性。叙述案情时,要写清案件发生的时间、地点、动机、目的、手段、行为过程、危害结果、被告人事后的态度以及涉及的人和事等要素,并以是否具有犯罪构成要件为重点,兼叙影响量刑轻重的各种情节,特别是主罪中那些与定罪量刑有密切关系的重要情节更应详写。依法公开审理的案件,案件事实未经法庭公开调查的,不能认定。对自首、立功等情节的认定应当写在事实部分,并写明确认自首、立功等情节成立的证据;对具有自首、立功等情节的被告人如何处罚的论述,则应当在下文的理由部分进行表述。

真实性。写入文书的事实和证据必须经过查证核实。用作认定事实的证据必须确凿可靠,主要根据间接证据定案的,证据之间若有矛盾,应当综合分析,去伪存真;证据与被证事实之间有必然的、有机的联系;证据与证据之间要能够互相印证,环环相扣,形成一个严密的证明体系;列举证据要具体,不能抽象笼统,流于形式。不仅要列举证据,而且要通过对主要证据的分析论证,来说明本判决认定的事实是正确无误的,必须坚决改变用空洞的"证据确凿"几个字来代替认定犯罪事实的具体证据的格式化的写法,以增强判决书中认定事实的可信性。

层次性。叙述事实要层次清楚,重点突出。一般按时间先后顺序进行,着重写清主要情节;一人犯数罪时,主罪详写,没有因果关系的数罪,应按罪行主次的顺序进行叙述,一般共同犯罪的案件,应以主犯为主线进行叙述;集团犯罪案件,可先综述集团的形成和共同的犯罪行为,再按主犯、从犯或者罪重、罪轻的次序分别叙述各个被告人的罪行。

选择性。叙述犯罪事实要真实、全面,但也是有选择的,如涉及国家机密及侦查技术手段的事实不能写入;有关隐私案件的具体情节和检举人的姓名、被害妇女和幼女的姓名等不要写入;要概括地点明反动言论的主要内容和性质,不要重述原话;证据不力没有把握或虽属违法行为但不构成犯罪的事实不宜写入。

有关认定事实的证据,制作时必须做到如下方面:

依法公开审理的案件,除无须举证的事实外,证明案件事实的证据必须经法庭公开举证、质证,才能认证;未经法庭公开举证、质证的,不能认证。特别要注意通过对证据的具体分析、认证来证明判决所确认的犯罪事实。防止并杜绝用"以上事实,证据充分,被告人亦供认不讳,足以认定"的抽象、笼统的说法或者用简单的罗列证据的方法来代替对证据的具体分析、认证。法官认证和采信证据的过程应当在判决书中充分体现出来。

证据要尽可能写得明确、具体,同时写明证据来源,即证据是由控辩双方的哪一方提供的。证据的写法,应当因案而异。案情简单或者控辩双方没有异议的,可以集中表述;案情复杂或者控辩双方有异议的,应当进行分析、认证;一人犯数罪或者共同犯罪案件,还可以分项或者逐人逐罪叙述证据或者对证据进行分析、认证。对控辩双方没有争议的证据,在控辩主张中可不予叙述,而只在"经审理查明"的证据部分具体表述,以避免不必要的重复。控辩双方没有争议并且经庭审查证属实的同种数罪,事实和证据部分可以按犯罪的时间、地点、手段、对象等归纳表述。

如果属于因证据不足不能认定被告人有罪的案件,应当在"经审理查明"的事实部分,针对指控的犯罪事实,通过对证据的具体分析、认证,写明"事实不清、证据不足"的具体内容,为判决理由作好铺垫。

在表述证据时,对被告人供述、被害人陈述、证人证言等言词证据原则上应当用第三人称,涉及证明案件事实的关键言词,也可以使用第一人称。

另外,叙述证据时,应当注意保守国家秘密,保护报案人、控告人、举报人、被害人、证人的安全和名誉。为了维护裁判文书的真实性和严肃性,在裁判文书中,应当写明证人的真实姓名;为了保护被害人的名誉,根据被害人的请求或者案件的具体情况,在裁判文书中,也可以只写姓、不写名,具体可以表述为"张某某""王某某",但不宜表述为"张××""王××"。

对检察机关指控被告人犯数罪,经法庭审理后认为被告人只构成一罪时,在控辩意见部分,对检察机关指控的数罪仍应当客观概述;在经审理查明的事实和证据部分,则应当因案而异进行表述。经法庭审理查明检察机关指控的犯罪事实成立,但只构成一罪的,或者按照法律规定指控的"数罪"本属一罪的(如惯犯、结合犯、牵连犯、连续犯等),不构成数罪的理由宜在"本院认为"中表述;如果经庭审查明,指控的"数罪"中,有的指控的犯罪成立,有的因证据不足,指控的犯罪不能成立,只构成一罪的,则指控的犯罪不成立的证据的分析,宜在"事实和证据"部分予以表述,并在理由部分加以论证。

法庭经审理确认指控的犯罪事实成立,但控辩双方对犯罪性质的指控和辩护均不成立,被告人的行为构成他罪的,事实部分应当据实表述经审理查明的事实和证据;在理由部分写明依法应当认定被告人的行为触犯了何种罪名的理由,以及控辩双方主张的罪名均不成立的理由。

以上几点是叙事举证时应坚持的原则,另外,在写作方法上可参考检察文书中起诉书部分,叙事可采用时序法、突出法、综合归纳法、总分法,举证可采用一事一证法、夹叙夹证法和全罪一证法,因情而定,灵活运用。

以上控、辩、事实、证据分四个自然段书写。

(3)理由。理由是判决书的灵魂,是将犯罪事实和判决结果有机地联系在一起的纽带。是依法对前面事实的分析论证,这一部分内所提出的每一个理由都必须在前面的事实部分内找到根据。主要包括犯罪性质的认定、罪责的确定、犯罪的社会危害性的说明、法律条款的引用等内容,为下文的判决结果奠定基础。具体表述依次如下:

第一,对案件事实分析认定。主要是围绕定罪量刑两方面事实展开论证。针对犯罪的事实、性质、情节,根据法律规定、政策精神与犯罪构成理论,阐述公诉机关的指控是否成立,分析被告人的行为是否构成犯罪,触犯了什么罪名;分析被告人所具备的量刑情节,如被告人具有从重、加重或从轻、减轻、免除处罚等情节的一种或数种的,应当分别予以肯定或者综合论定,以明确对被告人的处理原则。

在确定罪名时,应以刑法和《最高人民法院关于执行〈中华人民共和国刑法〉确定罪名的规定》为依据,按分则各条规定的罪状特征,以被侵犯的直接客体(不是同类客体)为基础,使罪名准确合法;除了法律有专门规定以外,不能根据犯罪情节来确定罪名,因为情节只影响量刑,不影响犯罪性质,如不能以"过失投毒致死罪""故意伤害致死罪"等为罪名。对教唆犯罪的,应按他所教唆的罪确定罪名,如"教唆盗窃罪""教唆强奸妇女罪"等,不能笼统定为"教唆罪";对于刑法分则中某些条文中的排列式罪名,就单独确定罪名,例如《刑法》第264、266、267条规定的盗窃、诈骗、抢夺罪等;刑法分则有些条文,还规定了行为选择和对象选择性罪名,由于犯罪行为或对象的性质相同,故只要实施了其中一种犯罪行为,或者侵害了一种特定对象,就可以构成犯罪,并应根据实施的具体行为或侵害的具体对象,相应确定具体罪名,如《刑法》第227条规定的伪造或者倒卖伪造的车票、船票、邮票或者其他有价票证罪,若行为人只是伪造车票犯罪,则应定为伪造车票罪;法律条款中没有规定的罪名,一般按刑法分则中最相近的条款确定罪名。

一人犯数罪时,一般先定重罪,后定轻罪;一般共同犯罪和集团犯罪案件,应在分清各被告人的地位、作用和刑事责任的前提下,依次确定首要分子、主、从犯的罪名,做到理由和事实的密切呼应。

该部分还要针对事实中控辩双方关于适用法律方面的意见,有分析地表示是否予以采纳,即对于检察院指控的罪名,正确的应当表示肯定,不构成犯罪或者罪名不当,应有理有据地分析评定,比如,检察机关指控被告人犯数罪,经审理确认其中一罪因证据不足、指控犯罪不能成立的,就需在该部分就证据不足、指控的犯罪不能成立的理由予以充分论证,在下文的判决结果中则不需要再行表述。对于辩护、辩解的主要理由,应当表明予以采纳或据理反驳,使控、辩、判三方意见密切联系,力避脱节现象。

例如沈某某贪污、行贿和孙某某贪污案刑事判决书,理由中对事实的分析认定写得比较好:

"本院认为:北京市海淀区工商行政管理局作为工商企业主管部门确认北京某某公司是集体所有制性质的证据有效。沈某某、孙某某身为集体经济组织负责人,利用职务之便,共同或者单独采取欺骗等手段,侵吞公款,其行为侵犯了集体财产的所有权,已构成贪污罪,且数额特别巨大,情节特别严重,均应依法严惩;沈某某为北京某某公司谋取不正当利益,向国家工作人员大肆行贿,情节严重,其行为侵犯了国家机关的正常活动,依法应以行贿罪追究直接负责的主管人员沈某某的刑事责任。北京市人民检察院分院起诉指控沈某某犯上述贪污罪、行贿罪;指控孙某某犯贪污罪的证据确实、充分,定性准确,应予认定;但起诉书指控沈某某、孙某某共同非法占有公款人民币117万元的事实不清,证据不充分,本院不予认定。沈某某、孙某某及其辩护人关于沈某某、孙某某及其辩护人关于沈某某、孙某某不具备贪污罪主体身份,其行为不构成贪污罪的辩解缺乏事实和法律根据,本院不予采纳。鉴于孙某某在共同犯罪中起次要作用,是从犯,在案发前,主动交回其参与共同贪污的全部赃款等情节,对孙某某依法比照主犯减轻处罚。"

例中有罪名的认定、有对控辩双方意见的分析论证、有量刑情节的阐述、有对主、从犯罪责的区别,层次清楚,论析透辟,事理结合,很有说服力。

第二,引述法律条文。在定性量刑之后便要引用相应的法律依据,以充分体现"以事实为根据,以法律为准绳"的办案原则。在引述法律条文时一定要坚持准确、完整、具体、针对性和有序的原则。

所谓准确,就是所引法条与判决结果相吻合。引用法律条文越准确,判决书质量越高。一定要避免部分引错甚至完全引错的情况出现,例如抢夺罪引用抢劫罪条款,包庇罪引用窝赃、销赃罪条款等的出现,会极大地损害审判机关的形象。

完整,就是要把据以定性量刑的法律规定全部引出,绝不能出现缺项漏项等不严密的情况。例如数罪并罚案件,除对每个罪定罪处刑的法律依据都要引用外,还要引用刑法第69条(数罪并罚的一般原则),有时还要引用第70条(判决宣告后发现漏罪的并罚)、第71条(判决宣告后又犯新罪的并罚),作为判决的法律依据。对于刑法分则中有些定罪量刑条款不是同一的,就既要引用定罪条款,又要引用量刑条款。对于既判处主刑又判处附加刑的,除了引用主刑条款,还要引用刑法第56条(剥夺政治权利的附加、独立适用)或第57条(对死刑、无期徒刑罪犯剥夺政治权利的适用)。有的不仅要引用实体法,还要引用程序法。

具体,指所引条文外延最小,内容明确,绝不空泛笼统。例如刑法分则条文中凡条下分款、项的一定要写明第几条第几款第几项,只分项不分款的则写明第几条第几项。这样才能使刑与法一一对应,避免无所适从的情况出现。

针对性,是指同一份判决书中引用的法律条文之间,不能互相排斥。例如,既引用从重条文又引用从轻条文,且没有分析论证,使判决结论处于被推测的状态,令人生疑。因而讲究针对性是避免对所引条文产生歧义的重要手段。为了充分体现对被告人适用法律条文的准确性和增强援引法律条文的针对性,在共同犯罪案件中,对共同犯罪的各被告人所适用的法律条款,应当逐人分别引用。

所谓有序,是指所引法律条文排列有序,有条理性,而非随心所欲。一般规范为:先主刑后附加刑;先分则后总则;先程序法后实体法;先定罪量刑后引从重、加重、从轻、减轻和免除处罚条文;判决结果既有主刑又有附加刑内容的,应当先引用适用主刑的条文,后引用适用附加刑的条文;适用以他罪论处的条文时,先引用本条条文,再按本条之规定,引用相应的他罪条文;一人犯数罪时,应逐罪引用法律条文;一般共同犯罪的,可集中引用有关的法律条文,必要时应逐人逐罪引用法律条文;集团犯罪案件,应结合分项判处,逐人逐罪引用法律条文。既有法律规定又有司法解释规定的,应当先引用法律规定,再引用相关司法解释。在共同犯罪案件中,涉及对多个被告人定罪处刑的法律条款,其中,既有相同的,又有不同的,为了充分体现对被告人适用法律条文的准确性和增强援引法律条文的针对性,对共同犯罪的各被告人所适用的法律条款,应当逐人分别引用。

准确、完整、具体、有序和针对性是辩证统一的,有着不可分割的内在联系,是引述法律条文规范化的必备要素。

需要说明的是,根据《刑事诉讼法》第201条的规定,法院对认罪认罚案件量刑建议的处理:对于认罪认罚案件,人民法院依法作出判决时,一般应当采纳人民检察院指控的罪名和量刑建议,但有下列情形的除外:(一)被告人的行为不构成犯罪或者不应当追究其刑事责任的;(二)被告人违背意愿认罪认罚的;(三)被告人否认指控的犯罪事实的;(四)起诉指控的罪名与审理认定的罪名不一致的;(五)其他可能影响公正审判的情形。人民法院经审理认为量刑建议明显不当,或者被告人、辩护人对量刑建议提出异议的,人民检察院可以调整量刑建议。人民检察院不调整量刑建议或者调整量刑建议后仍然明显不当的,人民法院应当依法作出判决。因此认罪认罚案件在阐述理由时,一般是对检察院指控罪名和量刑建议的集中反映。

(4)判决结果。判决结果是根据事实和理由所作出的定性处理结论,是判决书画龙点睛部分。一定要和事实、理由相一致,和法律条文相吻合,做到定罪准确,量刑恰当,明确具体。选词用语应推敲斟酌,精炼妥帖。

公诉案件的判决结果有三种情况:

第一,定罪判刑的,表述为:

"一、被告人×××犯××罪,判处……(写明主刑、附加刑);

(刑期从判决执行之日起计算。判决执行以前先行羁押的,羁押一日折抵刑期一日,即自××××年××月××日起至××××年××月××日止)

二、被告人×××……(写明追缴、退赔或者发还被害人、没收财物的决定,以及这些财物的名称、种类和数额)。"

第二,定罪免刑的,表述为:"被告人×××犯××罪,免予刑事处分(如有追缴、退赔或没收财物的,续写第二项)。"

第三,宣告无罪的,表述为"被告人×××无罪。"

由上可见判决结果有定罪判刑、定罪免刑和宣告无罪三种情况。制作时,要注意下列事项:

一是罪名要准确,和理由部分保持一致,不能漏写或前后矛盾。如"判处被告人丁某某有期徒刑二年"的写法既不符合格式用语要求,又缺少罪名,是很不规范的。而应依序写明被告人姓名、罪名、刑种、刑量。

二是刑种、刑量要清楚、明白、准确,表述要规范。有如下几种表述方式:

第一,有期徒刑的刑罚,应当写明刑种、刑量和主刑的折抵办法及刑期的起止时间。

判处结果适用缓刑的,应当写成"被告人×××犯××罪,判处有期徒刑(或拘役)×年(月),缓刑×年(月)"而不能写成"被告人×××犯××罪,判处缓刑×年",因为这样写不符合法律规定。

对同一被告人既被判处有期徒刑又并处罚金的,应当在判处的有期徒刑和罚金刑之后,分别用括号注明有期徒刑刑期起止的日期和缴纳罚金的期限。

第二,适用死刑的,表述为:"被告人×××犯××罪,判处死刑,剥夺政治权利终身。"不能写为"判处死刑,立即执行",因为这样不符合刑法规定,而且从程序上看,任何一个死刑判决,都要经过死刑复核程序,由负有核准死刑权的法院院长下达执行死刑命令后,才能执行。

对判处死刑缓期执行的,应依刑法规定,表述为:"被告人×××犯××罪,判处死刑,缓期二年执行,死刑缓期二年执行的期间,从高级人民法院核准之日起计算。"

如系判处管制的,表述中"羁押一日折抵刑期一日",变更为"羁押一日折抵刑期二日",其余同格式。

第三,数罪并罚的应当分别定罪量刑(包括主刑和附加刑),然后按照刑法总则第四章第四节的规定,决定最后执行的刑罚,不能"估堆"量刑。例如:"被告人×××犯贪污罪,判处死刑,剥夺政治权利终身;犯抢夺罪,判处有期徒刑五年,决定执行死刑,剥夺政治权利终身。"

适用数罪并罚"先减后并"的案件,对前罪"余刑"的起算日期,可以从犯新罪之日起算。判决结果的刑期起止日期可表述为:"刑期从判决执行之日起计算。判决执行以前先行羁押的,羁押一日折抵刑期一日,即自××××年××月××日(犯新罪之日)起至××××年××月××日止。"

三是对未成年人、精神病人和被告人死亡的三类特殊案件判决结果的表述。根据《最高人民法院关于执行〈中华人民共和国刑事诉讼法〉若干问题的解释》①第295条第(六)(七)项之规定,对被告人因未达到刑事责任年龄,不予刑事处罚的,被告人是精神病人,在不能辨认或者不能控制自己行为时造成危害结果,不予刑事处罚的,应当在判决结果中宣告"被告人不负刑事责任";被告人符合强制医疗条件的,应当依照本解释第二十六章的规定进行审理并作出判决;依照本条第(十)项的规定,被告人死亡的,应当裁定终止审理;但有证据证明被告人无罪,经缺席审理确认无罪的,也应在判决结果中宣告"被告人无罪"。

四是对于因证据不足,适用《刑事诉讼法》第200条第(三)项宣告被告人无罪的,应将"××××人民检察院指控的犯罪不能成立"作为判决的理由,而不应该作为判决主文。判决主文上仍只写"被告人×××无罪"。

五是追缴、退赔和没收的财物,应写明其名称、数额。如果财物多、种类复杂的,只在判决书上写明其种类和总数,另列清单作为判决书的附件。例如:"被告人刘某某受贿人民币3500元予以没收;收缴林某人民币3500元予以没收。"

六是一案多名被告人的,应以罪责的主次或者所判刑罚的重轻为顺序,分项定罪判处。

---

① 2020年12月7日最高人民法院审判委员第1820次会议通过,自2021年3月1日起施行,法释〔2021〕1号。

七是对同一被告人既被判处有期徒刑又并处罚金的,应当在判处的有期徒刑和罚金刑之后,分别用括号注明有期徒刑刑期起止的日期和缴纳罚金的期限。

3. 尾部。

尾部包括上诉事项、签署、时间等内容。表述文字基本固定,如格式。

(1)交代上诉期限、上诉法院、上诉方式。如果适用《刑法》第63条第2款①的规定在法定刑以下判处刑罚的,应当在交代上诉权之后另起一行写明:"本判决依法报请最高人民法院核准后生效。"

(2)署名。由参加审判案件的合议庭组成人员署名,如格式所示。其中须加注意:合议庭成员中有陪审员的,署名为"人民陪审员×××";是助理审判员的,署名为"代理审判员×××";助理审判员担任合议庭审判长的,与审判员担任合议庭审判长的一样,均署名为"审判长×××";院长或庭长参加合议庭,应担任审判长的,亦应署名为"审判长×××"。

(3)日期。写明当庭宣判的日期或者签发判决书的日期。

年月日上加盖院印,应骑年盖月端正地加在年月日中央。

在时间下方由书记员署名。判决书正本制成后,书记员应将正本与原本进行核对,确认无异后,在日期左下方与书记员署名的左上方,加盖"本件与原本核对无异"的核对章,个别涂改之处,应盖校对章。

4. 实例。

实例1:××省高级人民法院刑事判决书

实例2:××市第二中级人民法院刑事判决书

---

① 《中华人民共和国刑法》第六十三条:减轻处罚犯罪分子具有本法规定的减轻处罚情节的,应当在法定刑以下判处刑罚;本法规定有数个量刑幅度的,应当在法定量刑幅度的下一个量刑幅度内判处刑罚。犯罪分子虽然不具有本法规定的减轻处罚情节,但是根据案件的特殊情况,经最高人民法院核准,也可以在法定刑以下判处刑罚。

四、适用普通程序的第一审未成年人刑事案件刑事判决书

（一）概念

根据《刑事诉讼法》和最高人民法院《一审未成年人刑事案件适用普通程序的刑事判决书样式和一审未成年人刑事公诉案件适用简易程序的刑事判决书样式》①，第一审人民法院适用普通程序审理未成年人刑事案件时使用刑事判决文书。

（二）格式

××××人民法院

刑事判决书
（一审未成年人刑事案件适用普通程序用）

（××××）×刑初××号

公诉机关×××人民检察院。

被告人……（写明姓名、性别、出生年月日、民族、户籍所在地、文化程度、职业或者工作单位、学校、住址，所受强制措施情况等，现羁押处所）。

法定代理人……（写明姓名、与被告人的关系、工作单位和职务、住址）。

辩护人（或者指定辩护人）……（写明姓名、工作单位和职务）。

×××人民检察院以×××检×诉〔××××〕××号起诉书指控被告人×××犯××罪，于××××年××月××日向本院提起公诉。本院于××××年××月××日立案，并依法组成合议庭。因本案被告人系未成年人（或者因本案涉及未成年被告人），依法不公开开庭审理了本案。×××人民检察院指派检察员×××出庭支持公诉，被害人×××及其法定代理人×××、诉讼代理人×××，被告人×××及其法定代理人×××、辩护人（或者指定辩护人）×××，证人×××，鉴定人×××，翻译人员×××等到庭参加诉讼。现已审理终结。

×××人民检察院指控……（概述人民检察院指控被告人犯罪的事实、证据和适用法律的意见）。

被告人×××辩称……（概述被告人对指控的犯罪事实予以供述、辩解、自行辩护的意见和有关证据）。法定代理人×××……（概述对公诉机关指控被告人犯罪的意见、提供的有关证据）。辩护人×××提出的辩护意见是……（概述辩护人的辩护意见和有关证据）。

×××根据《最高人民法院关于审理未成年人刑事案件的若干规定》，向法庭提交了被告人×××的情况调查报告。

经审理查明，……（首先写明经庭审查明的事实；其次写明经举证、质证定案的证据及其来源；最后对控辩双方有异议的事实、证据进行分析、认证）。

在审理过程中，法庭了解到……（概述被告人×××的情况调查报告中与其量刑密

---

① 最高人民法院办公厅关于印发一审未成年人刑事案件适用普通程序的刑事判决书样式和一审未成年人刑事公诉案件适用简易程序的刑事判决书样式的通知（法办发〔2009〕25 号）。

切相关的内容)。控辩双方对被告人×××的情况调查报告表述了以下意见:……。
(如果可能判处被告人非监禁刑罚的,概述所具备的监护、帮教条件等情况)。

本院认为,……(根据查证属实的事实、证据和有关法律规定,论证公诉机关指控的犯罪是否成立,被告人的行为是否构成犯罪,犯的什么罪,应否从轻、减轻、免除处罚或者从重处罚。对于控、辩双方关于适用法律方面的意见,应当有分析地表示是否予以采纳,并阐明理由。对于认定未成年被告人构成犯罪的,应当结合查明的未成年被告人的成长经历,剖析未成年被告人走上犯罪道路的主客观方面的原因)。依照……(写明判决的法律根据)的规定,判决如下:

……(写明判决结果)。分四种情况:

第一,定罪判刑的,表述为:

"一、被告人×××犯××罪,判处……(写明主刑、附加刑)。(刑期从判决执行之日起计算。判决执行以前先行羁押的,羁押一日折抵刑期一日,即自××××年××月××日起至××××年××月××日止)。

二、被告人×××……(写明决定追缴、退赔或者发还被害人、没收财物的名称、种类和数额)。"

第二,定罪免刑的,表述为:

"被告人×××犯××罪,免予刑事处罚(如有追缴、退赔或者没收财物的,续写第二项)。"

第三,对被告人因不满十六周岁不予刑事处罚的,表述为:

"被告人×××不负刑事责任。"

第四,宣告无罪的,不论是适用《中华人民共和国刑事诉讼法》第二百条第(二)项还是第(三)项,均应表述为:

"被告人×××无罪。"

如不服本判决,可在接到判决书的第二日起十日内,通过本院或者直接向×××人民法院提出上诉。书面上诉的,应当提交上诉状正本一份,副本×份。

审　判　长　　×××

人民陪审员　　×××

人民陪审员　　×××

××××年××月××日

(院印)

本件与原件核对无异

书记员　　×××

(三) 内容与制作方法

未成年人犯罪有别于成年人犯罪,制作未成年人刑事判决书,应当根据案件的实际情况,充分体现"教育、感化、挽救"的方针和"教育为主、惩罚为辅"的原则,反映"寓教于审、惩教结合"的特点,并注意充分反映未成年人犯罪的特殊性。应当根据刑事诉讼法和最高人民法院《一审未成年人刑事案件适用普通程序的刑事判决书样式和一审未成年人刑事公诉案件适用简易程序的刑事判决书样式》,按照文书规范要求制作。

未成年人刑事裁判文书语言表述应当简洁、通俗易懂、注重说理,便于未成年被告人及其法定代理人理解。

1. 首部。标题、案号的写法可参考第一审刑事判决书。

(1)未成年被告人的基本情况。姓名和户籍所在地。应当写查明的未成年被告人的姓名和户籍所在地。如果未成年被告人属于《刑事诉讼法》第128条第2款规定的"对于犯罪事实清楚,证据确实、充分的,也可以按其自报的姓名移送人民检察院审查起诉"情形的,可以按照被告人自报的姓名予以表述,但应当用括号注明"自报"。户籍所在地可以不写。

被告人自报的姓名在侦查、起诉、审判阶段都不一致的,由法官根据案件情况综合考虑予以确定。

出生年月日。应当写经审理查明的未成年被告人出生的年、月、日。属于《最高人民法院关于审理未成年人刑事案件具体应用法律若干问题的解释》第4条第1款规定的"没有充分证据证明被告人实施被指控的犯罪时已经达到法定刑事责任年龄且确实无法查明的,应当推定其没有达到相应法定刑事责任年龄"情形的,可以分别表述为"实施被指控的犯罪时不满十四周岁""实施被指控的犯罪时已满十四周岁不满十六周岁"和"实施被指控的犯罪时已满十六周岁不满十八周岁",同时用括号注明"推定"。属于第二款规定的"相关证据足以证明被告人实施被指控的犯罪时已经达到法定刑事责任年龄,但是无法准确查明被告人具体出生日期"的,首部应当直接写明被告人"实施被指控的犯罪时已满××周岁"。

文化程度。应当表述实际就学状况。如,可以表述为"小学二年级文化,辍学"或者"初中一年级学生"等。

工作单位、学校、住址。应当写查明的工作单位、学校和住址。户籍所在地和住址一致的,可以不写住址。在户籍所在地以外地方犯罪的,应当写明其被采取强制措施前的住址或者经常居住地。属于《刑事诉讼法》第160条第2款规定的"对于犯罪事实清楚,证据确实、充分,确实无法查明其身份的,也可以按其自报的姓名起诉、审判。"情形的,此项可以不写。

所受强制措施的情况。表述为"因涉嫌犯××罪于××××年××月××日被刑事拘留、逮捕(或者被采取其他强制措施)"。

首部应当写明以前是否有因犯罪受到刑事处罚的情形。

(2)法定代理人。未成年被告人没有法定代理人或者无法查到法定代理人的,可以不写法定代理人。

2. 正文。

(1)案件由来、审判组织、审判方式和审判经过。

未成年被告人的法定代理人无法出庭或者确实不宜出庭的,应当在首部当事人基本情况中写明法定代理人项,并在审理经过段出庭人员中表述为:"被告人×××的法定代理人×××经法院通知未出庭"或者"被告人×××的法定代理人×××因特殊原因未出庭"等内容。

被告人犯罪时未成年,开庭审理时已成年的,不列法定代理人。

社会调查员参加庭审的,在审理经过段"翻译人员×××"后增加表述为:"翻译人员×××,社会调查员×××等到庭参加诉讼。现已审理终结。"

对未成年人刑事案件实行指定管辖的,在审理经过段可以表述为:"按照×××中级人民法院指定管辖的决定,×××人民检察院以×××检×诉〔××××〕××号起诉书……"直接接审理经过段。

(2)事实。

概述被告人的性格特点、家庭情况、社会交往、成长经历及实施被指控的犯罪前后的表现等情况时,应当简明扼要,注意保护未成年被告人及其家庭的隐私。写明与被告人量刑密切相关的情况即可。

控辩双方对未成年被告人调查报告反映的情况提出的意见,应予客观表述。

对于人民法院自行调查未成年被告人情况的,可直接在判决书"经审理查明"事实证据之后,表述为:"根据《最高人民法院关于审理未成年人刑事案件的若干规定》的规定,本院经自行调查了解到……"

事实部分要注意写明有关未成年被告人年龄证据情况;控辩双方对年龄及证据的意见;对控辩双方有异议的年龄、证据要进行分析、认证。

(3)理由。

注意写明有关认定或者推定未成年被告人实施犯罪时年龄的理由。

对于依照《最高人民法院关于审理未成年人刑事案件具体应用法律若干问题的解释》第四条第一款规定,对被告人的年龄适用推定的,在"本院认为"部分可以表述为:"鉴于通过法庭调查确实无法查明被告人的出生年、月、日,本院根据掌握的现有证据材料,依法推定被告人实施被指控的犯罪时不满十四周岁(或者实施被指控的犯罪时已满十四周岁不满十六周岁,或者实施被指控的犯罪时不满十八周岁)。"

除了上述制作规范,还需注意对隐私案件的未成年被害人,为保护被害人的名誉,在裁判文书中应当只写姓、不写名,表述为"张某""王某某"。隐私案件的未成年被害人提起附带民事诉讼的,则应当在首部"附带民事诉讼原告人"部分表述其真实姓名。对于未成年刑事案件的证人,应当写明其真实姓名。

对于第一审未成年被告人刑事附带民事判决书,可以在此基础上参阅下文的刑事附带民事判决书制作。

3. 尾部。尾部包括上诉事项、签署、时间等内容。表述文字基本固定,如格式。

（四）实例

实例:××市××区人民法院刑事判决书

五、刑事附带民事判决书

（一）概念

刑事附带民事判决书,是人民法院对依法审理终结的刑事附带民事案件,在确认被告人的行为应否负刑事责任的同时,对被害人的民事赔偿请求一并解决时所使用的文书。

根据《刑事诉讼法》第101条的规定,刑事附带民事判决书适用以下范围:(1)被告人的行为已构成犯罪,而被告人的犯罪行为又直接造成被害人经济损失的;(2)被告人只有一般违法行为,尚不构成犯罪,但被害人的经济损失是由于被告人的违法行为直接造成的;(3)被告人系无刑事责任能力(如精神病患者或者未达到刑事责任年龄的未成年人),但其行为已造成被害人的经济损失的。

刑事附带民事判决书是将基于同一事实产生的两个性质的判决合并到一起制作的,是一种以刑事判决书特点为主、以民事判决书特点为辅的审判文书。

根据诉讼程序的不同,刑事附带民事判决书可分为一审刑事附带民事判决书和二审改判刑事附带民事判决书,前者又包括公诉和自诉两种。此处主要介绍适用普通程序的第一审刑事附带民事判决书。

（二）格式（一审公诉案件用）

××××人民法院

刑事附带民事判决书

（××××）×刑初××号

公诉机关××××人民检察院。

附带民事诉讼原告人……。

被告人……。

辩护人……。

××××人民检察院以×检×诉[ ]××号起诉书指控被告人×××犯××罪,于××××年××月××日向本院提起公诉;在诉讼过程中,附带民事诉讼原告人向本院提起附带民事诉讼。本院依法组成合议庭,公开(或不公开)开庭进行了合并审理,××××人民检察院指派检察员×××出庭支持公诉,附带民事诉讼原告人×××及其××代理人×××、被告人×××及其法定代理人、辩护人×××,证人×××,鉴定人×××,翻译人员×××等到庭参加诉讼。本案现已审理终结。

……。

经审理查明,……。

本院认为,……依照……的规定,判决如下:

……

如不服本判决,可在接到判决书的第二日起十日内,通过本院或者直接向××××人民法院提出上诉。书面上诉的,应当提交上诉状正本一份,副本×份。

审判长　×××
审判员　×××
审判员　×××
年　　月　　日
(院印)

本件与原本核对无异

书记员　　×××

(三) 内容和制作方法

该格式是供一审法院审理刑事公诉案件时,根据有关法律规定,在确认被告人是否承担刑事责任的同时,附带解决被告人对于被害人所遭受的物质损失(经济损失)是否承担民事赔偿责任时使用的。

刑事附带民事诉讼不同于单纯的刑事诉讼,它要在刑事诉讼过程中依照民事诉讼程序附带解决民事赔偿问题,因此在制作该判决书时,应当注意在首部、事实、理由和判决结果部分完整地反映出刑事附带民事诉讼这一特点。

1. 首部。

(1)标题。分两行居正中写明法院全称和文书名称。其中文书名称以"刑事附带民事判决书"为标准,既不能写为"刑事判决书"也不能写为"民事判决书"或"附带民事判决书"。因为这类案件的主体部分——刑事诉讼,是民事诉讼部分赖以存在的基础,只有写"刑事附带民事判决书"才能标明该文书是将基于同一事实产生的两个性质的判决合并到一起制作的,它既不同于独立的民事案件判决也不同于单纯的刑事案件判决。

(2)文书编号。写法与一审刑事判决书相同。注意在写文书简称时不要写"刑民",而仍应以"刑"字代称。完整写法"(年度)×刑初×号"。

(3)公诉机关与诉讼参与人身份等情况。

如果提起附带民事诉讼的是被害人,其表述项目、顺序如格式。其中"附带民事诉讼原告人"项中依次写明姓名、性别、出生年月日、民族、出生地、职业或工作单位和职务、住址等内容,并在"单位和职务、住址"之后,续写"系本案被害人"。但是如果附带民事诉讼原告人系隐私(强奸等)案件的被害人,为了保护隐私案件被害人的名誉,在首部的"附带民事诉讼原告人"项及裁判文书中可以只写姓,不写名,即用"李某某"来代替,以避免产生副作用。

如果被害人已经死亡,经更换当事人,由他的近亲属提起附带民事诉讼的,应当将其近亲属列为"附带民事诉讼原告人×××",并注明其与死者的关系。

如果附带民事诉讼如系被害的法定代理人提起的,应在"附带民事诉讼原告人×××"之后,列第二项"法定代理人×××",并注明其与被害人的关系。

在刑事附带民事诉讼中,附带民事诉讼原告人众多的,在判决书首部一般应当将附带民事诉讼原告人全部列出。提起附带民事诉讼是法律赋予被害人的一项诉讼权利。只要被害人及其近亲属或者其法定代理人依法提起附带民事诉讼,都应当在判决书首部将他们一一列出,以体现对被害人合法诉讼权利的保护。但对于依照民事诉讼法的规定实行代表人制度的,则可以只列代表人及其委托代理人,并在裁判文书之后附上提起附带民事诉讼的原告人的名单。

如果附带民事诉讼是公诉机关提起的,则应将格式中"附带民事诉讼原告人"项删掉。正文中案由、案件来源和事实段亦作相应调整。

这部分内容中辩护人、被告人等身份事项的写法参考适用普通程序的第一审公诉案件刑事判决书。刑事被告人同时为附带民事诉讼被告人时,在首部无需另括注"附带民事诉讼被告人";如果不是同一个人,则需另列"附带民事诉讼被告人"。

判令未成年被告人的监护人(父母)承担民事赔偿责任的,在首部应当将依法对未成年被告人享有监护权的监护人列为"法定代理人暨附带民事诉讼被告人",而不仅仅列为"法定代理人"或者"附带民事诉讼被告人"。在这种附带民事诉讼中,未成年被告人的监护人实际上具有双重诉讼地位和双重身份,他们既是未成年被告人的法定代理人,以维护被告人的合法权益,又是附带民事诉讼的被告人,以承担民事赔偿责任。在判决结果中,则应当表述为:"附带民事诉讼被告人×××赔偿附带民事诉讼原告人×××……(写明受偿人的姓名、赔偿的金额和支付的日期)。"

2. 正文。

(1)案由、案件来源和审判经过。

如果附带民事诉讼是由检察机关提起的,应将格式开头"……被告人×××犯××罪,……提起附带民事诉讼"相应改为"……犯××罪,同时致使……(写明受损失单位名称或者被害人的姓名)遭受经济损失一案,向本院提起刑事附带民事的公诉",并将"附带民事诉讼原告人×××"从到庭参加诉讼的人员中删掉。

(2)事实。分两大层次展开叙述。

第一层,简述控辩双方的基本内容。首先概述检察院指控的基本内容即犯罪事实、证据和适用法律的意见,并简述附带民事诉讼原告人起诉的民事内容即诉讼请求和有关证据,其次另一段写明被告人供述、辩解、自行辩护和辩护人辩护的意见和有关证据。

第二层,是事实部分的核心段。首先详细写明经法庭审理认定的事实、情节和证据,又要写明由于被告人的犯罪行为造成被害人直接经济损失的事实;如果控、辩双方或一方对事实有异议,应予分析否定。在认定事实时,不但要具体列举证据,而且要通过对主要证据的分析论证,来说明本判决认定的事实的正确性。对于已由被告人的亲属自愿代为赔偿的,可以在该部分予以表述。除详写法院外,还应写明由于被告人的行为。叙述方法等可参照一审刑事判决书。

(3)理由。既要论述刑事判决的理由,又要论证确定民事责任的理由,并引用相应的刑事和民事法律条款。

首先应根据查证属实的事实、情节和法律规定,论证公诉机关对犯罪的指控是否成立,能否认定被告人有罪、被告人犯什么罪,应否追究刑事责任;其次论证被告人(包括附带民事诉讼被告人)对被害人的经济损失应否承担民事赔偿责任;及其应否从轻、减轻、免除处罚或者从重处罚。对于控、辩双方关于适用法律方面的意见和理由,应有分析地表示采纳或予以批驳。例如:

本院认为,被告人药某某在发生交通事故后,因担心被害人张某看见其车牌号以后找其麻烦,遂产生杀人灭口之恶念,用随身携带的尖刀在被害人胸、腹、背等部位连刺数刀,将张某杀死,其行为已构成故意杀人罪。西安市人民检察院指控被告人药某某故意杀人的犯罪事实成立,罪名及适用法律正确,应予支持。

关于药某某的行为是否构成自首的问题,经查,被告人药某某在公安机关未对其采取任何强制措施的情况下,于作案后第四日在父母的陪同下到公安机关投案,并如实供述了犯罪事实,其行为具备了自首的构成要件,依法属于自首。

对药某某的辩护律师所提药某某的行为属于激情杀人的辩护理由,经审查认为,激情杀人一般是指由于被害人的不当言行引起被告人的激愤而实施杀害被害人的行为,本案被害人张某从被撞倒直至被杀害,没有任何不当言行,被告人药某某发生交通事故后杀人灭口,明显不属于激情杀人,故辩护律师的此项辩护理由不能成立。

对药某某辩护律师所提药某某系初犯、偶犯,并建议对其从轻处罚的辩护理由,经审查认为,初犯、偶犯作为从轻处罚的情节,只适用于未成年人犯罪和情节较轻的犯罪,对故意杀人这样严重的刑事犯罪,尤其是本案如此恶劣、残忍的故意杀人犯罪,显然不能因此而从轻处罚,故辩护律师的此项辩护理由亦不能成立。

药某某及其父母虽愿意赔偿附带民事诉讼原告人的经济损失,但附带民事诉讼原告人不接受药某某父母以期获得对药某某从轻处罚的赔偿,故不能以此为由对药某某从轻处罚。

被告人药某某作案后虽有自首情节并当庭认罪,但纵观本案,药某某在开车将被害人张某撞伤后,不但不施救,反而因怕被害人看见其车牌号而杀人灭口,犯罪动机极其卑劣,主观恶性极深;被告人药某某持尖刀在被害人前胸、后背等部位连捅数刀,致被害人当场死亡,犯罪手段特别残忍,情节特别恶劣,罪行极其严重;被告人药某某仅因一般的交通事故就杀人灭口,丧失人性,人身危险性极大,依法仍应严惩,故药某某的辩护律师所提对药某某从轻处罚的辩护意见不予采纳。

被告人药某某因其犯罪行为给附带民事诉讼原告人造成的经济损失,依法应予赔偿。附带民事诉讼原告人关于赔偿赡养费的诉讼请求,因未提供被赡养人丧失劳动能力且无生活来源的证据,依法不予支持;关于赔偿停尸费的诉讼请求,因无法律依据,不予支持;关于赔偿死亡赔偿金、精神损失费的诉讼请求,因不属于刑事附带民事诉讼的赔偿范围,不予支持;关于赔偿丧葬费、被抚养人王某某生活费的诉讼请求,于法有据,予以支持,但对于被抚养人生活费中超出法定份额的部分不予支持。附带民事诉讼原告人王某某、王某、张某某、刘某某关于将被告人药某某个人名下的雪佛兰小轿车拍卖后所得款项作为赔偿款的诉讼请求,经审查认为,拍卖犯罪人的财产作为赔偿款,是人民法院执行程序中的一种执行方式,只能在判决生效进入执行阶段后申请。

最后引述判决所依据的法律条款。包括刑法、刑事诉讼法、民法通则、民事诉讼法等。

刑事附带民事案件在该部分除需要引用刑法和刑事诉讼法的有关条文外,还必须同时引用《最高人民法院关于适用〈中华人民共和国刑事诉讼法〉的解释》《中华人民共和国民法典》第1179条①和《最高人民法院关于审理人身损害赔偿案件适用法律若干问题的解释》的规定,作为判决的法律依据。

不论是理由的阐述还是事实的叙述,都应体现刑事附带民事诉讼的案件特点,既不能刑、民不分,颠三倒四,缺乏层次性,也不能各自独立,互不相干,缺乏有机的内在联系。

(4)判决结果。判决结果有四种:

第一,被告人构成犯罪并应赔偿经济损失的,表述为:

"一、被告人×××犯××罪,……(写明主刑、附加刑);

(刑期从判决执行之日起计算。判决执行以前先行羁押的,羁押一日折抵刑期一日,即自××××年××月××日止)。

二、被告人×××赔偿附带民事诉讼原告人×××……(写明赔偿的金额和支付

---

① 该条规定:侵害他人造成人身损害的,应当赔偿医疗费、护理费、交通费、营养费、住院伙食补助费等为治疗和康复支出的合理费用,以及因误工减少的收入。造成残疾的,还应当赔偿辅助器具费和残疾赔偿金;造成死亡的,还应当赔偿丧葬费和死亡赔偿金。

日期)。"

例如:

"一、被告人李某某犯故意杀人罪,判处无期徒刑,剥夺政治权利终身。

二、被告人李某某赔偿附带民事诉讼原告人谢某经济损失被害人医疗费12048元、被害人丧葬费34546.5元。于判决生效后十日内给付。"

"综合考虑全案的性质、情节、社会危害性及被告人李某某的认罪态度,依照《中华人民共和国刑法》第二百三十四条、第四十七条和《最高人民法院关于适用〈中华人民共和国刑事诉讼法〉的解释》第一百四十三条、第一百五十五条及《最高人民法院关于审理人身损害赔偿案件适用法律若干问题的解释》第十七条、第二十七条的规定,判决如下:

一、被告人李某某犯故意伤害罪,判处有期徒刑十一年;

(刑期从判决执行之日起计算,判决执行以前先行羁押的,羁押一日折抵刑期一日,即自2017年10月2日起至2028年10月1日止。)

二、被告人李某某在本判决发生法律效力的次日起一个月内赔偿附带民事诉讼原告人丧葬费53290元,交通费、伙食费合共10000元,共计63290元。"

第二,定罪免刑但应当赔偿经济损失的,表述为:

"一、被告人×××犯××罪,免予刑事处罚;

二、被告人×××赔偿附带民事诉讼原告人×××(赔偿金额和支付日期)。"

第三,被告人不构成犯罪但应赔偿经济损失的,表述为:

"一、被告人×××无罪;

二、被告人×××赔偿附带民事诉讼原告人×××……(写明受偿人的姓名以及赔偿的金额和支付日期)。"

以上三种判决均涉及被告人应赔偿经济损失问题,如果成年(包括未成家但已成年)被告人的亲属自愿承担民事赔偿责任的刑事附带民事案件,在判决结果中仍应表述为:"被告人×××赔偿……(写明受偿人的姓名以及赔偿的金额和支付日期)。"不可表述为:"由被告人父母在家庭共同财产中支付。"

判决结果中赔偿经济损失部分,一定要写清其名称、数额、给付期限、交付方式等内容。判决前,赔偿金额被告人已一次付清的,除应记入笔录外,仍应在判决结果中写明,但可用括号注明"已执行",作为被告人承担民事赔偿责任的依据。

第四,被告人不构成犯罪又不赔偿经济损失的,表述为:

"一、被告人×××无罪;

二、被告人×××不承担民事赔偿责任。"

该判决结果第二项确认被告人不应承担民事赔偿责任,不予赔偿,规范表述如格式,但不宜表述为:"驳回附带民事诉讼原告人的诉讼请求。"

如果附带民事诉讼原告人系隐私(强奸等)案件的被害人,为了保护隐私案件被害人的名誉,在判决结果中应当表述为:"被告人(或者附带民事诉讼被告人)×××赔偿附带民事诉讼原告人李某某……(经济损失的具体数额)。"

（四）尾部

交代上诉事项,其表述方式与一审刑事判决书相同,其上诉期限依刑事诉讼法规定的期限为准。

其余事项与一审刑事判决书相同。

（五）实例（一审公诉案件）

实例:××省××市中级人民法院刑事附带民事判决书

六、适用速裁程序的刑事判决书

（一）概念

根据《刑事诉讼法》第222条规定,速裁程序适用的条件是基层人民法院管辖的可能判处三年有期徒刑以下刑罚的案件,案件事实清楚,证据确实、充分,被告人认罪认罚并同意适用速裁程序的,可以适用速裁程序,由审判员一人独任审判。人民检察院在提起公诉的时候,可以建议人民法院适用速裁程序。

根据《刑事诉讼法》第224条以及最高人民法院、最高人民检察院、公安部、国家安全部、司法部《关于适用认罪认罚从宽制度的指导意见》,适用速裁程序审理案件,不受刑事诉讼法规定的送达期限的限制,一般不进行法庭调查、法庭辩论,但在判决宣告前应当听取辩护人的意见和被告人的最后陈述意见。

适用速裁程序审理案件,可以集中开庭,逐案审理。人民检察院可以指派公诉人集中出庭支持公诉。公诉人简要宣读起诉书后,审判人员应当当庭询问被告人对指控事实、证据、量刑建议以及适用速裁程序的意见,核实具结书签署的自愿性、真实性、合法性,并核实附带民事诉讼赔偿等情况。

适用速裁程序审理案件,应当当庭宣判。集中审理的,可以集中当庭宣判。宣判时,根据案件需要,可以由审判员进行法庭教育。裁判文书可以简化。

人民法院适用速裁程序审理案件,可以在向被告人送达起诉书时一并送达权利义务告知书、开庭传票,并核实被告人自然信息等情况。根据需要,可以集中送达。

（二）格式

××××人民法院
刑事判决书

（年度）×刑初××号

公诉机关	××××人民检察院		
被告人基本情况	被告人×××,……(列明被告人姓名、性别、出生年月日、居民身份证号码、民族、文化程度、职业或者工作单位和职务、户籍地、现住址、曾受法律处分情况、被采取强制措施情况、羁押场所)。		
辩护人	×××,××律师事务所律师。		
公诉机关指控情况	起诉书文号		
	指控事实		
	指控罪名		
	量刑建议		
被告人及辩护人意见	被告人×××对指控事实、罪名及量刑建议没有异议,同意适用速裁程序且签字具结,在开庭审理过程中亦无异议。其辩护人提出的辩护意见是……。		
判决理由	公诉机关指控被告人×××犯××罪罪名成立,量刑建议适当,应予采纳。辩护人的辩护意见是否采纳。被告人认罪认罚,且具有……情节,对其可以从轻(减轻)处罚。(依次叙述被告人具有的从重、减轻、从轻等法定和酌定情节)		
法律依据	《中华人民共和国刑法》第××条。		
判决结果	被告人×××犯××罪,判处……(刑期自××××年××月××日起至××××年××月××日止。)		
权利告知	如不服本判决,可在接到判决书的第二日起十日内,通过本院或者直接向××××中级人民法院提出上诉。书面上诉的,应当提交上诉状正本一份,副本二份。		
本件与原件核对无异	审判员 ××× ××××年××月××日 (院印) 法官助理 ××× 书记员 ×××		

（三）内容和制作方法

人民法院适用速裁程序审理刑事案件,判决时使用本样式。其中"被告人及辩护意见"栏依法不需要签署认罪认罚具结书的,不用表述"且签字具结"。

表格式判决书,对案件审理经过、控辩意见及判决说理进行简化,将传统判决书的相关要素内容通过表格的方式呈现出来,便于诉讼参与人了解判决书内容,达到一目了然的效果。

表格式刑事判决书包含公诉机关名称、被告人基本情况、辩护人信息、公诉机关指控情况、被告人及辩护人意见、判决理由、法律依据、判决结果和权利告知等内容,不再罗列被告人已经认可的案件证据,这既保证了司法文书制作的质量和效率,又切实保证了被告人的权利。表格化形式使判决书重点突出,实现了简案快审,优化了司法资源,提高了审判效率。

速裁程序的优势在于要求被告人认罪与被害人之间达成谅解,主动退赃退赔,这既保护了被害人的权益,又降低了被告人的社会危险性;审理期限短,提倡对符合条件的被告人采取非羁押手段,适用非监禁刑,既减少了被告人诉累,又防止了被告人与其他重罪犯人一起关押造成交叉感染;简化庭审程序,司法文书制作制式化,既保证了案件质量,又节省司法资源以审理重大、疑难、复杂案件。

（四）实例

实例1:××铁路运输法院刑事判决书　　　　实例2:××铁路运输法院刑事判决书

第四节　第二审刑事判决书

一、概念

第二审刑事判决书,是指第二审人民法院根据当事人的上诉或者人民检察院的抗诉,依刑事诉讼法规定的第二审程序,对第一审人民法院作出的未发生法律效力的判决进行第二次审判后作出的书面决定。

《刑事诉讼法》第227条规定,被告人、自诉人和他们的法定代理人,不服地方各级人民法院第一审的判决、裁定,有权用书状或者口头向上一级人民法院上诉。被告人的辩护人和近亲属,经被告人同意,可以提出上诉。附带民事诉讼的当事人和他们的法定代理人,可以对地方各级人民法院第一审的判决、裁定中的附带民事诉讼部分,提出上诉。对被告人的上诉权,不得以任何借口加以剥夺。

《刑事诉讼法》第228条规定,地方各级人民检察院认为本级人民法院第一审的判决、裁定确有错误的时候,应当向上一级人民法院提出抗诉。

根据《刑事诉讼法》第236条和第238条规定,对第二审案件的审理,其结果不外乎有以下三种情况:第一,用裁定驳回上诉或抗诉,维持原判;第二,改判;第三,用裁定撤销原判,发回原审法院重审。因此,第二审刑事判决书只适用于二审改判案件。

第二审刑事判决书是二审人民法院对上诉或抗诉的一审刑事判决进行全面审查的书面结论,第一审判决在认定事实上是否清楚、适用法律是否正确、诉讼程序是否合法等,都要在第二审中进行审查;它纠正一审判决实体部分中的错误,依法准确地惩罚犯罪,保障无罪的人不受刑事追究;它有利于上级人民法院监督和指导下级法院的刑事审判工作,保证办案质量。

二、格式

××××人民法院
刑事判决书

(年度)×刑终×号

原公诉机关 ××××人民检察院。

上诉人 (原审被告人)……

辩护人 ……

××××人民法院审理××××人民检察院指控原审被告人……(姓名)犯××罪一案,于××××年××月××日作出(年度)×刑初字第××号刑事判决,原审被告人×××不服,提出上诉。本院依法组成合议庭,公开(或不公开)开庭审理了本案。××××人民检察院指派检察员×××出庭履行职务。上诉人(原审被告人)×××及其辩护人×××等到庭参加诉讼,现已审理终结。

……,……。

经审理查明,……,……。

本院认为,……,……。依照……的规定,判决如下:

……,……。

本判决为终审判决

审判长　×××

审判员　×××

审判员　×××

年　　月　　日

(院印)

本件与原本核对无异

书记员　×××

三、内容与制作方法

该文书结构与第一审刑事判决书基本相同。它是按公诉案件的被告人提出上诉的模式设计的。

（一）首部

1. 标题。其写法与第一审刑事判决书相同。无需标明审级。

2. 案号。其中审判程序的代字为"终"，意为刑事终审，不采用"二"或"上"字，凡第二审程序的各种刑事诉讼文书皆用"终"字。其余写法同一审刑事判决书。

3. 抗诉方和上诉方的称谓及基本情况。该格式是按公诉案件的被告人提出上诉而设计的，如果条件变换，首部公诉机关和主要诉讼参与人各项应作如下变动：

（1）公诉案件。

①被告人的辩护人或近亲属经过被告人同意而提出上诉的，上诉人仍为原审被告人，但应将审理经过段中"原审被告人×××不服，提出上诉"一句改为"原审被告人×××的近亲属（或者辩护人）×××经征得原审被告人×××同意，提出上诉"。

被害人及其法定代理人请求人民检察院提出抗诉，检察院根据刑诉第229条规定决定抗诉的，应在审理经过段中的"原审被告人×××不服，提出上诉"一句之后，续写"被害人（或者其法定代理人）×××不服，请求×××人民检察院提出抗诉。×××人民检察院决定并于××××年××月××日向本院提出抗诉"。

被告人和附带民事诉讼原告人均提起上诉的案件，首部可以按先民事、后刑事的顺序排列，其他部分按先刑事、后民事的顺序排列。如果两个以上的附带民事诉讼原告人只有部分上诉的，对没有上诉的附带民事诉讼原告人，可以在"上诉人（原审附带民事诉讼原告人）"之后，再列"原审附带民事诉讼原告人"。

刑事附带民事诉讼中，一审判决后，如果刑事被告人不上诉，只是附带民事诉讼的当事人提出上诉的，二审裁判文书的首部仍应当表述"原公诉机关"，并在下文的审理经过段表明，在法定期限内未提出上诉、抗诉，原审判决的刑事部分在上诉、抗诉期满后即发生法律效力；在事实和证据部分主要应当写明由于被告人的犯罪行为给附带民事诉讼原告人造成的经济损失的事实及其证据；理由部分着重论证上诉人对附带民事部分提出的上诉理由是否成立；判决结果部分只需对附带民事部分作出裁判，不再涉及刑事部分。

②检察机关提出抗诉的，写明：

"抗诉机关××××人民检察院。

原审被告人……。

辩护人……。"

如果在同一案件中，既有被告人上诉，又有检察机关抗诉的，其表述顺序为：

"抗诉机关××××人民检察院。

上诉人(原审被告人)……。

辩护人……。"

(2)自诉案件。

①自诉人提出上诉的,表述顺序为:

"上诉人(原审自诉人)……。

原审被告人……。"

②被告人提出上诉的,表述顺序为:

"上诉人(原审被告人)……。

原审自诉人……。"

③自诉人和被告人均提出上诉的,表述为:

"上诉人(原审自诉人)……。

上诉人(原审被告人)……。"

如果自诉人有诉讼代理人,被告人有辩护人的,应分别在各自的项下增写"诉讼代理人"项或"辩护人"项。

④如果自诉人、被告人系未成年人,其法定代理人或指定代理人提出上诉的,仍称"上诉人"并加括号注明其与被代理人的关系,随后续写被代理人、"原审自诉人"项或"原审被告人"项。

另外,共同犯罪案件的数个被告人中,有的上诉,有的不上诉的,前面列写提出上诉的"上诉人(原审被告人)"项,后面续写未提出上诉的"原审被告人"项。

上述主要参与人的基本情况与第一审刑事判决书相同,即上诉人为原审被告人、原审自诉人、指定代理人(法定代理人)的,写法同于一审刑事判决书中的被告人、自诉人、指定代理人(法定代理人)的要求,辩护人、委托代理人写法亦如是。

对于第二审人民法院未开庭审理的,在本院依法组成合议庭之后,将"公开开庭审理了本案",改写为:"经过阅卷,讯问上诉人、听取其他当事人、辩护人、诉讼代理人的意见,认为事实清楚,决定不开庭审理。"

(二) 正文

1. 案件由来和审判经过。主要写明不服原判提出上诉或者抗诉后第二审法院依法进行审理的经过。公诉案件中被告人提出上诉的,该段如格式所示,如首部的公诉机关和主要诉讼参与人项做了变动之后,案件的由来和审判经过以及其他各处,应做相应的变动。

2. 事实。包括两层内容。第一层,首先概述原判决的基本内容,即原判认定的事实、证据、理由和判处结果;其次写明上诉、辩护方的意见,再次概述检察院在二审中提出的新意见。第二层,由"经审理查明……"一语引起,首先写明经二审审理查明的事实;其次写明二审据以定案的证据;最后针对上诉理由中与原判认定的事实、证据有异议的问题进行分析、认证。

根据《刑事诉讼法》第 236 条第 1 款第(2)、第(3)项的规定,二审改判或者原判决认定事实没有错误,但适用法律有错误或者量刑不当;或者原判决认定事实不清或者证据不足。因此,虽然二审刑事判决书叙述犯罪事实的原则和方法与一审刑事判决书基本相同,但仍具有自己的特点。

(1)二审刑事判决书所写的事实,必须是经二审法院全面审查认定的事实和证据,不受上诉(或抗诉)范围的限制;

(2)在叙述方法上,应详略得当,焦点明确,有较强针对性。对于无异议的事实应简要概述,有争议的事实特别是作为改判根据的事实要详叙,并针对上诉人或抗诉机关的异议提出肯定、否定的根据。如上诉或者抗诉对原判认定的事实全部否认的,应针对上诉或者抗诉的主要理由,用二审查证核实的证据材料,逐一写明案件事实,提出认定或者否定原判事实的根据和理由;上诉或者抗诉认为原判认定的事实有部分不符合的,二审应就没有争议的事实略述,有争议的详述。

3. 理由。主要是从事理和法理上阐述二审判决的理由。

根据二审查明的事实、证据和有关法律规定,论证原审法院判决认定的事实、证据和适用法律是否正确。对于上诉人、辩护人或者出庭履行职务的检察人员等在适用法律、定性处理方面的意见,应当有分析地表示是否采纳,并阐明理由。

分析论证之后引用改判的法律依据,得出下文的判决结论。

理由部分从层次安排上看,仍是首先概述二审认定的事实即指明犯罪性质、危害等,然后论析各方意见,最后引用法律依据。

在写作特点上,和事实的叙述一样仍应坚持加强针对性的原则,只是理由部分采用议论的表达方式,即应重点针对一审判决中的错误,针对上诉、抗诉的意见和理由,展开论证,力求精辟透彻,是非分明,重点突出。

在引用法律条款时的范围、顺序及注意事项可参考一审刑事判决书部分。例如:

"本院认为,上诉人李某某持酒瓶故意伤害他人身体,致一人轻伤,其行为已构成故意伤害罪。鉴于李某某到案后如实供述犯罪事实,且自愿认罪认罚,可依法对其从轻处罚。原审法院根据李某某犯罪的事实、犯罪的性质、情节及对于社会的危害程度所作的判决,事实清楚,证据确实充分,定罪正确,审判程序合法。鉴于一审宣判后,李某某赔偿被害人杨某经济损失,并取得被害人的谅解,本院对量刑依法改判。对于李某某及其辩护人所提相关上诉理由和辩护意见,本院酌予采纳;因李某某的犯罪情节不符合适用缓刑的条件,故对于李某某及其辩护人所提适用缓刑的上诉理由和辩护意见,本院不予采纳。据此,本院依照《中华人民共和国刑法》第二百三十四条第一款、第六十七条第三款、第四十五条、第四十七条、第六十一条,《中华人民共和国刑事诉讼法》第二百九十条、第二百三十六条第一款第(二)项之规定,判决如下:

一、撤销北京市某某区人民法院(2019)京0113刑初1279号刑事判决。

二、被告人李某某犯故意伤害罪,判处有期徒刑十个月(刑期从判决执行之日起计算。判决执行以前先行羁押的,羁押一日折抵刑期一日,即自2019年10月13日起至2020年8月12日止)。"

这是一起故意伤害案的二审刑事判决书的理由部分,针对一审定性准确但量刑不当做出改判,对上诉、辩护理由进行了分析论证,条理清楚,观点明确。

二审(复核)案件刑事判决书撤销原判,予以改判的,或者一审引用法律条文错误的,则程序法、实体法的有关条文都应当引用,在顺序上,则应当先引用程序法,再引用实体法。但前述无论哪种情形,都应当在表述一审判决理由时,对一审判决适用的法律依据一并引用,这样才使二审(复核)裁判具有针对性。

4. 判决结果。有两种情况,其表述方式也不相同。

第一,全部改判的,表述为:

"一、撤销××××人民法院(××××)×刑初××号刑事判决;

二、上诉人(原审被告人)×××……(改判具体内容)

(刑期从……)"

第二,部分改判的,表述为:

"一、维持××××人民法院(××××)×刑初××号刑事判决的第×项,……(维持的具体内容);

二、撤销××××人民法院(××××)×刑初××号刑事判决第×项,即……(撤销的具体内容);

三、上诉人(原审被告人)×××……(部分改判内容)。

(刑期从……)"

第一种格式主要针对原判认定事实、适用法律均有错误;原判认定事实没有错误,但适用法律有错误或者量刑不当;原判事实不清楚或者证据不足,二审法院已经查清的;原判把无罪错定为有罪的等情况而进行全部改判时使用。其表述顺序先写撤销内容,再写改判结果,不能颠倒。

第二种格式主要针对原判定罪或者量刑有错误,事实正确;原判对共同犯罪案件中的部分被告人定罪量刑有错误;原判仅对其他非刑罚的处理(如追缴、没收、退赔的赃款、赃物的处理)不当等情况,进行部分改判时使用。其表述顺序为:先写维持原判决的具体内容,再写撤销的部分,最后写明改判内容,不能颠倒或省略。其中维持或撤销部分的写法,一定要明确具体,即先写明维持或撤销原判的第几项,再表述该项具体内容。

上述两种格式分别举例如下:

第一种格式中全部改判宣告无罪的:

"一、撤销××省××市××区人民法院(20××)×刑初 14 号刑事判决;

二、上诉人(原审被告人)刘××无罪。"

第一种格式全部改判的:

"一、撤销××省××县人民法院(20××)×刑初 20 号刑事判决;

二、上诉人(原审被告人)金×犯抢夺罪,判处有期徒刑二年;

(刑期从……)

三、上诉人(原审被告人)金×违法所得人民币一万元,予以责令退赔。"

第二种格式例:

"一、维持××省××市××区人民法院(20××)×刑初×号刑事判决的第 1 项、第 2 项中的定罪部分,即上诉人(原审被告人)于×犯故意伤害罪;

二、撤销××省××市××区人民法院(20××)×刑初×号刑事判决的第 1 项、第 2 项中的刑罚部分,即撤销判处上诉人(原审被告人)于×有期徒刑×年、判处被告人李××有期徒刑×年的刑罚。

三、上诉人(原审被告人)于×犯故意伤害罪,判处有期徒刑×年。"

(三)尾部

1. 在判决结果下方写"本判决为终审判决",表示第二审判决一经宣告即发生法律效力,交付执行。

根据《刑事诉讼法》第 246 条规定,死刑由最高人民法院核准,第 247 条进一步规定,中级人民法院判处死刑的第一审案件,被告人不上诉的,应当由高级人民法院复核后,报请最高人民法院核准。高级人民法院不同意判处死刑的,可以提审或者发回重新审判。高级人民法院判处死刑的第一审案件被告人不上诉的,和判处死刑的第二审案件,都应当报请最高人民法院核准。因此,高级法院第二审改判死刑的判决,不具有终审效力,在判决结果下方写:"本判决依法报送最高人民法院核准",不写"本判决为终审判决"。

本判决书的制作机关如果是高级人民法院,改判的结果中有判处死刑缓期二年执行的被告人,根据《刑事诉讼法》第 249 条规定,最高人民法院复核死刑案件,高级人民法院复核死刑缓期执行的案件,在判决书的尾部写明:"本判决为终审判决"即可,不再另起一行续写"本判决为核准判处×××死刑,缓期二年执行的判决"。

第二审人民法院审理上诉、抗诉案件的判决结果是在法定刑以下判处刑罚,并且依法应当报请最高人民法院核准的,在尾部写明:"本判决报请最高人民法院核准后生效。"

2. 署名。只签署合议庭组成人员的名称,没有独任审判的情况,因为刑事诉讼法第234条第1款规定,第二审人民法院对上诉案件应当组成合议庭,开庭审理。合议庭经过阅卷、讯问被告人、听取其他当事人、辩护人、诉讼代理人的意见,对事实清楚的,可以不开庭审理。对人民检察院抗诉的案件,第二审人民法院应当公开审理。

然后签署的时间、加盖院印、书记员签名并加盖核对章,制作方法同一审刑事判决书。

四、实例

实例:××省××市中级人民法院刑事判决书(部分改判的)

第五节　再审刑事判决书

一、概念

再审刑事判决书,是人民法院、人民检察院对已经发生法律效力的判决,发现在认定事实或者适用法律上确有错误,依法提出并由人民法院进行重新审理后,就案件的实体问题作出的书面决定。

再审程序又叫审判监督程序,根据《刑事诉讼法》第254条规定了提起审判监督程序的主体及理由:(1)各级人民法院院长发现本院已生效的判决和裁定有错误,须提交审判委员会讨论,审判委员会认为确有错误,决定再审的;(2)最高人民法院对各级人民法院已生效的判决和裁定,发现确有错误,决定提审或者指令再审的;(3)上级人民法院对下级人民法院已生效的判决和裁定,发现确有错误,决定提审或者指令下级人民法院再审的;(4)最高人民检察院对各级人民法院已生效的判决和裁定,发现确有错误,按审判监督程序提出抗诉的;(5)上级人民检察院对下级人民法院已生效的判决和裁定,发现有错误而提出抗诉的。

再审程序审理的对象是确定的生效判决,因而再审程序一旦启动,就是对司法终局性的怀疑。正因为如此,启动再审程序必须慎之又慎。针对上述情况,首先应以裁定的形式提起再审程序,然后才能够进行再审审理,因此,制作再审刑事判决书,是以提起再审程序的裁定为前提依据的。

根据2021年施行的《最高人民法院关于适用〈中华人民共和国刑事诉讼法〉的解释》(以下简称《解释》)第472条的规定,再审案件经过重新审理后,其结果有以下四种情形:第一,原判决、裁定认定事实和适用法律正确、量刑适当的,应当裁定驳回申诉或者抗诉,维持原判决、裁定;第二,原判决、裁定定罪准确、量刑适当,但在认定事实、适用法律等方面有瑕疵的,应当裁定纠正并维持原判决、裁定;第三,原判决、裁定认定事实没有错误,但适用法律错误或者量刑不当的,应当撤销原判决、裁定,依法改判;第四,依照第二审程序审理的案件,原判决、裁定事实不清、证据不足的,可以在查清事实后改判,也可以裁定撤销原判,发回原审人民法院重新审判。原判决、裁定事实不清或者证据不足,经审理事实已经查清的,应当根据查清的事实依法裁判;事实仍无法查清,证据不足,不能认定被告人有罪的,应当撤销原判决、裁定,判决宣告被告人无罪。因此,再审判决书和第二审刑事判决书一样,只适用于改判案件。

根据案件审理所依程序的不同,再审程序刑事判决书可分三类:按一审程序再审改判用的刑事判决书和按二审程序再审改判用的刑事判决书,按照再审程序审判后的上诉、抗诉案件二审改判的刑事判决书。

本节介绍按一审程序再审改判用的刑事判决书。

二、格式

××××人民法院
刑事判决书

(××××)×刑再初×号

原公诉机关××××人民检察院。

原审被告人……。

辩护人……。

××××人民检察院指控原审被告人……(姓名)犯××罪一案,本院于××××年××月××日作出(××××)×刑初字第××号刑事判决。该判决发生法律效力后,……(写明提起再审程序的根据)。本院依法另行组成合议庭,公开(或不公开)开庭审理了本案。××××人民检察院检察员×××出庭履行职务。被害人×××、原审被告人×××及其辩护人×××等到庭参加诉讼。现已审理终结(未开庭的改为"本院依法另行组成议庭,审理了本案,现已审理终结")。…… ……。

经再审查明,……。

本院认为,…… ……。依照……的规定,判决如下:

……。

　　如不服本判决,可在接到判决书的第二日起十日内,通过本院或者直接向××××人民法院提出上诉。书面上诉的,应当提交上诉状正本一份,副本×份。

审判长　　×××

审判员　　×××

审判员　　×××

××××年××月××日

(院印)

本件与原本核对无异

书记员　　×××

三、内容和制作方法

　　该格式是根据《刑事诉讼法》第256条和《解释》第472条第(三)项、第(四)项的规定制订,各级人民法院对于本院的一审刑事判决已经发生法律效力的案件,经提起再审程序后,另行组成合议庭,就案件的实体问题进行再审,确认原判在认定事实上或者适用法律上确有错误,决定予以改判时使用。

　　按第一审程序审理的再审刑事判决书,根据《解释》第465条规定,依照审判监督程序重新审判的案件,人民法院应当重点针对申诉、抗诉和决定再审的理由进行审理。必要时,应当对原判决、裁定认定的事实、证据和适用法律进行全面审查。其制作方法与第一审刑事判决书基本相同。所不同之处有:

　　(一) 首部

　　1. 案号。因是按第一审程序再审改判的,故其审级代字为"再初"。完整写法为"(年度)×刑再初×号"。具体写法可参照一审刑事判决书。

　　2. 检察院的称谓和当事人的身份事项。

　　公诉案件的该项写法如格式,适用于自诉案件时,应做如下变动:

　　"原审自诉人×××……。

　　原审被告人×××……。"

　　当事人的身份事项等内容写法同一审刑事判决书。

　　(二) 正文

　　1. 案由和案件来源。其中提起再审程序的根据有下列两种情况:

　　(1)一审法院本院决定再审的,写为:"本院又于××××年××月××日作出(××××)×刑监字第××号刑事再审决定,对本案提起再审";

　　(2)上级法院指令再审的,写为:"××××人民法院于××××年××月××日××××人民法院作出(××××)×刑监字第××号刑事再审决定,指令本院对本案进行再审。"

　　如为自诉案件,该部分中"××××人民检察院指控……一案"改为"原审自诉人××

×以原审被告人×××犯××罪提出控诉”，“××××人民检察院检察长（或员）×××出庭履行职务”，应改为“原审自诉人×××”。

2. 事实和证据。分两大层次四段展开叙述。

第一层次，首先概述原审生效判决认定的事实、证据、判决的理由和结果，然后，另起一段概述再审中原审被告人的辩解和辩护人的辩护意见。检察院在再审中提出的意见，应一起写明。

第二层次，由"经再审查明"一语开头，阐明再审判决认定的事实和证据。并就诉讼双方对原判有异议的事实、证据作出分析、认证。注意不能简单罗列证据，一定要把证据与所认定事实间的联系反映出来。

根据详略得当的写作原则，对非因事实和证据方面的原因进行再审的案件，在制作事实和证据部分时，可以详述原审认定的事实和证据，略述再审认定的事实和证据。

3. 理由和法律依据。根据再审查明的事实、证据和有关部门法律规定，对原判和诉讼各方的主要意见作出分析，阐明再审改判的理由，并引用相应的法律依据。

这一部分应根据案件的不同情况论述改判的理由。要有较强的针对性和说服力。

（1）宣告无罪的，分为绝对无罪和存疑无罪两种情况：一是依据法律认定被告人无罪的，应当根据再审认定的事实、证据和有关的法律规定，通过分析论证，具体说明被告人的行为为什么不构成犯罪，原判为什么错误，并针对被告人的辩解和辩护人的辩护意见表示是否予以采纳；二是证据不足，不能认定被告人有罪的，应当根据再审认定的事实、证据和有关法律规定，通过分析论证，具体说明原判认定被告人构成犯罪的证据不足，犯罪不能成立。例如：

本院认为，诈骗罪是指以非法占有为目的，用虚构事实或者隐瞒真相的方法，骗取数额较大的公私财物的行为。本案中，章某某为先期套取工程款，指使冯某某利用多开钢材款发票的方式从宝某公司多支钢材款，具有一定过错，但章某某、冯某某的行为尚不能构成刑法意义上的诈骗罪。理由如下：

首先，再审查明的事实尚不能推定章某某具有非法占有他人财产的目的。第一，根据再审查明的事实，章某某和冯某某虽然通过虚开发票的方式多支了钢材款，但涉案工程在案发时尚未完工和结算，如工程正常进行并完工结算，章某某先期占用的钢材款将从工程决算款中予以扣除。第二，章某某获取款项后并无逃逸、隐匿财产的行为，而是将绝大部分钱款用于工程还款，并在政府部门的主持协调下与某航公司和宝某公司进行善后协商至2010年5月退出工程。据此，难以推定章某某主观上具有非法占有他人财产的目的。第三，原判认定章某某犯诈骗罪，关键是章某某将112 131元用于个人购房，以此推定章某某具有非法占有的目的。经查，章某某的银行卡对工程资金和个人资金并未作出区分,其用于购房的银行卡在购房前后有多笔现金存入。由于金钱属于种类物,故目前尚无法认定购房的 112 131 元来源于套取的钢材款项。第四,某航公司在 2009 年 6 月 4 日向章某某支付 2 769 599 元后,直至同年 12 月 4 日之前并未向章某某支付过工程款项,而本案多支的钢材款项大部分也是在此期间进入章某某账户,故不排除章某某垫资进行工程建设的可能性。

其次,现有证据难以认定章某某、冯某某的行为侵犯了他人的财产权利。根据《建设工程价款决算暂行办法(2004)》的规定,建设工程不管是按进度支付还是竣工后结算,均要由发包方参与核实工程量,最后依据双方确认的工程量计算工程款。故涉案工程量和工程款的决算并不是章某某单方所能决定的。本案工程监理公司闵某某也证实,涉案工程决算时会由该公司钢筋翻样人员根据竣工图纸计算出钢材的实际使用量作为决算审价的核定数量。而根据宝某公司与展航公司签订的《材料代购协议》,宝某公司支付涉案工程钢材款仅属代购,结算时按实际用量计,钢材款从进度款和结算款中扣除。根据上述规定、协议和证言,章某某通过虚报钢材量所获得的款项,如果按照正常的结算程序,会被宝某公司从工程结算款中扣除,宝某公司不会因此遭受损失。因此,从工程结算方式来看,难以认定章某某的行为侵犯了宝某公司的财产权益。

综上,本案中认定章某某具有非法占有他人财产的目的,侵害了宝某公司财产权益的证据不足,章某某的行为不符合诈骗罪的构成要件。原审判决认定章某某、冯某某的行为构成诈骗罪,章某某属于主犯,冯某某属于从犯,系认定事实和适用法律错误,应当依法予以纠正。对申诉人章某某及其辩护人、上海市人民检察院提出的应当改判章某某无罪的意见,原审被告人冯某某及其辩护人提出的应当改判冯某某无罪的意见,本院予以采纳。依照《中华人民共和国刑事诉讼法》第二百五十六条第一款,第二百三十六条第一款第(二)、(三)项及《最高人民法院关于适用〈中华人民共和国刑事诉讼法〉的解释》第三百八十九条第一款第(三)、(四)项和第二款的规定,经本院审判委员会讨论决定,判决如下:

一、撤销(2014)×一中刑终字第 185 号刑事裁定和(2012)×刑初字第 3216 号刑事判决。

二、原审被告人章某某无罪。

三、原审被告人冯某某无罪。

(2)定罪正确,量刑不当,应当根据再审认定的事实、证据和有关法律规定,通过分析论证,具体阐明原判为什么定罪正确,但量刑不当,以及根据本案情节对被告人为什么应当从轻、减轻、免除处罚或者从重处罚,并针对被告人的辩解和辩护人的辩护意见表示是否予以采纳。例如:

本院认为,原审被告人严某某伙同他人开设专门用于进行赌博的场所,聚众赌博,其行为已构成开设赌场罪。在共同犯罪中,严某某起辅助作用,是从犯,依法应当从轻、减轻或者免除处罚。严某某归案后如实供述犯罪事实,依法可以从轻处罚。严某某因犯贩卖毒品罪被判处有期徒刑九个月,刑满释放后,五年以内再犯,应当判处有期徒刑以上刑罚,是累犯,应当从重处罚。根据《中华人民共和国刑法》第七十四条规定,对于累犯,不适用缓刑。××××自治区人民检察院抗诉意见成立,予以采纳。辩护人提出原审被告人严某某在开设赌场共同犯罪中起辅助作用,属于从犯,作用较小,认罪态度好,有悔罪表现的意见成立,予以采纳。原审裁判违反法律规定,对累犯适用缓刑不当,应予以纠正。依照《中华人民共和国刑法》第三百零三条第二款,第二十六条,第二十七条,第五十二条,第五十三条,第六十四条,第七十四条和《中华人民共和国刑事诉讼法》第二百五十六条第一款、第二百三十六条第一款第(二)项的规定,经本院审判委员会讨论决定,判决如下:

一、维持×××市中级人民法院(2019)×06 刑终 38 号刑事裁定和×××市××区人民法院(2019)桂 0603 刑初 10 号刑事判决对原审被告人严某某的定罪部分;

二、撤销×××市中级人民法院(2019)×06 刑终 38 号刑事裁定和×××市××区人民法院(2019)桂 0603 刑初 10 号刑事判决对原审被告人严某某的量刑部分;

三、原审被告人严某某犯开设赌场罪,判处有期徒刑八个月,并处罚金人民币五千元。(刑期从判决执行之日起计算。判决执行以前先行羁押的,羁押一日折抵刑期一日,即自 2019 年 12 月 9 日起至 2020 年 1 月 3 日止)。

(3)变更罪名的,应根据再审认定的事实、证据和有关的法律规定,通过分析论证,具体阐明为什么原判定性有误,但被告人的行为仍构成犯罪,以及犯何罪,并根据本案情节应否从轻、减轻、免除处罚或者从重处罚;并针对被告人的辩解和辩护人的辩护意见表示是否予以采纳。

人民检察院在再审中提出的意见,理由部分还应表示是否予以采纳。如果再审是自诉案件,对于自诉人的意见在理由部分也应表示是否予以采纳。

最后引用再审改判所依据的具体法律和政策。如果改判需要适用刑法定罪判刑的,除引用刑事诉讼法的有关条款外,还应引用刑法的有关条款,其引用顺序、范围可参考一审刑事判决书。

4. 判决结果。判决结果有两种情况,其表述方式亦有不同:

(1)全部改判的,表述为:

"一、撤销本院(××××)×刑初××号刑事判决;

二、原审被告人×××……(改判内容)。"

(2)部分改判的,表述为:

"一、维持本院(××××)×刑初××号刑事判决的第×项,即……(维持的具体内容);

二、撤销本院(××××)×刑初××号刑事判决的第×项,即……(撤销的具体内容);

三、原审被告人×××……(部分改判内容)。"

不论是哪种判决结果,其表述方式一定要按格式进行,不能任意颠倒或压缩。

（三）尾部

1. 交代上诉事项,其写法与一审刑事判决书相同。

2. 合议庭成员署名,不存在独任审判的情况。

3. 其余事项与一审刑事判决书相应部分写法相同。

四、实例

实例:××省××市××区人民法院刑事判决书(按一审程序再审改判)

第六节　刑事裁定书

一、概念

刑事裁定书,指人民法院审理刑事案件,就诉讼程序或部分实体问题依法作出的书面决定。

刑事裁定书和刑事判决书虽然都属刑事审判文书,但二者有明显的不同:(1)二者内容不同。刑事裁定书是就案件程序和部分实体问题所作的书面结论,刑事判决书是就案件实体问题做出的书面结论;(2)使用方法不同。刑事裁定书在案件审理过程中和结案时都可以使用,一个刑事案件可以有一个以上生效的刑事裁定。刑事判决书只能在案件结案时使用,一个案件只能有一个生效的判决书;(3)上诉期限不同。刑事裁定书中规定上诉期限为 5 天,刑事判决书则为 10 天。一审判决准许上诉,一审裁定有的可以上诉,有的不准上诉。

二、种类

刑事裁定书是人民法院常用的司法文书,适用范围相当广泛。依适用程序不同可分为六类:第一审刑事裁定书,第二审刑事裁定书,死刑复核裁定书,再审裁定书和中止审理裁定书,终止审理裁定书。从内容上分有关于程序问题的裁定书和关于实体问题的裁定书(如减刑、假释、减免罚金、核准死刑)两类。

刑事裁定书的结构、格式和制作方法与刑事判决书基本相同,但内容比较简单。本节将择要介绍。

三、第一审刑事裁定书

(一)概念

第一审刑事裁定书,指第一审人民法院在审理刑事案件过程中,依照刑事诉讼法规定的第一审程序,对有关程序问题作出的书面决定。主要有六种:驳回自诉用刑事裁定书,准许撤诉或者按撤诉处理用刑事裁定书,中止审理用刑事裁定书,终止审理用刑事裁定书,恢复审理用刑事裁定书,补正裁判文书失误用刑事裁定书。

一审刑事裁定书常用于一审刑事自诉案件驳回诉讼请求。基层法院在受理自诉案件后,经审查发现控告缺乏罪证,且提不出补充证据的,或者被告人的行为不构成犯罪而自诉人又不愿撤诉的,根据《刑事诉讼法》第211条第2项的规定,驳回自诉时使用该裁定书。

(二)格式(驳回自诉用)

××××人民法院
刑事裁定书

(××××)×刑初×号

自诉人……。

被告人……。

自诉人×××以被告人×××犯××罪于××××年××月××日,向本院提起控诉。

本院审查认为,……(简写驳回自诉的理由)。依照……的规定,裁定如下:

驳回自诉人×××对被告人×××的起诉。

如不服本裁定,可在接到裁定书的第二日起五日内,通过本院或者直接向××××法院提出上诉。书面上诉的,应当提交上诉状正本一份,副本×份。

审判员　　×××

年　　月　　日

(院印)

本件与原本核对无异

书记员　　×××

(三)内容和制作方法

首部"自诉人""被告人"的身份情况写法与一审刑事判决书相同。其余各项内容按格式要求书写即可。

正文中驳回自诉的理由,可采用简单论证的方法。应注意围绕驳回起诉刑事裁定的适用范围,有针对性地讲明道理。尤其因被告人的行为不构成犯罪而驳回自诉人的自诉时,更应注意从某一犯罪的构成要件上阐明理由,不能简单地以"被告人的行为不构成犯罪"一语带过。例如:

"本院审查认为,自诉人陈某某所述被告人贺某对其故意伤害,但提不出确凿证据。经本院就地调查,在场目睹的群众也不能证实被告人贺某有伤害自诉人的行为。因此,本案证据不足。依照《中华人民共和国刑事诉讼法》第二百二十一条第二项的规定,裁定如下:"。

裁定结果及尾部诸项内容的制作方法如格式所示。

另外,该格式同样适用于有附带民事诉讼内容的自诉案件,不过应作如下变动:

首部,将标题中的文书名称改为"刑事附带民事裁定书";将"自诉人"称谓改为"自诉人兼附带民事诉讼原告人";案由案件来源段在"犯××罪"之后,增写"要求给予刑事处分,同时要求赔偿给他造成的经济损失"。正文,在驳回自诉的理由中增加关于经济损失的内容。

其余内容不变。

(四) 实例

实例1:××省××人民法院刑事裁定书(恢复审理用)

实例2:××省××市城区人民法院刑事裁定书(补正裁判文书失误用)

四、第二审刑事裁定书

根据《刑事诉讼法》第236条第1项和第3项,或者第238条、第240条规定的适用范围,第二审刑事裁定书可分为:第二审维持原判决的刑事裁定书,第二审维持原判用的刑事附带民事裁定书,第二审发回重审刑事裁定书,第二审维持、变更、撤销原审裁定刑事裁定书、准许撤回上诉、抗诉用的刑事裁定书五种。

这里主要介绍二审维持原判决的刑事裁定书及第二审发回重审的刑事裁定书。

(一) 概念

二审法院在审理刑事上诉或抗诉案件时,经审理查明,原判决在认定事实上和适用法律上没有错误,量刑适当时,可依法制作驳回上诉、抗诉,维持原判决的刑事裁定书;如经审理认为,原判决事实不清,证据不足,或者严重违反法定程序,则依法制作撤销原判、发回重审的刑事裁定书。

两种刑事裁定书,分别适用《刑事诉讼法》第236条第1项和第3项(或第238条)的规定。

（二）格式（二审维持原判用）

××××人民法院
刑事裁定书

（××××）×刑终×号

原公诉机关××××人民检察院。

上诉人（原审被告人）……。

辩护人……。

××××人民法院审理××××人民检察院指控原审被告人×××犯××罪一案,于××××年××月××日作出（××××）×刑初字第××号刑事判决。原审被告人×××不服,提出上诉。本院依法组成合议庭,公开（或不公开）开庭审理了本案。××××人民检察院指派检察员×××出庭履行职务。上诉人（原审被告人×××）及其辩护人×××、证人×××等到庭参加诉讼。现已审理终结。

……。

经审理查明,……　……。

本院认为,……。依照……的规定,裁定如下:

驳回上诉,维持原判。

本裁定为终审裁定。

审判长　　×××

审判员　　×××

审判员　　×××

年　　月　　日

（院印）

本件与原本核对无异

书记员　　×××

（三）内容和制作方法

以上述格式为准,同时介绍二审发回重审的刑事裁定书。

1. 首部。除了文书名称为"刑事裁定书"外,其余各项与第二审刑事判决书相同。

2. 正文。

（1）案由和案件来源、审判经过。维持原判决的二审刑事裁定书该项内容的写法与二审刑事判决书相同,如格式所示。

发回重审的二审刑事裁定书,该项内容则应表述如下:

"××××人民法院审理××××人民检察院指控原审被告人×××犯××罪一案,于××××年

××月××日作出(××××)×刑初字第××号刑事判决,认定被告人×××犯××罪,判处……(写明判决结果)。被告人×××不服,以……(概述上诉的主要理由)为由,提出上诉。本院依法组成合议庭审理了本案。现已审理终结。"

(2)事实。维持原判用的二审刑事裁定书,事实部分分两个层次段展开叙述,以概述方式为主。

首先概述原判决认定的事实、证据、理由和判决结果;其次概述上诉、辩护的意见,再次概述检察院在二审过程中提出的新意见。

第二层次段由"经审理查明"引起,肯定原判决认定的事实、情节是正确的,并列举确凿、充分的证据。在叙述原判和二审认定事实和证据时,应力避文字重复。如果上诉、辩护等对事实、情节提出异议,应予重点分析否定。

二审认定的事实和证据与一审没有出入,在二审刑事裁定书的事实和证据部分,原则上应当因案而异。在一般情况下,如果二审认定的事实和证据与一审没有出入,且控辩双方对此也没有异议的,可以采取"此繁彼简"的方法,详述一审认定的事实和证据,对二审认定的事实和证据可以略述;如果二审认定的事实和证据与一审有出入,或者控辩双方对此有异议的,则应当侧重写明二审与一审有分歧的事实和证据,并针对控辩双方有异议的事实和证据进行分析、认证,写明是否采信的理由。如果根据案件的具体情况,认为采取"此简彼繁"的方法叙述比较适宜的,也可以略述一审,详述二审。总的要求是,繁简适当,避免一、二审之间事实部分不必要的重复。

发回重审的二审刑事裁定书,不写"事实"这一部分,因为该裁定不涉及案件实体问题。

(3)裁定理由。两种裁定书对理由的论证各有不同,但从格式上看是一样的,都以"本院认为"引起下文,最后以"依照……的规定,裁定如下:"结束。

维持原判的裁定书,理由部分主要针对上诉、辩护或抗诉等提出的意见和理由,从事实、证据和适用法律的角度,对原判分析论证,阐明原判决定罪量刑的正确性,从而明确予以维持的道理所在,然后,引用法律依据。

发回重审的裁定书,理由部分首先简述原判事实不清,证据不足,或者严重违反法律程序的情况,具体写明发回重审的理由,然后写明裁定所依法律条款,根据2001年6月15日实施的最高人民法院办公厅关于实施《法院刑事诉讼文书样式》若干问题的解答规定,维持原判、发回重审的裁定书,可以只引用程序法的有关条文。例如:"本院认为,原判认定被告人于某某盗窃彩电的事实不清,证据不足。依照《中华人民共和国刑事诉讼法》第236条第3项的规定,裁定如下:"

(4)裁定结果。维持原判的裁定书表述为"驳回上诉,维持原判。"发回重审的裁定书则表述为:

"一、撤销××××人民法院(××××)×刑初××号刑事判决;

二、发回××××人民法院重新审判。"

3. 尾部。如格式。需要说明的是,该格式是按公诉案件的被告人提出上诉而设计的,如果条件变换,首部所列公诉机关和主要诉讼参与人各项以及其他各处应做相应删改,删改办法与前面二审刑事判决书相同。

首部的公诉机关和主要诉讼参与人项作了变动之后,案件的由来和审判经过段以及其他有关各处,应注意作相应删改。

裁定维持的结果,如遇有判处死刑、死刑缓期执行的情况时,本裁定书效力的说明应做相应的增改,具体办法可参考二审改判用刑事判决书的写作方法。

（四）实例

实例:中华人民共和国最高人民法院刑事裁定书(死刑复核用)

思考与练习

1. 根据以下材料拟写一份刑事判决书。

案件材料

2. 指出下面刑事附带民事判决书判决结果表述中存在的问题并加以修改。

依照《中华人民共和国刑法》第二百三十二条、第十七条第二款、第三款、第四十九条、第三十六条第一款之规定,判决如下:

一、被告人傅某犯故意杀人罪,判处有期徒刑十五年;

二、附带民事诉讼被告人傅某某、计某某赔偿附带民事原告人叶某某处理被害人叶某荣后事的丧葬费、误工费等部分济损失 17000 元,其中傅某某赔偿 3000 元,计某某赔偿 14000 元(已付 4300 元)。

第七章　民事审判法律文书

第一节　概　　述

一、民事审判文书的概念与类别

民事审判文书,是指人民法院在民事诉讼中,为解决诉讼当事人之间的民事权利义务争议,就案件的实体问题和程序问题依法进行审判时制作的法律文书。

人民法院独立公正地行使审判权,是宪法和法律赋予的神圣职责。裁判权是审判权的核心,裁判文书是人民法院依法行使审判权的重要表现形式。民事裁判文书的制作主要具有规范性、合法性、实效性等特点。

2016 年 2 月 22 日,最高人民法院发布的《民事诉讼文书样式》共有 568 个,其中人民法院制作诉讼文书样式 463 个(其中判决书 47 个,调解书 7 个,裁定书 174 个),当事人参考民事诉讼文书样式 105 个。以民事诉讼程序为标准,划分为 22 类,包括管辖、回避、诉讼参与人、证据、期间和送达、调解、保全和先予执行、对妨碍民事诉讼的强制措施、诉讼费用、第一审普通程序、简易程序、小额诉讼案件、公益诉讼、第三人撤销之诉、执行异议之诉、第二审程序、非讼程序、审判监督程序、督促程序、公示催告程序、执行程序、涉外民事诉讼程序等适用的诉讼文书。

自 2020 年 11 月 1 日施行的《民事诉讼程序繁简分流改革试点相关诉讼文书样式》(以下简称《试点文书样式》),在 2016 年《民事诉讼文书样式》基础上,根据试点工作的新变化和新要求,增补修订民事判决书、调解书、裁定书、告知书等相关诉讼文书样式合计 15 份。《试点文书样式》含新制作的文书样式 12 份、对原样式作出修改的文书样式 3 份,主要包括:小额诉讼程序与简易程序、普通程序等程序转换类文书;小额诉讼程序简化审理、一审普通程序独任审理、二审案件独任审理等实体裁判类文书;以及小额诉讼程序告知书、一审普通程序独任审理通知书、二审案件独任审理通知书等。

民事裁判文书,按照不同的标准可以进行不同的分类:(1)按照案件审结方式的不同,可以分为民事判决书、民事裁定书、民事调解书和民事决定书。(2)按照适用审判程序的不同,可以分为第一审民事判决书、第一审民事裁定书、第一审民事调解书、第二审民事判决书、第二审民事裁定书、第二审民事调解书、再审民事判决书、再审民事裁定书、再审民事调解书。此外,还包括适用督促程序、公示催告程序、非讼程序、涉外民事诉讼程序等审理案件制作的民事裁判文书等。

二、民事审判文书的当代发展简史

2003 年,最高人民法院出台规定,要求简化简易程序审理案件裁判文书的写作,民事裁判文书样式作出相应调整变化。首先,《民事简易程序诉讼文书样式(试行)》(2003 年)共 16 种颁布实施。同年,广东高院出台《广东省法院关于简化民事裁判文书的规定(试行)》,在全国率先简化四类民事案件裁判文书。《海事诉讼文书样式(试行)》(2003 年)共 9 类 87 种亦开始试行。

2008 年《民事审判监督简易程序裁判文书样式(试行)》4 类 46 种实施。2013年,广东高院出台《关于推行民事裁判文书改革,促进办案标准化和庭审规范化的实施意见》,在全省法院推行要素式和令状式裁判文书。2013 年,十八届三中全会通过《关于全面深化改革若干重大问题的决定》,其中提出:"增强法律文书说理性,推动公开法律生效裁判文书。"2013 年 11 月 21 日,最高人民法院公布自 2014 年 1 月 1 日起施行的《关于人民法院在互联网公布裁判文书的规定》。2014 年,党的十八届四中全会通过《关于全面推进依法治国若干重大意见的决定》,提出:"加强法律文书释法说理,建立生效法律文书统一上网和公开查询制度。"裁判文书上网,使得裁判文书受众群体扩大至全体社会群众,裁判文书成为展示司法裁判权的重要窗口。2014年,广东高院出台《广东法院档案信息化建设实施细则(试行)》,深入推进全省法院档案信息化建设。同年,广东法院全面推进裁判文书上网。

2015 年,《人民法院第四个五年改革纲要(2014—2018)》明确将裁判文书繁简分流作为裁判文书改革的一项重要内容,规定了使用简式裁判文书的案件类型。

2016 年 2 月 22 日,最高人民法院审判委员会第 1679 次会议审议通过了《人民法院民事裁判文书制作规范》和《民事诉讼文书样式》,于 2016 年 8 月 1 日开始施行。为民事裁判文书撰写提供了格式文书及说理指引。对民事裁判文书制作内容提出了具体的要求,包括优化裁判文书体例结构、增强文书说理、实行裁判文书繁简分流、突出不同审级的特点等。主要目的是提高民事裁判文书的制作质量,突出民事裁判文书实效性的特点,使民事裁判文书不仅是全部诉讼活动的展现,也成为审判结果的结晶、司法公正的载体,以保证民事裁判文书在司法实践中得以切实施行。

2020 年 1 月 16 日,最高人民法院发布《民事诉讼程序繁简分流改革试点方案》①和《民事诉讼程序繁简分流改革试点实施办法》②,前者提出:"(二)完善小额诉讼程序。加强小额诉讼程序适用,适当提高小额诉讼案件标的额基准,明确适用小额诉讼程序的案件范围。进一步简化小额诉讼案件的审理方式和裁判文书,合理确定小额诉讼案件审理期限。完善小额诉讼程序与简易程序、普通程序的转换适用机制。

---

① 最高人民法院关于印发《民事诉讼程序繁简分流改革试点方案》的通知,法〔2020〕10 号。
② 最高人民法院关于印发《民事诉讼程序繁简分流改革试点实施办法》的通知,法〔2020〕11 号。

(三)完善简易程序规则。对需要进行公告送达的简单民事案件,可以适用简易程序审理。明确简易程序案件庭审和裁判文书的简化规则,完善简易程序审限规定。"后者提出:"适用小额诉讼程序审理的案件,可以比照简易程序进一步简化裁判文书,主要记载当事人基本信息、诉讼请求、答辩意见、主要事实、简要裁判理由、裁判依据、裁判主文和一审终审的告知等内容。对于案情简单、法律适用明确的案件,法官可以当庭作出裁判并说明裁判理由。对于当庭裁判的案件,裁判过程经庭审录音录像或者庭审笔录完整记录的,人民法院在制作裁判文书时可以不再载明裁判理由。"①"适用简易程序审理的案件,人民法院可以采取下列方式简化裁判文书:(一)对于能够概括出案件固定要素的,可以根据案件要素载明原告、被告意见、证据和法院认定理由、依据及裁判结果;(二)对于一方当事人明确表示承认对方全部或者主要诉讼请求的、当事人对案件事实没有争议或者争议不大的,裁判文书可以只包含当事人基本信息、诉讼请求、答辩意见、主要事实、简要裁判理由、裁判依据和裁判主文。简化后的裁判文书应当包含诉讼费用负担、告知当事人上诉权利等必要内容。"②

为深入推进民事诉讼程序繁简分流改革试点工作,推动民事诉讼文书有效适应试点工作新要求,进一步明确相关诉讼文书样式,增强文书规范性,提高文书质量,最高人民法院制定了《民事诉讼程序繁简分流改革试点相关诉讼文书样式》,自 2020 年 11 月 1 日施行。③ 该样式为试点地区人民法院规范制作诉讼文书提供了规则指引和统一标准,有效填补了试点工作文书样式空白,有利于提升诉讼文书制作的质量和效率,更好地维护当事人的诉讼知情权和程序选择权,确保试点工作健康有序推进。

本章选取几种典型的民事审判文书加以介绍,包括民事调解书、民事判决书、民事裁定书等。

第二节　民事调解书

一、概念

民事调解书,是人民法院通过调解方式处理民事案件,双方当事人就争议事项自愿、合法地达成协议后制作的具有法律效力的文书。

《民事诉讼法》第 9 条规定,人民法院审理民事案件,应当根据自愿和合法的原

---

① 《民事诉讼程序繁简分流改革试点实施办法》第九条。
② 《民事诉讼程序繁简分流改革试点实施办法》第十四条。
③ 最高人民法院关于印发《民事诉讼程序繁简分流改革试点相关诉讼文书样式》的通知,法〔2020〕261 号。

则进行调解;调解不成的,应当及时判决。《民事诉讼法》第97条规定,调解达成协议的,一般应制作调解书。调解书应当写明诉讼请求、案件的事实和调解结果。调解书由审判人员、书记员署名,加盖人民法院印章,送达双方当事人。调解书经双方当事人签收后,即具有法律效力。

二、种类

依诉讼程序可分为一审民事调解书、二审民事调解书、再审民事调解书。

我国《民事诉讼法》第98条规定,下列案件调解达成协议,人民法院可以不制作调解书:(一)调解和好的离婚案件;(二)调解维持收养关系的案件;(三)能够即时履行的案件;(四)其他不需要制作调解书的案件。对不需要制作调解书的协议,应当记入笔录,由双方当事人、审判人员、书记员签名或者盖章后,即具有法律效力。

人民法院对民事上诉案件进行调解,调解成立则必须制作调解书。因为这关系到第一审民事判决是否发生法律效力的问题。

本节主要介绍第一审民事调解书。

三、格式(适用第一审普通程序审理案件)

××××人民法院
民事调解书

(××××)×民初×号

原告:×××,……。

法定代理人/指定代理人/法定代表人/主要负责人:×××,……。

委托诉讼代理人:×××,……。

被告:×××,……。

法定代理人/指定代理人/法定代表人/主要负责人:×××,……。

委托诉讼代理人:×××,……。

第三人:×××,……。

法定代理人/指定代理人/法定代表人/主要负责人:×××,……。

委托诉讼代理人:×××,……。

(以上写明当事人和其他诉讼参加人的姓名或者名称等基本信息)

原告×××与被告×××、第三人×××……(写明案由)一案,本院于××××年××月××日立案后,依法适用普通程序,公开/因涉及……(写明不公开开庭的理由)不公开开庭进行了审理(开庭前调解的,不写开庭情况)。

……(写明当事人的诉讼请求、事实和理由)。

本案审理过程中,经本院主持调解,当事人自愿达成如下协议/当事人自行和解达成如下协议,请求人民法院确认/经本院委托……(写明受委托单位)主持调解,当事人自愿达成如下协议:

一、……；

二、……。

(分项写明调解协议内容)

上述协议,不违反法律规定,本院予以确认。

案件受理费……元,由……负担(写明当事人姓名或者名称、负担金额。调解协议包含诉讼费用负担的,则不写)。

本调解书经各方当事人签收后,即具有法律效力/本调解协议经各方当事人在笔录上签名或者盖章,本院予以确认后即具有法律效力(各方当事人同意在调解协议上签名或者盖章后发生法律效力的)。

> 审判长　×××
> 审判员　×××
> 审判员　×××
> ××××年××月××日
> (院印)
> 书记员　×××

四、内容和制作方法

一审民事案件用的民事调解书,是指第一审法院在审理民事、经济纠纷案件的过程中,通过调解,促使当事人自愿达成解决纠纷的协议后,制作的具有法律效力的调解文书。

上面的样式是根据《民事诉讼法》第 50 条、第 95 条、第 96 条、第 97 条、第 98 条规定,人民法院在适用第一审普通程序审理案件过程中,当事人自行和解达成协议请求人民法院确认、人民法院主持调解达成协议、人民法院委托有关单位主持调解达成协议由人民法院确认后,制作民事调解书时使用。包括首部、正文、尾部三部分内容。

(一)首部

首部应依次写明标题、案号、诉讼参加人及其基本情况,以及案由。

标题中的法院名称,一般应与院印的文字一致,但基层法院应冠以省、自治区、市的名称。但军事法院、海事法院、铁路运输法院、知识产权法院等专门人民法院除外。

涉外裁判文书,法院名称前一般应冠以"中华人民共和国"国名;案件当事人中如果没有外国人、无国籍人、外国企业或组织的,地方人民法院、专门人民法院制作的裁判文书标题中的法院名称无需冠以"中华人民共和国"。法院名称的字体比正文大一号。文书种类应写在法院名称的下一行,字体比正文大两号字。二者均应写在各行正中。

案号由收案年度、法院代字、类型代字、审判程序代字、案件编号组成。收案年度是收案的公历自然年,用阿拉伯数字表示。法院代字是案件承办法院的简化标识,用汉字、阿拉伯数字表示。类型代字是案件类型的简称,用中文汉字表示。案件编号是收案的次序号,用阿拉伯数字表示。例如青岛海事法院 2020 年受理的第 17 号民事案件,应写为"(2020)鲁 72 民初 17 号"。

当事人的基本情况包括:诉讼地位和基本信息。一审民事案件当事人的诉讼地位表述为"原告""被告"和"第三人"。先写原告,后写被告,再写第三人。有多个原告、被告、第三人的,按照起诉状列明的顺序写。起诉状中未列明的当事人,按照参加诉讼的时间顺序写。提出反诉的,需在本诉称谓后用括号注明反诉原告、反诉被告。反诉情况在案件由来和事实部分写明。第二审民事调解书,应当写明上诉人、被上诉人和其他诉讼参加人的姓名或者名称等基本信息。同时,应当注明当事人在原审的诉讼地位。再审民事调解书,应当写明再审申请人、被申请人和其他诉讼参加人的姓名或者名称等基本信息。同时,应当注明当事人在原审的诉讼地位。

当事人是自然人的,应当写明其姓名、性别、出生年月日、民族、职业或者工作单位和职务、住所。姓名、性别等身份事项以居民身份证、户籍证明为准。当事人职业或者工作单位和职务不明确的,可以不表述。当事人住所以其户籍所在地为准;离开户籍所在地有经常居住地的,经常居住地为住所。连续两个当事人的住所相同的,应当分别表述,不用"住所同上"的表述。

有法定代理人或指定代理人的,应当在当事人之后另起一行写明其姓名、性别、职业或工作单位和职务、住所,并在姓名后用括号注明其与当事人的关系。代理人为单位的,写明其名称及其参加诉讼人员的基本信息。

当事人是法人的,写明名称和住所,并另起一行写明法定代表人的姓名和职务。当事人是其他组织的,写明名称和住所,并另起一行写明负责人的姓名和职务。当事人是个体工商户的,写明经营者的姓名、性别、出生年月日、民族、住所;起有字号的,以营业执照上登记的字号为当事人,并写明该字号经营者的基本信息。

当事人是起字号的个人合伙的,在其姓名之后用括号注明"系……(写明字号)合伙人"。法人、其他组织、个体工商户、个人合伙的名称应写全称,以其注册登记文件记载的内容为准。

法人或者其他组织的住所是指法人或者其他组织的主要办事机构所在地;主要办事机构所在地不明确的,法人或者其他组织的注册地或者登记地为住所。

当事人为外国人的,应当写明其经过翻译的中文姓名或者名称和住所,并用括号注明其外文姓名或者名称和住所。

外国自然人应当注明其国籍。国籍应当用全称。无国籍人,应当注明无国籍。

港澳台地区的居民在姓名后写明"香港特别行政区居民""澳门特别行政区居民"或"台湾地区居民"。

外国自然人的姓名、性别等基本信息以其护照等身份证明文件记载的内容为准;外国法人或者其他组织的名称、住所等基本信息以其注册登记文件记载的内容为准。

当事人有曾用名,且该曾用名与本案有关联的,裁判文书在当事人现用名之后用括号注明曾用名。

诉讼过程中当事人姓名或名称变更的,裁判文书应当列明变更后的姓名或名称,变更前姓名或名称无需在此处列明。对于姓名或者名称变更的事实,在查明事实部分写明。

诉讼过程中,当事人权利义务继受人参加诉讼的,诉讼地位从其承继的诉讼地位。裁判文书中,继受人为当事人;被继受人在当事人部分不写,在案件由来中写明继受事实。

在代表人诉讼中,被代表或者登记权利的当事人人数众多的,可以采取名单附后的方式表述,"原告×××等×人(名单附后)"。

当事人自行参加诉讼的,要写明其诉讼地位及基本信息。

当事人诉讼地位在前,其后写当事人姓名或者名称,两者之间用冒号。当事人姓名或者名称之后,用逗号。

当事人有委托诉讼代理人的,应当在当事人之后另起一行写明为"委托诉讼代理人",并写明委托诉讼代理人的姓名和其他基本情况。有两个委托诉讼代理人的,分行分别写明。

当事人委托近亲属或者本单位工作人员担任委托诉讼代理人的,应当列在第一位,委托外单位的人员或者律师等担任委托诉讼代理人的列在第二位。

当事人委托本单位人员作为委托诉讼代理人的,写明姓名、性别及其工作人员身份。其身份信息可表述为"该单位(如公司、机构、委员会、厂等)工作人员"。

律师、基层法律服务工作者担任委托诉讼代理人的,写明律师、基层法院法律服务工作者的姓名,所在律师事务所的名称、法律服务所的名称及执业身份。其身份信息表述为"××律师事务所律师""××法律服务所法律工作者"。属于提供法律援助的,应当写明法律援助情况。

委托诉讼代理人是当事人近亲属的,应当在姓名后用括号注明其与当事人的关系,写明住所。代理人是当事人所在社区、单位以及有关社会团体推荐的公民的,写明姓名、性别、住所,并在住所之后注明具体由何社区、单位、社会团体推荐。

委托诉讼代理人变更的,裁判文书首部只列写变更后的委托诉讼代理人。对于变更的事实可根据需要写明。例如:

①原告:×××市解放路食品经销处,×××市解放路×号。

法定代表人:刘某,系该处经理。

委托诉讼代理人:王某某,×××市第四律师事务所律师。

②原告:贾某某,男,1968年4月10日出生,汉族,系××省××市××镇××村农民,住本村。

委托诉讼代理人:贾某清(系原告之叔),男,系××省××市××镇××村农民,住本村。

委托诉讼代理人:曲某某,××市法律顾问处律师。

被告:林某某,男,1959年1月6日出生,汉族,系××省××市××镇××村农民,住本村。

被告:××市东利化工仪器厂,××市××路第×号。

法定代表人:吴某,系该厂厂长。

③涉外案件。

原告:中华人民共和国××省××县××渔业公司,地址在中华人民共和国××省××县××镇××街××号。

法定代表人:马某某,系该公司总经理。

委托诉讼代理人:高某某,系该公司安全员。

委托诉讼代理人:孙某某,系中华人民共和国××市××律师事务所律师。

被告:××国××货运公司(外文名称),地址在××国××市××街××号(外文地址)。

法定代表人:约翰·乔治(外文名字),系该公司总经理。

委托诉讼代理人:赵某某,系中华人民共和国××市××律师事务所律师。

其中诉讼代理人的身份事项,应分别写在被代理的当事人的下一行,切忌将诉讼代理人与当事人分开后集中书写,以致使人看不清谁是谁的诉讼代理人。原告、被告、第三人、法定代表人、法定代理人都可委托他人代为诉讼,但最多委托二人。

第三人必须合乎法定标准,才能参与诉讼,基本情况同于原告、被告的写法。

(二) 正文

依次写清案由、审判组织、审判方式和开庭审理经过,当事人的诉讼请求和案件事实,调解结果,法院对协议内容的确认和诉讼费用的负担。

1. 案由、审判组织、审判方式和开庭审理经过。

第一审民事调解书,写为:原告×××与被告×××、第三人×××……(写明案由)一案,本院于××××年××月××日立案后,依法适用普通程序,公开/因涉及……(写明不公开开庭的理由)不公开开庭进行了审理(开庭前调解的,不写开庭情况)。

第二审民事调解书,写为:上诉人×××因与被上诉人×××/上诉人×××、第三人×××(写明案由)一案,不服××××人民法院(××××)民初号民事判决,向本院提起上诉。本院于××××年××月××日立案后,依法组成合议庭审理了本案(开庭前调解的,不写开庭情况)。

再审民事调解书,写为:再审申请人×××因与被申请人×××/再审申请人×××及原审×××(写明案由)一案,不服××××人民法院(××××)号民事判决/民事裁定/民事调解书,申请再审。××××年××月××日,本院/××××人民法院作出(××××)号民事裁定,本案由本院再审。本院依法组成合议庭审理了本案。

2. 当事人的诉讼请求、案件事实。第一审民事调解书,诉讼请求和案件事实部分的写法力求简洁、概括,可以不写审理过程及证据情况。

当事人的诉讼请求可以采用"原告诉称:……"和"被告辩称:……""第三人述称:……"的方法分别叙述,也可以采用综合叙述的方法将各方的请求写明。

第二审民事调解书,应当写明上诉人的上诉请求、事实和理由。再审民事调解书,应当写明当事人的再审请求、事实和理由,被申请人的答辩意见。同时,应当概括案件事实,写明原审裁判结果。

案件的事实部分可根据不同的情况另起一段叙述,如果案件是在已经开庭审理和查清事实的基础上,经法院主持调解,双方当事人自愿达成协议的,该部分可写明法院确认的事实。如果案件是在法院受理后,只是经审查,认为法律关系明确和事实清楚,征得双方当事人的同意而调解达成协议的,可写当事人争议的事实。

应以简明概括的叙述方法将双方当事人纠纷发生的起因、经过、争议的焦点一一说清,给人一个全面的了解。为了便利协议的顺利执行,调解书中不必阐述理由,以免产生不必要的争执。

3. 调解结果。即协议内容,是指当事人针对民事权利义务,自愿达成解决争讼的协议条款,是双方当事人在自愿、合法的前提下,依法达成的解决纠纷的一致意见。表述上应注意明确、具体,便于履行。协议内容较复杂时,可采用分项写法。

协议内容不得违背有关法律、政策的规定或者损害国家、集体和他人的合法权益;应是有法律上的实在意义并能予以执行的,说服教育性质的词句不要写在调解书上;文字表述应反映自愿的语气,不能使用强制性的语气。

4. 法院对协议内容的确认。根据我国法律规定,当事人达成调解协议,申请人民法院制作民事调解书时,人民法院应当依法对调解协议的内容进行审查,审查内容包括:调解协议的内容是否违法、是否侵害国家利益或社会公共利益等,如果有上述情形存在,人民法院对调解协议的内容将不予确认。只有符合法律规定的调解协议,人民法院才依法予以确认,经人民法院依法确认的调解协议,才具有法律效力。人民法院依法予以确认的调解协议,在调解协议内容之后,应当写明:"上述协议,不违反法律规定,本院予以确认。"

5. 诉讼费用的负担。有两种写法:如果由法院决定的,应在协议内容之后另起一行写明;如果根据《诉讼费用交纳办法》第31条的规定,诉讼费用的负担是由双方当事人协商解决的,可以作为调解协议的最后一项内容予以写明,不须再在协议内容之后另起一行书写。以调解方式结案或者当事人申请撤诉的,减半交纳案件受理费。

(三)尾部

包括调解书生效的条件和时间、合议庭组成人员署名、注明日期和加盖人民法院印章、书记员署名。调解书需经当事人签收后才发生法律效力,应当以最后收到调解书的当事人签收的日期为调解书生效日期。合议调解的由合议庭组成人员签名,独任审判的由审判员签名。时间写书记员核对正本时的日期。

五、实例

实例1:××省××市中级人民法院民事调解书(适用普通程序)

实例2:××省××市××区人民法院民事调解书(适用简易程序)

第三节　第一审民事判决书

一、概念

第一审民事判决书是第一审人民法院在民事诉讼中,为解决具体的民事权利义务的争议,就案件的实体问题依法制作的具有法律效力的文书。

《民事诉讼法》第152条规定:"判决书应当写明判决结果和作出该判决的理由。判决书内容包括:(一)案由、诉讼请求、争议的事实和理由;(二)判决认定的事实和理由、适用的法律和理由;(三)判决结果和诉讼费用的负担;(四)上诉期间和上诉的法院。判决书由审判人员、书记员署名,加盖人民法院印章。"

二、种类

根据我国《民事诉讼法》的规定,第一审程序包括第一审普通程序和第一审简易程序。第一审普通程序,是指人民法院审理第一审民事案件通常适用的基础程序。简易程序,是指基层人民法院及其派出法庭审理简单的民事案件,以及非简单之民事案件当事人基于程序选择权所适用的简便易行的诉讼程序。《民事诉讼法》第157条第1款规定:基层人民法院和它派出的法庭审理事实清楚、权利义务关系明确、争议不大的简单的民事案件时,适用简易程序。为了提高审判效率,减轻审判人员制作文书的压力,实行案件的繁简分流,《民事诉讼文书样式》对适用简易程序审理案件判决书的制作,在具体内容写作要求上,作出了相对简略的规定。

按照审判所适用的程序不同,第一审民事判决书可分为第一审普通程序民事判决书、第一审简易程序民事判决书等。适用普通程序的还有公益诉讼、第三人撤销之诉、执行异议之诉。小额诉讼适用简易程序。

本节主要介绍第一审普通程序民事判决书和第一审简易程序民事判决书的制作。

三、格式

(一) 普通程序适用的一审民事判决书

××××人民法院
民事判决书

（××××）×民初×号

原告：×××，男/女，××××年××月××日出生，×族，……（工作单位和职务或者职业），住……。

法定代理人/指定代理人：×××，……。

委托诉讼代理人：×××，……。

被告：×××，住所地……。

法定代表人/主要负责人：×××，……。

委托诉讼代理人：×××，……。

第三人：×××，……。

法定代理人/指定代理人/法定代表人/主要负责人：×××，……。

委托诉讼代理人：×××，……。

（以上写明当事人和其他诉讼参加人的姓名或者名称等基本信息）

原告×××与被告×××、第三人×××……（写明案由）一案，本院于××××年××月××日立案后，依法适用普通程序，公开/因涉及……（写明不公开开庭的理由）不公开开庭进行了审理。原告×××、被告×××、第三人×××（写明当事人和其他诉讼参加人的诉讼地位和姓名或者名称）到庭参加诉讼。本案现已审理终结。

×××向本院提出诉讼请求：1. ……；2. ……（明确原告的诉讼请求）。事实和理由：……

（概述原告主张的事实和理由）。

×××辩称，……（概述被告答辩意见）。

×××诉/述称，……（概述第三人陈述意见）。

当事人围绕诉讼请求依法提交了证据，本院组织当事人进行了证据交换和质证。对当事人无异议的证据，本院予以确认并在卷佐证。对有争议的证据和事实，本院认定如下：1. ……；2. ……

（写明法院是否采信证据，事实认定的意见和理由）。

本院认为，……（写明争议焦点，根据认定的事实和相关法律，对当事人的诉讼请求作出分析评判，说明理由）。

综上所述，……（对当事人的诉讼请求是否支持进行总结评述）。依照《中华人民共和国……法》第×条、……（写明法律文件名称及其条款项序号）规定，判决如下：

一、……；

二、……。

（以上分项写明判决结果）

如果未按本判决指定的期间履行给付金钱义务，应当依照《中华人民共和国民事诉讼法》第二百五十三条规定，加倍支付迟延履行期间的债务利息（没有给付金钱义务的，不写）。

案件受理费……元，由……负担（写明当事人姓名或者名称、负担金额）。

如不服本判决，可以在判决书送达之日起十五日内，向本院递交上诉状，并按照对方当事人或者代表人的人数提出副本，上诉于××××人民法院。

审判长　×××

审判员　×××

审判员　×××

××××年××月××日

（院印）

书记员　×××

（二）简易程序适用的一审民事判决书（当事人对案件事实有争议的用）

××××人民法院

民事判决书

（××××）×民初×号

原告：×××，男/女，××××年××月××日出生，×族，……（工作单位和职务或者职业），住……。

法定代理人/指定代理人/法定代表人/主要负责人：×××，……。

委托诉讼代理人：×××，……。

被告：×××，……。

法定代理人/指定代理人/法定代表人/主要负责人：×××，……。

委托诉讼代理人：×××，……。

（以上写明当事人和其他诉讼参加人的姓名或者名称等基本信息）

原告×××与被告×××……（写明案由）一案，本院于××××年××月××日立案后，依法适用简易程序，公开/因涉及……（写明不公开开庭的理由）不公开开庭进行了审理。原告×××、被告×××（写明当事人和其他诉讼参加人的诉讼地位和姓名或者名称）到庭参加诉讼。本案现已审理终结。

×××向本院提出诉讼请求：1. ……；2. ……（明确原告的诉讼请求）。事实和理由：……

（概述原告主张的事实和理由）。

×××辩称,……(概述被告答辩意见)。

本院经审理认定事实如下:对于当事人双方没有争议的事实,本院予以确认。……(概述当事人有争议的事实的质证和认定情况)。

本院认为,被告承认原告的诉讼请求部分,不违反法律规定,本院予以支持。……(对当事人诉讼请求进行简要评判)。

综上所述,……(写明对当事人的诉讼请求是否支持进行评述)。依照《中华人民共和国……法》第×条、……(写明法律文件名称及其条款项序号)规定,判决如下:

……(写明判决结果)。

如果未按本判决指定的期间履行给付金钱义务,应当依照《中华人民共和国民事诉讼法》第二百五十三条规定,加倍支付迟延履行期间的债务利息(没有给付金钱义务的,不写)。

案件受理费……元,由……负担(写明当事人姓名或者名称、负担金额)。

如不服本判决,可以在判决书送达之日起十五日内,向本院递交上诉状,并按对方当事人的人数提出副本,上诉于××××人民法院。

审判员　×××

××××年××月××日

(院印)

书记员　×××

(三)简易程序适用的一审民事判决书(当事人对案件事实没有争议的用)

××××人民法院

民事判决书

(××××)×民初×号

原告:×××,……。

……

被告:×××,……。

……

(以上写明当事人和其他诉讼参加人的姓名或者名称等基本信息)

原告×××与被告×××……(写明案由)一案,本院于××××年××月××日立案后,依法适用简易程序,公开/因涉及……(写明不公开开庭的理由)不公开开庭进行了审理。原告×××、被告×××(写明当事人和其他诉讼参加人的诉讼地位和姓名或者名称)到庭参加诉讼。本案现已审理终结。

×××向本院提出诉讼请求:1.……;2.……(明确原告的诉讼请求)。事实和理由:……

（概述原告主张的事实和理由）。

×××承认原告在本案中所主张的事实，但认为，……（概述被告对法律适用、责任承担的意见）。

本院认为，×××承认×××在本案中主张的事实，故对×××主张的事实予以确认。……

（对当事人诉讼请求进行简要评判）。

依照《中华人民共和国……法》第×条、……（写明法律文件名称及其条款项序号）规定，判决如下：

……（写明判决结果）。

如果未按本判决指定的期间履行给付金钱义务，应当依照《中华人民共和国民事诉讼法》第二百五十三条规定，加倍支付迟延履行期间的债务利息（没有给付金钱义务的，不写）。

案件受理费……元，减半收取计……元，由……负担（写明当事人姓名或者名称、负担金额）。

如不服本判决，可以在判决书送达之日起十五日内，向本院递交上诉状，并按对方当事人的人数提出副本，上诉于××××人民法院。

审判员×××

××××年××月××日

（院印）

书记员×××

（四）简易程序适用的一审民事判决书（被告承认原告全部诉讼请求的用）

××××人民法院

民事判决书

（××××）×民初×号

原告：×××，……。

……

被告：×××，……。

……

（以上写明当事人和其他诉讼参加人的姓名或者名称等基本信息）

原告×××与被告×××……（写明案由）一案，本院于××××年××月××日立案后，依法适用简易程序，公开/因涉及……（写明不公开开庭的理由）不公开开庭进行了审理。原告×××、被告×××（写明当事人和其他诉讼参加人的诉讼地位和姓名或者名称）到庭参加诉讼。本案现已审理终结。

×××向本院提出诉讼请求:1.……;2.……(明确原告的诉讼请求)。事实和理由:……

(概述原告主张的事实和理由)。

×××承认×××提出的全部诉讼请求。

本院认为,当事人有权在法律规定的范围内处分自己的民事权利和诉讼权利。被告承认原告的诉讼请求,不违反法律规定。

依照《中华人民共和国民事诉讼法》第十三条第二款规定,判决如下:

……(写明判决结果)。

如果未按本判决指定的期间履行给付金钱义务,应当依照《中华人民共和国民事诉讼法》第二百五十三条规定,加倍支付迟延履行期间的债务利息(没有给付金钱义务的,不写)。

案件受理费……元,减半收取计……元,由……负担(写明当事人姓名或者名称、负担金额)。

如不服本判决,可以在判决书送达之日起十五日内,向本院递交上诉状,并按对方当事人的人数提出副本,上诉于××××人民法院。

> 审判员×××
>
> ××××年××月××日
>
> (院印)
>
> 书记员×××

(五) 简易程序中的小额诉讼适用的一审民事判决书(小额诉讼程序令状式判决用)

××××人民法院
民事判决书

(××××)×民初×号

原告:×××,男/女,××××年××月××日出生,×族,……(工作单位和职务或者职业),住……。

法定代理人/指定代理人/法定代表人/主要负责人:×××,……。

委托诉讼代理人:×××,……。

被告:×××,……。

法定代理人/指定代理人/法定代表人/主要负责人:×××,……。

委托诉讼代理人:×××,……。

(以上写明当事人和其他诉讼参加人的姓名或者名称等基本信息)

……(写明当事人及案由)一案,本院于××××年××月××日立案后,依法适用简易程序,公开/因涉及……(写明不公开开庭的理由)不公开开庭进行了审理。原告××

×、被告×××(写明当事人和其他诉讼参加人的诉讼地位和姓名或者名称)到庭参加诉讼。本案现已审理终结。

×××向本院提出诉讼请求:1. ……;2. ……(明确原告的诉讼请求)。事实和理由:……

(概述原告主张的事实和理由,可以非常简略)。

×××辩称,……(概述被告答辩意见,可以非常简略)。

本院认为,……(结合查明的案件事实,对诉讼请求作出评判)。

依照《中华人民共和国……法》第×条、……(写明法律文件名称及其条款项序号)、《中华人民共和国民事诉讼法》第一百六十二条规定,判决如下:

……(写明判决结果)。

如果未按本判决指定的期间履行给付金钱义务,应当依照《中华人民共和国民事诉讼法》第二百五十三条规定,加倍支付迟延履行期间的债务利息(没有给付金钱义务的,不写)。

案件受理费……元,由……负担(写明当事人姓名或者名称、负担金额)。

本判决为终审判决。

审判员　×××

××××年××月××日

(院印)

书记员　×××

四、内容和制作方法

样式(一)根据《民事诉讼法》第152条等制定,供人民法院适用第一审普通程序开庭审理民事案件终结后,根据已经查明的事实、证据和有关的法律规定,对案件的实体问题作出判决用。除有特别规定外,其他民事判决书可以参照本判决书样式和说明制作。是第一审法院对受理的民事、经济纠纷案件,经按法定程序审理终结后,根据已经查明的事实、证据和有关的法律规定,就案件的实体问题作出处理决定时使用的民事判决书。

根据《民事诉讼法》第148条的规定,人民法院对公开审理或者不公开审理的案件,一律公开宣告判决。当庭宣判的,应当在十日内发送判决书;定期宣判的,宣判后立即发给判决书。宣告判决时,必须告知当事人上诉权利、上诉期限和上诉的法院。宣告离婚判决,必须告知当事人在判决发生法律效力前不得另行结婚。第152条规定,判决书应当写明判决结果和作出该判决的理由。判决书内容包括:(一)案由、诉讼请求、争议的事实和理由;(二)判决认定的事实和理由、适用的法律和理由;(三)判决结果和诉讼费用的负担;(四)上诉期间和上诉的法院。判决书由审判人员、书记员署名,加盖人民法院印章。第153条规定,法院审理案件,其中一部分事实已经清楚，可就该部分先行判决。

判决书由首部、事实、理由、判决结果和尾部等五部分组成。

（一）首部

首部依次写明标题、案号、诉讼参加人及其基本情况，以及案件由来、审判组织和开庭审理过程等，以体现审判程序的合法性。

标题中的文书种类，无论是一审判决还是二审维持原判、予以改判，均使用"民事判决书"。

案号由收案年度和法院代字、案件类型代字、审判程序的代字以及案件的顺序号组成。审判程序用"初"表示，如济南市中级人民法院2018年受理的第40号一审民事案件的案号应写为"（2018）鲁01民初40号"。

诉讼参加人及其基本情况的写法，应当写明原告、被告、第三人的基本情况。叙写当事人基本情况，需要注意以下几点：一是如果当事人是自然人的，应当写明姓名、性别、出生年月日、民族、工作单位和职务或者职业、住所；二是如果当事人是外国人的，应当写明国籍；无国籍人，应当写明"无国籍"；三是如果当事人是港澳台地区的居民的，应当分别写明"香港特别行政区居民""澳门特别行政区居民""台湾地区居民"；四是如果涉及共同诉讼代表人参加诉讼的，按照当事人是自然人的基本信息内容写明；五是如果当事人是法人或者其他组织的，应当写明名称、住所，另起一行写明法定代表人或者主要负责人的姓名、职务，同时注意，应当把符合条件的未成年人列为当事人，不要把死亡人列为当事人，共同诉讼的案件，不要遗漏了共同诉讼人，不要把不符合第三人条件的错列为第三人。

诉讼代理人的身份事项。当事人是无民事行为能力人或者限制民事行为能力人的，应当写明法定代理人或者指定代理人的姓名、住所，并在姓名后括注与当事人的关系。当事人及其法定代理人委托诉讼代理人的，应当写明委托诉讼代理人的诉讼地位、姓名。在叙写委托诉讼代理人的身份事项时，需要注意以下几点：一是委托诉讼代理人是当事人近亲属的，近亲属姓名后括注其与当事人的关系，写明住所。二是委托诉讼代理人是当事人本单位工作人员的，应当写明姓名、性别和工作人员身份。三是委托诉讼代理人是律师的，应当写明姓名、律师事务所的名称和律师执业身份。四是委托诉讼代理人是基层法律服务工作者的，应当写明姓名、法律服务所名称和基层法律服务工作者执业身份。五是委托诉讼代理人是当事人所在社区、单位以及有关社会团体推荐的公民的，应当写明姓名、性别、住所和推荐的社区、单位或有关社会团体名称。有关上述委托诉讼代理人的排列顺序，近亲属或者本单位工作人员在前，律师、法律工作者、被推荐公民在后。委托诉讼代理人为当事人共同委托的，可以合并写明。

案由、审判组织、审判方式和开庭审理经过。根据法院诉讼文书样式的要求，这一部分应当表述为：原告×××与被告×××、第三人×××（写明案由）一案，本院于××××年××月××日立案后，依法适用普通程序，公开/因涉及（写明不公开开庭的理由）不公开开庭进行了审理。原告×××、被告×××、第三人×××(写明当事人和其他诉讼参加人的诉讼地位和姓名或者名称)到庭参加诉讼。本案现已审理终结。

当事人及其诉讼代理人均到庭的,可以合并写明:"原告×××及其委托诉讼代理人×××、被告×××、第三人×××到庭参加诉讼。"诉讼参加人均到庭参加诉讼的,可以合并写明:"本案当事人和委托诉讼代理人均到庭参加诉讼。"当事人经合法传唤未到庭参加诉讼的,写明:"×××经传票传唤无正当理由拒不到庭参加诉讼。"或者"×××经公告送达开庭传票,未到庭参加诉讼。"

当事人未经法庭许可中途退庭的,写明:"×××未经法庭许可中途退庭。"诉讼过程中,如果存在指定管辖、移送管辖、程序转化、审判人员变更、中止诉讼等情形,应当同时写明。

民事诉讼法规定的第一审程序,包括普通程序、简易程序和特别程序三种。简易程序由审判员一人独任审判,特别程序一般也施行独任审理,特别程序实行一审终审,普通程序则实行合议制审判组织形式。

(二) 事实

一审民事判决书的事实部分主要包括:原告起诉的诉讼请求、事实和理由,被告答辩的事实和理由,法院认定的证据和事实。

1. 当事人的诉辩意见。包括原告诉称、被告辩称,有第三人的,还包括第三人诉(述)称。

(1)原告诉称包括原告诉讼请求、事实和理由。

诉讼请求两项以上的,用阿拉伯数字加点号分项写明。诉讼过程中增加、变更、放弃诉讼请求的,应当连续写明。增加诉讼请求的,写明:"诉讼过程中,×××增加诉讼请求……"变更诉讼请求的,写明:"诉讼过程中,×××变更……诉讼请求为:……。"放弃诉讼请求的,写明:"诉讼过程中,×××放弃……的诉讼请求。"

(2)被告辩称包括对诉讼请求的意见、事实和理由。

被告承认原告主张的全部事实的,写明:"×××承认×××主张的事实。"被告承认原告主张的部分事实的,先写明:"×××承认×××主张的……事实。"后写明有争议的事实。被告承认全部诉讼请求的,写明:"×××承认×××的全部诉讼请求。"被告承认部分诉讼请求的,写明被告承认原告的部分诉讼请求的具体内容。

被告提出反诉的,写明:"×××向本院提出反诉请求:1……;2……。"后接写反诉的事实和理由。再另段写明:"×××对×××的反诉辩称,……。"

被告未作答辩的,写明:"×××未作答辩。"

(3)第三人诉(述)称包括第三人主张、事实和理由。

有独立请求权的第三人,写明:"×××向本院提出诉讼请求:……。"后写接第三人请求的事实和理由。再另段写明原告、被告对第三人的诉讼请求的答辩意见:"×××对×××的诉讼请求辩称,……。"无独立请求权第三人,写明:"×××述称,……。"第三人未作陈述的,写明:"×××未作陈述。"原告、被告或者第三人有多名,且意见一致的,可以合并写明;意见不同的,应当分别写明。

2. 证据和事实认定。

对当事人提交的证据和人民法院调查收集的证据数量较多的,原则上不一一列举,可以附证据目录清单。

对当事人没有争议的证据,写明:"对当事人无异议的证据,本院予以确认并在卷佐证。"

对有争议的证据,应当写明争议证据的名称及法院对争议证据的认定意见和理由;对争议的事实,应当写明事实认定意见和理由。争议的事实较多的,可以对争议事实分别认定;针对同一事实有较多争议证据的,可以对争议的证据分别认定。

对争议的证据和事实,可以一并叙明;也可以先单独对争议证据进行认定后,另段概括写明认定的案件基本事实,即"根据当事人陈述和经审查确认的证据,本院认定事实如下:……"

对于人民法院调取的证据、鉴定意见,经庭审质证后,按照是否有争议分别写明。

召开庭前会议或者在庭审时归纳争议焦点的,应当写明争议焦点。争议焦点的结构布局,可以根据争议的内容处理。争议焦点中有证据和事实内容的,可以在当事人诉辩意见之后写明。争议焦点主要是法律适用问题的,可以在"本院认为"部分,先写明争议焦点,再进行说理。

（三）理由

理由应当围绕当事人的诉讼请求,根据认定的事实和相关法律,逐一评判并说明理由。它是联结事实和主文的桥梁。民事判决书理由部分的写法与刑事判决书有原则的区别。刑事判决书理由部分对被告人的犯罪事实采用揭露和批判的方法,而民事判决理由部分则采用摆事实讲道理、说服教育的方法,文字语气要平和,是说服而非压服。理由部分,有争议焦点的,先列争议焦点,再分别分析认定,后综合分析认定。分析认定时要根据认定的事实和有关法律、法规和政策,来阐明法院对纠纷的性质、当事人的责任以及如何解决纠纷的看法。说理要有针对性,要根据不同案件的具体情况,针对当事人的争执和诉讼请求,摆事实,讲法律,讲道理,分清是非责任。诉讼请求合法有理的予以支持,否则不予支持。没有列争议焦点的,直接写明裁判理由。被告承认原告全部诉讼请求,且不违反法律规定的,只写明:"被告承认原告的诉讼请求,不违反法律规定。"

就一部分事实先行判决的,写明:"本院对已经清楚的部分事实,先行判决。"

经审判委员会讨论决定的,在法律依据引用前写明:"经本院审判委员会讨论决定,……。"

下面举一实例说明一审民事判决书理由的制作方法。北京市海淀区人民法院审理的池某诉××电影制片厂、北京电影制片厂著作权案民事判决书,其理由部分如下:

"本院认为，池某与上影厂依据著作权法的有关规定，在自愿协商基础上签订的将池某所著小说《太阳出世》由上影厂改编摄制成影视作品的著作权专有使用许可合同，合法、有效。池某与上影厂均应按照合同的约定全面履行自己的义务。但上影厂在合同生效后，仅根据池某提出的意向性建议，即推断池某已经允许将小说《太阳出世》的摄制电影权转让给北影厂，并且单方面将自己依合同所取得的权利转让给北影厂的行为已明显违反了其与池某签订的合同中关于'上影厂若要将该专有影视改编权许可(或转让)给第三方，必须事先征得池某的书面同意'的约定，属于违约行为。池某与上影厂签订的作品使用许可合同中约定池某许可上影厂使用的是对作品的专有影视改编权。依双方共同意思表示，这一权利的内涵仅指上影厂可将池某的小说改编成影视作品。尽管在将小说摄制成电影的创作过程中可能会产生电影文学剧本这一作品形式，但由于在合同中池某未就上影厂将小说改编成电影文学剧本一节单独授权，双方也未再作具体的补充协议，所以应当认为上影厂将小说《太阳出世》改编成电影文学剧本的行为，只是其将小说摄制成电影的整个改编行为中的一个组成部分，上影厂对其改编成的电影文学剧本不单独享有著作权。因此，其转让剧本的行为亦属无效。根据《中华人民共和国民法通则》106条关于'公民、法人违反合同或者不履行其他义务的，应当承担民事责任'的规定，上影厂对由于其违约行为给池某造成的损害，应当承担相应的民事责任。北影厂明知上影厂与池某订有作品使用许可合同，在尚没有清楚了解池某是否已经允许上影厂可以将其作品专有使用权向第三方转让的情况下，即与上影厂签订了权利转让合同，其内容违法，本院确认该合同无效。北影厂没有合法根据地使用池某的作品摄制电影的行为，违反了著作权法中对作者权利保护的规定，侵犯了池某依法享有的作品使用权和获得报酬权。北影厂对其侵权行为给池某造成的损害，亦应承担民事责任。由于池某与上影厂在签订合同时没有就支付违约金问题作出约定，故对池某要求上影厂支付违约金的请求，本院不予支持。对上影厂与北影厂应承担的损害赔偿数额，本院酌情予以确定。综上，依照《中华人民共和国著作权法》第四十五条第(五)项、第(六)项，第四十七条，《中华人民共和国民法通则》第一百一十一条之规定，判决如下：……"

该判决理由写得内容充实，针对性强，有个性。本案双方争议的焦点不是事实问题，而是法律问题，即对作品使用权的转让应如何理解，因此，理由部分着重就被告自认为有权转让电影文学剧本的观点，从法律的角度进行论析，明确其含义，指明被告违约、侵权责任，是非责任分明。

（四）裁判依据

在说理之后，作出判决前，应当援引法律依据。

分项说理后，可以另起一段，综述对当事人诉讼请求是否支持的总结评价，后写接法律依据，直接引出判决主文。说理部分已经完成，无需再对诉讼请求进行总结评价的，直接另段援引法律依据，写明判决主文。

判决所援引法律依据,应当依照《最高人民法院关于裁判文书引用法律、法规等规范性法律文件的规定》处理,做到准确、完整、具体。

法律文件引用顺序,先基本法律,后其他法律;先法律,后行政法规和司法解释;先实体法,后程序法。实体法的司法解释可以放在被解释的实体法之后。援引法律条款应当按照条、款、项、目的顺序写明,避免缺漏现象。

(五) 判决主文

这是对案件实体问题作出的处理决定。判决结果要明确、具体、完整。根据确认之诉、变更之诉或给付之诉的不同情况,正确地加以表述。例如给付之诉,要写明标的物的名称、数量或数额、给付时间以及给付方式。给付的财物,品种较多的可以概写,详情另附清单。需要驳回当事人其他之诉的,可列为最后一项书写。表述语言应规范准确、清楚无误。

判决主文两项以上的,各项前依次使用汉字数字分段写明。

单项判决主文和末项判决主文句末用句号,其余判决主文句末用分号。如果一项判决主文句中有分号或者句号的,各项判决主文后均用句号。

判决主文中可以用括注,对判项予以说明。括注应当紧跟被注释的判决主文。例:(已给付……元,尚需给付……元);(已给付……元,应返还……元);(已履行);(按双方订立的《××借款合同》约定的标准执行);(内容须事先经本院审查);(清单详见附件)等等。

判决主文中当事人姓名或者名称应当用全称,不得用简称。

金额,用阿拉伯数字。金额前不加"人民币";人民币以外的其他种类货币的,金额前加货币种类。有两种以上货币的,金额前要加货币种类。

(六) 尾部

尾部包括迟延履行责任告知、诉讼费用负担、上诉权利告知。

1. 迟延履行责任告知。判决主文包括给付金钱义务的,在判决主文后另起一段写明:"如果未按本判决指定的期间履行给付金钱义务,应当依照《中华人民共和国民事诉讼法》第二百五十三条规定,加倍支付迟延履行期间的债务利息。"

2. 诉讼费用负担。根据《诉讼费用交纳办法》决定案件受理费,写明:"案件受理费……元"。诉讼费用一项,不属于诉讼争议的问题,故不列入判决结果的内容之中,应在判决结果后另起一行写明。

减免费用的,写明:"减交……元"或者"免予收取"。

单方负担案件受理费的,写明:"由×××负担"。

分别负担案件受理费的,写明:"由×××负担……元,×××负担……元。"

3. 告知当事人上诉权利。当事人上诉期为十五日。在中华人民共和国领域内没有住所的当事人上诉期为三十日。同一案件既有当事人的上诉期为十五日又有当事人的上诉期为三十日的,写明:"×××可以在判决书送达之日起十五日内,×××可以在判决书送达之日起三十日内，……。"

（七）落款

落款包括合议庭署名、日期、书记员署名、院印。

合议庭的审判长，不论审判职务，均署名为"审判长"；合议庭成员有审判员的，署名为"审判员"；有助理审判员的，署名为"代理审判员"；有陪审员的，署名为"人民陪审员"。书记员，署名为"书记员"。合议庭按照审判长、审判员、代理审判员、人民陪审员的顺序分行署名。落款日期为作出判决的日期，即判决书的签发日期。当庭宣判的，应当写宣判的日期。两名以上书记员的，分行署名。

落款应当在同一页上，不得分页。落款所在页无其他正文内容的，应当调整行距，不写"本页无正文"。

院印加盖在审判人员和日期上，要求骑年盖月、朱在墨上。

加盖"本件与原本核对无异"印戳。

（八）附录

确有必要的，可以另页附录。

五、实例

实例1：××市××区人民法院民事判决书（适用简易程序的一审判决书）

实例2：××省××市××区人民法院民事判决书（适用普通程序的一审判决书）

第四节　第二审民事判决书

一、概念

第二审民事判决书是第二审人民法院对当事人不服第一审判决提起上诉的民事、经济纠纷案件，依据《民事诉讼法》第二审程序审理终结，依法作出维持原判或者改判决定时制作的具有法律效力文书。

《民事诉讼法》第164条规定：当事人不服地方人民法院第一审判决的，有权在判决书送达之日起15日内向上一级人民法院提起上诉。当事人不服地方人民法院第一审裁定的,有权在裁定书送达之日起10日内向上一级人民法院提起上诉。

第二审民事判决书的作用主要体现在以下几个方面:(1)是第二审人民法院对二审案件进行审理,作出裁判的书面凭证。(2)是当事人对案件申请再审的依据。(3)是二审法院发现一审裁判错误,及时予以纠正的体现。

二、种类

根据《民事诉讼法》第170条:"第二审人民法院对上诉案件,经过审理,按照下列情形,分别处理:(一)原判决、裁定认定事实清楚,适用法律正确的,以判决、裁定方式驳回上诉,维持原判决、裁定;(二)原判决、裁定认定事实错误或者适用法律错误的,以判决、裁定方式依法改判、撤销或者变更;(三)原判决认定基本事实不清的,裁定撤销原判决,发回原审人民法院重审,或者查清事实后改判;(四)原判决遗漏当事人或者违法缺席判决等严重违反法定程序的,裁定撤销原判决,发回原审人民法院重审。原审人民法院对发回重审的案件作出判决后,当事人提起上诉的,第二审人民法院不得再次发回重审。"根据判决结果,二审判决书可分为维持原判、全部改判和部分改判三种。

三、格式

(一)二审民事判决书(驳回上诉,维持原判用)

××××人民法院
民事判决书

(××××)×民终×号

上诉人(原审诉讼地位):×××,……。

法定代理人/指定代理人/法定代表人/主要负责人:×××,……。

委托诉讼代理人:×××,……。

被上诉人(原审诉讼地位):×××,……。

法定代理人/指定代理人/法定代表人/主要负责人:×××,……。

委托诉讼代理人:×××,……。

原审原告/被告/第三人:×××,……。

法定代理人/指定代理人/法定代表人/主要负责人:×××,……。

委托诉讼代理人:×××,……。

(以上写明当事人和其他诉讼参加人的姓名或者名称等基本信息)

上诉人×××因与被上诉人×××/上诉人×××及原审原告/被告/第三人×××……(写明案由)一案,不服××××人民法院(××××)……民初……号民事判决,向本院提起上诉。本院于××××年××月××日立案后,依法组成合议庭,开庭/因涉及……(写明不开庭的理由)不开庭进行了审理。上诉人×××、被上诉人×××、原审原告/被告/第三人×××(写明当事人和其他诉讼参加人的诉讼地位和姓名或者名称)到庭参加诉讼。本案现已审理终结。

×××上诉请求:……(写明上诉请求)。事实和理由:……(概述上诉人主张的事实和理由)。

×××辩称,……(概述被上诉人答辩意见)。

×××述称,……(概述原审原告/被告/第三人陈述意见)。

×××向一审法院起诉请求:……(写明原告/反诉原告/有独立请求权的第三人的诉讼请求)。

一审法院认定事实:……(概述一审认定的事实)。一审法院认为,……(概述一审裁判理由)。判决:……(写明一审判决主文)。

本院二审期间,当事人围绕上诉请求依法提交了证据。本院组织当事人进行了证据交换和质证(当事人没有提交新证据的,写明:二审中,当事人没有提交新证据)。对当事人二审争议的事实,本院认定如下:……(写明二审法院采信证据、认定事实的意见和理由,对一审查明相关事实的评判)。

本院认为,……(根据二审认定的案件事实和相关法律规定,对当事人的上诉请求进行分析评判,说明理由)。

综上所述,×××的上诉请求不能成立,应予驳回;一审判决认定事实清楚,适用法律正确,应予维持。依照《中华人民共和国民事诉讼法》第一百七十条第一款第一项规定,判决如下:

驳回上诉,维持原判。

二审案件受理费……元,由……负担(写明当事人姓名或者名称、负担金额)。

本判决为终审判决。

审判长　×××

审判员　×××

审判员　×××

××××年××月××日

(院印)

书记员　×××

(二) 二审民事判决书(改判用)

××××人民法院

民事判决书

(××××)×民终×号

上诉人(原审诉讼地位):×××,……。

法定代理人/指定代理人/法定代表人/主要负责人:×××,……。

委托诉讼代理人:×××,……。

被上诉人(原审诉讼地位):×××,……。

法定代理人/指定代理人/法定代表人/主要负责人:×××,……。

委托诉讼代理人:×××,……。

原审原告/被告/第三人:×××,……。

法定代理人/指定代理人/法定代表人/主要负责人:×××,……。

委托诉讼代理人:×××,……。

(以上写明当事人和其他诉讼参加人的姓名或者名称等基本信息)

上诉人×××因与被上诉人×××/上诉人×××及原审原告/被告/第三人×××……(写明案由)一案,不服××××人民法院(××××)……民初……号民事判决,向本院提起上诉。本院于××××年××月××日立案后,依法组成合议庭,开庭/因涉及……(写明不开庭的理由)不开庭进行了审理。上诉人×××、被上诉人×××、原审原告/被告/第三人×××(写明当事人和其他诉讼参加人的诉讼地位和姓名或者名称)到庭参加诉讼。本案现已审理终结。

×××上诉请求:……(写明上诉请求)。事实和理由:……(概述上诉人主张的事实和理由)。

×××辩称,……(概述被上诉人答辩意见)。

×××述称,……(概述原审原告/被告/第三人陈述意见)。

×××向一审法院起诉请求:……(写明原告/反诉原告/有独立请求权的第三人的诉讼请求)。

一审法院认定事实:……(概述一审认定的事实)。一审法院认为,……(概述一审裁判理由)。判决:……(写明一审判决主文)。

本院二审期间,当事人围绕上诉请求依法提交了证据。本院组织当事人进行了证据交换和质证(当事人没有提交新证据的,写明:二审中,当事人没有提交新证据)。对当事人二审争议的事实,本院认定如下:……(写明二审法院采信证据、认定事实的意见和理由,对一审查明相关事实的评判)。

本院认为,……(根据二审认定的案件事实和相关法律规定,对当事人的上诉请求进行分析评判,说明理由)。

综上所述,×××的上诉请求成立,予以支持。依照《中华人民共和国×××法》第×条(适用法律错误的,应当引用实体法)、《中华人民共和国民事诉讼法》第一百七十条第一款第×项规定,判决如下:

一、撤销××××人民法院(××××)……民初……号民事判决;

二、……(写明改判内容);

二审案件受理费……元,由……负担(写明当事人姓名或者名称、负担金额)。

本判决为终审判决。

审判长　×××

审判员　×××

审判员　×××

××××年××月××日

（院印）

书记员　×××

（三）二审民事判决书（部分改判用）

××××人民法院

民事判决书

（××××）×民终×号

上诉人（原审诉讼地位）：×××，……。

法定代理人/指定代理人/法定代表人/主要负责人：×××，……。

委托诉讼代理人：×××，……。

被上诉人（原审诉讼地位）：×××，……。

法定代理人/指定代理人/法定代表人/主要负责人：×××，……。

委托诉讼代理人：×××，……。

原审原告/被告/第三人：×××，……。

法定代理人/指定代理人/法定代表人/主要负责人：×××，……。

委托诉讼代理人：×××，……。

（以上写明当事人和其他诉讼参加人的姓名或者名称等基本信息）

上诉人×××因与被上诉人×××/上诉人×××及原审原告/被告/第三人×××……（写明案由）一案，不服××××人民法院（××××）……民初……号民事判决，向本院提起上诉。本院于××××年××月××日立案后，依法组成合议庭，开庭/因涉及……（写明不开庭的理由）不开庭进行了审理。上诉人×××、被上诉人×××、原审原告/被告/第三人×××（写明当事人和其他诉讼参加人的诉讼地位和姓名或者名称）到庭参加诉讼。本案现已审理终结。

×××上诉请求：……（写明上诉请求）。事实和理由：……（概述上诉人主张的事实和理由）。

×××辩称，……（概述被上诉人答辩意见）。

×××述称，……（概述原审原告/被告/第三人陈述意见）。

×××向一审法院起诉请求：……（写明原告/反诉原告/有独立请求权的第三人的诉讼请求）。

一审法院认定事实:……(概述一审认定的事实)。一审法院认为,……(概述一审裁判理由)。判决:……(写明一审判决主文)。

本院二审期间,当事人围绕上诉请求依法提交了证据。本院组织当事人进行了证据交换和质证(当事人没有提交新证据的,写明:二审中,当事人没有提交新证据)。对当事人二审争议的事实,本院认定如下:……(写明二审法院采信证据、认定事实的意见和理由,对一审查明相关事实的评判)。

本院认为,……(根据二审认定的案件事实和相关法律规定,对当事人的上诉请求进行分析评判,说明理由)。

综上所述,×××的上诉请求部分成立。本院依照《中华人民共和国×××法》第×条(适用法律错误的,应当引用实体法)、《中华人民共和国民事诉讼法》第一百七十条第一款第×项规定,判决如下:

一、维持××××人民法院(××××)……民初……号民事判决第×项(对一审维持判项,逐一写明);

二、撤销××××人民法院(××××)……民初……号民事判决第×项(将一审判决错误判项逐一撤销);

三、变更××××人民法院(××××)……民初……号民事判决第×项为……;

四、……(写明新增判项)。

一审案件受理费……元,由……负担(写明当事人姓名或者名称、负担金额)。二审案件受理费……元,由……负担(写明当事人姓名或者名称、负担金额)。

本判决为终审判决。

审判长　×××

审判员　×××

审判员　×××

××××年××月××日

(院印)

书记员　×××

四、内容和制作方法

格式(一)根据《民事诉讼法》第170条等规定,二审人民法院对当事人不服一审判决提起上诉的民事案件,按照第二审程序审理终结,就案件的实体问题依法维持原判用。

格式(二)根据《民事诉讼法》第170条等制定,供二审人民法院对当事人不服一审判决提起上诉的民事案件,按照第二审程序审理终结,就案件的实体问题依法改判用。

格式(三)二审人民法院对当事人不服一审判决提起上诉的民事案件,按照第二审程序审理终结,就案件的实体问题依法作出部分改判用。

判决书由首部、事实、理由、判决结果和尾部等五部分组成。

(一) 首部

首部依次写明标题、案号、诉讼参加人及其基本情况,以及案件由来、审判组织和开庭审理过程等,以体现审判程序的合法性。

标题中的文书种类,无论是二审维持原判还是予以改判,均使用"民事判决书"。

案号由收案年度和法院代字、案件类型代字、审判程序的代字以及案件的顺序号组成。审判程序,二审民事判决书用"终"表示,如济南市中级人民法院 2018 年受理的第 40 号二审民事案件的案号应写为"(2018)鲁 01 民终 40 号"。

二审民事判决书中当事人的称谓,一般应写为"上诉人""被上诉人",并用括号注明其在原审中的诉讼地位。原审中有第三人的,提出上诉的应写为"上诉人",未提出上诉的仍写"第三人"。双方当事人、第三人都提起上诉的,可并列为"上诉人",并依原审中的顺序排列。上诉人在一审诉讼地位有两个的,按照本诉、反诉的顺序列明,中间以顿号分割。例如上诉人(原审被告、反诉原告)。有多个上诉人或者被上诉人的,相同身份的当事人之间,以顿号分割。双方当事人提起上诉的,均列为上诉人。写明:上诉人×××、×××因与上诉人×××(列在最后的上诉人写明上诉人的身份,用"因与"与前列当事人连接)。原审其他当事人按照一审判决列明的顺序写明,用顿号分割。多个当事人上诉的,按照上诉请求、针对该上诉请求的答辩的顺序,分别写明。如当事人未答辩的,也要写明。

对于必要共同诉讼中共同诉讼人中的部分当事人提出上诉的,除提出上诉的写为"上诉人"外,其他当事人的称谓可依下列写法标明:①如果该上诉是对己方与对方当事人之间权利义务分担有意见,不涉及己方其他共同诉讼人利益的,对方当事人为被上诉人,未上诉的己方其他共同诉讼人依原审诉讼地位写明;②如果该上诉仅对己方共同诉讼人之间权利义务分担有意见,不涉及己方与对方当事人利益的,未上诉的己方其他共同诉讼人为被上诉人,对方当事人依原审诉讼地位写明;③如该上诉对双方当事人之间以及共同诉讼人之间权利义务承担均有意见的,未提出上诉的其他当事人均为被上诉人。无民事行为能力人或限制民事行为能力人的法定代理人或者指定代理人代为当事人提起上诉的,仍应将无民事行为能力人或限制民事行为能力人列为"上诉人"。上诉案件的当事人有诉讼代理人的,应分别在所代理的当事人项下另起一行写明。

第二审人民法院对上诉案件,应当组成合议庭,开庭或不开庭审理。

(二) 事实

《民事诉讼法》第 168 条规定:"第二审人民法院应当对上诉请求的有关事实和适用法律进行审查。"根据上述法律规定,第二审民事判决书是针对第一审民事判决书认定的事实和适用法律作出的。因此,事实部分主要应当写明以下内容:上诉人提起上诉的诉讼请求、事实和理由;被上诉人的答辩意见;原审原告、被告和第三人的陈述意见;一审起诉和判决情况;二审认定的事实和证据。

1. 双方当事人争议的事实。包括上诉人提起上诉的诉讼请求、事实和理由;被上诉人的答辩意见;原审原告、被告和第三人的陈述意见。这部分内容的叙写应当概括、简明扼要,力求反映当事人的愿意,主要是为了阐述清楚当事人不同的主张、意见和理由。

2. 一审起诉和判决情况。这部分内容的叙写,不需要详细地重叙,只需要对一审判决的事实进行概括的介绍,并阐明写明原判的判决结果即可。如果原判的判决结果较多,只需要写清楚主要判决内容。叙写这部分内容的目的主要是:一是客观反映一审判决的情况;二是使一审、二审相互衔接,为后续二审判决叙写事实和阐述理由奠定基础。

3. 二审认定的事实和证据。二审认定的事实,是二审作出实体处理,即维持原判或者改判的事实根据。针对上诉人的上诉请求,二审法院应当围绕上诉请求对一审法院认定的事实进行审查。叙写这部分内容,主要应当写明二审法院采信证据、认定事实的意见和理由,对一审查明相关事实的确认与评判。一审认定事实清楚、当事人对一审认定事实问题没有争议的,写明:本院对一审查明的事实予以确认。一审查明事实有遗漏或者错误的,应当写明相应的评判。

在写作方法上具有明显的上诉审特点,即要针对上诉人提出的问题进行重点叙述,并运用相应的证据材料进行分析甄别。要交代清楚有关民事法律关系的诸要素,注意详略得当。针对一审法院认定事实以及上诉人的上诉请求等情况,具体可采用下列方法制作二审判决书认定的事实和证据:

(1)原判决认定的事实清楚,上诉人又无异议的,可以简叙。如离婚案件中,一审判决后,上诉人仅对财产分割有意见,且经二审审查一审判决认定的事实没有问题,那么二审事实的认定就可以简要叙述,而将二审对财产分割问题放在理由部分重点阐述。

(2)原判决认定的主要事实或者部分事实有错误的,对改变认定的事实要详叙,并运用证据,指出原判认定事实的不当之处。例如离婚案件中如一审判决对双方当事人的婚姻基础、婚后感情、离婚原因和调解情况等事实的认定没有错误,但是,对于一方当事人在外所欠债务是否成立、是否属于为夫妻家庭共同生活所负债务的认定确有错误,且当事人也对此提出了异议,那么前者可以简叙,后者则应详述。

(3)原判认定事实有遗漏的,则应补充叙述。例如合同纠纷案件中,一审判决中对一方当事人在履行合同时的违约责任客观地加以叙述,但却忽略了另一方当事人自身的责任,那么二审判决书中,对这些所遗漏的事实就应补充叙述。

(4)原判决认定的事实没有错误,但上诉人提出了异议,应把有异议的部分叙述清楚,并应针对性地列举相关的证据进行分析,论证异议不能成立。

认定事实的证据要有分析地进行列举,既可以在叙述纠纷过程中一并分析列举,也可以单独分段分析列举。不论是哪种民事判决书在事实的叙述上都应注意:判决认定的事实,必须是经过法院审查属实而予以确认的,否则不要写入;注意保守国家机密,保护当事人的声誉,隐私情节不作描述。

在二审过程中,如果当事人围绕上诉请求提交了证据,二审判决中,应当写明法院组织当事人进行证据交换和质证的情况。如果当事人没有提交新的证据的,二审判决中,应当写明当事人没有提交新的证据。

（三）理由

二审民事判决书理由部分尤其强调有针对性和说服力,防止照抄原判理由,或者公式化的套话。要围绕原审判决是否正确,上诉是否有理进行评论。根据案情在判决理由部分采取不同的方法表述:(1)原判正确上诉无理的,要明确指出上诉理由不当的原因和原判正确的理由;(2)原判不当、上诉有理的,应阐明原判决不正确的具体内容,上诉请求和理由符合什么法律、政策的规定,改判的理由是什么;(3)原判决部分正确或者上诉部分有理的,要分别具体阐明原判决和上诉意见哪部分正确,哪部分不正确,理由何在,应当怎样正确判处,等等。理由部分内容较多的,可以分层次分问题进行论证。

二审民事判决书中驳回上诉,维持原判的,只须引用程序法即《民事诉讼法》第170条第1款第1项;全部改判或者部分改判的,首先引用《民事诉讼法》第170条第1款,然后引用改判所依据的实体法的有关条款。

（四）判决结果

二审民事判决书中驳回上诉,维持原判的分不同情形:

1. 一审判决认定事实清楚,适用法律正确,维持原判的,写明:

综上所述,×××的上诉请求不能成立,一审判决认定事实清楚,适用法律正确。本院依照《中华人民共和国民事诉讼法》第一百七十条第一款第一项规定,判决如下:

驳回上诉,维持原判。

2. 一审判决认定事实或者适用法律虽有瑕疵,但裁判结果正确,维持原判的,写明:

综上,一审判决认定事实……（对一审认定事实作出概括评价,如存在瑕疵应指出）、适用法律……（对一审适用法律作出概括评价,如存在瑕疵应指出）,但裁判结果正确,故对×××的上诉请求不予支持。依照《中华人民共和国×××法》第×条（适用法律有瑕疵的,应当引用实体法）、《中华人民共和国民事诉讼法》第一百七十条第一款第一项、《最高人民法院关于适用〈中华人民共和国民事诉讼法〉的解释》第三百三十四条规定,判决如下:

驳回上诉,维持原判。

3.二审民事判决书中就案件的实体问题依法改判的：

(1)全部改判

二审判决主文按照撤销、改判的顺序写明。

一审判决主文有给付内容，但未明确履行期限的，二审判决应当予以纠正。

判决承担利息，当事人提出具体请求数额的，二审法院可以根据当事人请求的数额作出相应判决；当事人没有提出具体请求数额的，可以表述为"按……利率，自××××年××月××日起计算至××××年××月××日止"。

二审对一审判决进行改判的，应当对一审判决中驳回其他诉讼请求的判项一并进行处理，如果驳回其他诉讼请求的内容和范围发生变化的，应撤销原判中驳回其他诉讼请求的判项，重新作出驳回其他诉讼请求的判项。

因为出现新的证据导致事实认定发生变化而改判的，需要加以说明。人民法院依法在上诉请求范围之外改判的，也应加以说明。

(2)部分改判

二审判决主文按照维持、撤销、变更、增判的顺序写明。

二审对一审判决进行改判的，应当对一审判决中驳回其他诉讼请求的判项一并进行处理，如果驳回其他诉讼请求的内容和范围发生变化的，应撤销原判中驳回其他诉讼请求的判项，重新作出驳回其他诉讼请求的判项。

(五)尾部

尾部写明诉讼费用的负担、判决的法律效力、合议庭组成人员署名、日期和书记员署名。

1. 诉讼费用的负担。在判决结果之后，应当另起一行写明诉讼费用的负担。具体写作方法区分为两种不同的情形：第一种情形，驳回上诉，维持原判的，对一审诉讼费用不需调整的，不必重复一审诉讼费用的负担，只需要写明二审诉讼费用的负担即可。如果一审诉讼费负担错误需要调整的，应当予以纠正。第二种情形，依法改判的，除应写明当事人对二审诉讼费用的负担外，还应将变更一审诉讼费用负担的决定一并写明。

2. 判决的法律效力。应当写明："本判决为终审判决"。

3. 合议庭组成人员署名、日期和书记员署名。写法同第一审普通程序适用的民事判决书。

五、实例

实例：××省××市中级人民法院民事判决书(二审使用)

第五节　再审民事判决书

一、概念

再审民事判决书,是指人民法院对已经发生法律效力的判决、裁定和调解书,发现符合法定再审事由,对案件再次进行审理后,针对当事人之间的权利义务争议作出裁决时制作的具有法律效力的法律文书。

根据《民事诉讼法》第 198 条、第 199 条、第 201 条和第 208 条的规定,各级人民法院院长对本院已经发生法律效力的判决、裁定、调解书,发现确有错误,认为需要再审的,应当提交审判委员会讨论决定。最高人民法院对地方各级人民法院已经发生法律效力的判决、裁定、调解书,上级人民法院对下级人民法院已经发生法律效力的判决、裁定、调解书,发现确有错误的,有权提审或者指令下级人民法院再审。

当事人对已经发生法律效力的判决、裁定,认为有错误的,可以向上一级人民法院申请再审;当事人一方人数众多或者当事人双方为公民的案件,也可以向原审人民法院申请再审。当事人申请再审的,不停止判决、裁定的执行。当事人对已经发生法律效力的调解书,提出证据证明调解违反自愿原则或者调解协议的内容违反法律的,可以申请再审。经人民法院审查属实的,应当再审。

最高人民检察院对各级人民法院已经发生法律效力的判决、裁定,上级人民检察院对下级人民法院已经发生法律效力的判决、裁定,发现有《民事诉讼法》第 200 条规定情形之一的,或者发现调解书损害国家利益、社会公共利益的,应当提出抗诉。地方各级人民检察院对同级人民法院已经发生法律效力的判决、裁定,发现有《民事诉讼法》第 200 条规定情形之一的,或者发现调解书损害国家利益、社会公共利益的,可以向同级人民法院提出检察建议,并报上级人民检察院备案;也可以提请上级人民检察院向同级人民法院提出抗诉。各级人民检察院对审判监督程序以外的其他审判程序中审判人员的违法行为,有权向同级人民法院提出检察建议。

二、类别

根据《民事诉讼法》规定,已经发生法律效力的判决、裁定和调解书有错误,引起再审的方式主要有三种:一是经原审法院决定,或者上级法院指令或提审引起再审;二是由当事人申请引起再审;三是人民检察院抗诉引起再审。因此,这部分内容,根据再审案件的来源不同可具体表现为如下种类:

(1)当事人申请再审的可分为:法院依当事人申请提审判决书,依申请受指令/定法院按一审程序再审判决书,依申请受指令/定法院按二审程序再审判决书,依申请对本院案件按一审程序再审判决书,依申请对本院案件按二审程序再审判决书。

遗漏必须共同进行诉讼的当事人适用一审程序再审判决书。

案外人申请再审案件判决书。

(2)人民法院依职权再审用的判决书可分为:依职权对本院案件按一审程序再审用,依职权对本院案件按二审程序再审用,依职权提审用。

(3)人民检察院抗诉再审案件可分为:抗诉案件受指令法院按一审程序再审判决书,抗诉案件受指令法院按二审程序再审判决书,抗诉案件提审后的判决书。

(4)检察建议再审案件分为:依再审检察建议对本院案件按一审程序再审用判决书,依再审检察建议对本院案件按二审程序再审用判决书。

(5)小额诉讼再审案件分为:小额诉讼案件再审判决书,小额诉讼案件因程序不当再审判决书。

本节重点介绍根据《民事诉讼法》第 207 第 1 款、第 170 第 1 款制定,供上级人民法院根据当事人申请而提审,经审理后作出实体处理时使用的再审判决书。

三、格式

民事判决书(依申请提审判决用)

××××人民法院
民事判决书

(××××)……民再……号

再审申请人(一、二审诉讼地位):×××,……。

法定代理人/指定代理人/法定代表人/主要负责人:×××,……。

委托诉讼代理人:×××,……。

被申请人(一、二审诉讼地位):×××,……。

法定代理人/指定代理人/法定代表人/主要负责人:×××,……。

委托诉讼代理人:×××,……。

二审上诉人/二审被上诉人/第三人(一审诉讼地位):×××,……。

法定代理人/指定代理人/法定代表人/主要负责人:×××,……。

委托诉讼代理人:×××,……。

(以上写明当事人和其他诉讼参加人的姓名或者名称等基本信息)

再审申请人×××因与被申请人×××/再审申请人及×××……(写明案由)一案,不服××××人民法院(××××)……号民事判决/民事调解书,向本院申请再审。本院于××××年××月××日作出(××××)……号民事裁定,提审本案。本院依法组成合议庭,开庭审理了本案。再审申请人×××、被申请人×××(写明当事人和其他诉讼参加人的诉讼地位和姓名或者名称)到庭参加诉讼。(未开庭的,写明:本院依法组成合议庭审理了本案)。本案现已审理终结。

×××申请再审称,……(写明再审请求、事实和理由)。

×××辩称,……(概述被申请人的答辩意见)。

×××述称，……（概述原审其他当事人的意见）。

×××向一审法院起诉请求：……（写明一审原告的诉讼请求）。一审法院认定事实：……。

一审法院判决：……（写明一审判决主文）。

×××不服一审判决，上诉请求：……（写明上诉请求）。二审法院认定事实：……。（概述二审认定事实）。二审法院认为，……（概述二审判决理由）。二审法院判决：……（写明二审判决主文）。

围绕当事人的再审请求，本院对有争议的证据和事实认定如下：

……（写明再审法院采信证据、认定事实的意见和理由，对一审、二审法院认定相关的事实进行评判）。

本院再审认为，……（写明争议焦点，根据再审认定的案件事实和相关法律，对再审请求进行分析评判，说明理由）。

综上所述，……（对当事人的再审请求是否成立进行总结评述）。依照《中华人民共和国民事诉讼法》第二百零七条第一款、第一百七十条第一款第×项、……（写明援引的法律依据）规定，判决如下：

一、……；

二、……。

（以上分项写明判决结果）

一审案件受理费……元，由……负担；二审案件受理费……元，由……负担；再审案件受理费……元，由……负担（写明当事人姓名或名称、负担金额）。

审判长　×××

审判员　×××

审判员　×××

××××年××月××日

（院印）

书记员　×××

四、内容和制作方法

判决书由首部、事实、理由、判决结果和尾部等五部分组成。

（一）首部

首部依次写明标题、案号、诉讼参加人及其基本情况，以及案件由来、审判组织和开庭审理过程等，以体现审判程序的合法性。

1. 标题和案号。再审民事判决书中，标题的写法与第一审、第二审民事判决书基本相同。但是，涉及案号的写法与一审、二审民事判决书有所不同，主要是审级代字，应当写为："再初"或者"再终"。例如，山东省市高级人民法院 2020 年再审的第 1 号民事案件，应当写为："（2020）鲁民再终（或再初）1 号"。

2. 当事人的基本情况。应当写明再审申请人、被申请人的基本情况及原审地位。当事人是自然人的,应当写明姓名、性别、出生年月日、民族、工作单位和职务或者职业、住所。

当事人是法人或者其他组织的,应当写明名称、住所。另起一行写明法定代表人或者主要负责人的姓名、职务。叙写当事人的基本情况需要注意以下几个问题:

(1)在再审申请人和被申请人之后,要注明其在一审或者二审中的诉讼地位。其他法律文书写作当事人按原审诉讼地位表述,例如,一审终审的,列为"原审原告""原审被告""原审第三人"。二审终审的,列为"二审上诉人(一审原告)""二审被上诉人(一审被告)"等。

(2)如果原审遗漏了共同诉讼人,再审将其追加为当事人的,其诉讼地位直接写为:"原告""被告",不必表述为"再审原告"或者"追加原告"等。

(3)如果再审是检察机关抗诉引起的,应当在当事人前,先写明"抗诉机关××××人民检察院";然后写明申诉人和被申诉人的基本情况。

3. 诉讼代理人的身份事项。写法与第一审民事判决书基本相同。

4. 案由、审判组织、审判方式和开庭审理经过。根据我国《民事诉讼法》规定,已经发生法律效力的判决、裁定和调解书有错误,引起再审的方式主要有三种:一是经原审法院决定,或者上级法院指令或提审引起再审;二是由当事人申请引起再审;三是人民检察院抗诉引起再审。因此,这部分内容根据再审案件的来源不同,叙写方式也存在区别。具体内容如下:

(1)依当事人申请而提审,经审理后作出实体处理的,写为:再审申请人×××因与被申请人×××/再审申请人×××……(写明案由)一案,不服××××人民法院(××××)……号民事判决/民事调解书,向本院申请再审。本院于××××年××月××日作出(××××)……号民事裁定,提审本案。本院依法组成合议庭,开庭审理了本案。

再审申请人×××、被申请人×××(写明当事人和其他诉讼参加人的诉讼地位和姓名或者名称)到庭参加诉讼。(未开庭的,写明:本院依法组成合议庭审理了本案)本案现已审理终结。

(2)依当事人申请,受指令或者受指定再审,按照第一审程序审理后,作出实体判决的,写为:再审申请人×××因与被申请人×××/再审申请人×××……(写明案由)一案,不服本院/××××人民法院(××××)民×……号民事判决/民事调解书,向××××人民法院申请再审。××××人民法院于××××年××月××日作出(××××)民×号民事裁定,指令/指定本院再审本案。本院依法另行/依法组成合议庭(指定再审的不写另行),开庭审理了本案。再审申请人×××、被申请人×××(写明当事人和其他诉讼参加人的诉讼地位和姓名或者名称)到庭参加诉讼。本案现已审理终结。

(3)依当事人申请,受指令或者受指定再审,按照第二审程序审理后,作出实体判决的,写为:再审申请人×××因与被申请人×××/再审申请人×××……(写明案由)一案,不服本院/××××人民法院(××××)……号民事判决/民事调解书,向××××人民法院申请再审。××××人民法院于××××年××月××日作出(××××)……号民事裁定,指令/指定本院再审本案。本院依法另行/依法组成合议庭(指定再审的不写另行),开庭审理了本案。再审申请人×××、被申请人×××(写明当事人和其他诉讼参加人的诉讼地位和姓名或者名称)到庭参加诉讼。(未开庭的,写明:本院依法组成合议庭审理了本案)本案现已审理终结。

(4)原审法院依当事人申请裁定再审,按照第一审程序审理后,作出实体判决的,写为:再审申请人×××因与被申请人×××/再审申请人×××……(写明案由)一案,不服本院/××××人民法院(××××)……民×……号民事判决/民事调解书,向本院申请再审。本院于××××年××月××日作出(××××)……民×……号民事裁定再审本案。本院依法另行组成合议庭,开庭审理了本案。再审申请人×××、被申请人×××(写明当事人和其他诉讼参加人的诉讼地位和姓名或者名称)到庭参加诉讼。本案现已审理终结。

(5)原审法院依当事人申请裁定再审,按照第二审程序审理后,作出实体判决的,写为:再审申请人×××因与被申请人×××/再审申请人×××……(写明案由)一案,不服本院(××××)……民×……号民事判决/民事调解书,向本院申请再审。本院于××××年××月××日作出(××××)……民×……号民事裁定再审本案。本院依法另行组成合议庭,开庭审理了本案。再审申请人×××、被申请人×××(写明当事人和其他诉讼参加人的诉讼地位和姓名或者名称)到庭参加诉讼。本案现已审理终结。

(6)检察机关抗诉引起再审的,按照第一审程序审理后,作出实体判决的,写为:申诉人×××因与被申诉人×××及×××(写明原审其他当事人诉讼地位、姓名和名称)……(写明案由)一案,不服本院(××××)……号民事判决/民事裁定,向××××人民检察院提出申诉。××××人民检察院作出……号民事抗诉书,向××××人民法院提出抗诉。××××人民法院作出(××××)……号民事裁定,指令本院再审案件。本院依法另行组成合议庭,开庭审理了本案。××××人民检察院指派检察员×××出庭。

申诉人×××、被申诉人×××(写明当事人和其他诉讼参加人的诉讼地位和姓名或者名称)到庭参加诉讼。本案现已审理终结。

(7)检察机关抗诉引起再审的,按照第二审程序审理后,作出实体判决的,写为:申诉人×××因与被申诉人×××及×××(写明原审其他当事人诉讼地位、姓名和名称)……(写明案由)一案,不服本院(××××)……号民事判决/民事裁定,向××××人民检察院提出申诉。××××人民检察院作出……号民事抗诉书,向××××人民法院提出抗诉。××××人民法院作出(××××)……号民事裁定,指令本院再审案件。本院依法另行组成合议庭,开庭审理了本案。××××人民检察院指派检察员×××

出庭。

申诉人×××、被申诉人×××(写明当事人和其他诉讼参加人的诉讼地位和姓名或者名称)到庭参加诉讼。(未开庭的,写明:本院依法组成合议庭审理了本案)本案现已审理终结。

(二) 事实

包括双方当事人争议的事实;原审判决认定的事实、理由和判决结果;经人民法院再审认定的事实和证据。

判决书对案件事实、原审过程等部分的写法,应根据案件的具体情况,灵活处理。总体要求概述从最初发生诉讼直到本次再审的基本脉络。包括:第一,当事人在再审中的诉辩意见。先写再审诉讼请求,再写再审事实和理由。第二,当事人在本案以往诉讼中的诉讼请求,事实和理由。尤其要写明原告的一审诉讼请求。当事人在二审程序中的诉辩主张可以视情况简写,但上诉请求不应省略。第三,本案历次裁判认定的基本事实。应当注意繁简得当,着重叙述与本次再审争议相关的事实,其他事实概括叙述。第四,历次裁判的基本理由。一审理由可以省略,但再审维持一审裁判结果的,应概述一审理由;原生效判决的说理适当归纳后简要写明。第五,历次裁判案号、裁判主文的准确内容。

经人民法院再审认定的事实和证据。这部分内容是再审裁决作出的基础,应当对一审、二审认定的事实进行评判,是文书叙写的重点内容。尤其是对双方当事人有争议的事实,应当重点加以分析、论证。需要注意的是,如果原审判决认定事实清楚,事实部分可以简单叙述,重点叙述改判所依据的事实;如果原审判决确实存在认定事实错误,再审认定事实部分的内容,应当详细、具体的叙写。同时,应当写明再审法院采信的证据。

(三) 理由

本院认为部分,应围绕当事人的再审理由是否成立、再审请求是否应予支持进行分析评判,并同时对原审相关认定结论是否正确作出评价。包括事理和法理论证分析。

(1)事理论证,应当围绕当事人的再审理由是否成立,再审请求是否应予支持,进行评判。同时,对原审相关结论是否正确进行评价。如果原审认定事实错误,在阐述理由时,主要应当指出由于原审认定事实的错误,导致适用法律和判决结果的错误。如果原审认定事实正确,只是适用法律错误,应当指出由于原审适用法律的错误,导致判决结果的不正确。如果检察机关的抗诉和当事人申请再审的理由全部是正确的,应当予以采纳;如果部分正确部分错误的,对正确的部分予以采纳,对错误的部分予以批驳。

(2)法理论证,既是引用法律依据说明理由。再审民事判决书阐述理由需要具有针对性。既针对原审判决,也针对检察机关的抗诉和当事人提出的再审申请主张。

同时,应当注意法律条文的引用。再审民事判决书引用法律条文要求具有针对性,应当全面。再审维持原判的,一般只引用程序法条文。再审改判的,不仅需要引用程序法,也需要引用实体法。引用法律、法规、司法解释应当全面。再审维持原判的,一般只引程序法条文。再审改判的,应当同时引用实体法条文和程序法条文。

（四）判决结果

判决主文应当对当事人的全部诉讼请求作出明确具体的裁判,表述应当完整、准确、便于执行。一般可以区分以下不同情形处理:

（1）维持原判的,只写明“维持××××人民法院……号民事判决”。对此前的历次裁判不写。

（2）全部改判的,应首先按照由后向前的顺序撤销历次裁判,然后再写明重新判决的内容。

（3）部分改判的,如采用“维持某判决某项,撤销某判决某项,变更某判决某项,增加新判项”等写法可能导致混乱、难于理解的,应撤销前面的所有判决内容,重新作出判决。部分改判的,应写明维持或者撤销原判的某项,然后写明改判的内容。

（4）改判后,如果对一审当事人的诉讼请求没有全部支持的,还应增加“驳回……的其他诉讼请求”的判项。

（5）改判后有金钱给付内容的,应另起一行写明:“如果未按本判决指定的期间履行给付金钱义务,应当依照《中华人民共和国民事诉讼法》第二百五十三条之规定,加倍支付迟延履行期间的债务利息。”

（五）尾部

写明诉讼费用的负担、判决的法律效力、合议庭组成人员署名、日期和书记员署名。

再审维持原判且有再审诉讼费用的,只写明再审诉讼费用负担。再审改判的,应当对一、二审以及本次再审诉讼费用负担一并作出决定。

我国《民事诉讼法》第 207 条规定:人民法院按照审判监督程序再审的案件,发生法律效力的判决、裁定是由第一审法院作出的,按照第一审程序审理,所作的判决、裁定,当事人可以上诉;发生法律效力的判决、裁定是由第二审法院作出的,按照第二审程序审理,所作的判决、裁定,是发生法律效力的判决、裁定;上级人民法院按照审判监督程序提审的,按照第二审程序审理,所作的判决、裁定是发生法律效力的判决、裁定。人民法院审理再审案件,应当另行组成合议庭。根据上述法律规定,再审民事判决书尾部的写法,可以参照第一审民事判决书和第二审民事判决书尾部的写法。

按照第一审程序再审的,在判决书的尾部写明上诉事项,写法参照第一审民事判决书。按照第二审程序再审的,应当写明“本判决为终审判决”。

五、实例

实例:××省高级人民法院民事判决书(再审使用)

第六节 民事裁定书

一、概念

民事裁定书是人民法院在审理民事案件和民事判决执行过程中,为解决程序问题作出的书面决定。民事裁定不同于民事判决,它只解决程序问题,不解决实体问题。《民事诉讼法》第 154 条规定,裁定适用于下列范围:(一)不予受理;(二)对管辖权有异议的;(三)驳回起诉;(四)保全和先予执行;(五)准许或者不准许撤诉;(六)中止或者终结诉讼;(七)补正判决书中的笔误;(八)中止或者终结执行;(九)撤销或者不予执行仲裁裁决;(十)不予执行公证机关赋予强制执行效力的债权文书;(十一)其他需要裁定解决的事项。对前款第一项至第三项裁定,可以上诉。裁定书应当写明裁定结果和作出该裁定的理由。裁定书由审判人员、书记员署名,加盖人民法院印章。而且裁定可以书面形式作出,也可以口头形式表达,《民事诉讼法》第 154 条第 11 项中规定口头裁定的,记入笔录。

在民事案件的审理和民事判决执行过程中,以至在审判监督程序中,均可作出裁定;一个案件可以作出若干个裁定,从不同的方面解决不同的问题。从某种意义上来说。裁定书比判决书具有更强的时间性,内容上比判决书要简单。

二、类别

根据适用程序的不同,可分为第一审民事裁定书、第二审民事裁定书、再审民事裁定书、督促民事裁定书、公示催告民事裁定书、非讼程序和执行裁定书七种。

适用民事裁定的情形还包括:用简易程序审理的案件改为普通程序审理、确认司法协议有效、依职权对本院案件再审后发回重审、督促程序驳回申请人申请、终结公示催告程序、二审发回重审、二审撤回上诉、裁定驳回再审申请等。

本节择要予以介绍。

三、第一审民事裁定书

(一)概念

第一审民事裁定书是指人民法院在审理第一审民事案件的过程中,为解决程序问题做出的书面决定。

《民事诉讼法》第154条规定了第一审民事裁定适用的范围有11项,即起诉不予受理;对管辖权有异议的;驳回起诉;财产保全和先予执行;准许或者不准撤诉;中止或者终结诉讼;补正判决书中的笔误;中止或者终结执行;撤销或者不予执行仲裁裁决;不予执行公证机关赋予强制执行效力的债权文书;其他需要裁定解决的事项。针对这11种情况可以制作出不同内容的第一审民事裁定书,每一种情况都有相应的格式,这里采用综述的方式予以比较说明。

(二) 格式(对起诉不予受理用)

××××人民法院
民事裁定书

(××××)……民初……号

起诉人:×××,……。

……

(以上写明起诉人及其代理人的姓名或者名称等基本信息)

××××年××月××日,本院收到×××的起诉状。起诉人×××向本院提出诉讼请求:

1.……;2.……(明确原告的诉讼请求)。事实和理由:……(概述原告主张的事实和理由)。

本院经审查认为,……(写明对起诉不予受理的理由)。

依照《中华人民共和国民事诉讼法》第一百一十九条、第一百二十三条规定,裁定如下:

对×××的起诉,本院不予受理。

如不服本裁定,可以在裁定书送达之日起十日内,向本院递交上诉状,上诉于××××人民法院。

审判长　×××
审判员　×××
审判员　×××
××××年××月××日
(院印)
书记员　×××

(三) 内容和制作方法

民事裁定书由首部、正文、尾部三部分组成。

1. 首部。写法与一审民事判决书基本相同。

(1)标题。分两行写出制作机关"××××人民法院"和文书名称"民事裁定书"。

(2)案号。位于标题右下方一行处写出"(年度)×民初字第×号",但诉前财产保全的写为:(××××)……财保……号,诉讼财产保全的裁定书案号用诉讼案件的类型代字,写为:(××××)……民×……号。解除保全措施的裁定书案号,其中在诉讼中解除保全的,用诉讼案件类型代字,其他解除保全的,用保全裁定的类型代字。根据《最高人民法院关于在同一案件多个裁判文书上规范使用案号有关事项的通知》,对同一案件出现多个裁定书的,首份裁定书直接使用案号,第二份裁定书开始在案号后缀"之一""之二"等,以示区别。

补正法律文书中笔误用的裁定书,案号与被补正的法律文书案号相同。

(3)诉讼参加人的情况。所涉项目与一审民事判决书相同,只是在出现下列情况时,当事人的称谓应做相应变化。如,不予受理起诉的当事人不称"原告"而称"起诉人",且不列被起诉人,诉前财产保全的、诉讼财产保全的当事人称"申请人"和"被申请人"。解除保全的裁定书,需要区别对待,诉前保全与诉讼保全的写为"解除保全申请人"和"被申请人",人民法院依职权裁定解除保全的,当事人按照原裁定保全案件的当事人列。

2. 正文。一般包括案由、事实、理由和裁定结果四项内容。由于民事裁定书只是就民事诉讼中程序上的某一具体问题作出的书面决定,而不像判决书那样是针对全案实体问题所得出的总结性决定,因而裁定书的正文在内容上比较简单。下面择要说明。

(1)起诉不予受理的,根据《民事诉讼法》第119条、第123条规定,第一审人民法院因起诉人的起诉不符合起诉条件裁定不予受理。正文的第一段写明起诉的事由,第二段写明不符合起诉条件而不予受理的理由,以及法律依据,第三段写明裁定结果。格式如下:

"××××年××月××日,本院收到×××的起诉状,……。

经审查认为,……。

依照《中华人民共和国民事诉讼法》第一百一十九条、第一百二十三条的规定,裁定如下:

对×××的起诉,本院不予受理。"

(2)对管辖权提出异议的,根据《民事诉讼法》第127条第1款规定,第一审人民法院对当事人提出的管辖权异议,裁定移送管辖或者驳回异议,写为:

"原告×××与被告×××、第三人×××……(写明案由)一案,本院于××××年××月××日立案。

×××诉称,……(概述原告的诉讼请求、事实和理由)。

×××在提交答辩状期间,对管辖权提出异议认为,……(概述异议内容和理由)。

本院经审查认为,……(写明异议成立或不成立的事实和理由)。

依照《中华人民共和国民事诉讼法》第×条、第一百二十七条第一款规定,裁定如下:"

下一段写明裁定结果。分两种情况:第一,异议成立的,写为:"×××对管辖权提出的异议成立,本案移送××××人民法院处理。"第二,异议不成立的,写为:"驳回×××对本案管辖权提出的异议。"

(3)驳回起诉的,写为:

"原告×××与被告×××(姓名)××(案由)一案,本院于××××年××月××日立案后,依法进行审理。

×××向本院提出诉讼请求:1.……;2.……(明确原告的诉讼请求)。事实和理由:……(概述原告主张的事实和理由)。

本院经审查认为,……(写明驳回起诉的理由)。

依照《中华人民共和国民事诉讼法》第一百一十九条/第一百二十四条第×项、第一百五十四条第一款第三项、《最高人民法院关于适用〈中华人民共和国民事诉讼法〉的解释》第二百零八条第三款规定,裁定如下:

驳回×××的起诉。"

其中驳回起诉的理由,应根据案件的不同情况,分别写明原告的起诉请求不属于人民法院管辖,或者虽属人民法院管辖但依法应在一定期限内不得起诉,或者原告的起诉不符合《民事诉讼法》第119条规定的起诉条件,或者原告是不符合条件的当事人,或者被告是不符合条件的当事人等,并应注意针对原告的请求充分说明道理。例如:

原告梁某某、曹某某与被告马某某、刘某某生命权、健康权、身体权纠纷一案,本院于2019年4月26日立案后,依法公开进行了审理。

梁某某、曹某某向本院提出诉讼请求:1.判令被告赔偿原告死亡赔偿金1359800元;被扶养人梁某某生活费188100元;丧葬费50802元;办理丧葬事宜的交通费5000元;住宿费、伙食费2000元;误工费20000元;精神损害抚慰金100000元,共计1725702元;2.二被告承担连带责任;3.诉讼费由被告承担。事实与理由:本案死者曹某,女,1999年5月24日出生,××省×××市××县××乡××村人。二原告为曹某父母。曹某于2016年到北京工作。2018年7月20日与本案被告马某某签订《房屋租赁合同》并实际入住。该租赁房屋位于××市××区。2018年7月24日晚,曹某于该租住房屋的浴室内洗澡时遭电击死亡。2018年9月3日,××市公安局××分局(以下简称××分局)出具了《鉴定意见通知书》,载明曹某的死亡原因鉴定意见为"符合电击死"。2018年9月5日,××分局出具了《死亡证明》,载明曹某"经××市××区公安司法鉴定中心检验后,符合电击死亡"。根据公安机关出具的上述鉴定意见和死亡证明,证实曹某系在该出租房屋的浴室洗澡时触电身亡的事实。被告马某某作为房屋的出租人,应确保租赁房屋内的各项设施正常、安全使用,保障承租人的人身安全不受侵害。而被告未尽到安全保障义务,导致承租人曹某使用电热水器时触电身亡。因此,原告作为死者的近亲属,请求法院判如所请。

本院经审查认为,被告马某某的行为涉嫌过失致人死亡罪,已由××市公安局××分局立案侦查。目前该刑事案件正在侦查处理期间。根据"先刑后民"的原则,应由刑事案件先行处理之后,再进行民事赔偿案件的审理。同时,梁某某、曹某某也有权在刑事案件审理过程中,依法提起刑事附带民事诉讼。因此,本案暂不具备处理条件,对于梁某某、曹某某的起诉,依法应予驳回。梁某某、曹某某亦可在刑事案件审理终结后,根据案件的审理情况,再行决定是否另行提起民事赔偿诉讼。综上,依照《中华人民共和国民事诉讼法》第一百一十九条、第一百五十四条第一款第(三)项之规定,裁定如下:

驳回原告梁某某、曹某某的起诉。

小额诉讼程序裁定驳回起诉的,适用民事裁定书(小额诉讼程序驳回起诉用)。

(4)诉前财产保全的,写为:

"申请人×××于××××年××月××日向本院申请诉前财产保全,请求对被申请人××
×……(写明申请采取财产保全措施的具体内容)。申请人×××/担保人×××以……
(写明担保财产的名称、数量或者数额、所在地点等)提供担保。

本院经审查认为,……(写明采取财产保全措施的理由)。依照《中华人民共和国民事诉讼法》第一百零一条、第一百零二条、第一百零三条第一款规定,裁定如下:"

裁定结果应写明采取财产保全的具体措施及被保全财产的名称、数量或数额内容,"查封/扣押/冻结被申请人×××的……(写明保全财产名称、数量或者数额、所在地点等),期限为……年/月/日(写明保全的期限)"。例如:

申请人××省××集团有限公司于2020年7月2日向本院申请诉前财产保全,请求冻结被申请人账户资金人民币158753984.1元,或查封、扣押被申请人名下同等价值的其他财产(详见保全财产清单)。申请人以××财产保险股份有限公司诉前财产保全责任保险保单保函(财产保全申请人××省××集团有限公司,担保金额:人民币158753984.1元,保单号码:666×××0200000052)提供担保。

本院经审查认为,申请人提出诉前财产保全申请,同时提供保全担保,符合法律规定。依照《中华人民共和国民事诉讼法》第一百零一条、第一百零二条、第一百零三条第一款规定,裁定如下:

一、对被申请人×县××置业有限公司的下列银行账户内的存款在158753984.1
元范围内予以冻结,冻结期限一年:

1. 开户行:中国农业银行股份有限公司×县××支行,账号:12×××10;

2. 开户行:中国银行股份有限公司×县支行,账号:17×××23;

……。

二、若被申请人以上账户资金不足158753984.1元,则继续查封被申请人×县××置业有限公司开发的位于×县交口西北侧的××壹号项目未出售的房产,查封期限三年。

三、以上冻结及查封总价值以158753984.1元为限。

(5)诉讼财产保全的,写为:

"……(写明当事人及案由)一案,申请人×××于××××年××月××日向本院申请财产保全,请求对被申请人×××……(写明申请采取财产保全措施的具体内容)。申请人×××/担保人×××以……(写明担保财产的名称、数量或者数额、所在地点等)提供担保。

本院经审查认为,……(写明采取财产保全措施的理由)。依照《中华人民共和国民事诉讼法》第一百条、第一百零二条、第一百零三条第一款规定,裁定如下:

查封/扣押/冻结被申请人×××的……(写明保全财产名称、数量或者数额、所在地点等),期限为……年/月/日(写明保全的期限)。"

其中申请人"申请采取财产保全措施的具体内容"应写明对被申请人在何地的何种财产采取保全方法。如:"本院在审理×××工业总厂诉×××商品基地建设公司加工承揽合同纠纷一案中,申请人×××工业总厂于××××年4月17日向本院提出财产保全的申请,请求对被申请人存放在×××经贸公司仓库内的大豆2200吨予以查封,申请人×××以其所有的大豆油800吨提供担保。"

(6)依职权诉讼保全的,根据《民事诉讼法》第100条第1款规定,人民法院在诉讼过程中,依职权采取保全措施,写为:

"……(写明当事人及案由)一案,本院于××××年××月××日立案。

本院经审查认为,……(写明依职权采取诉讼保全措施的理由)。依照《中华人民共和国民事诉讼法》第一百条第一款规定,裁定如下:

……(写明保全措施)。"

法院依职权采取财产保全的,应写明客观存在的足以影响未来判决不能执行或难以执行的事实根据和必须采取保全措施的理由。如:"本院在审理原告范某诉被告林某、乔某某房屋纠纷一案中,被告林某、乔某某所出卖的丁字巷十号房屋一栋,原告范某对此房产权有争议。"然后另起一段写:"本院为了便于本案审理,保障公民的合法权益,决定对该房采取诉讼保全措施。依照《中华人民共和国民事诉讼法》第100条第1款之规定,裁定如下:"其裁定结果应具体写明作为保全标的的财产名称、数量或数额以及保全的方法,如"对丁字巷十号房屋立即予以查封"。

(7)解除财产保全的,根据《民事诉讼法》第101条第3款以及《最高人民法院关

于适用〈中华人民共和国民事诉讼法〉的解释》第 166 条制定,供人民法院在采取保全措施后,依法裁定解除保全措施。写为:

"……(写明当事人及案由)一案,本院于××××年××月××日作出(××××)……号民事裁定,……(写明已经采取的保全措施)。×××于××××年××月××日向本院申请解除上述保全措施。

本院经审查认为,……(写明解除保全的事实和理由)。依照《中华人民共和国民事诉讼法》第一百零一条第三款/《最高人民法院关于适用〈中华人民共和国民事诉讼法〉的解释》第一百六十六条第一款第×项规定,裁定如下:

解除对×××(被保全人姓名或者名称)的……(写明保全措施)。"

不论是诉前或诉讼财产保全还是法院依职权采取财产保全措施的实行,在予以解除时,都采用如上写法。例如:

"原告范某与被告林某、乔某某房屋纠纷一案,本院于××××年 3 月 19 日作出(××××)×民初字第×号财产保全的裁定,对丁字巷十号房屋采取查封的诉讼保全措施。

本院经审查认为,现因双方在诉讼过程中,经本院主持调解,已达成了协议,本院于 6 月 13 日向双方送达了(××××)×民初字第××号民事调解书,双方在当天就该调解书所确定的各自的义务自动履行完毕。依照《最高人民法院关于适用〈中华人民共和国民事诉讼法〉的解释》第一百六十六条第一款第(四)项规定,裁定如下:

解除对丁字巷十号房屋的查封。"

(8)先予执行的,写为:

"……(写明当事人及案由)一案,申请人×××于××××年××月××日向本院申请先予执行,请求……(写明先予执行内容)。申请人×××/担保人×××向本院提供……(写明担保财产的名称、数量或者数额、所在地点等)作为担保(不提供担保的,不写)。

本院经审查认为,申请人×××的申请符合法律规定。依照《中华人民共和国民事诉讼法》第一百零六条、第一百零七条规定,裁定如下:

……(写明先予执行的内容)。"

例如:

"原告张某某与被告王某某、××合群物流有限公司、中国人民财产保险股份有限公司××市分公司、中国人寿财产保险股份有限公司××市高新支公司机动车交通事故责任纠纷一案,申请人张某某于 2020 年 6 月 16 日向本院申请先予执行,请求法院裁定被申请人中国人民财产保险股份有限公司××市分公司在其承保保险限额内支付申请人产生的医疗费 64574.66 元。担保人杜某某向本院提供其所有的云 J×× 号小型轿车作为担保。

本院经审查认为，张某某驾驶云 J×× 号轻型栏板货车与王某某驾驶的皖 F×× 号重型半挂牵引车发生交通事故，经公安机关认定，王某某负事故全部责任，张某某不负事故责任。王某某驾驶车辆登记的车辆所有人为××合群物流有限公司，该车在中国人民财产保险股份有限公司××市分公司投保了交强险和商业三者险 100 万元（附不计免赔险），现张某某受伤住院治疗急需医疗费用，张某某申请的先予执行符合法律规定。根据张某某提供的××县安民医院住院汇总清单，结合本案具体情况，准予先予执行中国人民财产保险股份有限公司××市分公司 60000 元。

依照《中华人民共和国民事诉讼法》第一百零六条、第一百零七条规定，裁定如下：

一、被申请人中国人民财产保险股份有限公司××市分公司于 2020 年 6 月 25 日前支付申请人张某某先予执行款 60000 元，该款直接汇入本院指定账户（户名：张某某，开户行：××省××县农村信用合作联社，账号：62×××60）。

二、查封担保人杜某某所有的云 J×× 号小型轿车，查封期限：两年；前述车辆查封期间，由杜某某保管使用，任何单位或个人不得对前述车辆进行处分、毁损、设定权利负担等，否则将承担相应法律责任。"

（9）准许或者不准许撤诉的，写为：

"……（写明当事人及案由）一案，本院于××××年××月××日立案。原告×××于××××年××月××日向本院提出撤诉申请。

本院认为，……（写明准许/不准许撤诉的理由）。

依照《中华人民共和国民事诉讼法》第一百四十五条第一款规定，裁定如下：

准许×××撤诉。"

对于不准撤诉的，法律依据和裁定结论应写明：

"依照《中华人民共和国民事诉讼法》第一百四十五条第一款、《最高人民法院关于适用〈中华人民共和国民事诉讼法〉的解释》第二百三十八条第×款规定，裁定如下：

不准许×××撤诉。"

一般可用口头裁定，记入笔录，必要时也可使用书面裁定。裁定书中不准撤诉的理由，有两种情形：一是根据《最高人民法院关于适用〈中华人民共和国民事诉讼法〉的解释》第 238 条第 1 款规定，当事人有违反法律的行为需要依法处理；二是根据《最高人民法院关于适用〈中华人民共和国民事诉讼法〉的解释》第 238 条第 2 款规定，法庭辩论终结后原告申请撤诉，被告不同意。应当写明撤诉请求为什么不合法，或者

会损害国家、集体或者他人的权益等;准予撤诉的,可写得概括一些。例如:

"原告张某与告刘某某离婚一案,本院于××××年××月××日立案。原告张某于××××年 10 月 7 日向本院提出撤诉申请。

本院认为,原、被告已自愿和好,且原告张某提出撤诉申请,依照《中华人民共和国民事诉讼法》第一百四十五条第一款、第一百五十四条第二款第五项的规定,裁定如下:

准许原告张某撤诉。"

(10)补正法律文书中笔误的,写为:

"本院于××××年××月××日对……(写明当事人及案由)一案作出(××××)……民×……号……(写明被补正的法律文书名称),存在笔误,应予补正。

依照《中华人民共和国民事诉讼法》第一百五十四条第一款第七项、《最高人民法院关于适用〈中华人民共和国民事诉讼法〉的解释》第二百四十五条规定,裁定如下:

(××××)……民×……号……(写明被补正的法律文书名称)中'……'(写明法律文书误写、误算,诉讼费用漏写、误算和其他笔误)补正为'……'(写明补正后的内容)。"

该文书不需要写明首部、事实、法律依据等内容。法律文书既包括判决书,也包括裁定书、调解书、决定书等其他法律文书。法律文书中的笔误是指法律文书误写、误算,诉讼费用漏写、误算和其他笔误。

(11)中止或终结诉讼的,写为:

"……(写明当事人及案由)一案,本院于××××年××月××日立案。

本案在审理过程中,……(写明中止/终结诉讼的事实依据)。

本院经审查认为,……(写明中止/终结诉讼的理由)。

依照《中华人民共和国民事诉讼法》第一百五十条第一款第×项(终结诉讼的写:第一百五十一条第×项)、第一百五十四条第一款第六项规定,裁定如下:

本案中止/终结诉讼。"

当一审法院在审理民事、经济纠纷案件的过程中,因遇有《民事诉讼法》第 150 条或第 151 条所规定的某种特定情况,需作出暂时停止诉讼或者结束诉讼的决定时,应使用本裁定书。其中应写明的"中止或终结诉讼的事实根据",是指客观存在的或已发生的某种致使诉讼中断或者不能继续进行的事实。中止诉讼有以下情形:①一方当事人死亡,需要等待继承人表明是否参加诉讼的;②一方当事人丧失诉讼行为能力,尚未确定法定代理人的;③作为一方当事人的法人或者其他组织终止,尚未确定权利义务承受人的;④一方当事人因不可抗拒的事由,不能参加诉讼的;⑤本案必须以另一案的审理结果为依据,而另一案尚未审结的;⑥其他应当中止诉讼的情形。中止诉讼的原因消除后,恢复诉讼。终结诉讼的情形:①原告死亡,没有继承人,或者继承人放弃诉讼权利的;②被告死亡,没有遗产,也没有应当承担义务的人的;③离婚案件一方当事人死亡的;④追索赡养费、扶养费、抚育费以及解除收养关系案件的一方当事人死亡的。例如:

"原告蒋刘某与被告尹某离婚一案,本院于××××年××月××日立案。

本案在审理过程中,被告尹某突然发病住院,经诊断患有妄想型精神分裂症,被告尹×的法定代理人一时无法确定。

本院经审查认为,本案符合一方当事人丧失诉讼行为能力,尚未确定法定代理人的情形。

依照《中华人民共和国民事诉讼法》第一百五十条第一款第二项的规定,裁定如下:

本案中止诉讼。"

3. 尾部

(1)诉讼费用。一审民事裁定书因内容不同而有所变化。对起诉不予受理、驳回起诉、不准许撤诉、中止诉讼、补正法律文书中笔误的裁定书不涉及诉讼费用事项,其他裁定书在裁定结果之后另起一段写明诉讼费用的负担。关于诉讼费用的写法因情况不同而存在差别。

涉及管辖异议的裁定书,当事人提出案件管辖权异议,异议不成立的,由提出异议的当事人交纳案件受理费;异议成立的,当事人均不交纳案件受理费。

准许撤诉的裁定书,表述为"案件受理费……元,减半收取计……元,由×××负担"。终结诉讼用的裁定书,表述为"×××已经预交的案件受理费……元,不予退还"。

诉前财产保全、诉讼财产保全、依职权采取诉讼保、解除保全的、先于执行的裁定书,均表述为"案件申请费……元,由……负担(写明当事人姓名或者名称、负担金额)"。

(2)诉权交代。驳回起诉、不予受理起诉和驳回管辖异议的裁定书,要交代上诉权,当事人在中华人民共和国领域内没有住所的,尾部上诉期改为三十日,即"可以在裁定书送达之日起三十日内"。财产保全的裁定,在诉讼费用项之后另起一段分别写明:"本裁定立即开始执行。"涉及财产保全和先予执行的民事裁定,当事人不服,可以依法申请复议。因此,财产保全和先予执行的民事裁定书,在尾部应当交代申请复议权"如不服本裁定,可以自收到裁定书之日起五日内向本院申请复议一次。复议期间不停止裁定的执行"。申请诉前财产保全的,在民事裁定书中,交代申请复议权之后,还应当写明:"申请人在人民法院采取保全措施后三十日内不依法提起诉讼或者申请仲裁的,本院将依法解除保全。"

（3）署名和时间以及加盖"本件与原本核对无异"的印戳、加盖院印。适用普通程序的,落款中的"审判员"可以为"代理审判员"或者"人民陪审员"。适用简易程序的,落款中的署名为"审判员"或者"代理审判员"。

（四）实例

实例1:××省××市人民法院民事裁定书(起诉不予受理)

实例2:××市××区人民法院民事裁定书(简易程序转普通程序)

四、第二审民事裁定书

（一）适用范围及制作要求

根据《民事诉讼法》第154条、第170条、第171条、第173条,以及《最高人民法院关于适用〈中华人民共和国民事诉讼法〉的解释》规定,二审民事裁定适用的范围有下列8种情况。下面分别说明其正文部分,首部、尾部写法参考第二审民事判决书。

1. 二审发回重审的,写为:

"上诉人×××因与被上诉人×××/上诉人×××及原审原告/被告/第三人×××……(写明案由)一案,不服××××人民法院(××××)……民初……号民事判决,向本院提起上诉。本院依法组成合议庭对本案进行了审理。

本院认为,……(写明原判决认定基本事实不清或者严重违反法定程序的问题)。依照《中华人民共和国民事诉讼法》第一百七十条第一款第×项规定,裁定如下:

一、撤销××××人民法院(××××)……民初……号民事判决;

二、本案发回××××人民法院重审。

上诉人×××预交的二审案件受理费……元予以退回。"

上一级人民法院在对民事二审案件进行审理时,发现一审判决存在认定基本事实不清,或者严重违反法定程序的情形,发回一审法院重审。如果一审判决认定基本事实不清被发回重审的,引用《民事诉讼法》第170条第1款第3项;如一审判决严重违反法定程序被发回重审的,引用《民事诉讼法》第170条第1款第4项。

该裁定书不写当事人起诉情况以及二审认定事实情况,应全面阐述发回重审的理由,不再另附函。

2. 二审准许/不准许撤回上诉的,写为:

"上诉人×××因与被上诉人×××/上诉人×××及原审原告/被告/第三人×××……(写明案由)一案,不服××××人民法院(××××)……民初……号民事判决/裁定,向本院提起上诉。本院依法组成合议庭对本案进行了审理。

本院审理过程中,……(简要写明上诉人提出撤回其上诉的情况,包括时间和理由)。

本院认为,×××在本案审理期间提出撤回上诉的请求,不违反法律规定,本院予以准许。[不准许撤回上诉的,写为:本院认为,×××虽在本案审理期间提出撤回上诉的请求,但经审查,……(写明不准许撤回上诉的理由)]依照《中华人民共和国民事诉讼法》第一百七十三条规定(不准许撤回上诉的,写为:依照《中华人民共和国民事诉讼法》第一百七十三条、《最高人民法院关于适用〈中华人民共和国民事诉讼法〉的解释》第三百三十七条规定),裁定如下:

准许×××撤回上诉。一审判决/裁定自本裁定书送达之日起发生法律效力。[不准许撤回上诉的,写为:不准许×××(写明上诉人的姓名或名称)撤回上诉。]

二审案件受理费……元,减半收取……元,由上诉人……负担(如一审为裁定案件,则无需写诉讼费用负担情况)。(不准许撤回上诉的不写此项)

本裁定为终审裁定。(不准许撤回上诉的不写此项)"

该裁定书应写明准许撤回上诉或不准许撤回上诉的理由。

另外,上一级人民法院在审理上诉案件过程中,上诉人收到法院催缴案件受理费的通知后仍不予缴纳或申请减缓免未获批准,法院可按其自动撤回上诉处理。未交二审案件受理费按撤回上诉处理用的裁定书,正文可写为:

"本院审理过程中,……(简要写明上诉人收到法院催缴案件受理费的通知后仍不予缴纳,或申请减缓免未获准的情况)。依照《中华人民共和国民事诉讼法》第一百五十四条第一款第十一项、《最高人民法院关于适用〈中华人民共和国民事诉讼法〉的解释》第三百二十条规定,裁定如下:

本案按上诉人×××自动撤回上诉处理。一审判决/裁定自本裁定书送达之日起发生法律效力。

本裁定为终审裁定。"

上一级人民法院在审理上诉案件过程中,上诉人经传票传唤无正当理由拒不出庭,人民法院按其撤回上诉处理用的裁定书,正文可写为:

"本院审理过程中,……(简要写明上诉人经传票传唤无正当理由拒不出庭的事实)。依照《中华人民共和国民事诉讼法》第一百四十三条、第一百五十四条第一款

第十一项、第一百七十四条规定,裁定如下:

本案按上诉人×××撤回上诉处理。一审判决/裁定自本裁定书送达之日起发生法律效力。

二审案件受理费……元,减半收取……元,由上诉人×××负担。

本裁定为终审裁定。"

3. 二审准许或不准许撤回起诉的,写为:

"上诉人×××因与被上诉人×××/上诉人×××及原审原告/被告/第三人×××……(写明案由)一案,不服××××人民法院(××××)……民初……号民事判决/裁定,向本院提起上诉。本院依法组成合议庭对本案进行了审理。

本院审理过程中,……(简要写明一审原告提出撤回其起诉的情况,包括时间、理由等内容)。

本院认为,上诉人×××在本案审理期间提出撤回起诉的请求,已经其他当事人同意,且不损害国家利益、社会公共利益、他人合法权益,本院予以准许。(如果审查后不准许撤回起诉的,则写明不准许撤回起诉的理由)。依照《中华人民共和国民事诉讼法》第一百五十四条第一款第五项、《最高人民法院关于适用〈中华人民共和国民事诉讼法〉的解释》第三百三十八条规定,裁定如下:

(准许撤回起诉的,写明:)

一、撤销××××人民法院(××××)……民初……号民事判决/裁定;

二、准许×××(写明原审原告的姓名或名称)撤回起诉。

一审案件受理费……元,减半收取……元,由×××(写明原审原告的姓名或名称)负担。二审案件受理费……元,减半收取……元,由……(写明原审原告的姓名或名称)负担。

本裁定为终审裁定。

(不准许撤回起诉的,写明:)

不准许×××(写明原审原告的姓名或名称)撤回起诉。"

4. 二审维持不予受理裁定的,写为:

"上诉人×××因……(写明案由)一案,不服××××人民法院(××××)……民初……号民事裁定,向本院提起上诉。本院依法组成合议庭对本案进行了审理。

×××上诉请求:……(写明上诉请求)。事实和理由:……(概述上诉人主张的事实和理由)。

本院认为:……(对上诉人的上诉请求及相关事由和理由进行分析评判,阐明一审裁定不予受理正确,上诉请求应予驳回的理由)。

综上,×××的上诉请求不能成立,一审裁定认定事实清楚、适用法律正确,本院依照《中华人民共和国民事诉讼法》第一百七十条第一款第一项、第一百七十一条规

定,裁定如下:

驳回上诉,维持原裁定。

本裁定为终审裁定。"

该裁定用于上一级人民法院在对当事人不服第一审人民法院作出的不予受理裁定案件审理后,认为上诉人的上诉请求不能成立,维持原裁定。

5. 二审指令立案受理的,写为:

"上诉人×××因……(写明案由)一案,不服××××人民法院(××××)……民初……号民事裁定,向本院提起上诉。本院依法组成合议庭对本案进行了审理。

×××上诉请求:……(写明上诉请求)。事实和理由:……(概述上诉人主张的事实和理由)。

本院审理查明,……(二审查明的事实与一审查明的事实一致,没有新的证据和事实的,该部分可以不作表述)。

本院认为:……(简要写明指令立案受理的理由)。依照《中华人民共和国民事诉讼法》第一百七十一条、《最高人民法院关于适用〈中华人民共和国民事诉讼法〉的解释》第三百三十二条规定,裁定如下:

一、撤销××××人民法院(××××)……民初……号民事裁定;

二、本案指令××××人民法院立案受理。

本裁定为终审裁定。"

该裁定用于上一级人民法院在对第一审人民法院作出的不予受理裁定进行审理时,发现不予受理裁定有错误,指令一审法院立案受理。

6. 二审维持驳回起诉裁定的,写为:

"上诉人×××因与被上诉人×××/上诉人×××及原审原告/被告/第三人×××……(写明案由)一案,不服××××人民法院(××××)……民初……号民事裁定,向本院提起上诉。本院于××××年××月××日立案后,依法组成合议庭审理了本案。上诉人××
×、被上诉人×××、原审原告/被告/第三人×××(写明当事人和其他诉讼参加人的诉讼地位和姓名或者名称)到庭参加诉讼。本案现已审理终结。

×××上诉请求:……(写明上诉请求)。事实和理由:……(概述上诉人主张的事实和理由)。

×××辩称,……(概述被上诉人答辩意见)。

×××述称,……(概述原审原告/被告/第三人陈述意见)。

×××向一审法院起诉请求:……(写明原告/反诉原告/有独立请求权的第三人的诉讼请求)。

一审法院认定事实:……(概述一审认定的事实)。一审法院认为,……(概述一审裁判理由)。裁定:……(写明一审裁定主文)。

本院审理查明,……(二审查明的事实与一审查明的事实一致,没有新的证据和事实的,该部分可以不作表述)。

本院认为:……(针对上诉人的上诉请求及相关事由和理由进行分析评判,阐明应予驳回的理由)。

综上,×××的上诉请求不能成立,一审裁定认定事实清楚、适用法律正确,依照《中华人民共和国民事诉讼法》第一百七十条第一款第一项、第一百七十一条规定,裁定如下:

驳回上诉,维持原裁定。

本裁定为终审裁定。"

该裁定用于上一级人民法院在对当事人不服第一审人民法院作出的驳回起诉裁定案件审理后,认为上诉人的上诉请求不能成立,维持原裁定。

7. 二审指令审理的,写为:

"上诉人×××因与被上诉人×××/上诉人×××及原审原告/被告/第三人×××……(写明案由)一案,不服××××人民法院(××××)……民初……号民事裁定,向本院提起上诉。本院依法组成合议庭对本案进行了审理。

×××上诉请求:……(写明上诉请求)。事实和理由:……(概述上诉人主张的事实和理由)。

×××辩称,……(概述被上诉人答辩意见)。

×××述称,……(概述原审原告/被告/第三人陈述意见)。

×××向一审法院起诉请求:……(写明原告/反诉原告/有独立请求权的第三人的诉讼请求)。

一审法院认定事实:……(概述一审认定的事实)。一审法院认为,……(概述一审裁判理由)。裁定:……(写明一审裁定主文)。

本院审理查明,……(二审查明的事实与一审查明的事实一致,没有新的证据和事实的,该部分可以不作表述)。

本院认为,……(写明指令审理的理由)。依照《中华人民共和国民事诉讼法》第一百七十一条、《最高人民法院关于适用〈中华人民共和国民事诉讼法〉的解释》第三百三十二条规定,裁定如下:

一、撤销××××人民法院(××××)……民初……号民事裁定;

二、本案指令××××人民法院审理。

本裁定为终审裁定。"

该裁定书用于上一级人民法院在对当事人不服第一审人民法院作出的驳回起诉裁定案件审理时,发现驳回起诉裁定有错误,指令一审法院审理。

正文部分应简要写明指令审理的理由。

8. 二审驳回起诉的,写为:

"上诉人×××因与被上诉人×××/上诉人×××及原审原告/被告/第三人×××……(写明案由)一案,不服××××人民法院(××××)……民初……号民事判决,向本院提起上诉。本院依法组成合议庭对本案进行了审理。本案现已审理终结。

×××上诉请求:……(写明上诉请求)。事实和理由:……(概述上诉人主张的事实和理由)。

×××辩称,……(概述被上诉人答辩意见)。

×××述称,……(概述原审原告/被告/第三人陈述意见)。

×××向一审法院起诉请求:……(写明原告/反诉原告/有独立请求权的第三人的诉讼请求)。

一审法院认定事实:……(概述一审认定的事实)。一审法院认为,……(概述一审裁判理由)。判决:……(写明一审判决主文)。

本院审理查明,……(写明与驳回起诉有关的事实)。

本院认为:……(写明驳回起诉的理由)。依照《最高人民法院关于适用〈中华人民共和国民事诉讼法〉的解释》第三百三十条规定,裁定如下:

一、撤销××××人民法院(××××)……民初……号民事判决;

二、驳回×××(写明一审原告的姓名或名称)的起诉。

一审案件受理费……元,退还(一审原告)×××;上诉人×××预交的二审案件受理费……元予以退还。

本裁定为终审裁定。"

该裁定书用于上一级人民法院在对民事二审案件进行审理时,发现该案依法不应由人民法院受理,驳回当事人起诉。

裁定书正文部分应写明驳回起诉的理由。

以上是二审裁定书正文部分的几种写法,首部和尾部与第二审判决书基本相同,只是发回重审的、二审准许撤回上诉的、不参加二审诉讼按撤回上诉处理的、二审准许撤回起诉的、二审驳回起诉的裁定,在主文之后,应另起一行写明诉讼费用的负担。

采取财产保全、先予执行、中止或者终结诉讼、补正判决书中失误的第二审民事裁定书的写法与第一审民事裁定书相同。

(二)实例

实例:××省××市中级人民法院民事裁定书(驳回起诉的上诉)

五、再审民事裁定书

(一) 再审民事裁定书适用的范围

有四种情况:关于财产保全和先予执行的;中止或终结诉讼的;补正判决书中的失误;按照审判监督程序决定再审的。前三种与第一、第二审民事裁定书基本相同,下面主要介绍第四种的内容与写法。审判监督程序中当事人申请再审案件、被遗漏的必须共同进行诉讼的当事人申请再审案件、案外人申请再审案件、人民法院依职权再审案件、人民检察院抗诉再审案件、检察建议再审案件、小额诉讼再审案件中均有相关的再审民事裁定书。

《民事诉讼法》第206条规定:"按照审判监督程序决定再审的案件,裁定中止原判决、裁定、调解书的执行,但追索赡养费、抚养费、抚育费、抚恤金、医疗费用、劳动报酬等案件,可以不中止执行。"根据司法解释,还应针对不同情况分别制作指令再审、提审、申请再审的裁定书。

(二) 格式、内容与制作方法

由首部、正文、尾部三部分组成。其中首部标题与编号与再审民事判决书相同。尾部由人民法院院长署名,并加盖人民法院印章,其他各项的书写与第一审民事裁定书相同。

正文部分的写法比较简短、集中,实际上将案由、案件来源、再审的理由及法律依据合并入一个段落,然后另行写明裁定结果。

1. 当事人申请再审案件:上级人民法院依再审申请提审的,写为:

"再审申请人×××因与被申请人×××/再审申请人×××及×××(写明原审其他当事人诉讼地位、姓名或名称)……(写明案由)一案,不服××××人民法院(××××)……号民事判决/民事裁定/民事调解书,向本院申请再审。本院依法组成合议庭进行了审查,现已审查终结。

本院认为,×××的再审申请符合《中华人民共和国民事诉讼法》第二百条第×项/第二百零一条(针对调解书申请再审)规定的情形。依照《中华人民共和国民事诉讼法》第二百零四条、第二百零六条、《最高人民法院关于适用〈中华人民共和国民事诉讼法〉的解释》第三百九十五条第一款规定,裁定如下:

一、本案由本院提审;

二、再审期间,中止原判决/原裁定/原调解书的执行。"

根据《民事诉讼法》第200条、第201条、第204条规定,供上一级人民法院对当事人提出的再审申请进行审查后,认为符合《民事诉讼法》第200条或第201条规定情形,裁定提审用。

提审的理由,写明申请符合《民事诉讼法》第200条第×项规定的情形即可,无须阐述理由。

当事人双方申请再审,一方主张的再审事由成立,另一方主张的再审事由不成立的,本裁定书仅写明一方的再审申请符合《民事诉讼法》第200条第×项规定的情形。经审查,另一方再审申请不成立的,不再予以评述。

原生效裁判没有实际执行内容的,如"驳回起诉""驳回诉讼请求"等,只写"本案由本院提审",裁定主文第二项不予表述。

若该案为追索赡养费、扶养费、抚育费、抚恤金、医疗费用、劳动报酬等案件,人民法院经审查认为可以不中止执行的,裁定主文第二项表述为:"二、再审期间,不中止原判决/原裁定/原调解书的执行。"

2. 遗漏必须共同进行诉讼的当事人适用二审程序再审发回重审的,写为:

"再审申请人×××因被申请人×××与被申请人×××……(写明案由)一案,不服本院/××××人民法院(××××)……号民事判决/民事调解书,向本院/××××人民法院申请再审。本院/××××人民法院于××××年××月××日作出(××××)……民申……号民事裁定再审/提审/指令/指定再审本案。本院依法另行/依法组成合议庭审理了本案。再审申请人×××,被申请人×××,被申请人×××(写明当事人和其他诉讼参加人的诉讼地位和姓名或者名称)到庭参加诉讼。本案现已审理终结。

×××申请再审称,……(写明再审请求、事实和理由)。

×××辩称,……(概述被申请人的答辩意见)。

本院再审认为,……(写明发回重审的具体理由)。

依照《中华人民共和国民事诉讼法》第二百零七条第一款,《最高人民法院关于适用〈中华人民共和国民事诉讼法〉的解释》第四百二十二条第二款、……(写明法律文件名称及其条款项序号)规定,裁定如下:

一、撤销本院/××××人民法院(××××)……民终……号民事判决/民事调解书及××××人民法院(××××)……民初……号民事判决;

二、本案发回××××人民法院重审。"

根据《民事诉讼法》第207条第1款,《最高人民法院关于适用〈中华人民共和国民事诉讼法〉的解释》第422条。供人民法院按照二审程序审理被遗漏的必须共同进行诉讼的当事人再审案件,经调解不能达成协议,发回重审用。

依据《最高人民法院关于适用〈中华人民共和国民事诉讼法〉的解释》第422条规定,按照二审程序再审,经调解不能达成协议的,应当撤销原判决、裁定,发回重审。

该样式不适用符合案外人申请再审条件的情况,在执行程序中提出异议的案外人应当按照《民事诉讼法》第227条及《最高人民法院关于适用〈中华人民共和国民事诉讼法〉的解释》423条规定处理。

3. 案外人申请再审案件,裁定再审的,写为:

"×××与×××……(写明案由)一案,本院于××××年××月××日作出(××××)……

民……号民事判决/民事裁定/民事调解书,已经发生法律效力并强制执行。×××(写明案外人的姓名或名称)提出执行异议,××××人民法院于××××年××月××日作出裁定,驳回其异议。×××(写明案外人的姓名或名称)对裁定不服,认为原判决/原裁定/调解书错误,向本院申请再审。本院依法组成合议庭对本案进行了审查,现已审查终结。

×××(写明案外人的姓名或名称)申请再审称,……(写明案外人再审申请、事实和再审的法定事由)。

×××辩称,……(概述被申请人的意见)。

本院经审查认为,……(写明本案裁定再审的理由)。

依照《中华人民共和国民事诉讼法》第二百零四条、第二百零六条、第二百二十七条和《最高人民法院关于适用〈中华人民共和国民事诉讼法〉的解释》第四百二十三条规定,裁定如下:

一、本案由本院再审;

二、再审期间,中止原判决/裁定/调解书的执行。"

根据《民事诉讼法》第204条、第206条、第227条和《最高人民法院关于适用〈中华人民共和国民事诉讼法〉的解释》第423条规定,人民法院对案外人提出的再审申请进行审查后,认为本案符合《民事诉讼法》第204规定,裁定再审。

案外人申请裁定再审案件,应首先列明"再审申请人(案外人)",括号中的"案外人"表明再审申请人与原审的关系,不应省略。案件的原审各方当事人的地位应当表述为"被申请人(一、二审的诉讼地位)"。

如果人民法院依照《民事诉讼法》第206条规定在裁定再审的同时不中止原判决、裁定、调解书执行的,上述裁定的主文中不表述第二项。

4. 依职权对本院裁定驳回起诉案件裁定再审后的裁定书,写为:

"二审上诉人×××与二审被上诉人×××、原审第三人×××……(写明案由)一案,本院于××××年××月××日作出(××××)……民×……号民事裁定,已经发生法律效力。本院经审判委员会讨论决定,于××××年××月××日作出(××××)……民监……号民事裁定,再审本案。本院依法另行组成合议庭,开庭审理了本案。二审上诉人×××、二审被上诉人×××(写明当事人和其他诉讼参加人的诉讼地位和姓名或者名称)到庭参加诉讼(未开庭的,写明:本院依法组成合议庭审理了本案)。本案现已审理终结。

×××申请再审称,……(写明再审请求、事实和理由)。

×××辩称,……(概述被申请人的答辩意见)。

×××述称,……(概述原审其他当事人的意见)。

……(简要写明历次审理情况)。

……(简要写明再审法院认定的与应否驳回起诉相关的事实)。

本院再审认为，……（根据再审认定的案件事实和相关法律，对应否驳回起诉等进行分析评判，说明理由）。

依照《中华人民共和国民事诉讼法》第二百零七条第一款、第一百七十条第一款第×项、第一百七十一条、……（写明法律依据名称及其条款项序号）规定，裁定如下：

（维持原裁定的，写明：）

维持本院（××××）……民×……号民事裁定。

本裁定为终审裁定。

（不应当驳回起诉的，写明：）

一、撤销本院（××××）……民终……号民事裁定及××××人民法院（××××）……民初……号民事裁定。

二、指令××××人民法院对本案进行审理。"

根据《民事诉讼法》第207条第1款、第170条第1款、第171条以及《最高人民法院关于〈中华人民共和国民事诉讼法〉的解释》第330条等规定，人民法院依申请对本院驳回起诉裁定再审后，做出裁定。对一审裁定再审的裁定书，参照本样式制作。

对于一审受理后作出判决，二审裁定驳回起诉的案件，本院依职权再审后，认为不应受理的，裁定维持二审裁定；认为不应当驳回起诉，应当撤销原审裁定的，法院应当审理后作出判决一并处理。判决中要先撤销原审裁定，对一审判决予以维持或者改判。

5. 人民检察院抗诉案件提审或指令下级法院再审的，写为：

"申诉人×××因与被申诉人×××……（写明案由）一案，不服××××人民法院（××××）……号民事判决/民事裁定/民事调解书，向××××人民检察院申诉。××××人民检察院认为本案符合《中华人民共和国民事诉讼法》第二百条第×项规定的情形，以……号民事抗诉书向本院提出抗诉。

依照《中华人民共和国民事诉讼法》第二百一十一条、第二百零六条规定，裁定如下：

一、本案由本院提审/本案指令××××人民法院再审；

二、再审期间，中止原判决/裁定/调解书的执行。"

根据《民事诉讼法》第208条、第211条、第206条规定，人民法院对人民检察院提出抗诉的案件，裁定提审或者指令再审。

因人民检察院抗诉裁定再审的，首先写明抗诉机关，随后列明"申诉人（一、二审的诉讼地位）"，再列明"被申诉人（一、二审的诉讼地位）"，其他当事人按原审诉讼地位表述。

因人民检察院提出抗诉而再审的案件，在提起再审的裁定书中，简要写明人民检察院提出的抗诉事由即可,不应对该抗诉事由成立与否等问题作出评判。

如果依据《民事诉讼法》第206条规定在裁定再审时不中止原判决、裁定、调解书的执行,则上述裁定的主文中不表述第二项。

6. 依再审检察建议对本院案件发回重审用,写为:

"申诉人×××与被申诉人×××……(写明案由)纠纷一案,不服××××人民法院于××××年××月××日作出(××××)……号民事判决/民事裁定/民事调解书,向××××人民检察院申诉。××××人民检察院以……号民事再审检察建议书向本院提出再审检察建议。经本院审判委员会讨论决定,于××××年××月××日作出(××××)……号民事裁定,再审本案。本院依法另行组成合议庭,开庭审理了本案。××××人民检察院指派检察员×××出庭。申诉人×××、被申诉人×××(写明当事人和其他诉讼参加人的诉讼地位和姓名或者名称)到庭参加诉讼。(未开庭的,写明:本院依法组成合议庭审理了本案)。本案现已审理终结。

××××人民检察院提出再审检察建议,……(概括写明人民检察院的建议理由)。

×××称,……(写明再审过程中申诉人的再审请求、事实和理由)。

×××辩称,……(概述被申诉人的答辩意见)。

×××述称,……(概述原审其他当事人的意见)。

本院再审认为,……(写明发回重审的具体理由)。

依照《中华人民共和国民事诉讼法》第二百零七条第一款、第一百七十条第一款第×项规定,裁定如下:

一、撤销××××人民法院(××××)……民终……号民事判决/民事裁定/民事调解书及××××人民法院(××××)……民初……号民事判决/民事裁定;

二、本案发回××××人民法院重审。"

作出发生法律效力的判决(裁定或者调解书)的人民法院,根据再审检察建议依职权对本案提起再审,按照第二审程序审理后,撤销历次裁判,将本案发回一审法院重审时,需要制作该裁定书。

7. 小额诉讼案件裁定再审用,写为:

"再审申请人×××因与被申请人×××……(写明案由)一案,不服本院按小额诉讼程序审理并作出的(××××)……号民事判决/裁定,向本院申请再审。本院依法组成合议庭进行了审查,现已审查终结。

本院认为,×××的再审申请符合《中华人民共和国民事诉讼法》第二百条第×项规定的情形。

依照《中华人民共和国民事诉讼法》第二百条第……项、第二百零四条、第二百零六条、《最高人民法院关于适用〈中华人民共和国民事诉讼法〉的解释》第四百二十六条第一款规定,裁定如下:

一、本案由本院再审；

二、再审期间,中止原判决/裁定的执行。"

依据《最高人民法院关于适用〈中华人民共和国民事诉讼法〉的解释》第 426 条第 1 款规定,当事人不服小额诉讼案件的判决/裁定申请再审,人民法院经审查认为再审事由成立裁定再审用。如果人民法院根据《民事诉讼法》第 206 条规定在裁定再审不中止原判决、裁定的执行,裁定的主文中不表述第二项。

(三) 实例(依职权对本院案件裁定再审)

××××省××县人民法院
民事裁定书

(××××)×民监×号

原审原告:赵某某,……。

原审被告:肖某某,……。

原审原告赵某某诉原审被告肖某某房屋产权纠纷一案,本院于××××年 7 月 8 日作出(××××)×民初字第×号民事判决,该判决已经发生法律效力。本案经本院院长提交审判委员会讨论认为,原判适用法律不当,确属错判,应予再审。依照《中华人民共和国民事诉讼法》第一百九十八条第一款、第二百零六条的规定,经本院审判委员会决定,裁定如下:

一、本案由本院再审；

二、再审期间,中止原判决的执行。

审　判　长　王某某

审　判　员　李某某

审　判　员　刘某某

××××年××月××日

(院印)

本件与原本核对无异

书记员　王某某

六、督促民事裁定书

(一) 概念及适用范围

督促民事裁定书是人民法院依照《民事诉讼法》规定的督促程序,为驳回支付令申请或终结督促程序而作出的书面决定。

督促程序,是民事诉讼法中一项独立的诉讼程序,它只适用于那些没有争议的、以支付一定的金钱和有价证券为标的的财产案件,它们只是给付之诉的一部分。在审理方式上督促程序只需要当事人按法律规定的条件提出申请即可,法院对债权人的请求可以不做任何调查便发出督促决定。如果债务人对该请求有异议,则督促程序自动结束。

督促民事裁定书适用于驳回支付令申请、驳回支付令异议、准许撤回支付令异议、终结督促程序和撤销支付令的案件,于是形成了这样五种裁定书。

(二) 格式、内容与制作方法

首部的写法是相同的,除了撤销支付令的裁定书文书编号为"(××××)民督监××号",其余均为"(××××)民督××号";当事人称"申请人"与"被申请人"。当事人是法人或其他组织的,其基本情况应写明名称和所在地址,并应在其下另起一行增列法定代表人或代表人项,写明其姓名和职务;当事人是公民的,其基本情况应写明下列项目:姓名、性别、出生年月日、民族、籍贯、职业或工作单位和职务、住址。申请人、被申请人有委托代理人的,应在其后一行列写委托代理人项,写明其姓名、性别、职业或工作单位和职务。

正文部分写法有所不同:

1. 驳回支付令申请的,写为:

"申请人×××于××××年××月××日向本院提出支付令的申请。本院于××××年××月××日受理后,经审查认为,……(写明申请不成立的理由)。依照《中华人民共和国民事诉讼法》第二百一十六条第一款、《最高人民法院关于适用〈中华人民共和国民事诉讼法〉的解释》第四百三十条规定,裁定如下:

驳回×××的支付令申请。"

根据《民事诉讼法》第 216 条第 1 款以及《最高人民法院关于适用〈中华人民共和国民事诉讼法〉的解释》第 430 条制定,基层人民法院在受理支付令申请后,经审查申请不成立的,以裁定的形式驳回申请。

根据《最高人民法院关于适用〈中华人民共和国民事诉讼法〉的解释》第 430 条第 2 款的规定,人民法院受理支付令申请后,发现不符合规定的受理条件的,应当在受理之日起十五日内裁定驳回申请。

该裁定书案号类型代字为"民督"。法院受理申请后,由审判员一人进行审查。

2. 驳回支付令异议用的,写为:

"申请人×××与被申请人×××申请支付令一案,本院于××××年××月××日立案后,于××××年××月××日发出(××××)……民督……号支付令,限令被申请人×××在收到支付令之日起十五日内清偿债务,或者向本院提出书面异议。

被申请人×××于××××年××月××日向本院提出支付令异议,认为,……(写明异议的事实根据与理由)。

本院经审查认为,……(写明异议不成立的理由)。

依照《中华人民共和国民事诉讼法》第一百五十四条第一款第十一项、《最高人

民法院关于适用〈中华人民共和国民事诉讼法〉的解释》第四百三十八条规定,裁定如下:

　　驳回×××的支付令异议。"

　　根据《最高人民法院关于适用〈中华人民共和国民事诉讼法〉的解释》第四百三十八条制定,基层人民法院在发出支付令后,债务人提出书面异议但不成立的,可裁定驳回异议。

　　债务人对债务本身没有异议,只是提出缺乏清偿能力、延缓债务清偿期限、变更债务清偿方式等异议的,不影响支付令的效力。人民法院经审查认为异议不成立的,裁定驳回。债务人的口头异议无效。

　　3. 终结督促程序的,写为:

　　"申请人×××与被申请人×××申请支付令一案,本院于××××年××月××日立案后,于××××年××月××日发出(××××)……民督……号支付令,限令被申请人×××在收到支付令之日起十五日内清偿债务,或者向本院提出书面异议。

　　本院经审查认为,……(写明终结督促程序的原因)。

　　依照《中华人民共和国民事诉讼法》第二百一十七条、《最高人民法院关于适用〈中华人民共和国民事诉讼法〉的解释》第四百三十二条第×项/第四百三十七条第×项规定,裁定如下:

　　终结本案的督促程序。

　　本院(××××)……民督……号支付令自行失效。

　　申请费……元,由申请人×××负担。"

　　根据《民事诉讼法》第 217 条以及《最高人民法院关于适用〈中华人民共和国民事诉讼法〉的解释》第 432 条、第 437 条规定,基层人民法院在发出支付令后,具有债务人异议成立等事由时,裁定终结督促程序用。

　　有下列情形之一裁定终结督促程序的,同时引用《最高人民法院关于适用〈中华人民共和国民事诉讼法〉的解释》第 432 条:"(一)人民法院受理支付令申请后,债权人就同一债权债务关系又提起诉讼的;(二)人民法院发出支付令之日起三十日内无法送达债务人的;(三)债务人收到支付令前,债权人撤回申请的。"

　　有下列情形之一裁定终结督促程序的,同时引用《最高人民法院关于适用〈中华人民共和国民事诉讼法〉的解释》第 437 条:"(一)本解释规定的不予受理申请情形的;(二)本解释规定的裁定驳回申请情形的;(三)本解释规定的应当裁定终结督促程序情形的;(四)人民法院对是否符合发出支付令条件产生合理怀疑的。"

　　尾部的写法与第一审民事判决书相同。

(三) 实例

实例:×××省××市××区人民法院民事裁定书(驳回支付令申请的)

七、公示催告民事裁定书

(一) 概念

公示催告民事裁定书是基层法院在受理公示催告案件,发出催促利害关系人申报权利的公告后,在规定期间收到利害关系人的申报,依法终结公示催告程序时使用的裁定书。

公示催告民事裁定书适用于准许撤回公示催告申请、驳回公示催告申请、驳回利害关系人申报、终结公示催告程序的案件,于是形成了这样四种裁定书。

(二) 格式、内容与制作方法

首部除文书编号用"民催"字外,其余各项与督促程序民事裁定书相同。

正文部分写法各有不同。

1. 准许撤回公示催告申请的,写为:

"申请人×××申请公示催告一案,本院于××××年××月××日立案。申请人×××于××××年××月××日向本院提出撤回申请。

本院认为,申请人×××在公示催告前向本院提出撤回申请,不违反法律规定,应予准许。依照《中华人民共和国民事诉讼法》第一百五十四条第一款第十一项、《最高人民法院关于适用〈中华人民共和国民事诉讼法〉的解释》第四百五十五条规定,裁定如下:

准许×××撤回申请。

申请费……元,由申请人×××负担。"

根据《最高人民法院关于适用〈中华人民共和国民事诉讼法〉的解释》第455条规定,基层人民法院对于申请人在公示催告前申请撤回公示催告的,可裁定准许撤回申请。在公示催告期间撤回申请的,不使用本样式。

2. 驳回公示催告申请的,写为:

"申请人×××于××××年××月××日向本院申请对出票人/持票人/背书人×××、号码……、票面金额……元……的×票公示催告。

本院经审查认为,……(写明不符合申请公示催告的条件和理由)。

依照《中华人民共和国民事诉讼法》第一百五十四条第一款第十一项、第二百一十八条、《最高人民法院关于适用〈中华人民共和国民事诉讼法〉的解释》第四百四十

五条规定,裁定如下:

　　驳回×××的申请。

　　申请费……元,由申请人×××负担。"

　　根据《民事诉讼法》第218条、《最高人民法院关于适用〈中华人民共和国民事诉讼法〉的解释》第445条制定,基层人民法院收到公示催告申请后,经审查认为不符合受理条件的,裁定驳回申请用。

　　人民法院收到公示催告的申请后,应当立即审查,并决定是否受理。经审查认为不符合受理条件的,七日内裁定驳回申请。

　　3. 驳回利害关系人申报的,写为:

　　"申请人×××于××××年××月××日向本院申请对号码……、票面金额……元……的×票公示催告。本院于××××年××月××日立案后,于××××年××月××日发出公告,催促利害关系人在×日内申报权利。

　　××××年××月××日,申报人×××向本院申报权利。申报人×××向本院出示的票据载明:……(写明票据名称、票据金额、票据号码、出票人等内容)。本院通知公示催告申请人在×日内查看该票据。

　　申请人×××认为,……(写明申请人的意见)。

　　本院经审查认为,申报人×××出示的票据与申请人×××申请公示催告的票据不一致,申报人×××的申报不能成立。

　　依照《中华人民共和国民事诉讼法》第一百五十四条第一款第十一项、《最高人民法院关于适用〈中华人民共和国民事诉讼法〉的解释》第四百五十一条规定,裁定如下:

　　驳回×××的申报。"

　　根据《最高人民法院关于适用〈中华人民共和国民事诉讼法〉的解释》第451条规定,基层人民法院在查明利害关系人申报权利出示的票据与公示催告的票据不一致后,可裁定驳回申报。

　　申请人查看并发表意见的,写明申请人的意见。申请人未查看或者未发表意见的,写明"申请人×××未查看"或者"申请人×××未发表意见"。

　　4. 终结公示催告程序的,写为:

　　"申请人×××因……(写明票据名称及其被盗或遗失、灭失的情况),向本院申请公示催告。

　　本院于××××年××月××日立案后,于××××年××月××日发出公告,催促利害关系人在×日内申报权利。

　　(申报人申报的,写明:)申报人×××已于××××年××月××日向本院申报。

　　(申请人逾期不申请判决的,写明:)申请人×××于公示催告期间届满之日起一个月内未申请作出判决。

（申请人在公示催告期间撤回申请的，写明：）申请人×××已于××××年××月××日在公示催告期间申请撤回公示催告。

依照《中华人民共和国民事诉讼法》第二百二十一条/《最高人民法院关于适用〈中华人民共和国民事诉讼法〉的解释》第百五十二条/第四百五十五条规定，裁定如下：

终结本案的公示催告程序。

申请费……元、公告费……元，由申请人×××负担。"

根据《民事诉讼法》第 221 条以及《最高人民法院关于适用〈中华人民共和国民事诉讼法〉的解释》第 452 条、第 455 条规定，基层人民法院在收到利害关系人的申报、申请人逾期不申请判决或者申请人在公示催告期间撤回申请后，可裁定终结公示催告程序。

申请人逾期不申请判决的，引用《最高人民法院关于适用〈中华人民共和国民事诉讼法〉的解释》第 452 条；申请人在公示催告期间撤回申请的，引用《最高人民法院关于适用〈中华人民共和国民事诉讼法〉的解释》第 455 条。

尾部各项与第一审民事裁定书相同。

（三）实例

实例：××省××市××区人民法院民事裁定书

八、民事执行裁定书

（一）概念

民事执行裁定书是人民法院在民事判决执行过程中，为解决程序问题作出的书面决定。

执行程序，是指负有义务的一方当事人拒不履行法律文书确定的义务时，人民法院根据另一方当事人的申请或依职权强制其履行义务所适用的程序，也叫强制执行程序。

执行程序与审判程序都是民事诉讼程序的有机组成部分，都是为实现民事诉讼法的任务服务的。审判程序是人民法院依法确认民事权利义务关系，作出判决、裁定和调解协议的程序；执行程序是民事诉讼的最后一道程序，它是保证判决、裁定、调解协议所确定的权利义务关系得以实现的程序。只有完成了执行，才最终完成民事诉讼的任务。当然，执行程序并非民事诉讼的必经程序。

（二）种类

民事执行裁定书包括种类繁多，达 42 种。诸如中止执行裁定书和终结本次执行裁定书、终结执行裁定书、查封、扣押、冻结财产裁定书、划拨存款裁定书、扣留、提取被执行人收入裁定书、责令有关单位向申请执行人支付已到期收益裁定书、禁止被执行人转让知识产权裁定书、轮候查封、扣押、冻结裁定书、预查封裁定书、冻结被执行人投资权益或股权裁定书、冻结被执行人预期收益裁定书、解除查封、扣押、冻结等强制执行措施裁定书、拍卖裁定书、拍卖成交确认裁定书、追究擅自支付收入的有关单位赔偿责任裁定书、追究擅自支付股息或办理股权转移手续的有关企业赔偿责任裁定书、当事人、利害关系人异议裁定书、案外人异议裁定书、执行复议裁定书、上级法院直接裁定不予执行非诉法律文书裁定书、执行监督案件驳回当事人申诉请求裁定书、执行监督案件指令下级法院重新审查处理裁定书、执行回转裁定书等。

（三）格式、内容与制作方法

首部，文书编号中以"执"字简称执行程序，当事人称"申请执行人"和"被执行人"。其他各项与第一审民事裁定书相同。

正文写法择要介绍。

1. 中止执行裁判的，写为：

"本院在执行×××与×××……（写明案由）一案中，……（写明中止执行的事实和理由）。依照《中华人民共和国民事诉讼法》第二百五十六条第一款第×项、第二百五十八条，《最高人民法院关于人民法院执行工作若干问题的规定（试行）》第102条第×项规定，裁定如下：

中止（××××）……号……（生效法律文书）的执行。

（如中止执行法律文书主文部分内容的，写明:）中止（××××）……号……（生效法律文书）第×项的执行。

本裁定送达后立即生效。"

根据《民事诉讼法》第256条第1款、《最高人民法院关于人民法院执行工作若干问题的规定（试行）》第102条规定，有下列情形之一的，人民法院应当裁定中止执行：（一）申请人表示可以延期执行的；（二）案外人对执行标的提出确有理由的异议的；（三）作为一方当事人的公民死亡，需要等待继承人继承权利或者承担义务的；（四）作为一方当事人的法人或者其他组织终止，尚未确定权利义务承受人的；（五）人民法院认为应当中止执行的其他情形。

2. 终结本次执行程序的，写为：

"本院在执行×××与×××……（写明案由）一案中，……（写明终结本次执行程序的事实和理由）。依照《最高人民法院关于适用〈中华人民共和国民事诉讼法〉的解释》第五百一十九条规定，裁定如下：

终结本次执行程序。

申请执行人发现被执行人有可供执行财产的，可以再次申请执行。

本裁定送达后立即生效。"

3. 扣留/提取被执行人收入的,写为:

"本院在执行×××与×××……(写明案由)一案中,于××××年××月××日向被执行人×××发出执行通知书,责令……(写明应当履行的义务),但被执行人×××未履行/未全部履行生效法律文书确定的义务。

本院查明,被执行人×××在××××处有收入……元。依照《中华人民共和国民事诉讼法》第二百四十三条、《最高人民法院关于人民法院执行工作若干问题的规定(试行)》第三十六条规定,裁定如下:

扣留/提取被执行人×××在×××处收入……元。

本裁定立即执行。"

尾部。由审判员、书记员署名。其余各项写法与第一审裁定书相同。

(四)实例

实例:××省××市人民法院执行裁定书(终结本次执行程序)

思考与练习

1. 掌握民事裁判文书当代的发展变化、种类、特点。

2. 根据下列案情材料,拟写一份第一审民事判决书。

案例材料

第八章　行政审判法律文书

第一节　概　　述

一、行政审判文书的概念与类别

行政审判文书,指法院代表国家行使审判权,在行政诉讼中依照法律、法规的规定,为解决当事人之间的具体行政争议,就案件的实体问题和程序问题作出的具有法律效力的司法文书。

《行政诉讼法》第 1 条规定,为保证人民法院正确、及时审理行政案件,保护公民、法人和其他组织的合法权益,维护和监督行政机关依法行使职权,依宪法制定行政诉讼法。行政诉讼法是继我国刑事诉讼法和民事诉讼法之后,建立的又一个重要诉讼制度,随之便产生了相应的行政审判文书。

行政审判文书不仅仅是法院就行政争议做出的具有司法权威性的判决、裁定或决定,还是法律从抽象到具体的一次自我实现。通过行政审判文书的展示,法官将抽象、概括性的法律条款运用到现实生活中,使民众真真正正地感受到法律的精髓。因此,行政审判文书的制作水平关乎一个国家的法治进程。

近年来,随着司法改革不断深入,为了全面树立司法权威,有效提升司法公信力,提高行政法律文书的制作水平,最高人民法院以修改后的《行政诉讼法》实施为契机,于 2015 年 4 月 30 日,制定了统一的《行政诉讼文书样式(试行)》,新编、修订了132 种行政诉讼文书样式。

新样式共包括法院制作并发给当事人的判决(调解)类文书、裁定类文书、决定类文书、通知类文书等共 96 个,法院内部用报告、函件类文书 14 个和指导当事人诉讼行为用的文书 22 个。要求全国各级人民法院全面贯彻修改后的《行政诉讼法》,进一步规范和完善行政诉讼文书制作,不断提高行政审判工作水平。

最高人民法院制定的《行政诉讼文书样式(试行)》,将判决文书的样式由原来的两类扩展到了 13 大类,主要有一审请求撤销、变更行政行为类;一审请求履行法定职责类;一审请求给付类;一审请求确认违法、无效类;一审复议机关作共同被告类;一审行政裁决类;一并审理的民事案件类;一审行政协议类及一审行政赔偿类等,对于其具体种类要根据不同的标准来划分。

(1)根据裁判方式的不同,分为行政判决书和行政裁定书。行政判决书是对行政案件的实体问题作出处理的文书,包括第一审行政判决书、第二审行政判决书、再审行政判决书、行政赔偿判决书;行政裁定书一般是对行政案件中程序问题作出处理的文书,包括驳回起诉裁定书、准许或不准许撤销裁定书、终止或者终结诉讼裁定书、发回重审裁定书、指定继续审理裁定书等。

(2)根据行政诉讼审判程序不同,分为第一审行政裁判文书、第二审行政裁判文书、审判监督程序的行政裁判文书。第一审行政裁判文书主要有 10 种:一审行政判决书、行政附带民事诉讼判决书、不予受理裁定书、驳回起诉裁定书、管辖权异议的裁定书、移送或者指定管辖的行政诉讼裁定书、停止执行具体行政行为或者驳回停止执行申请的裁定书、准许或不准许撤诉的裁定书。第二审行政裁判文书主要有 8 种:二审行政判决书、行政附带民事判决书、发回重审行政裁定书、驳回起诉的行政裁定书、准许或不准许撤回上诉的裁定书、行政赔偿判决书、行政赔偿调解书。审判监督程序的行政裁判文书主要有 4 种:再审行政判决书、再审行政附带民事判决书、再审行政赔偿判决书、提起再审的行政裁定书。

(3)根据裁判结果不同,分为驳回诉讼请求的判决书、撤销或部分撤销具体行政行为的判决书、限期履行法定职责的判决书、履行给付义务的判决书、变更行政处罚的判决书、确认被诉具体行政行为违法或无效的判决书、行政附带民事判决书。

二、行政审判文书的当代发展简史

我国行政审判制度的建立经历了一个比较漫长的过程,发展与完善也远远落后于其他两大诉讼。1949 年公布的《中国人民政治协商会议纲领》,首次以法的形式提出要建立行政审判制度,纲领第 19 条规定:"人民和人民团体有权向人民监察机关或人民司法机关控告任何公务人员的违法失职行为。"同年,中央人民政府批准了《最高人民法院组织条例》,条例第 6 条规定,最高人民法院设立行政审判庭。但是令人遗憾的是,由于各种各样的原因,在此后很长一段时间内,行政审判并未得到足够的重视。

1982 年公布实施的《中华人民共和国民事诉讼法(试行)》第 3 条第 2 款规定:"法律规定由人民法院审理的行政案件,适用本法规定。"这标志着行政审判纳入法治轨道。行政审判之初,审判程序、裁判文书都参照民事审判的做法,甚至早期行政审判庭的法官大多从民事审判庭调用而来,所以,最初的行政裁判文书有很深的民事裁判文书的烙印。

1989 年《行政诉讼法》的公布实施,标志着行政诉讼制度在我国正式确立,行政诉讼活动开始有了专门的法律作为支撑。即便如此,2000 年出台的《最高人民法院关于执行〈中华人民共和国行政诉讼法〉若干问题的解释》第 97 条规定:"人民法院审理行政案件,除依照行政诉讼法和本解释外,可以参照民事诉讼的有关规定。"《行政诉讼法》的公布实施并没有彻底改变行政诉讼对民事诉讼的依赖,民事裁判文书仍在一定程度上影响着行政裁判文书的制作。

1992 年,为了改进和提高诉讼文书的质量,进一步提高审判工作水平和审判人员的业务素质,最高人民法院颁布了《关于试行法院诉讼文书样式的通知》,并在随后于 1993 年公布的《关于〈法院诉讼文书样式(试行)〉若干问题的解答》中,对相关细节进行解答。自 1993 年 1 月 1 日以来,人民法院行政裁判文书都按照《法院诉讼文书样式(试行)》来拟制的。为规范行政裁判文书的制作水平,2000 年《国家赔偿案件文书样式(试行)》颁布实施。2004 年,为规范行政裁判文书的样式,提高行政裁判文书的制作水平,最高人民法院制定了《一审行政判决书样式(试行)》33 种,对一审行政判决书、行政赔偿判决书样式进行了规定,对行政作为、不作为一审行政判决书作了明确规定。2004 年 12 月 8 日,"最高人民法院关于印发《一审行政判决书样式(试行)》的通知"(法发〔2004〕25 号)对一审行政判决书的样式进行了规定,并就不同类型的行政案件判决书的各个部分(如首部、事实、理由、判决结果、尾部、附录)的内容规范要求作了详尽说明。2009 年《关于裁判文书引用法律、法规等规范性法律文件的规定》颁布实施,2012 年颁布实施《行政案件管辖司法文书样式(试行)》。2013 年 12 月《关于人民法院在互联网公布裁判文书的规定》实施。2014 年修改后的行政诉讼法在立案、审理和执行等方面创设了许多新的制度、新的规定。为确保新行政诉讼法的贯彻实施,最高人民法院又于 2015 年 4 月 22 日发布了行政诉讼法司法解释。为全面贯彻修改后的行政诉讼法和司法解释的规定,进一步规范和完善行政诉讼文书制作,不断提高行政审判工作水平,最高人民法院行政庭在原有裁判文书样式基础上,重新制定了《行政诉讼文书样式(试行)》。该样式有以下几个特点:第一,更加强调以审判为中心。重视通过证据交换和庭前准备程序发现并确定当事人无争议和有争议的问题,以便让其后的审理和裁判文书制作紧密围绕争议问题,重点突出。第二,更加强调裁判文书的论理性和可读性。注重文书撰写的繁简得当,重视文书对法理问题和争议问题的阐述分析。第三,更加强调文书规范化和个性化的统一。在确保裁判文书基本要素完整、主要结构规范的同时,也注意兼顾为各级人民法院和法官个人对文书的发展续造预留空间。第四,新样式在格式方面适当进行了创新。比如要求所有的判决书都要以附录方式载明所适用的相关法律依据,以当事人看得见、听得懂、能理解的方式实现司法公正。同时,为了适应修改后行政诉讼法的新规定,新增了一审行政协议类行政案件用判决书、复议机关作为共同被告类一审行政案件用判决书、行政调解书、简易程序转普通程序行政裁定书以及对规范性文件提出处理建议用的处理建议书等。

相比刑事和民事裁判文书,最高司法机关出台的有关行政裁判文书方面的专门性文件非常少,这与行政诉讼起步较晚且在很长时间内依附于民事诉讼有关。

本章择要介绍几种常用的行政审判文书,包括:行政判决书、行政赔偿调解书、行政裁定书等。

第二节　第一审行政判决书

一、概念

行政判决书,是人民法院在行政诉讼中,为解决当事人之间的具体行政争议,就案件的实体问题依法作出的具有法律效力的司法文书。第一审行政判决书,指各级法院在受理行政诉讼案件后,按照行政诉讼法的第一审程序审理终结,依照法律和行政法规、地方性法规的规定,参照有关行政规章,就案件的实体问题作出的书面处理决定。

根据《行政诉讼法》第63条的规定,人民法院审理行政案件,由审判员组成合议庭,或者由审判员、人民陪审员组成合议庭。合议庭审理行政案件,以法律、行政法规和地方性法规为依据。地方性法规适用于本行政区域内发生的行政案件。如果审理民族自治地方的行政案件,并以该民族自治地方的自治条例和单行条例为依据。此外,还可参照国务院各部、委根据法律和国务院的行政法规、决定、命令制定、发布的规章以及省、自治区、直辖市和省、自治区的人民政府所在地的市以及经国务院批准的较大的市的人民政府根据法律和国务院的行政法规制定、发布的规章。人民法院对行政争议审理终结后,应根据不同情况分别作出判决。

二、类别

具体包括一审请求撤销、变更行政行为类案件使用的行政判决书、一审请求履行法定职责类案件使用的行政判决书、一审请求给付类案件使用的行政判决书、一审请求确认违法或无效类案件使用的行政判决书、一审复议机关作共同被告类案件使用的行政判决书、一审行政裁决类案件使用的行政判决书、一审行政协议类案件使用的行政判决书、一审行政赔偿判决书。这里只介绍第一种判决书的制作问题。

三、格式(一审请求撤销、变更行政行为类案件用)

××××人民法院
行政判决书

(××××)×行初××号

原告×××,……。

法定代表人×××,……。

委托代理人(或指定代理人、法定代理人)×××,……。

被告×××,……。

第三人×××,……。

原告×××不服××××(行政主体名称)××××(具体行政行为),于××××年××月××日向本院提起行政诉讼。本院于××××年××月××日立案后,于××××年××月××日向被告送达了起诉状副本及应诉通知书。本院依法组成合议庭,于××××年××月××日公开(或不公开)开庭审理了本案。……(写明到庭参加庭审活动的当事人、行政机关负责人、诉讼代理人、证人、鉴定人、勘验人和翻译人员等)到庭参加诉讼。……(写明发生的其他重要程序活动,如:被批准延长本案审理期限等情况)。本案现已审理终结。

被告××××(行政主体名称)于××××年××月××日作出……(被诉行政行为名称),……(简要写明被诉行政行为认定的主要事实、定性依据和处理结果)。

原告×××诉称,……(写明原告的诉讼请求及主要理由,原告提供的证据、依据等)。

被告××××辩称,……(写明被告答辩的请求及主要理由)。

被告×××向本院提交了以下证据、依据:1. ……(证据的名称及内容等);2. ……。

第三人×××述称,……(写明第三人的意见、主要理由以及第三人提供的证据、依据等)。

本院依法调取了以下证据:……(写明证据名称及证明目的)。

经庭审质证(或庭前交换证据、庭前准备会议),……(写明当事人的质证意见),本院对上述证据认证如下:……(写明法院的认证意见和理由)。

经审理查明,……(写明法院查明的事实。可以区分写明当事人无争议的事实和有争议但经法院审查确认的事实)。

本院认为,……(写明法院判决的理由)。依照……(写明判决依据的行政诉讼法以及相关司法解释的条、款、项、目)之规定,判决如下:

……(写明判决结果)。

……(写明诉讼费用的负担)。

如不服本判决,可以在判决书送达之日起十五日内向本院递交上诉状,并按对方当事人的人数提出副本,上诉于××××人民法院。

审判长　×××

审判员　×××

审判员　×××

××××年××月××日

(院印)

本件与原本核对无异

书记员　×××

附:本判决适用的相关法律

四、内容和制作方法

根据《行政诉讼法》第 69 条、第 70 条、第 77 条等规定的情形，需要制作相应的判决书。其他裁判文书可以参照本判决书式样和要求制作。

行政判决书由首部、事实、理由、判决结果和尾部和附录等六部分组成。

（一）首部

首部依次写明标题、案号、当事人及其诉讼代理人基本情况，以及案件由来、审判组织和开庭审理过程等。

1. 标题。标题中的法院名称，一般应与院印的文字一致，但基层法院应冠以省、市、自治区的名称。

2. 案号。案号是不同案件的序列编号，应贯彻一案一号的原则。案号由立案年度、法院代字、案件类型代字、审判程序的代字和案件顺序号组成。例如，××市天桥区人民法院 2019 年第 1 号一审行政案件，表述为"（2019）鲁 0105 行初字第 1 号"。

3. 提起行政诉讼的原告包括公民、法人或者其他组织。

原告是公民的，写明姓名、性别、出生年月日、居民身份证号码、民族和住址，居民的住址应写住所地，住所地和经常居住地不一致的，写经常居住地。原告是法人的，写明法人的名称和所在地址，并另起一行列项写明法定代表人及其姓名、性别和职务等。原告是不具备法人资格的其他组织的，写明其名称或字号和所在地址，并另起一行写明负责人及其姓名和职务。原告是个体工商户的，写明业主的姓名、出生年月日、居民身份证号码、民族、住址；起有字号的，在其姓名之后用括号注明"系……（字号）业主"。原告是无诉讼行为能力的公民，除写明原告本人的基本情况外，还应列项写明其法定代理人或指定代理人的姓名、住址，并在姓名后括注其与原告的关系。

群体诉讼案件，推选或指定诉讼代表人的，在原告身份事项之后写明"原告暨诉讼代表人……"，并写明诉讼代表人的基本情况，格式与原告基本情况相同。如涉及原告人数众多的，可在首部仅列明诉讼代表人基本情况，原告名单及其基本身份情况可列入判决书附录部分。

行政判决书中的被告，应写明被诉的行政主体名称、所在地址；另起一行列项写明法定代表人或诉讼代表人姓名、性别和职务；副职负责人出庭的在此不要列写，在交待到庭参加庭审活动的当事人及其他诉讼参加人情况时载明。法定代表人项下，另起一行列写委托代理人的基本事项。

有第三人参加诉讼的，第三人列在被告之后，第三人基本情况的写法同上。

委托代理人系律师或基层法律服务工作者的，只写明其姓名、工作单位和职务。当事人的代理人系当事人的近亲属的，应在代理人的姓名后括注其与当事人的关系。

代理人系当事人所在社区、单位以及有关社会团体推荐的公民的，应写明代理人的姓名、性别、出生年月日、居民身份证号码、民族、工作单位和住址。上述代理人应符合《最高人民法院关于适用〈中华人民共和国民事诉讼法〉的解释》第八十七条第一款的规定。

（二）正文

1. 案件由来、审判组织、被告与第三人的应诉、当事人进行证据交换情况以及开庭审理过程，是为了表明法院的审判活动公开和透明，体现审判程序的合法性。在审判组织描述环节，介绍合议庭的组成，是否有回避情形等，保障当事人的诉讼权利。在开庭审理过程环节，介绍被告与第三人的应诉、当事人进行证据交换等情况，如果存在当事人经两次合法传唤无正当理由未到庭的情形，要明确注明，为缺席判决等进行必要的说明。如有第三人参加诉讼，可选择使用："因×××与本案被诉行政行为或与案件处理有利害关系，本院依法通知其为第三人参加诉讼（公民、法人或者其他组织申请作为第三人参加诉讼的写：因×××与本案被诉行政行为有利害关系，经×××申请，本院依法准许其为第三人参加诉讼）"的格式。如当事人经合法传唤无正当理由未到庭的，应当写明："×告×××经本院合法传唤，无正当理由拒不到庭。"进行证据交换或召开庭前会议的应写明："本院于×××年××月××日组织原、被告及第三人进行了证据交换（或召开庭前会议），并送达了证据清单副本。"如有被批准延长审理期限情况，应写明批准延长审理期限批复的文号。不公开开庭审理的，应写明不予公开的理由。有关程序活动可根据时间节点的先后顺序写明。

2. 事实。狭义的案件事实部分应当写明当事人行政讼争的内容，以及经法院审理确认的事实和证据。广义的案件事实部分由以下几个部分组成：行政行为的叙述部分、当事人诉辩意见部分、当事人举证、质证和法庭认证部分、法庭"经审理查明"部分。这些不同的部分既可以互相独立，自成段落；也可以根据案情和证据、事实和当事人争议的具体内容，互相融合，而无需使用固定的相互独立样式。特别是要灵活区分当事人有争议的事实和无争议的事实；事实问题是当事人争议焦点的，也可采取灵活方式处理，留待"本院认为"部分再予认定。

事实的写法应当注意以下问题：

（1）行政行为的叙述部分应当注意详略得当。一般应当写明行政行为认定的主要事实、定性依据以及处理结果等核心内容，通过简洁的表述说明案件的诉讼标的；行政行为内容较为简单的，也可以全文引用；行政行为理由表述有歧义，被告在答辩中已经予以明确的，也可以被告明确后的理由为准。

（2）当事人诉辩意见与当事人提供的证据的在行文次序上应当注意逻辑关系，可因案而定。当事人的诉辩意见部分，既要尊重当事人原意，也要注意归纳总结；既避免照抄起诉状、答辩状或者第三人的陈述，又不宜删减当事人的理由要点。对于原告、被告以及第三人诉讼请求的记载，应当准确、完整。证据部分的撰写应当注意以下几个方面：

　　第一，一般情况下，写明当事人的诉辩意见后，即可写明其提供的相关证据。如果当事人提供的证据有较强的关联性，合并叙述更有利于综合反映案件证据情况的，也可酌情将当事人的证据合并叙述。总之，对证据的列举可以结合案情，既可以分别逐一列举证据，写明证据的名称、内容以及证明目的；也可以综合分类列举证据，并归纳证明目的。当事人提供的证据浩繁的，也可以概括说明。

　　第二，对于当事人超过法定举证期限提供的证据，人民法院予以采纳的，应当列明于判决并说明理由。对法院根据原告、第三人的申请调取的证据，可以作为原告、第三人提交的证据予以载明；对法院依职权调取的证据，则应当单独予以说明。当事人在法定期限内未提交证据的，应当予以说明。对于当事人在诉讼中申请调取证据，法院决定不予调取的，应当在判决书中予以记载；申请调取的证据较多，难以一一列举的，也可以概括说明。对于根据原告(或者第三人、被告)的申请，委托鉴定部门进行鉴定的，需写明鉴定部门、鉴定事项和鉴定结论以及当事人的意见。

　　(3)"经庭审质证"和"认证如下"部分，应当注意因案而异、繁简得当。既可以一证一质一认，也可以按不同分类综合举证、质证和认证。对于当事人无争议的证据或者与案件明显无关联的证据，可以通过归纳概括等方式简要写明当事人的质证意见；对于证据浩繁的案件，可以归纳概括当事人的主要质证意见。法院对证据的认证意见应当明确，对于当事人有争议的证据，特别是对行政行为的合法性有影响的证据，应当写明采纳或者不予采纳的理由。案件的争议主要集中在事实问题的，也可将对证据的具体质证、认证意见与案件的争议焦点结合起来，置于"本院认为"部分论述。

　　(4)经法院审理确认的事实，即"经审理查明"部分，在叙述时需要注意下面的事项：

　　第一，生效裁判文书确认的事实一般具有法定的证明力，因此事实部分应当准确、清晰。认定的事实应当是法官基于全案的证据能够形成内心确信的事实；通过推定确认事实必须要有依据，符合证据法则。

　　第二，事实的叙述可以根据具体案情采用时间顺序，也可以灵活采用其他叙述方式，以能够逻辑清晰地反映案件情况为原则。

　　第三，避免事无巨细的罗列，或者简单地记流水账，应当结合案件的争议焦点等，做到繁简适当，与案件裁判结果无关的事实，可以不认定。

　　第四，可以根据具体案情以及争议焦点，采取灵活多样的方式记载案件事实。比如，必要时可以摘抄证据内容；对于内容繁杂的，也可以在事实部分采用指引证据目录或证据名称等方式予以说明。

　　第五，要通过组织当事人庭前交换证据或召开庭前会议等方式，及时确定当事人无争议的案件事实，发现当事人有争议的事实和法律适用等。根据《民事诉讼法》相关规定和法释[2015]5号《最高人民法院关于适用〈中华人民共和国民事诉讼法〉的解释》第225条等规定,根据案件具体情况,庭前会议可以包括下列内容:①明确原告的诉讼请求和被告的答辩意见;②审查处理当事人增加、变更诉讼请求的申请和提出的反诉,以及第三人提出的与本案有关的诉讼请求;③根据当事人的申请决定调查收集证据,委托鉴定,要求当事人提供证据,进行勘验,进行证据保全;④组织交换证据;⑤归纳争议焦点;⑥进行调解。因此,如果庭审前经过证据交换或者庭前会议,或者在庭审辩论时当事人对合议庭归纳的无争议事实均认可,那么事实部分可以分为两个层次:一是写"对以下事实,各方当事人均无异议,本院依法予以确认";二是"本院另认定以下事实",主要写当事人可能有异议、本院依法认定的案件事实。

表述案件事实,应注意保守国家秘密,保护当事人的商业秘密和个人隐私。

3. 理由。应写明判决所根据的事理、法理和所依据的法律、法规条文。

针对行政诉讼的特点,理由部分要根据查明的事实和有关法律、法规和法学理论,采用议论的表达方式就行政主体所作的具体行政行为是否合法、原告的诉讼请求是否成立等进行分析论证,阐明判决的理由。

论述应当注意主次分明,重点突出、详略得当。对于争议焦点,应当详细论述;对于无争议的部分,可以简写。阐述理由时,应当注意加强对法律规定以及相关法理的阐释,除非法律规定十分明确,一般应当避免援引规定就直接给出结论的简单论述方式。

原告请求对行政行为所依据的规范性文件一并进行合法性审查的,在对规范性文件进行审查后,应依照行政诉讼法及司法解释的规定,对规范性文件的合法性以及能否作为认定被诉行政行为合法性的依据予以阐明。论述被诉具体行政行为的合法性,包括:①被告是否具有法定职权;②被诉具体行政行为是否符合法定程序;③被诉具体行政行为认定事实是否清楚,主要证据是否充分;④适用法律、法规、司法解释、规章以及其他规范性文件是否正确;⑤被告是否超越职权、滥用职权,行政处罚是否显失公正。

围绕法律规范展开法律分析,对法律条文的援引要做到准确。根据《行政诉讼法》第63条的规定,人民法院审理行政案件,以法律和行政法规、地方性法规为依据。地方性法规适用于本行政区域内发生的行政案件。人民法院审理民族自治地方的行政案件,并以该民族自治地方的自治条例和单行条例为依据。人民法院审理行政案件,参照规章。

根据案件的不同需要,"本院认为"部分在援引法律依据时,既可以写明整个条文的内容,也可以摘抄与案件相关的内容;条文内容较多的,也可以只援引法律条款,将具体内容附在判决书的附录部分,兼顾表述的准确性和文书的可读性。对于在理由部分已经论述过的实体法律规范,在"判决如下"前可以不再重复援引。直接作为判决结果依据的法律规范,一般应当按照先引用行政诉讼法、后引用司法解释的次序排列,并写明具体规定的条、款、项、目。

4. 判决结果。又称判决主文,是人民法院对被诉的具体行政行为是否合法进行审查后,依据查明的事实、证据和单行法律、法规或参照规章,对当事人之间的行政争议作出的实体处理结论。

根据《行政诉讼法》第 69 条、第 70 条、第 77 条等的规定,一审请求撤销、变更行政行为类判决可分为驳回诉讼请求判决、撤销或者部分撤销判决、变更判决等情形。

第一,驳回原告诉讼请求的,写为:

"驳回原告×××的诉讼请求。"

第二,撤销被诉行政行为的,写为:

"一、撤销被告×××(行政主体名称)作出的(××××)……字第×××号……(行政行为名称);

二、责令被告×××(行政主体名称)在××日内重新作出行政行为(不需要重作的,此项不写;不宜限定期限的,期限不写)。"

第三,部分撤销被诉行政行为的,写为:

"一、撤销被告×××(行政主体名称)作出的(××××)……字第××号……(行政行为名称)的第××项,即……(写明撤销的具体内容);

二、责令被告×××(行政主体名称)在××日内重新作出行政行为(不需要重作的,此项不写;不宜限定期限的,期限不写);

三、驳回原告×××的其他诉讼请求。"

第四,根据行政诉讼法第七十七条的规定,判决变更行政行为的,写为:

"变更被告×××(行政主体名称)作出的(××××)……字第××号……(写明行政行为内容或者具体项),改为……(写明变更内容)。"

(三) 尾部

根据《行政诉讼法》第 68 条的规定,适用第一审普通程序法院审理的行政案件,由审判员组成合议庭,或者由审判员、陪审员组成合议庭,不存在独任审判。因此,行政判决书尾部应依次写明:诉讼费用的负担,交代上诉的权利、方法、期限和上诉审法院,合议庭成员署名,判决日期,书记员署名,等等。

判决书的正本,由书记员在判决日期的左下方,书记员署名的左上方,加盖"本件与原本核对无异"字样的印戳。

(四) 附录

根据案件的不同需要,可将判决书中的有关内容载入附录部分,如,将判决书中所提到的法律规范条文附上,以供当事人全面了解有关法律规定的内容。一般应当按照先实体法律规范,后程序法律规范;先上位法律行政诉讼文书样式(试行)规范,后下位法律规范;先引用法律,再引用司法解释等次序排列,并按1、2、3、4序号列明。另外,群体诉讼案件中原告名单及其身份情况、知识产权案件中的图案等均可以列入此部分。

五、实例

实例1:××省××市某某区人民法院行政判决书(撤销被诉行政行为)

实例2:××市××区人民法院行政判决书(一审请求履行法定职责类案件)

附格式一:

××××人民法院
行政判决书
(一审请求履行法定职责类案件用)

(××××)×行初××号

原告……(写明姓名或名称等基本情况)。

法定代表人……(写明姓名、性别和职务)。

委托代理人(或指定代理人、法定代理人)……(写明姓名等基本情况)。

被告……(写明行政主体名称和所在地址)。

法定代表人……(写明姓名、性别和职务)。

委托代理人……(写明姓名等基本情况)。

第三人……(写明姓名或名称等基本情况)。

法定代表人……(写明姓名、性别和职务)。

委托代理人(或指定代理人、法定代理人)……(写明姓名等基本情况)。

原告×××因认为被告×××(行政主体名称)……(写明不履行法定职责的案由),于××××年××月××日向本院提起行政诉讼。本院于××××年××月××日立案后,于××××年××月××日向被告送达了起诉状副本及应诉通知书。本院依法组成合议庭,于××××年××月××日公开(或不公开)开庭审理了本案。……(写明到庭参加庭审活动的当事人、行政机关负责人、诉讼代理人、证人、鉴定人、勘验人和翻译人员等)到庭参加诉讼。……(写明发生的其他重要程序活动,如:被批准延长本案审理期限等情况)。本案现已审理终结。

第一,针对原告的履行法定职责的请求,被告已经作出拒绝性决定的案件,可写:

××××年××月××日,原告×××向被告×××提出申请(写明申请的内容),被告×××于××××年××月××日对原告×××作出××号××决定(或其他名称),……(简要写明拒绝性决定认定的主要理由和处理结果)。

第二,针对原告的履行法定职责的请求,被告不予答复的案件,可写:

原告×××于××××年××月××日向被告×××提出……(写明申请内容)。被告在原告起诉之前未作出处理决定(当事人对原告是否提出过申请或者被告是否作出处理有争议的,或者属于行政机关应当依职权履行法定职责的情形,不写)。

原告×××诉称,……(写明原告的诉讼请求、主要理由以及原告提供的证据、依据等)。

被告×××辩称,……(写明被告的答辩请求及主要理由)。被告×××向本院提交了以下证据、依据:1. ……(证据的名称及内容等);2. ……。

第三人×××述称,……(写明第三人的意见、主要理由以及第三人提供的证据、依据等)。

本院依法调取了以下证据:……(写明证据名称及证明目的)。

经庭审质证(或庭前交换证据、庭前准备会议),……(写明当事人的质证意见)。

本院对上述证据认证如下:……(写明法院的认证意见和理由)。

经审理查明,……(写明法院查明的事实。可以区分写明当事人无争议的事实和有争议但经法院审查确认的事实)。

本院认为,……(写明法院判决的理由)。依照……(写明判决依据的行政诉讼法以及相关司法解释的条、款、项、目)的规定,判决如下:

……(写明判决结果)。

……(写明诉讼费用的负担)。

如不服本判决,可以在判决书送达之日起十五日内向本院递交上诉状,并按对方当事人的人数提出副本,上诉于××××人民法院。

审判长　　×××

审判员　　×××

审判员　　×××

××××年××月××日

(院印)

本件与原本核对无异

书记员　×××

附录:本判决适用的相关法律依据

附格式二：

行政赔偿判决书
（一审行政赔偿案件用）

（××××）行初××号

原告……（写明姓名或名称等基本情况）。

法定代表人……（写明姓名、性别和职务）。

委托代理人（或指定代理人、法定代理人）……（写明姓名等基本情况）。

被告……（写明行政主体名称和所在地址）。

法定代表人……（写明姓名、性别和职务）。

委托代理人……（写明姓名等基本情况）。

第三人……（写明姓名或名称等基本情况）。

法定代表人……（写明姓名、性别和职务）。

委托代理人（或指定代理人、法定代理人）……（写明姓名等基本情况）。

原告×××因与被告×××……（写明案由）行政赔偿一案，于××××年××月××日向本院提起行政赔偿诉讼。本院于××××年××月××日立案后，于××××年××月××日向被告送达了起诉状副本及应诉通知。本院依法组成合议庭，于××××年××月××日公开（或不公开）开庭审理了本案（不公开开庭的，写明原因）。……（写明到庭参加庭审活动的当事人、行政机关负责人、诉讼代理人、证人、鉴定人、勘验人和翻译人员等）到庭参加诉讼。……（写明发生的其他重要程序活动，如：被批准延长审理期限等）。本案现已审理终结。

原告×××诉称，……（写明原告的赔偿诉讼请求、主要理由以及原告提供的证据、依据等）。

被告××××辩称，……（写明被告的答辩请求及主要理由）。

被告×××向本院提交了以下证据、依据：1.……（证据的名称及内容等）；2.……。

第三人×××述称，……（写明第三人的意见、主要理由以及第三人提供的证据、依据等）。

本院依法调取了以下证据：……（写明证据名称及证明目的）。

经庭审质证（或庭前交换证据、庭前准备会议），……（写明当事人的质证意见）。

本院对上述证据认证如下：……（写明法院的认证意见和理由）。

经审理查明，……（写明法院查明的事实。可以区分写明当事人无争议的事实和有争议但经法院审查确认的事实）。

本院认为，……（写明法院判决的理由）。依照……（写明判决依据的行政诉讼法以及相关司法解释的条、款、项、目）的规定，判决如下：

……（写明判决结果）。

如不服本判决，可以在判决书送达之日起十五日内向本院递交上诉状，并按对方当事人的人数提出副本,上诉于××××人民法院。

审判长　　×××

审判员　　×××

审判员　　×××

××××年××月××日

(院印)

　　本件与原本核对无异印

书记员　　×××

附:本判决适用的相关法律依据

第三节　第二审行政判决书

一、概念

第二审行政判决书是第二审人民法院在收到当事人不服一审判决提起上诉的行政案件后,按照第二审程序审理终结,就案件的实体问题依法作出维持原判或者改判的决定时使用的文书。

《行政诉讼法》第 85 条规定:"当事人不服人民法院第一审判决的,有权在判决书送达之日起十五日内向上一级人民法院提起上诉。"同时第 89 条规定:"人民法院审理上诉案件,按照下列情形,分别处理:(一)原判决、裁定认定事实清楚,适用法律、法规正确的,判决或者裁定驳回上诉,维持原判、裁定;(二)原判决、裁定认定事实错误或者适用法律、法规错误的,依法改判、撤销或者变更;(三)原判决认定事实不清、证据不足的,发回原审人民法院重审,或者查清事实后改判;(四)原判决遗漏当事人或者违法缺席判决等严重违反法定程序的,裁定撤销原判,发回原审人民法院重审。原审人民法院对发回重审的案件作出判决后,当事人提起上诉的,第二审人民法院不得再次发回重审。人民法院审理上诉案件,需要改变原审判决的,应当同时对被诉行政行为作出判决。"第二审人民法院必须全面审查第一审法院的判决,不受上诉范围的限制。

第二审人民法院依照第二审程序审理行政案件所作的判决,是终审的判决。通过第二审人民法院的审判活动,不仅可以纠正第一审行政判决中可能发生的错误,使当事人的合法权益得到保护,而且有利于上级人民法院监督下级人民法院的行政审判工作。

二、格式(二审维持原判或改判用)

××××人民法院
行政判决书

(××××)×行终××号

上诉人(原审×告)……

被上诉人(原审×告)……

(当事人及其他诉讼参加人的列项和基本情况的写法,除当事人的称谓外,与一审行政判决书样式相同。)

上诉人×××因……(写明案由)一案,不服××××人民法院(××××)×行初字第××号行政判决,向本院提起上诉。本院依法组成合议庭,公开(或不公开)开庭审理了本案。……(写明到庭的当事人、诉讼代理人等)到庭参加诉讼。本案现已审理终结。(未开庭的,写"本院依法组成合议庭,对本案进行了审理,现已审理终结")。

……(概括写明原审认定的事实、理由和判决结果,简述上诉人的上诉请求及其主要理由和被上诉人的主要答辩的内容及原审第三人的陈述意见)。

……(当事人二审期间提出新证据的,写明二审是否采纳以及质证情况,并说明理由。如无新证据,本段不写)。

经审理查明,……(写明二审认定的事实和证据)。

本院认为,……(写明本院判决的理由)。依照……(写明判决依据的法律以及相关司法解释的条、款、项、目)的规定,判决如下:

……(写明判决结果)。

……(写明诉讼费用的负担)。

本判决为终审判决。

审判长　　×××
审判员　　×××
审判员　　×××
××××年××月××日
(院印)

本件与原本核对无异

书记员　　×××

附:本判决适用的相关法律依据

三、内容和制作方法

制作二审行政判决书,应当体现上诉审的特点,强调针对性和说服力。包括下面五部分内容:首部、事实、理由、判决结果和尾部。

（一）首部

1. 标题。与第一审行政判决书相同。

2. 案号。除审判程序简称为"终"字外,其余与第一审行政判决书相同。例如,(2019)11115 行终号。

3. 诉讼参加人。当事人及其他诉讼参加人的列项和基本情况的写法,除当事人的称谓外("上诉人"与"被上诉人"),与一审行政判决书样式相同。其中原告、被告和第三人都提出上诉的,可并列为"上诉人"。当事人中一人或者部分提出上诉,上诉后是可分之诉的,未上诉的当事人在法律文书中可以不列;上诉后仍是不可分之诉的,未上诉的当事人可以列为被上诉人。

（二）正文

1. 案件由来源、审判组织和审判方式。《行政诉讼法》第 59 条规定,第二审程序的审理方式有两种,即开庭审理和书面审理,在文书中亦有两种表述方法,如格式所示。

2. 事实。该部分包括原审法院认定的事实和判决结果、上诉争议的内容以及二审查明认定的事实和证据组成。

原审法院认定的事实及判决结果。写明原审法院认定的行政争议事实,根据案件的具体情况可概括叙述。但事实的基本要素及关键性情节仍需表述清楚。而后另起一段说明原审裁判的理由和判决结果,要引述原裁判论证说理的内容及所依据的法律规定,完整列出原审的判决结果。

上诉争议的内容,叙述时要概括简练,抓住争议焦点,上诉人提出的新证据;防止照抄原审判决书、上诉状和答辩状,但又要不失原意。写明被上诉人的答辩意见及对原判决的态度。有第三人的,表明第三人的意见。

二审查明认定的事实和证据,要根据不同类型的案件书写。二审法院需对一审的定案证据正确与否作出评判并说明缘由。二审中新提出的证据,应依据最高人民法院的司法解释,判断其是否超过举证时限,能否被采纳。然后依所认定的证据叙述二审确认的案件事实。叙述事实要有针对性,尤其对一审认定错误的情节应当详述二审的意见。如果原审判决事实清楚,上诉人亦无异议的,简要地确认原判认定的事实即可;如果原审判决认定事实清楚,但上诉人提出异议的,应对有异议的问题进行重点分析,予以确认;如果原审判决认定事实不清,证据不足,经二审查清事实后改判的,应具体叙述查明的事实和有关证据,予以澄清。一般情况下,二审认定事实与一审一致的,可写"本院经审理查明的事实与一审判决认定的事实一致,本院予以确认"。与一审认定的主要事实基本一致,但在个别事实作出新的认定的,可写"本院经审理查明的事实与一审判决认定的事实基本一致。但一审认定的……事实不当,应认定为……"。本院认定的事实是一审未认定的,可写"本院另查明:……"。

3. 理由。即"本院认为"部分,要有针对性和说服力,要注重事理分析和法理分析,兼顾全面审查和重点突出,以回答上诉争议的主要问题,引出合乎逻辑的公正结论。具体写法可参照一审判决书理由部分。

由下列两个层次构成一个段落。

第一层次即判决的理由。针对上诉请求和理由,重点围绕争议焦点,就原审判决及被诉行政行为是否合法,上诉理由是否成立,上诉请求是否应予支持,以及被上诉人的答辩是否有理等进行分析论证,阐明维持原判或者撤销原判予以改判的理由。第二层次即判决所依据的法律条文。应分别引用《行政诉讼法》第89条(一)、(二)、(三)项的规定。其中全部改判或者部分改判的,除先引用行政诉讼法的有关条款外,还应同时引用改判所依据的实体法的有关条款。例如,驳回上诉维持原判的理由分析:

"本院认为,行政机关作出行政处罚行为,应当事实清楚,程序合法,适用法律正确。本案讼争的焦点是被上诉人作出的治安行政处罚决定是否合法。一审判决是否合法。关于被上诉人作出的治安行政处罚决定是否合法的问题。治安行政处罚决定是否合法涉及案案件事实是否清楚、证据是否确凿,行政处罚程序是否合法,适用法律是否正确。

案件事实问题。本案原审第三人黄某与上诉人邱某发生肢体纠纷,黄某致邱某门牙根折两颗,其中一颗外伤性脱位,一颗外伤性根折,外伤性根折的牙齿拔出,另一颗用夹板固定的事实,有上诉人邱某及原审第三人黄某当天的陈述,邻座同学的证言,医院的诊疗证明等证据证明,事实清楚证据确凿。被上诉人认定上诉人之伤的受伤程度为轻微伤,有鉴定部门的鉴定意见为证,其鉴定意见符合《人体损伤程度鉴定标准》的规定。本院确认。

原审第三人案发时是否满十八周岁,由于身份证和出生证明,应当填写农历时间还是公历时间,相关法律、法规、规章,规范性文件没有强制性规定。

结合本案实际,黄某因同学邱某没有如期打扫教室卫生,即飞腿击打其肩部;继之,又拳击其嘴部,致邱某门牙一折一松动;甚至,用板凳击打邱某生命要害部位的头部,动作之快,下手之狠,说明其内心浮躁,不计后果。如疏忽教育,凭其任性,后果可想而知。因此,黄某本人应当坚决以此次纠纷为戒,吸取教训,自我约束,防止继续任性。

同时,为表明改过的诚意,应当主动向邱某赔礼道歉,和谐同学关系。黄某家长,应当主动赔偿,赔礼道歉;更应当对黄某明之以害,引之以法,晓之以理,高度重视家庭教育,使其成为有用之才。

邱某被伤害,作为邱某父母,心痛不已,找说法,主张赔偿,甚至以黄某被执行行政拘留为快,似也在情理之中。但是,以追求将黄某进行羁押、执行行政拘留为诉讼目的,求一时之快,并非解决纠纷,保护邱某心理健康、恢复良好心态,促进学习进步的最好途径。

权利主张,适可而止为最高境界。本院希望,两个处在纠纷旋涡的年轻学生和两家家长,以子女成才为目的,一方主动和好关系,另一方不计前嫌,共同走过这段不愉快的时间。让两个年轻人的人生顺利;让两个家庭幸福、快乐。

行政程序合法性问题。被上诉人接受报案后,履行了立案受理、传唤当事人、被传唤人家属通知、事实调查、内部报告审批、行政处罚决定前告知、作出行政处罚决定、送达法律文书的法定义务,其行政处罚程序合法。

适用法律是否正确的问题。被上诉人依据《中华人民共和国治安管理处罚法》第四十三条的规定,决定对黄某行政拘留 10 日,并罚款 200 元;依据《中华人民共和国治安管理处罚法》第二十一条第(二)项的规定,决定对黄某不执行行政拘留。适用法律正确。

关于一审判决是否合法的问题。一审判决认定被上诉人的行政处罚决定事实清楚,有上诉人陈述、原审第三人的陈述,被上诉人的调查,医院治疗证明等证据证实。裁判事实清楚,证据确凿;一审法院接收上诉人的诉状后,履行了立案受理,权利义务告知,公开开庭审理,作出行政判决,送达法律文书,审判程序合法;适用《中华人民共和国行政诉讼法》第六十九条的规定作出本案判决,适用法律正确。

综上所述,被上诉人作出的行政处罚决定合法。原审判决认定事实清楚,审判程序合法,适用法律正确。上诉人主张撤销原判和行政处罚决定,责令被上诉人重新作出行政处罚决定的上诉请求,本院不予支持。"

4. 判决结果。根据《行政诉讼法》第 89 条规定,二审行政判决分为驳回上诉、维持原判的判决,改判的判决,发回重审的判决三种情况,在具体表述上有四种方式:

第一,维持原判的,写为:

"驳回上诉,维持原判。"

第二,对原审判决部分维持、部分撤销的:

"一、维持××人民法院(××××)×行初字第×号行政判决第×项,即……(写明具体内容);

二、撤销××人民法院(××××)×行初字第×号行政判决第×项,即……(写明具体内容);

三、……(写明对撤销部分作出改判的内容。如无需作出改判的,此项不写)。"

第三,撤销原审判决,驳回原审原告的诉讼请求的,写为:

"一、撤销××人民法院(××××)×行初字第×行政判决;

二、驳回×××(当事人姓名)的诉讼请求。"

第四,撤销原审判决,同时撤销或者变更行政机关的具体行政行为的,写为:

"一、撤销××人民法院(××××)×行初字第×号行政判决;

二、撤销(或变更)××××(行政主体名称)××××年××月××日(××××)×字第×号……(写明具体行政行为或者复议决定名称或其他行政行为);

三、……(写明二审法院改判结果的内容。如无需作出改判的,此项不写。)"

（三）尾部

尾部应依次写明诉讼费用的负担、二审判决的效力、合议庭组成人员署名。写明日期、书记员署名等内容。

关于二审诉讼费用的负担。要区别情况作出决定。对驳回上诉。维持原判的案件。二审诉讼费用由上诉人承担;双方当事人都提出上诉的。由双方分担。对撤销原判。依法改判的案件。应同时对一、二两审的各项诉讼费用由谁负担。或者共同分担的问题作出决定。相应地变更一审法院对诉讼费用负担的决定。

文末应当写明二审判决的效力。即"本判决为终审判决"。

其他内容与一审行政判决书的写法相同。

四、实例

实例:××省××市中级人民法院行政判决书

第四节　行政赔偿调解书

一、概念

行政赔偿调解书,指人民法院在审理行政赔偿案件的过程中,根据《行政诉讼法》第60条的规定,通过调解促使当事人自愿达成解决赔偿争议的协议后,所制作的具有法律效力的文书。

行政诉讼和民事诉讼的一个重要区别就是:行政案件不适用调解。但是当公民、法人或者其他组织的合法权益受到行政机关或者行政机关工作人员作出的具体行政行为侵犯造成损害的,有权请求赔偿。

本调解书适用于《国家赔偿法》、《行政诉讼法》第60条以及《最高人民法院关于审理行政赔偿案件若干问题的规定》等法律及司法解释,单独提起行政赔偿诉讼的情形。

我国《行政诉讼法》第60条规定:"人民法院审理行政案件,不适用调解。但是,行政赔偿、补偿以及行政机关行使法律、法规规定的自由裁量权的案件可以调解。调解应当遵循自愿、合法原则,不得损害国家利益、社会公共利益和他人合法权益。"行政案件一般不适用调解,这是一项符合行政诉讼特点的规定,也是行政诉讼所特有的一项基本原则。行政机关作为行使行政管理职能的国家机关,其所享有的行政权力,是权利义务的统一体,

行政主体不得随意处分,因此在一般的行政诉讼中不允许行政主体与原告达成调解协议以解决双方之间的行政争议。但行政诉讼法考虑到行政赔偿诉讼的特性,对之作了专门规定,行政赔偿诉讼可以适用调解。最高人民法院《关于审理行政赔偿案件若干问题的规定》第30条就直接指明:"人民法院审理行政赔偿案件在坚持合法、自愿的前提下,可以就赔偿范围、赔偿方式和赔偿数额进行调解。调解成立的,应当制作行政赔偿调解书。"这就为行政赔偿案件调解结案提供了法律依据,也为制作行政赔偿调解书提供了法律依据。行政赔偿诉讼调解机制,为解决行政赔偿争议提供了一条新的途径。

调解作为非诉纠纷解决机制的方式之一,本身具有以相对平和的方式定纷止争的作用。这对于解决行政诉讼纠纷,维护当事人权益,维护政府机关信誉具有重要作用。

调解不仅适用于第一审程序,也适用第二审程序和审判监督程序。

这里只介绍一审行政赔偿调解书。

二、格式

××××人民法院
行政赔偿调解书
(一审行政赔偿案件用)

(××××)×行赔××号

原告×××,……(写明姓名或名称等基本情况)。

法定代表人×××,……(写明姓名、职务)。

委托代理人(或指定代理人、法定代理人)×××,……(写明姓名等基本情况)。

被告×××,……(写明行政主体名称和所在地址)。

法定代表人×××,……(写明姓名、职务)。

委托代理人×××,……(写明姓名等基本情况)。

第三人×××,……(写明姓名或名称等基本情况)。

法定代表人×××,……(写明姓名、职务)。

委托代理人(或指定代理人、法定代理人)×××,……(写明姓名等基本情况)。

原告×××因与被告×××……(写明案由)行政赔偿一案,于××××年××月××日向本院提起行政赔偿诉讼。本院于××××年××月××日立案后,于××××年××月××日向被告

送达了起诉状副本及应诉通知书。本院依法组成合议庭,于××××年××月××日公开(或不公开)开庭审理了本案(不公开开庭的,写明原因)。……(写明到庭参加庭审活动的当事人、行政机关负责人、诉讼代理人、证人、鉴定人、勘验人和翻译人员等)到庭参加诉讼。……(写明发生的其他重要程序活动,如:被批准延长审理期限等)。本案现已审理终结。

经审理查明,……(写明法院查明的事实)。

本案在审理过程中,经本院主持调解,双方当事人自愿达成如下协议:

……(写明协议的内容)。

上述协议,符合有关法律规定,本院予以确认。

本调解书经双方当事人签收后,即具有法律效力。

审判长　　×××

审判员　　×××

审判员　　×××

××××年××月××日

(院印)

本件与原本核对无异

书记员　　×××

三、内容和制作方法

行政赔偿调解书由首部、正文和尾部三部分组成。

(一)首部

由标题、案号和诉讼参加人的基本情况组成。除文书的名称为"行政赔偿调解书"外,制作机关名称、文书编号和诉讼参加人的基本情况的制作与同审级的行政判决书相同。

(二)正文

1. 案件来源、审判组织、审判方式和审判过程。

2. 事实和理由。简要写明行政赔偿诉讼当事人提出的实体权利请求和理由。案件事实的陈述,因达成调解协议的程序阶段的不同而有所差别。如果属于经开庭审理法官对争议事实已经认定清楚后主持调解,促使双方当事人自愿达成调解协议的,应写明由法院所确认的事实;如果案件是在受理后,庭审之前,经法院征得当事人同意进行调解而达成协议的,则主要写明当事人的诉辩主张。

正文中有关证据的列举、认证、说理方式以及相关的写作要求等,也可以参考一审请求撤销、变更行政行为类案件判决书样式及其说明。

对当事人诉辩意见、审理查明部分应当与裁判文书有所区别,应当本着减小分歧,化解矛盾,有利于促进调解协议的原则,对争议和法院认定的事实适当简化叙述。

3. 协议内容。协议内容应明确、具体,便于履行。

调解应当根据当事人自愿的原则,在查清事实,分清是非的基础上进行。协议的内容不得违反法律的规定。

(三)尾部

尾部包括对协议内容的确认、调解书的效力、合议庭组成人员署名,写明日期、书记员署名等内容。

审理赔偿案件不收取诉讼费用。

本调解书样式及说明,亦可供制作第二审和再审的行政赔偿案件调解书时参考。第二审及再审行政赔偿调解书送达后,原一、二审判决、裁定即不再执行。

四、实例

实例:××省×县人民法院行政赔偿调解书

附格式:一审行政调解书

××××人民法院

行政调解书

(一审行政案件用)

(××××)×行初××号

原告×××,……(写明姓名或名称等基本情况)。

法定代表人×××,……(写明姓名、职务)。

委托代理人(或指定代理人、法定代理人)×××,……(写明姓名等基本情况)。

被告×××,……(写明行政主体名称和所在地址)。

法定代表人×××,……(写明姓名、职务)。

委托代理人×××,……(写明姓名等基本情况)。

第三人×××,……(写明姓名或名称等基本情况)。

法定代表人×××,……(写明姓名、职务)。

委托代理人(或指定代理人、法定代理人)×××,……(写明姓名等基本情况)。

原告×××不服被告×××(行政主体名称)(行政行为),于××××年××月××日向本院提起行政诉讼。本院于××××年××月××日立案后,于××××年××月××日向被告送达了起诉状副本及应诉通知书。本院依法组成合议庭,于××××年××月××日公开(或不公开)开庭审理了本案。……(写明到庭参加庭审活动的当事人、行政机关负责人、诉讼代理人、证人、鉴定人、勘验人和翻译人员等)到庭参加诉讼。……(写明发生的其他重要程序活动,如:被批准延长本案审理期限等情况)。本案现已审理终结。

经审理查明,……(写明法院查明的事实)。

本案在审理过程中,经本院主持调解,双方当事人自愿达成如下协议:

……(写明协议的内容)。

……(写明诉讼费用的负担)。

上述协议,符合有关法律规定,本院予以确认。

本调解书经双方当事人签收后,即具有法律效力。

审判长　　×××

审判员　　×××

审判员　　×××

××××年××月××日

(院印)

本件与原本核对无异

书记员　　×××

第五节　行政裁定书

一、概念

行政裁定书,是人民法院依照行政诉讼法的规定审理行政案件,为解决行政诉讼程序问题作出的书面决定。

根据我国《行政诉讼法》第 62 条的规定,人民法院对行政案件宣告判决或者裁定前,原告申请撤诉的,或者被告改变其所作的行政行为,原告同意并申请撤诉的,是否准许,由人民法院裁定。根据我国《行政诉讼法》第 89 条的规定,人民法院审理上诉案件,可以作出发回重审、驳回上诉,维持原裁判、准许或者不准许撤回上诉等裁定。

《最高人民法院关于执行〈中华人民共和国行政诉讼法〉若干问题的解释》①第101 条规定:"裁定适用于下列范围:(一)不予立案;(二)驳回起诉;(三)管辖异议;(四)终结诉讼;(五)中止诉讼;(六)移送或者指定管辖;(七)诉讼期间停止具体行政行为的执行或者驳回停止执行的申请;(八)财产保全;(九)先予执行;(十)准许

---

①　2017 年 11 月 13 日最高人民法院审判委员会第 1726 次会议通过,2018 年 2 月 6 日法释(2018)1号公布,自 2018 年 2 月 8 日起施行。

或者不准许撤诉;(十一)补正裁判文书中的笔误;(十二)中止或者终结执行;(十三)提审、指令再审或者发回重审;(十四)准许或者不准许执行行政机关的具体行政行为;(十五)其他需要裁定的事项。其中第(一)、(二)、(三)项裁定,当事人可以上诉。裁定书应当写明裁定结果和作出该裁定的理由。裁定书由审判人员、书记员署名,加盖人民法院印章。口头裁定的,记入笔录。"

行政裁定书解决的是程序问题与行政判决书一样,是重要的行政裁判文书。

二、类别

依诉讼程序的不同,行政裁定书可分为一审行政裁定书、二审行政裁定书和再审行政裁定书。

本节主要介绍前两种行政裁定书的内容和制作方法。

三、第一审行政裁定书

(一)概念

人民法院在审理第一审行政案件过程中,为解决程序问题依法作出的书面决定。

第一审行政裁定适用下列范围:起诉不予立案;驳回起诉;诉讼期间停止具体行政行为的执行或者驳回停止执行的申请;证据保全;先予执行;准许或者不准许撤诉;一审按撤诉处理的;中止或者终结诉讼;补正裁判文书笔误;其他需要裁定的事项(如管辖等)。其中对前两种情况的裁定,当事人可以上诉。

这里择要介绍起诉不予受理、驳回起诉、准许或者不准许撤诉三种裁定书,其余参照民事裁定书的制作。

(二)格式、内容与制作方法

1. 首部。依次写明标题、编号、当事人称谓,其写法基本上与第一审行政判决书相同。

(1)标题。分两行写出制作机关"××××人民法院"和文书名称"行政裁定书"。

(2)编号。"(××××)×行初字第×号。"

(3)当事人情况。行政裁定书因涉及的程序事项不同,当事人或利害关系人的称谓也各不相同,不予受理起诉的写为"起诉人";驳回起诉以及准许或不许撤诉的写为"原告""被告""第三人",其余同于第一审行政判决书的写法。

2. 正文。依次写明案由、事实、理由和裁定结果四项内容。

(1)起诉不予立案的。正文第一段写明起诉的事由,要求文字简明概括;第二段写不予受理的理由,比如,原告所诉事项不属于人民法院的受案范围,或者不属于受诉法院管辖,或者当事人主体资格不合格,等等。然后引用相应的法律条款项;第三段写明裁定结果。如格式:

××××年××月××日,本院收到×××的起诉状(口头起诉的,注明起诉方式),……(概括写明起诉的事由)。

本院认为,……(写明不予立案的理由)。依照……(写明裁定依据的行政诉

法以及相关司法解释的条、款、项、目)的规定,裁定如下:

对×××的起诉,本院不予立案。

如不服本裁定,可在裁定书送达之日起十日内,向本院递交上诉状,并按对方当事人的人数提出副本,上诉于××××人民法院。

(2)驳回起诉的。写为:

原告×××诉被告×××……(写明案由)一案,本院受理后,依法组成合议庭(或依法由审判员×××独任审判),公开(或不公开)开庭审理了本案,现已审理终结(未开庭的,写"本院依法进行了审理,现已审理终结")。

……(概括写明原告起诉的事由)。

……(各方当事人对案件是否符合起诉条件有争议的,围绕争议内容分别概括写明原告、被告、第三人的意见及所依据的事实和理由;如果没有,此项不写)。

经审理查明,……(各方当事人对案件是否符合起诉条件的相关事实有争议的,写明法院对该事实认定情况;如果没有,此项不写)。

本院认为,……(写明驳回起诉的理由)。依照……(写明裁定依据的行政诉讼法以及相关司法解释的条、款、项、目,如《最高人民法院关于适用〈中华人民共和国行政诉讼法〉若干问题的解释》第三条第一款)的规定,裁定如下:

驳回原告×××的起诉。

……(写明诉讼费用的负担)。

第一审人民法院对已经受理的行政诉讼案件,在审理过程中发现属于如《最高人民法院关于适用〈中华人民共和国行政诉讼法〉若干问题的解释》第3条第1款规定的情形,可裁定驳回起诉。

裁定事实、理由部分仅需围绕本案是否符合起诉条件予以写明。注意运用法律规范,对案件是否符合起诉条件进行分析论证,对各方当事人提出的与起诉条件相关的诉讼理由逐一分析,论证是否成立,表明是否予以支持或采纳,并说明理由。

(3)准许或不准撤诉的。写为:

本院在审理原告×××诉被告×××……(写明案由)一案中,原告×××……(简要写明原告提出的撤诉请求和理由)。

本院认为,……(写明准许撤诉或不准许撤诉的理由)。依照《中华人民共和国行政诉讼法》第六十二条的规定,裁定如下:

……(写明裁定结果)。

……(准许撤诉的,写明诉讼费用的负担;不准许撤诉的,此项不写)。

其中裁定的理由一定要明确透彻。准许撤诉裁定可以载明被告改变被诉行政行为的主要内容及履行情况,并可以根据案件具体情况,在裁定理由中明确被诉行政行为全部或者部分不再执行。因为原告处理自己的诉讼权利,必须在法律规定的范围内进行,以不损害国家、社会的利益以及他人的合法权益为前提;即使行政机关改变其所作的具体行政行为,原告同意并申请撤诉的,也必须以合法为条件。

对于不符合撤回起诉的条件的,一般可以口头裁定,必要时可制作书面裁定。

裁定结果分为两种情况:

第一,准许撤诉的,写:"准许原告×××撤回起诉。"

"本院在审理原告聂某诉被告××镇人民政府××××年5月4日××镇司法所作出的'关于对小杜家村村民聂某与聂某立纠纷的处理决定'一案中,原告以被告已自行撤销了处理决定为由,申请撤回起诉。

本院认为,在审理过程中,被告撤销了本镇司法所的处理决定,原告表示同意并申请撤回起诉,应予准许。依照《中华人民共和国行政诉讼法》第六十二条之规定,裁定如下:

准许原告聂某撤回起诉。"

第二,不准许撤诉的,写:"不准许原告×××撤诉,本案继续审理。"

3. 尾部。不予受理起诉的和驳回起诉的,在裁定主文下面另一段写明:上诉日期、上诉法院等有关上诉权利的情况。

如果是驳回起诉的、准许撤诉的,应写明诉讼费用的负担;不准撤诉的,此项不写。

其余事项同第一审行政判决书。

(三) 实例

实例1:起诉不予立案的行政裁定书　　实例2:驳回起诉的行政裁定书

四、第二审行政裁定书

(一) 概念

第二审行政裁定书是二审人民法院在审理当事人不服一审判决提起上诉的行政案件中,就案件的程序问题作出的书面决定。

二审行政裁定书有三种:二审发回重审用的;二审准许或不准撤回上诉用的;二审维持或撤销一审裁定用的。

(二)格式、内容与制作方法

1. 首部。与第二审行政判决书相同,(除了文书名称为"行政裁定书"外)。

2. 正文。三种二审裁定书因内容不同而各异。

(1)发回重审的。应写为:

上诉人×××因……(写明案由)一案,不服××××人民法院(××××)×行初字第××

号行政判决,向本院提起上诉。本院依法组成合议庭,公开(或不公开)开庭审理了本案(未开庭的,写"本院依法组成合议庭,审理了本案。")

本院认为,……(简写发回重审的理由)。依照《中华人民共和国行政诉讼法》第61条第(3)项的规定,裁定如下:

一、撤销××××人民法院(××××)×行初字第××号行政判决;

二、发回××××人民法院重审。

其要点在于写清发回重审的理由。需采用概括简明的语言指出原判决认定事实不清,证据不足,或者由于违反法定程序而可能影响正确判决。至于该案存在哪些具体问题,应另附函向重审法院具体说明。

(2)准许或不准撤回上诉的,写为:

上诉人×××因……(写明案由)一案,不服××××人民法院(××××)×行初字第××号行政判决,向本院提起上诉。在本院审理过程中,上诉人×××又以……(简要写明申请撤回上诉的理由)为由,申请撤回上诉。经审查认为,……(写明准许撤回上诉或者不准撤回上诉的理由)。现裁定如下:

准许上诉人×××撤回上诉,双方当事人按原审判决执行。(或:不准上诉人×××撤回上诉,本案继续审理。)

其中裁定理由部分应对上诉人申请撤回上诉的行为是否合法作出评断,写明准或不准撤回上诉的理由。由于行政诉讼法中没有规定撤回上诉的相应条文,所以在格式中直接写"现裁定如下"即可。

对于不准撤回上诉的案件,一般口头裁定即可,必要时也可作出书面裁定。

(3)维持或撤销一审裁定的,可写为:

上诉人×××不服××××人民法院(××××)×行初字第××号行政裁定,向本院提起上诉。本院依法组成合议庭,审理了本案。

本院认为,……(写明二审裁定的理由)。依照……的规定,裁定如下:

驳回上诉,维持原裁定。[或者:一、撤销××××人民法院(××××)×行初字第××号行政裁定;二、本案由××××人民法院立案受理]

其关键亦在于写明裁定理由。对上诉的理由是否成立,上诉人提起的行政诉讼是否符合法定条件,原裁定是否正确等,进行分析论证,阐明二审法院的观点。

3. 尾部。三种裁定书略有不同。其中发回重审用的,在裁定结果下面签署合议庭人员名称、时间、书记员名称并加盖核对章,写法如二审行政判决书。如果是不准撤回上诉的,其写法与此相同。准许撤回上诉的,则需在裁定结果后依次写明诉讼费用负担情况以及"本裁定为终审裁定",然后签署如二审行政判决书。

维持或撤销一审裁定的,除没有诉讼费用负担一项,其余与准许撤回上诉的相同。

（三）实例

实例:×省××市中级人民法院行政裁定书(驳回上诉,维持原裁定)

思考与练习

1. 简述人民法院行政裁判文书的特点。

2. 第一审行政判决书的事实叙述应注意什么问题?

3. 第二审行政判决书应当如何阐述理由?

4. 行政裁定书主要有哪些种类?

5. 掌握制作行政赔偿调解书应注意的事项。

6. 根据下述案件事实,拟写一份一审行政判决书。

案件材料

第九章　监狱法律文书

第一节　概　　述

一、概念

监狱文书,是指监狱依照法律程序和监管规定,在对被依法判处徒刑和死刑缓期二年执行的罪犯实行惩罚和改造中,所制作的具有法律效力或法律意义的文书。

《监狱法》规定,监狱是国家的刑罚执行机关,依照刑法和刑事诉讼法的规定,被判处死刑缓期二年执行、无期徒刑、有期徒刑的罪犯,在监狱内执行刑罚。监狱对罪犯实行惩罚和改造相结合、教育和劳动相结合的原则,将罪犯改造成为守法公民。监狱对罪犯应当依法监管,根据改造罪犯的需要,组织罪犯从事生产劳动,对罪犯进行思想教育、文化教育、技术教育。

监狱在对服刑罪犯进行改造、教育、考核和执行判决、裁定的过程中,形成了许多具有一定格式的文字材料,即狱政文书。狱政文书是司法文书的重要组成部分,它直接反映了法律赋予劳动改造机关的职能,对执行刑罚和改造罪犯具有十分重要的作用。

监狱文书具有一定的法律效力,它既是惩罚罪犯的工具,又是改造罪犯的手段;它既具体体现着法律的实施,又如实记载着罪犯的改造情况。所以,从这个意义上讲,监狱文书是搞好劳改工作的重要内容,它在一定程度上体现着劳改工作的质量,因此,必须严格依法制作。

二、类别

公安部1982年6月制订的《劳动改造机关执法文书格式》中规定了32种狱政文书,后来随着《刑法》《刑事诉讼法》的重新修订和《监狱法》的有关规定,司法部监狱管理局结合监狱执法工作的具体情况,于2002年5月对《劳动改造机关执法文书格式》进行了重大修改,并重新制订印发了《监狱执法文书格式》(试行)。修改后的执法文书由过去的32种增加到了48种,且涉及的范围更加广泛,包含的内容更加全面,制作时也更加简洁方便,监狱执法文书在全国监狱系统的运用趋于统一、规范。

1. 根据文书的用途可以分为刑罚执行文书、监狱管理文书、狱内侦查文书、教育改造文书和其他执法文书五类。

(1) 刑罚执行文书:主要有暂予监外执行文书、提请减刑意见书、提请假释建议书、对罪犯刑事判决提请处理意见书等。

(2) 监狱管理文书:主要有罪犯奖励审批表、罪犯评审鉴定表、罪犯禁闭审批表等。

(3) 狱内侦查文书:主要有建立耳目审批表、狱内案件立案表、询问笔录、监狱起诉意见书等。

(4) 教育改造文书:主要有对罪犯教育演讲稿、个别谈话记录等。

(5) 其他执法文书:主要有狱情反映、罪犯材料转递函等。

2. 根据受文对象和处理方式的不同,可以分为以下几类:

(1) 内部使用的监狱文书:罪犯入监登记表,罪犯奖惩审批表,狱内案件立案报告表,狱内案件结案报告表,罪犯脱逃报告表,脱逃罪犯捕回报告表,申请使用戒具、关押禁闭审批表,罪犯评审鉴定表,罪犯出监鉴定表。

(2) 向法院、检察院提请审查决定或裁定时使用的文书:对罪犯刑事判决提请复查函,提请减刑、假释建议书,监狱、劳改队起诉意见书,对死缓罪犯提请执行死刑意见书。

(3) 通知有关人员的文书有:罪犯入监通知书,罪犯奖惩通知书,保外就医文书,劳改罪犯变动情况通知书。

(4) 其他文书有:讯问笔录,询问笔录,释放证明书等。

3. 根据文书的形式,可以分为表格类、书写类(或拟制类)、笔录类。

本章重点讲授几种常用的监狱文书。

第二节　罪犯入监登记表

罪犯收监是刑罚执行的开始,收监文书是监狱在对罪犯收监过程中,依法制作的相关文书。主要有六种:罪犯不予收监通知书、罪犯暂不收监通知书、罪犯收监身体检查表、罪犯入监登记表、罪犯入监通知书、罪犯物品保管收据。

一、概念

监狱对法院交付执行的罪犯,经过法定文件检验和人身检查,认为符合收监范围和收监条件的,则做出依法收监的决定。罪犯入监登记表是收押新入监的罪犯时,依法制作的记载新入监罪犯身份和基本情况的执法文书表格,是收监过程中制作的重要的大型表格类文书,是监狱收押罪犯时必须履行的一项法律手续。

二、格式

罪犯入监登记表

单位：_____ 编号：_____ 入监日期：_____年_____月_____日

姓名		别名		性别		一寸免冠照片
民族		出生日期		文化程度		
捕前职业		原政治面貌		特长		
身份证号			口音			
籍贯（国籍）			原户籍所在地			
家庭地址						婚姻状况
拘留日期		逮捕机关		逮捕日期		
判决书号		判决机关		判决日期		
罪名				刑种		
刑期		刑期起止	自　年　月　日 至　年　月　日		附加刑	
曾受何种惩处						

本人简历	起时	止时	所在单位	职务(职业)

主要犯罪事实	

	关系	姓名	性别	年龄	工作单位和职务	住址	政治面貌
家庭成员及主要社会关系							

三、内容和制作方法

罪犯入监登记表是一种多栏目的表格式文书,其中大部分栏目的内容可以从对该犯的"判决书"或"结案登记表"中查出,但有部分栏目必须通过与罪犯进行谈话、内查外调等途径,查证清楚后才能填写。

填写时必须严肃认真,对每个栏目内容的填写都必须真实、准确,以确保准确无误。

罪犯入监登记表包括表头、罪犯的基本情况、家庭成员及主要社会关系等内容。制作方法如下:

(1)在文书名称"罪犯入监登记表"的左下方填写单位,即监狱全称。编号,指监狱统一设定的罪犯在服刑期间固定的个人代号。通常由省份代号、监狱代号、收押年份及入监顺序号构成。在文书名称的右下方填写罪犯入监时间的年月日。(2)罪犯的身份情况栏,应写明姓名、别名、性别、民族、出生时间、文化程度等,还要在表格的右上角粘贴罪犯一寸免冠照片一张。(3)罪犯犯罪后至判决的基本情况栏,要分别写明拘留日期、逮捕机关、逮捕日期、判决机关、判决日期、罪名、刑种、刑期、刑期起止日期、剥夺政治权利年限等项。(4)罪犯捕前的基本情况栏,应写清楚捕前职业、原政治面貌、特长、籍贯、口音、家庭地址、曾受何种惩处。(5)本人简历栏,要把罪犯从上小学开始一直到此次犯罪前的学习和工作经历填写清楚。(6)主要犯罪事实栏,应把判决书中所认定的主要犯罪事实逐一写明,案情复杂、篇幅较长的,应予以精炼,概括填写。(7)家庭成员及主要社会关系栏,是罪犯入监登记表中的重点栏目之一,应详细了解并准确填写关系、姓名、性别、年龄、工作单位和职务、住址、政治面貌等,应对罪犯的所有重要社会关系逐一写明、无一遗漏。如有同案犯的,需在续表中说明同案犯的基本情况。

总之,填写罪犯入监登记表是一件十分严肃的工作,切不可因栏目内容简单而忽视之,必须认真地把各个栏目都填准填好。

第三节 罪犯奖惩审批表

一、概念

罪犯奖惩审批表,是监狱机关报请上级主管部门对罪犯给予奖励或者惩处而依法制作的执法文书表格。

奖惩分行政奖惩与刑事奖惩两类。(1)行政奖惩,是指监狱根据监管改造法规直接实施的属于行政性质的奖励和处罚,奖励的形式有表扬、物质奖励、记功;惩罚的形式有警告、记过和禁闭。行政奖惩不改变原判刑罚,由监狱批准即可实施。(2)刑事奖惩,指根据罪犯在服刑改造期间的不同表现,监管单位依照刑事诉讼程序,报请人民法院裁定或者判决后实施的奖励与惩罚。刑事奖励的形式有:减刑、假释;刑事惩罚的形式有:对狱内又犯罪的追诉。刑事奖惩将实际改变罪犯在监狱内服刑的期间。

行政奖惩与刑事奖惩的区别在于:首先,适用条件不同。刑事奖惩的适用条件比行政奖惩的适用条件更严厉。其次,奖惩的结果不同。行政奖惩的结果只涉及罪犯在狱内的待遇,不改变原判刑罚;刑事奖惩将实际改变罪犯在狱内服刑的期间。最后,适用程序不同。行政奖惩权由监狱行使;刑事奖惩权则由监狱依照刑事诉讼程序报请人民法院依照法定程序实施。本节主要是对行政奖惩的规定。

《监狱法》第56条规定:"监狱应当建立罪犯的日常考核制度,考核的结果作为对罪犯奖励和处罚的依据。"第57条规定:"罪犯有下列情形之一的,监狱可以给予表扬、物质奖励或者记功:(一)遵守监规纪律,努力学习,积极劳动,有认罪服法表现的;(二)阻止违法犯罪活动的;(三)超额完成生产任务的;(四)节约原材料或者爱护公物,有成绩的;(五)进行技术革新或者传授生产技术,有一定成效的;(六)在防止或者消除灾害事故中作出一定贡献的;(七)对国家和社会有其他贡献的。被判处有期徒刑的罪犯有前款所列情形之一,执行原判刑期二分之一以上,在服刑期间一贯表现好,离开监狱不致再危害社会的,监狱可以根据情况准其离监探亲。"第58条规定:"罪犯有下列破坏监管秩序情形之一的,监狱可以给予警告、记过或者禁闭:(一)聚众哄闹监狱,扰乱正常秩序的;(二)辱骂或者殴打人民警察的;(三)欺压其他罪犯的;(四)偷窃、赌博、打架斗殴、寻衅滋事的;(五)有劳动能力拒不参加劳动或者消极怠工,经教育不改的;(六)以自伤、自残手段逃避劳动的;(七)在生产劳动中故意违反操作规程,或者有意损坏生产工具的;(八)有违反监规纪律的其他行为的。依照前款规定对罪犯实行禁闭的期限为七天至十五天。罪犯在服刑期间有第一款所列行为,构成犯罪的,依法追究刑事责任。"

这里分别规定了对罪犯实行奖励的三种形式,即表扬、记功和物质奖励;以及规定了对罪犯实行惩罚的两种形式:警告、记过或者禁闭。凡是对罪犯需要给予表扬、记功、物质奖励或者警告、记过的,都必须填写罪犯奖惩审批表;监狱、劳改队年终评审时,对被评为劳改积极分子的罪犯,也应由监管人员填写罪犯奖励审批表,报上级主管部门审批。

罪犯奖惩审批表是党的"惩办与宽大相结合",对犯人实行赏罚严明的奖惩制度的具体体现,对促进罪犯的改造有重要作用。

二、格式

罪犯奖惩审批表

单位:　　　　　　　　　　　　　　　犯罪编号:

姓名		性别		出生日期		年　　月　　日
民族		文化程度		罪名		
刑种		刑期		刑期起止		自　年　　月　　　日 至　年　　月　　　日
奖惩依据						
分监区意见						（签字） 年　　月　　日
监区意见						（签字） 年　　月　　日
狱政科意见						（签字） 年　　月　　日
监狱意见						（签字） 年　　月　　日

三、内容和制作方法

罪犯奖惩审批表是一种表格式文书,共有 15 个栏目,其内容主要包括:(1)在文书名称左下方填写劳改单位全称。(2)罪犯身份情况栏,应写明:姓名、性别、出生日期、民族、文化程度等。(3)原判决的基本情况栏,要写清楚罪名、刑期及刑期起止的年月日等。(4)奖惩依据栏,是罪犯奖惩审批表的重点栏目,应真实准确地写明对罪犯给予奖励或者惩处的事实依据和法律依据。(5)意见批示栏,由四部分批示组成,一般写为:"经×次会议研究讨论,建议对罪犯×××给予某种奖励或惩处。"提出的奖惩意见必须与所列事实及有关法规相适应。

对犯人的奖惩,必须经监狱主管领导审核批准后,才能宣布执行。为了真正起到奖好罚坏、奖勤罚懒、促进罪犯改造的作用,罪犯奖惩审批表必须实事求是、依法严肃认真地填写好。

第四节　提请减刑、假释建议书

一、概念

提请减刑、假释建议书,是监狱、劳改队对在服刑改造期间确有悔改或立功表现的罪犯,依法提请人民法院予以审核裁定减刑或者假释所制作的文书。提请减刑、假释建议书是两种建议书,即提请减刑建议书和提请假释建议书,虽两者适用的对象和法定条件不同,但二者制作的主体和格式相同,故合并在一起讲解。

《刑事诉讼法》第 261 条第 2 款规定:"被判处死刑缓期二年执行的罪犯,在死刑缓期执行期间,如果没有故意犯罪,死刑缓期执行期满,应当予以减刑,由执行机关提出书面意见,报请高级人民法院裁定。"第 273 条第 2 款规定:"被判处管制、拘役、有期徒刑或者无期徒刑的罪犯,在执行期间确有悔改或者立功表现,应当依法予以减刑、假释的时候,由执行机关提出建议书,报请人民法院审核裁定,并将建议书副本抄送人民检察院。人民检察院可以向人民法院提出书面意见。"

《监狱法》第 29 条规定:"被判处无期徒刑、有期徒刑的罪犯,在服刑期间确有悔改或者立功表现的,根据监狱考核的结果,可以减刑。有下列重大立功表现之一的,应当减刑:(一)阻止他人重大犯罪活动的;(二)检举监狱内外重大犯罪活动,经查证属实的;(三)有发明创造或者重大技术革新的;(四)在日常生产、生活中舍己救人的;(五)在抗御自然灾害或者排除重大事故中,有突出表现的;(六)对国家和社会有其他重大贡献的。"第 30 条规定:"减刑建议由监狱向人民法院提出,人民法院应当自收到减刑建议书之日起 1 个月内予以审核裁定;案情复杂或者情况特殊的,可以延长 1 个月。减刑裁定的副本应当抄送人民检察院。"第 31 条规定:"被判决死刑缓期二年执行的罪犯,在死刑缓期执行期间,符合法律规定的减为无期徒刑、有期徒刑条件的,二年期满时,所在监狱应当及时提出减刑建议,报经省、自治区、直辖市监狱管理机关审核后,提请高级人民法院裁定。"

《监狱法》第32条规定:"被判处无期徒刑、有期徒刑的罪犯,符合法律规定的假释条件的,由监狱根据考核结果向人民法院提出假释建议,人民法院应当自收到假释建议书之日起1个月内予以审核裁定;案情复杂或者情况特殊的,可以延长1个月。假释裁定的副本应当抄送人民检察院。"

上述规定,是制作提请减刑、假释建议书的法律依据。提请减刑、假释建议书并不直接具有减刑、假释的法律效力,但它是提请人民法院对罪犯予以审核裁定减刑或假释的建议,对人民法院作出裁决有重要的参考作用。

提请减刑建议书的适用对象是在服刑期间确有悔改或者立功表现、符合法定减刑条件的被判处管制、拘役、有期徒刑、无期徒刑和死刑缓期二年执行的罪犯。提请假释建议书的适用对象是已执行一定刑期以后确有悔改表现、不致再危害社会、符合法定假释条件的被判处有期徒刑和无期徒刑的罪犯。

二、格式

××××监狱

提请减刑(或假释)建议书

(　　)　字第　　号

罪犯,性别,　年　月　日出生,民族,原户籍所在地,因　　罪经　　人民法院于　年　月　日以(　　)字第　　号刑事判决书判处　　,刑期自　年　月　日至　年　月　日止。于　年　月　日送我监狱服刑改造。服刑期间执行刑期变动情况:

该犯在近期确有悔改表现,具体事实如下:

为此,根据《中华人民共和国监狱法》第二十九条、《中华人民共和国刑法》第七十八条第一款、《中华人民共和国刑事诉讼法》第二百六十一条第二款(或第二百七十三条第二款)的规定,建议对罪犯予以减刑(或假释)。特提请裁定。

此致

人民法院

××监狱　(公章)

年　月　日

附:罪犯　卷宗材料共卷　册　页

三、内容与制作方法

提请减刑、假释建议书由首部、正文和尾部三部分组成。

(一)首部

首部主要包括标题、文书编号和罪犯的基本情况等内容。

1. 标题。在文书上方正中分两行写明制作机关名称和文书名称,如"××省××监狱提请减刑(或假释)建议书。"

2. 文书编号。由年度、机关代字、文书代字和文书序号组成,标题右下方注明,如"(年度)鲁淄狱减字第××号"或"(年度)鲁狱释字第××号"。

3. 罪犯的基本情况。应依次写明罪犯的姓名、性别、出生日期、民族、原户籍所在地、原判罪名、原判法院、判决时间、判决书编号、刑种、刑期、交付执行的时间和执行场所等。

在实际制作时,如果被减刑或假释罪犯在服刑改造期间,已发生刑种、刑期变化或变动劳改场所等,应把上述发生的变化情况写进这一部分。

(二)正文

由案由、事实和理由组成。

开头先写案由,即提请减刑或假释的原因,"该犯在服刑改造期间,确有悔改(或立功)表现,具体事实如下:"然后重点写明悔改、立功表现的具体事实以及提请减刑、假释的理由和法律依据。

1. 悔改、立功表现的具体事实。这是意见书中应着重写明的内容,是对罪犯提请减刑、假释的客观依据,因此,对具体事实的叙述应围绕《监狱法》第29条规定的情形展开,必须真实、准确、具体,证据确实充分,体现时间、地点、原因、结果等叙述要素。

根据《根据监狱、劳改队管教工作细则》第136条规定和2017年1月1日最高人民法院《关于办理减刑、假释案件具体应用法律的规定》第3条、第4条、第5条规定,在叙述悔改表现的事实时,应叙述清楚罪犯同时具备以下四方面情况的具体事实:认罪悔罪;遵守法律法规及监规,接受教育改造;积极参加思想、文化、职业技术教育;积极参加劳动,努力完成劳动任务。叙述立功表现的事实时,应叙述清楚罪犯具有以下情形之一的具体事实:阻止他人实施犯罪活动的;检举、揭发监狱内外犯罪活动,或者提供重要的破案线索,经查证属实的;协助司法机关抓捕其他犯罪嫌疑人的;在生产、科研中进行技术革新,成绩突出的;在抗御自然灾害或者排除重大事故中,表现积极的;对国家和社会有其他较大贡献的。叙述重大立功表现的事实时,应叙述清楚罪犯具有下列情形之一的具体事实:阻止他人实施重大犯罪活动的;检举监狱内外重大犯罪活动,经查证属实的;协助司法机关抓捕其他重大犯罪嫌疑人的;有发明创造或者重大技术革新的;在日常生产、生活中舍己救人的;在抗御自然灾害或者排除重大事故中,有突出表现的;对国家和社会有其他重大贡献的。

2. 提请减刑、假释的理由和法律依据。理由是指对前面所叙述的具体事实进行高度概括之后所做出的结论,是劳改机关提出对罪犯减刑、假释建议的原因和道理,必须从前面的具体事实中概括引申出来。总之,理由的论述要针对具体事实和适用的法律条文,说理即要充分,又要简明,做到以事论理、以法说理。

法律依据,是指提出减刑、假释建议,报请人民法院审核裁定所依据的法律条款。

一般援引《刑事诉讼法》第261条第2款或者第273条第2款作为法律依据,并写明提请减刑或假释的建议,最后以"特提请审核裁定"结束正文。

（三）尾部

尾部包括以下三项内容:

1.写明送达机关名称。先写"此致",后提行顶格写明所要致送的法院名称,如"××市中级人民法院。"

按照法律规定,达机关为人民法院,但对判处不同刑种的罪犯的减刑或假释,送达机关并不完全相同。其中被判处死刑缓期二年执行的或者被判处无期徒刑的罪犯的减刑、假释意见书,主送机关是当地高级人民法院;被判处有期徒刑(包括原判死缓或无期徒刑已减为有期徒刑)的罪犯的减刑、假释建议书,主送机关为当地中级人民法院。

2. 制作机关签署、加盖公章并注明发文日期。

3. 附件。应注明随意见书一起移送的罪犯劳改档案的卷数、页数等。

四、实例

实例1:提请减刑建议书　　　　　　实例2:提请假释建议书

第五节　监狱提请起诉意见书

一、概念

监狱提请起诉意见书,是监狱对罪犯在服刑改造期间又犯新罪或者发现了原判决所没有发现的罪行,认为需要依法追究刑事责任时,向人民检察院提出起诉意见的文书。

《刑事诉讼法》第273条第1款规定:"罪犯在服刑期间又犯罪的,或者发现了判决的时候所没有发现的罪行,由执行机关移送人民检察院处理。"《监狱法》第60条规定:"对罪犯在监狱内犯罪的案件,由监狱进行侦查。侦查终结后,写出起诉意见书,连同案卷材料、证据一并移送人民检察院。"这是制作监狱提请起诉意见书的法律依据。根据上述法律规定,监狱对服刑罪犯所犯的新罪或漏判之罪,一旦事实清楚、证据确凿,依法应当追究刑事责任,就应提出起诉意见,移送人民检察院审查。

监狱提请起诉意见书与公安机关起诉意见书既有相同之处,又有不同之处。相同之处体现在：(1)性质相同，具有同等的法律效力。它们都是以案件侦查、审理终结的结论为依据而制作的司法文书，目的都在于向人民检察院提出起诉意见。(2)制作程序和要求相同。在制作程序上都要经过侦查预审，依法提出处理意见，移送检察机关审查起诉。在制作上都是以叙述清楚犯罪的基本事实为特征的，都要求把犯罪的性质、时间、地点、动机、目的、情节、手段、结论等要素交待清楚；叙述都要求具体、准确、真实。(3)行文格式相同。一般都包括：标题、文号、犯罪嫌疑人或罪犯的基本情况、主要犯罪事实以及移送起诉的理由和法律依据等。

但二者毕竟是两种不同的文书，因而有一定的区别。不同之处主要有以下四点：(1)法律依据不同。制作公安机关起诉意见书的法律依据是《刑事诉讼法》第162条；制作监狱提请起诉意见书的法律依据是《刑事诉讼法》第273条第1款。(2)适用的范围不同。公安机关起诉的基本上是发生在社会上的各类刑事案件；而监狱提出起诉的案件只有两类：罪犯在服刑期间又犯罪的，或者发现了判决的时候所没有发现的罪行，由执行机关移送人民检察院处理。(3)被起诉人及称谓不同。公安机关要求起诉的作案人，一般是社会上的自由人；而监狱要求起诉的是正在服刑改造的罪犯。因而这两种起诉意见书对作案人的称谓也不同：前者一般称为"犯罪嫌疑人"，后者则直接称为"罪犯"。(4)署名不同。公安机关起诉意见书由公安机关的负责人(一般是局长)署名，然后加盖局印；监狱提请起诉意见书虽由监狱负责人签发，但最后落款是监狱机关，而不是负责人个人，必须加盖公章才有效。

二、格式

××省××监狱
提请起诉意见书

( )×狱起字第×号

罪犯×××，性别，××年××月××日出生，民族，原户籍所在地，文化程度，因××罪被××人民法院于××××年××月××日以　字第　号刑事判决(裁定)判处。××××年××月××日入××监狱服刑，在××监狱××监区改造。现押于×××。

现经依法侦查查明，罪犯×××在服刑改造期间涉嫌××罪，主要事实如下：

……

认定上述事实的证据如下：

……

上述犯罪事实清楚，证据确实、充分，足以认定。

综上所述，罪犯××××，在服刑期间，其行为触犯了《中华人民共和国刑法》第×条之规定，涉嫌××罪。为了……，依据《中华人民共和国刑事诉讼法》第二百七十三条第一款之规定，提请你院审查，依法处理。

此致

人民检察院

××监狱 （公章）

年 月 日

附：

　　1. 侦查卷××册。

　　2. 罪犯××现押于××。

三、内容与制作方法

监狱起诉意见书由首部、正文、尾部三部分组成。

（一）首部

1. 标题。包括制作机关名称和文书名称。居中分两行书写,上行写"××省××监狱",下行写"提请起诉意见书"。

2. 文书编号。写明年度、机关代字、文书代字和文书序号,如"(年度)×狱起字第×号"。

3. 罪犯的基本情况。依次写明罪犯的姓名、性别、出生日期、民族、原户籍所在地、文化程度、原判罪名、原判法院、原判时间、判决书文号、原判刑种、刑期、交付执行的时间及执行场所。

（二）正文

先写"现经依法侦查查明,罪犯×××在服刑改造期间涉嫌罪,主要事实如下:"

再依次写明下列内容:

1. 犯罪事实。要把罪犯所犯新罪或漏罪的时间、地点、动机、目的、手段、情节、后果等要素如实地叙述清楚,然后列出证实以上犯罪事实的具体证据。叙述一定要真实、准确,力求详略得当,重点突出。

2. 起诉理由和法律依据。首先概括地阐明罪犯在服刑改造期间又犯有或隐瞒了什么罪行,其犯罪性质、动机、目的、危害后果及认罪表现等情况怎样;然后,根据罪犯所犯罪行,援引《刑事诉讼法》第273条第1款作为移送审查起诉的法律依据;最后以"特提请你院审查,依法处理。"结束正文。

（三）尾部

依次写明送达机关名称、制作机关名称、加盖公章、注明发文日期;在附件中应注明随案移送的罪犯劳改档案的卷数、页数,以及罪犯所犯新罪或漏罪的案卷材料的卷数、页数等。

四、实例

实例:××省××监狱提请起诉意见书

第六节　对死缓罪犯提请执行死刑意见书

一、概念

对死缓罪犯提请执行死刑意见书,是指劳动改造机关对抗拒改造情节恶劣的死刑缓期二年执行的罪犯,依法向高级人民法院提出执行死刑意见的文书。

《刑事诉讼法》第261条第2款规定:"被判处死刑缓期二年执行的罪犯,在死刑缓期执行期间,……如果故意犯罪,情节恶劣,查证属实,应当执行死刑,由高级人民法院报请最高人民法院核准。"上述法律规定是制作对死缓罪犯提请执行死刑意见书的法律依据。据此,劳动改造机关对那些故意犯罪,查证属实的死缓罪犯,应当依法制作对死缓罪犯提请执行死刑意见书,报经本省、自治区、直辖市主管厅(局)审核同意后,由当地高级人民法院报请最高人民法院核准,下达执行死刑命令。

对死缓罪犯提请执行死刑意见书的制作,对维护法律的尊严、促使在押罪犯弃恶从善有着十分重要的作用。

二、格式

对死缓罪犯提请执行死刑意见书

(××)×字第×号

罪犯　,男(女),现年　岁,民族,　人,因　　罪经　人民法院于　　年　月　日以(　　)字第　号刑事判决判处死刑缓期二年执行,剥夺政治权利终身,于　年　月　日送　执行劳动改造。

罪犯　在死刑缓期二年执行期间,故意犯罪,并经查证属实。具体事实如下:

……

为此,根据《中华人民共和国刑法》第五十条和《中华人民共和国刑事诉讼法》第二百六十一条第二款的规定,建议对罪犯　执行死刑,特提请依法裁定。

此致
高级人民法院

年　月　日

(公章)

附:罪犯　　劳改档案共　卷　页,证据材料共　　页。

三、内容与制作方法

对死缓罪犯提请执行死刑意见书,也由首部、正文和尾部三部分组成。

（一）首部

首部包括以下三方面内容：

1. 标题。写明制作机关名称和文书名称，如"××监狱""对死缓罪犯提请执行死刑意见书"。

2. 文书编号。由年度、机关代字和文书序号组成，如"(年度)×监管字第×号"。

3. 死缓罪犯的基本情况。应依次写明死缓罪犯的姓名、性别、年龄、民族、籍贯、原判罪名、原判法院、判决时间、判决书文号以及判处死刑缓期二年执行、剥夺政治权利终身和交付执行的时间与执行场所等。

（二）正文

以"罪犯×××在死刑缓期二年执行期间，抗拒改造情节恶劣，并经查证属实。具体事实如下："开头，引出对具体事实的叙述和对建议执行死刑的理由的阐述。

1. 具体事实。这是对死缓罪犯提请执行死刑意见书的重点部分。叙述时必须实事求是，证据一定要确实、充分。应紧紧扣住"故意犯罪"这一法定条件，把故意犯罪的时间、地点、情节、经过、后果及造成的恶劣影响等要素如实地叙述清楚，做到有根有据，让事实说话，切忌感情用事、以偏概全。

2. 提请执行死刑的理由和法律依据。首先对上述具体事实进行概括和集中，阐明抗拒改造情节恶劣的事实根据，重点写明依法必须执行死刑的理由。然后，援引《刑事诉讼法》第261条第2款作为法律依据，"建议对罪犯×××执行死刑，特提请依法裁定。"

（三）尾部

应写明"此致"、"××高级人民法院"、制作机关名称、发文日期，并加盖公章。此外，附件中应注明罪犯劳改档案的卷数、页数以及证据材料的页数等。

四、实例

实例：对死缓罪犯提请执行死刑意见书

第七节　对罪犯刑事判决提请处理意见书

一、概念

对罪犯刑事判决提请处理意见书，是指监狱在执行刑罚中，如果认为判决有错误，依照法定程序，提请人民检察院或原判人民法院复查处理时制作的法律文书。

我国《监狱法》第 24 条规定,监狱在执行刑罚过程中,根据罪犯的申诉,认为判决可能有错误的,应当提请人民检察院或者人民法院处理,人民检察院或者人民法院应当自收到监狱提请处理意见书之日起 6 个月内将处理结果通知监狱。

《刑事诉讼法》第 275 条规定,监狱和其他执行机关在刑罚执行中,如果认为判决有错误或者罪犯提出申诉,应当转请人民检察院或者人民法院处理。

监狱在执行刑罚中,如果认为判决有错误,制作对罪犯刑事判决提请处理意见书,提请人民检察院或原判人民法院对案件复查,有利于及时纠正错误,避免和减少冤假错案。

同时,对保护在押罪犯的合法权益也具有重要意义。

二、格式

对罪犯刑事判决提请处理意见书 （存根）	对罪犯刑事判决提请处理意见书
（　）××××字第×号 姓名 _____ 罪名 _____ 刑期 _____ 提请理由: _____ _____ _____ 转递单位: _____ 时　间: 　年 月 日 承办人: _____ 回复时间: 　年 月 日 回复结果:	（　）××××字第×号 　　罪犯 _____ 经 _____ 人民法院以（　）____ 字第×号刑事判决书判处 _____。在刑罚执行中,我狱(所)发现对罪犯 _____ 的判决可能有错误。具体理由如下: _____ _____ _____ 　　为此,根据《中华人民共和国监狱法》第二十四条和《中华人民共和国刑事诉讼法》第二百七十五条的规定,提请你院对 _____ 的判决予以处理,并将处理结果函告我监(所)。 　　　　　公章(印) 　　　　　年 月 日

〔　〕第　　　号

三、内容与制作方法

对罪犯刑事判决提请处理意见书属于填空类文书,共两联,一联作为存根,以备查阅,一联为正本,送递提请复查机关。

(一) 存根

存根包括首部和正文。

1. 首部。应当依次写明标题、编号。在标题下方,用括号标明"存根"字样。

2. 正文。应依次写明以下事项,即罪犯的姓名、罪名、刑期、提请理由、转递单位、时间、承办人、回复时间、回复结果。

(二) 正本

正本由首部、正文和尾部组成。

1. 首部。应当依次写明标题、编号和转递机关。转递机关为××××人民检察院或者××××人民法院。

2. 正文。包括提请处理的事由、具体理由、法律依据和提请复查的意见。

(1)提请处理的事由。应当写为:"罪犯×××经××××人民法院以×字第×号刑事判决书判处×××。在刑罚执行中,我狱(所)发现对罪犯×××的判决可能有错误。具体理由如下:"

(2)具体理由。这部分是文书的核心内容,应当重点叙写。主要应当针对原判决中存在的错误进行论述,抓住要害,据实分析论证,引用法律阐明提请复查的理由。在具体叙写时,需要注意以下几点:

一是如果原判决认定事实存在错误,即原判决认定的事实与客观事实不符,或者是认定事实不清,或者是认定事实的证据不足,或者是认定的事实纯属是虚假的,那么阐述理由时,就应当首先指出原判决认定事实存在的错误,然后通过摆事实、讲道理,写清有证据证明的客观事实。

二是如果原判决适用法律存在错误,即适用法律不当,或者是将此罪认定为彼罪,或者将无罪认定为有罪,或者轻刑重判等,那么阐述理由时,就应当首先指出原判决适用法律存在的错误,然后阐明应当正确适用的法律条款。

三是如果原判决存在较严重地违反诉讼程序的错误,即违反程序法的规定,剥夺被告人的辩论权、合议庭组成人员符合法定应当回避情形没有回避等,影响了案件审理的公正性,那么在阐述理由时,就应当指出原判决由于在程序适用方面存在错误,导致影响判决结果的公正性,进而阐明提请复查的意见。

(3)法律依据和提请复查的意见。应当写为:"为此,根据《中华人民共和国监狱法》第××条和《中华人民共和国刑事诉讼法》第××条的规定,提请你院对×××的判决予以处理,并将处理结果函告我监(所)。"

3. 尾部。应当写明发文的年月日,并加盖文书制作单位的公章。

思考与练习

1. 监狱提请起诉意见书与公安机关起诉意见书有哪些异同之处?

2. 根据写作规范修改下面的文书。

××省××监狱
提请起诉意见书

(20××)××狱起字第 01 号

罪犯高某某,男,1968 年 9 月×日出生,汉族,小学文化,×××××××人,农民,捕前系中共党员,任××××。因抢劫、挪用公款罪,被××人民法院判处有期徒刑 20 年,20××年 8 月入××监狱改造。罪犯××不服判决,提出申诉。20××年 12 月 30 日,××人民法院再审,作出(20××)××刑再初字第 5 号刑事判决,改判为有期徒刑 16 年。×犯对再审判决不服,提出上诉。××××市中级人民法院 20××年 8 月 28 日作出(20××)××刑再终字第 1 号刑事裁定,以程序不合法为由撤销××人民法院(20××)××刑再初字第 5 号刑事判决,发回××县人民法院重新审理。20××年 8 月 28 日因涉嫌违法违纪被隔离审查。

现经调查证实,罪犯高某某在服刑期间又有下列违法行为,主要事实如下:

20××年以来,罪犯××以托关系照顾、购买物品等为名,骗取其他罪犯及其亲属或他人的财物 11 人次,共计金额 52000 元。20××年 11 月,骗取罪犯×××亲属 10000 元;20××年底,骗取××亲属 2000 元;2006 年 3 月,罪犯××亲属给其汇款 3000 元;2006 年 3 月,罪犯××亲属汇给网通公司 2000 元,给××犯做电话费;2006 年 3 月,刑释罪犯××的对象××××给其汇款 3000 元;2006 年 5 月,罪犯××亲属给其汇款 1500 元;20××年 5 月,××犯的朋友××给其汇款 10000 元;20××年 5 月,罪犯××的朋友××给×犯汇款 10000 元;20××年 6 月,罪犯××亲属给其汇款 500 元;20××年 6 月,罪犯××亲属给其汇款 8000 元;20××年 6 月,罪犯××亲属给其汇款 2000 元。以上款项除 16900 元为他犯办事用之外,其余为自己非法所得。

上述犯罪事实清楚,证据确实充分,足以认定,罪犯高某某亦供认在卷。

综上所述,罪犯高某某在服刑期间,以非法占有为目的,用虚构事实或者隐瞒真相的方法,骗取其他罪犯及亲属的财物,其行为触犯了《中华人民共和国刑法》第二百六十六条之规定,已构成诈骗罪。

为了打击狱内犯罪,警示他犯,确保监狱安全稳定,依据《中华人民共和国刑事诉讼法》第二百七十三条第一款之规定,提请你院审查,依法惩处。

此致

××××人民检察院

二○××年十月十一日

附:

1. 侦查卷一册
2. 罪犯高某某现押于山东省××××监狱禁闭室

第十章 笔录类法律文书

第一节 概 述

一、概念

笔录，指司法机关用于记载和反映诉讼及非诉讼活动的客观的文字记录。

笔录作为一种实录性的公文，在司法领域起着不可替代的重要作用。司法机关从立案、侦查、起诉到审判各个环节都有相应的笔录制作，笔录质量的好坏直接关系到办案质量的高低，是决定案件成败的关键环节，因此对各种笔录的制作，都应严肃、认真。

制作笔录时要客观，不能掺入办案人主观意识。讯问、询问等笔录要真实、客观地反映当事人所讲的真实意思，有利于证实案件的内容与不利于证实案件的内容均要记清楚，不能只记有利于证实案件内容而不去记或少记不利于证实案件的内容，否则反映出来的事就不客观。制作笔录时要尽量做到原话原记，有时只有原话才能反映出当时的情况或者事情的本质，特别是当事人用方言土语表述时，若改为普通话，意义可能会出现很大差异。

二、种类

诉讼和非诉讼活动中的笔录种类很多，公证、仲裁等法律法规中也规定了笔录。这里主要介绍刑事、民事、行政三大诉讼法中所规定的笔录种类。

民事诉讼和行政诉讼从起诉到执行，刑事诉讼从立案侦查到执行，每个诉讼阶段都有相应笔录。笔录的种类有：口头起诉笔录、控告笔录、勘验笔录、调查笔录、调解笔录、法庭审理笔录、口头裁定笔录、合议庭评议笔录、审判委员会讨论案件笔录、宣判笔录、执行笔录、查封扣押财产笔录、讯问犯罪嫌疑人或被告人笔录、询问证人笔录、搜查笔录、执行死刑笔录、死刑临场监督笔录等。

本章主要介绍讯问笔录、勘验笔录、调查笔录、法庭审理笔录、合议庭评议笔录、执行笔录。

第二节 讯问笔录

一、概念

讯问笔录,指公安机关、人民检察院为查明案件事实,在依法讯问犯罪嫌疑人时,所制作的关于讯问情况的文字记录。

根据《刑事诉讼法》第118条、第119条规定,讯问犯罪嫌疑人必须由人民检察院或者公安机关的侦查人员负责进行。讯问的时候,侦查人员不得少于二人。犯罪嫌疑人被送交看守所羁押以后,侦查人员对其进行讯问,应当在看守所内进行。对不需要逮捕、拘留的犯罪嫌疑人,可以传唤到犯罪嫌疑人所在市、县内的指定地点或者到他的住处进行讯问,但是应当出示人民检察院或者公安机关的证明文件。对在现场发现的犯罪嫌疑人,经出示工作证件,可以口头传唤,但应当在讯问笔录中注明。

讯问笔录,客观地记载和反映讯问犯罪嫌疑人的过程和讯问情况,全面如实地记录犯罪嫌疑人的供述和辩解。根据《刑事诉讼法》第50条第2款第(5)项的规定,犯罪嫌疑人、被告人的供述和辩解是刑事诉讼证据之一,经查证属实,可以作为定案的根据。

二、格式

讯问笔录(第   次)

时间   年   月   日   时   分至   日   时   分
地点
讯问人
记录人
犯罪嫌疑人
问:
答:
本记录向我读过(或我已看过),与我讲的一样。

犯罪嫌疑人:

三、内容和制作方法

(一)首部

1. 标题。包括制作文书机关的名称和文书名称。

2. 笔录头。

分别填写下列内容:(1)第×次讯问。(2)讯问时间。应如实填写,它对分析、判断犯罪嫌疑人供述和辩解的可靠性及其认罪态度、思想动向以及对分析、判断讯问的合法程度,均具有一定的作用。(3)讯问地点。应具体切实。(4)讯问人和记录人。应填明其法律职务和姓名。(5)犯罪嫌疑人姓名。

笔录头制作需要注意程序合法。(1)时间合法。时间不合法主要有以下几点:①超时。刑事诉讼法规定一次讯问不能超过24小时。主要是那些需要连续审的案件,上一次笔录未了结,第二次接着审时,时间跨度就会超时。因此,作笔录的人要注意这个问题,每次笔录当场了结,第二次重新写。②同一时间同一人做多份笔录。原因是作笔录的人没有及时填写起始和结束时间,没有及时要讯问(询问)人签字,后面整理案卷时,没有认真核对,就写上了时间(主要是结束时间)或叫人签上讯问(询问)人,以至出现同一时间同一人做多份笔录情况。③笔录做在发案前。原因是作笔录人的记错了日期。(2)地点合法。地点不合法,主要有:把传唤、传讯的人传唤、传讯到其户籍所在地以外县(市)的地方做笔录。在没有签发询问通知书的情况下在公安机关做询问笔录等。

(二) 正文

正文一般采用问答的方式。

1. 查明犯罪嫌疑人身份情况。第一次讯问时,应依次记明犯罪嫌疑人的姓名、曾用名、年龄(出生年月日)、民族、籍贯、文化程度、政治面目、工作单位、职务、住址以及家庭情况,主要经历、曾否受过刑事处罚或劳动教养处分。第二次讯问时,该项内容可从简,只记姓名、职业等。

2. 讯问实况。这是讯问笔录的主体部分,应尽可能记录原话,以达记录内容客观、全面、准确、有实际价值。

根据《刑事诉讼法》第120条规定,侦查人员在讯问犯罪嫌疑人的时候,应当首先讯问犯罪嫌疑人是否有犯罪行为,让他陈述有罪的情节或者无罪的辩解,然后向他提出问题。犯罪嫌疑人对侦查人员的提问,应当如实回答。但是对与本案无关的问题,有拒绝回答的权利。侦查人员在讯问犯罪嫌疑人的时候,应当告知犯罪嫌疑人享有的诉讼权利,如实供述自己罪行可以从宽处理和认罪认罚的法律规定。刑诉法第121条规定,讯问聋、哑的犯罪嫌疑人,应当有通晓聋、哑手势的人参加,并且将这种情况记明笔录。

讯问实况具体包括:讯问人告知事项,提问内容,犯罪嫌疑人的供述和辩解,讯问过程中发生的特殊事项。其中犯罪嫌疑人的供述和辩解为核心内容。

(1) 告知事项,即讯问人向犯罪嫌疑人告知有关刑事政策、权利义务等法律事项,要把需告知内容宣读给对方听,并应简要记录。

(2) 提问内容,按讯问人、犯罪嫌疑人的问答顺序依次记录,不能将几次问答综合在一起记录。记录要紧紧抓住犯罪嫌疑人犯罪的七要素:时间、地点、情节、手段、动机、目的和结果,将犯罪事实记全、记准、记清。属于共同犯罪的,还要证明其与其他犯罪人勾结作案的事实及其在共同犯罪中的地位和作用。如果是经济犯罪案件,还要证明犯罪的金额、赃款赃物的去向,以及退赃的情况。力求记录得简练、完整、准确。

(3)犯罪嫌疑人的供述和辩解情况,是该笔录的重点,应忠实、全面地记载和反映犯罪嫌疑人当时供述和辩解的全部内容和全部情况。要尽可能逐字逐句地记录其原话,以保持原意,如遇方言土语,亦应先记原话,后用括号注明其意。无论是有利于犯罪嫌疑人,还是不利于犯罪嫌疑人,犯罪嫌疑人无论是作有罪或罪重的供述,还是作无罪或罪轻的辩解,都应如实全面记录。犯罪嫌疑人供述或辩解中所涉及案件事实情节,如涉及犯罪构成特征和罪行轻重程度的关键性情节以及其具有从重或从轻、加重或减轻、免除处罚的有关情节,尤其应具体地记录清楚。供述或辩解中有关财物的名称、数量、型号、规格、质量、色泽、有关地名等一定要记录准确。供述或辩解过程中关键之处犯罪嫌疑人的语气、表情以及态势语言(如低头不语、哭、笑等)应用括号注明,以便通过对犯罪嫌疑人的心理状态和供认态度的掌握,分析、判断、鉴别案情。

(4)讯问过程中发生的特殊事项,有则如实记录,无则不写。

(三)尾部

签名盖章。根据《刑事诉讼法》第122条规定,讯问笔录应当交犯罪嫌疑人核对,对于没有阅读能力的,应当向他宣读。如果记载有遗漏或者差错,犯罪嫌疑人可以提出补充或者改正。犯罪嫌疑人承认笔录没有错误后,应当签名或者盖章。侦查人员也应当在笔录上签名。犯罪嫌疑人请求自行书写供述的,应当准许。必要的时候,侦查人员也可以要犯罪嫌疑人亲笔书写供词。

犯罪嫌疑人写明"上述笔录我已看过(读给我听过),与我讲的相符"并签名或者盖章。侦查人员也应当在笔录上签名。如果犯罪嫌疑人拒绝签名,记录人应在笔录结尾处载明:犯罪嫌疑人×××拒绝签名。最后注明年月日。

另外,注意笔录结构安排的合理性,要合理运用问与答,尽量避免一味让当事人独白的情况,适时插入提示性的问话"你接着讲""下面的情况,你继续讲"之类,既能保持对话的连续性,又能使结构明确完整。

四、实例(公安机关)

实例:讯问笔录(第　　次)

第三节　勘　验　笔　录

一、概念

勘验笔录,又称勘查笔录,是指公安机关、人民检察院依法对刑事案件现场进行勘验、检查,以及人民法院的审判人员对各类案件勘验物证或现场时所制作的客观的文字记录。

《刑事诉讼法》第 128 条规定,"侦查人员对于与犯罪有关的场所、物品、人身、尸体应当进行勘验或检查。在必要的时候,可以指派或者聘请具有专门知识的人,在侦查人员的主持下进行勘验、检查。"第 133 条规定,"勘验、检查的情况应当写成笔录,由参加勘验、检查的人和见证人签名或者盖章。"以及《民事诉讼法》第 80 条第 3 款、《行政诉讼法》第 33 条第 1 款都规定了勘验笔录的制作。

根据《刑事诉讼法》第 50 条第 2 款第(7)项的规定,勘验、检查、辨认、侦查实验等笔录,可以用于证明案件事实的材料,是刑事诉讼证据之一。

勘验笔录采用文字形式固定勘查工作情况和现场状况,它与现场照相、绘图、录像互为补充,互相印证,全面客观地反映勘查工作情况和现场状况。对于刑事案件搜查罪证、发现线索、证实犯罪、揭露犯罪,及时抓获罪犯有着重要意义;对于民事、行政案件辨认物证真伪和纠纷的是非曲直有重要作用。

二、格式(法院勘验笔录)

勘验笔录

时间:××××年××月××日××时××分至××时××分。

天气情况:

勘验地址和场所:

勘验人:

记录人:

在场当事人或其成年家属:

被邀参加人:

勘验对象:

勘验情况和结果:

三、内容和制作方法

该文书由首部、正文、尾部组成。

（一）首部

首部包括标题和笔录头。笔录头，是印制好的有关项目。

法院的勘验笔录，其笔录头如格式所示，包括时间、天气情况、勘验地址和场所、勘验人、记录人、在场当事人或其成年家属、被邀参加人、勘验对象八项内容。其中时间应具体写到时、分。勘验时如当事人或其成年家属拒不到场，应将情况记入笔录。"被邀参加人"是指人民法院邀请的当地基层组织或者有关单位的人员，该项应写明姓名、性别、工作单位和职务。

公安机关、检察机关的勘验笔录，首部与法院的略有不同。标题要写明制作机关名称和文书名称，不能只写文书名称；笔录头包括报案的时间，案件发生和发现的时间、地点、发现人，当事人身份事项及他们之间的关系，他们叙述的案件情况，勘验人员的组织和分工，勘验起止时间，天气情况等。

（二）正文

1. 勘验情况。进行勘验，都是按照一定的程序和步骤先后展开的。勘验情况应当将勘查的程序、步骤、路线、方法和手段等情况记载清楚；勘查人员在现场进行测量或翻动，发现和提取痕迹、物品时间，见证人所作的提示以及提取痕迹、物品的方法等，都应当记录清楚；在现场勘查中拍摄的各种现场照片，也应随时予以注明。

根据勘验情况可以审查、判断现场勘查笔录在刑事诉讼上是否具有合法、有效的证据使用价值，应如实记载。

2. 勘验结果。其是案件现场状况通过勘查后的真实反映，是揭示案件现场状况本质特征的客观依据，因此，固定勘查结果情况，是本笔录的主要任务。

勘验结果的记录内容，包括现场位置、周围环境、现场状况、勘查发现情况、现场拍照制图、录音录像等情况。民事勘验应记明物证的名称、种类、质量、规格、外形、大小以及现场其他有关情况。

勘验笔录的顺序，应与勘查工作的顺序一致，尽管各种案件的特点不一，但记录顺序必须坚持这一原则，边记载勘查的工作情况，边记录勘查的结果情况，使二者浑然一体，秩序井然。

（三）尾部

尾部，主要是笔录的附项和签署。

1. 附项。分别记明照片、绘图、录音、录像、提取物证的名称、数量等。

2. 签署。刑事勘验笔录，由参加勘验、检查的人、见证人、记录人签名或盖章；民事勘验记录，由勘验人、当事人、被邀参加人签名或盖章。最后写明日期。

第四节　调　查　笔　录

一、概念

调查笔录是公安机关、检察机关和人民法院的案件承办人员依法向知情人等进行调查询问时所制作的具有法律证据效力的书面记录。

《刑事诉讼法》第52条规定:"审判人员、检察人员、侦查人员必须依照法定程序,收集能够证实犯罪嫌疑人、被告人有罪或者无罪、犯罪情节轻重的各种证据。严禁刑讯逼供和以威胁、引诱、欺骗以及其他非法方法收集证据,不得强迫任何人证实自己有罪。必须保证一切与案件有关或者了解案情的公民,有客观地;充分地提供证据的条件,除特殊情况外,可以吸收他们协助调查。"

《民事诉讼法》第64条第2款规定,"当事人及其诉讼代理人因客观原因不能自行收集的证据,人民法院认为审理案件需要的证据,人民法院应当调查收集。"行政诉讼法第40条规定,"人民法院有权向有关行政机关以及其他组织、公民调取证据。但是,不得为证明行政行为的合法性调取被告作出行政行为时未收集的证据。"

由上述法律规定可见,调查笔录适用于刑事、民事、行政各类诉讼案件,是有法可依的。

需要说明的是,公安文书、检察文书中调查笔录与询问证人笔录并用,而审判文书中则把询问证人笔录等并入调查笔录,在这个问题上尚未统一认识,但其制作方法大致相同。

二、格式(法院调查笔录)

调查笔录

时间:　　年　月　日　时　分到　时　分

地点:

调查人:

记录人:

被调查人:

三、内容和制作方法

(一)首部

1. 标题。

公安机关、检察院的调查笔录要写明制作机关名称和文书名称;法院的调查笔录则只写文书名称,如格式。

2. 笔录头。依次填写调查的时间、地点,调查人和记录人法律职务和姓名,被调查人的基本情况即姓名、性别、出生年月日、民族、籍贯、文化程度、职业(或工作单位和职务)、住址。如询问证人或者其他有关人员时,笔录中应写明其与当事人的关系。

调查时,如有其他人在场,应写明在场人的姓名、性别、职业(或工作单位和职务)等。

(二) 正文

正文,即调查询问的具体内容,是笔录的主要部分。采用一问一答的形式记录,调查人与被调查人的对话内容前,应标"问"和"答",按第一人称记录。

1. 调查人向被调查人告知有关事项。《刑事诉讼法》第 125 条规定,"询问证人,应当告知他应当如实地提供证据、证言和有意作伪证或者隐匿罪证要负的法律责任。"第 126 条规定,"本法第 122 条的规定,也适用于询问证人。"第 127 条规定,"询问被害人,适用本节各条规定。"因此,告知事项,应记载调查人向被调查人告知政策、法律的具体内容。这是防止伪证的一项重要诉讼保障,是一个重要的法律程序,必须认真记载。

2. 提问内容和被调查人的陈述内容。提问内容因案情不同各有所侧重,记录时应当明确、具体,文字力求简洁。

被调查人的陈述内容,是笔录的重点。按问答顺序记录被调查人了解的案情,应尽可能记原话,对重复之处可概括归纳,但要不失原意;被调查人知情原因、知情程度一定要记清,因为知情原因不同,证言的价值也不同,知情程度的差别亦与案情的分析判断准确性有密切关系;被调查人提供的其他知情人,应当记明其姓名、所在单位和住址;提供的书证、物证应当记明名称、件数等。要求保密的,也应当载明。

案件性质不同记录的重点有别。对刑事案件中的关键性问题、重要情节如构成某种犯罪的特征、从重从轻等情节等应详问详记;民事纠纷发生的原因、纠纷的焦点、经过等应重点详查详记。

(三) 尾部

主要是履行核对手续和署名手续。

在记录结束后,记录人应先编写页码,然后让被调查人核对笔录内容,对没有阅读能力的,应向其宣读。凡有记错、记漏的,应予改正和补充,增删涂改之处应由被调查人签名或盖章或捺手印。核对完后,由被调查人在笔录末尾书写"以上笔录我已看过(或已读给我听过),与我讲的一样"字样,并由被调查人签名或盖章,具明年、月、日。

最后由调查人和记录人分别签名,具明年、月、日。

四、实例

实例 1：公安机关询问笔录

实例 2：检察机关询问笔录

第五节　法庭审理笔录

一、概念

人民法院依法开庭审理各类案件，由书记员当庭记下法庭全部审判活动文字记录，即为法庭审理笔录，又称庭审笔录、开庭笔录。

根据《刑事诉讼法》第 207 条规定，"法庭审判的全部活动，应当由书记员写成笔录，经审判长审阅后，由审判长和书记员签名。法庭笔录中的证人证言部分，应当当庭宣读或者交给证人阅读。证人在承认没有错误后，应当签名或者盖章。法庭笔录应当交给当事人阅读或者向他宣读。当事人认为记载有遗漏或者差错的，可以请求补充或者改正。当事人承认没有错误后，应当签名或者盖章。"《民事诉讼法》第 147 条规定，"书记员应当将法庭审理的全部活动记入笔录，由审判人员和书记员签名。法庭笔录应当当庭宣读，也可以告知当事人和其他诉讼参与人当庭或者在五日内阅读。当事人和其他诉讼参与人认为对自己的陈述记录有遗漏或者差错的，有权申请补正。如果不予补正，应当将申请记录在案。法庭笔录由当事人和其他诉讼参与人签名或者盖章。拒绝签名盖章的，记明情况附卷。"《行政诉讼法》中没有直接规定相应的条款，但是《行政诉讼法》本身有很多内容是为了避免重复而遵循《民事诉讼法》的规定，可以理解为三大诉讼法都明确规定了应当将法庭审理的全过程如实记录下来，因此，庭审笔录是具有法律效力的重要笔录。

二、格式

法庭审理笔录(第　　　次)

时间：年　月　日　时　分至　时　分。

地点：

是否公开审理：

旁听人数：

审判人员：

书记员：

审判长(员)宣布开庭审理　　　一案。记录如下：

三、内容和制作方法

（一）首部

1. 文书名称，即"法庭审理笔录"并括注第几次审理，如"（第一次）"。

2. 笔录头。依次填写时间、地点、是否公开审理、旁听人数、审判人员姓名、书记员姓名、审判长（员）宣布开庭审理××××一案、记录如下等项目。

（二）正文

对法庭审理的全部活动，包括当事人和其他诉讼参与人的诉讼活动，要如实记载。下面主要介绍刑事案件庭审笔录正文的各项内容。

该部分内容完全是依照诉讼法规定的程序展开的。依次应记明如下内容：

1. 宣布开庭。开庭之前，先由书记员宣布法庭纪律；开庭时，审判长（员）依照诉讼法的规定，依次核对当事人是否到庭，问明当事人的基本情况；宣布案由；宣布审判人员、书记员、公诉人、辩护人、鉴定和翻译人员名单；告知当事人诉讼权利和义务，是否申请回避等。

2. 法庭调查情况。法庭调查是法庭审理的中心环节。审判长宣布法庭调查开始后，先由公诉人宣读起诉书；审判成员审问被告人，应抓住审问重点即查明起诉书中所指控的被告人的犯罪行为是否属实，证据是否确实、充分依次记明。然后是询问证人、被害人，当事人供述、陈述和辩解，诉讼参与人的讯问与发问，鉴定人宣读鉴定结论，证人证言及当庭出示的物证，当事人的请求等情况的记录。

3. 法庭辩论情况。法庭辩论是在审判长主持下，公诉人、被害人和被告人、辩护人根据法庭调查查明的事实情况和有关法律规定，就被告人是否有罪，犯罪的性质、情节，罪责轻重，以及如何适用刑罚的问题，阐明各方的意见和理由，进行互相辩论。笔录中应记明公诉词的要点，辩护的论点和论据，相互辩论的焦点及其依据，被告人的陈述和辩护等内容。

4. 当事人最后陈述情况。这是法庭审理的一个独立的诉讼阶段。主要记明当事人未曾陈述过的新情况。

5. 合议庭评议。当事人最后陈述后，审判长宣布休庭，合议庭成员退庭，对案件进行评议，该程序应记录，但评议具体情况应另制合议庭评议笔录。

6. 法庭宣判。当庭宣判的，应将判决结果内容逐一记明；定期宣判的，应另制宣判笔录。当庭宣判的，对宣判后当事人的表现、态度等应记入笔录。

（三）尾部

根据《刑事诉讼法》第 207 条规定，《民事诉讼法》第 147 条规定，法庭审理笔录记完后，应交当事人和其他诉讼参与人校阅；对没有校阅能力的，可向他们宣读。当事人或其他诉讼参与人认为记录有遗漏或差错，要求补充和改正，如属实，应予补充和改正，但要在补充和改正处，加盖书记员名章。

本笔录由当事人和其他诉讼参与人签名或者盖章,拒绝的,应记明情况附卷。
最后由合议庭成员或独任审判员和书记员签名。

四、实例

实例:法庭笔录(第一次)

第六节　合议庭评议笔录

一、概念

合议庭评议笔录简称"评议笔录",是法庭审理完毕之后,案件的审理进入裁判阶段,合议庭根据事实和法律,评议案件如何裁判时所制作的记录。它是全面、完整、准确反映合议庭对案件的认定和处理意见的书面依据,除重大、疑难案件依法应由审判委员会决定外,案件经过合议庭评议后所制作的评议笔录,就是制作裁判文书的根据。

《刑事诉讼法》第184条规定,"合议庭进行评议的时候,如果意见分歧,应当按多数人的意见作出决定,但是少数人的意见应当写入笔录。评议笔录由合议庭的组成人员签名。"《民事诉讼法》第42条规定,"合议庭评议案件,实行少数服从多数的原则。评议应当制作笔录,由合议庭成员签名。评议中的不同意见,必须如实记入笔录。"因此,合议庭评议笔录的制作有充分的法律依据。

评议笔录清楚地反映着合议庭成员的意见,当事人、诉讼代理人、辩护人(包括律师),均不能查阅,因此评议笔录是人民法院的内部文书,应注意保守秘密,归入副卷保存。

二、格式

合议庭评议笔录

时间:　　年　　月　　日　　时　　分至　　时　　分。

地点:

合议庭成员:

审判长

案件主审人:

书记员:

评议　　　　一案。　　记录如下:

三、内容和制作方法

（一）首部

标题和笔录头如格式所示依次写明：标题、案由、评议时间、地点、参加人、记录人。其中合议庭成员包括审判长、审判员或陪审员。"评议……一案"中应填明当事人姓名和案由。

（二）正文

笔录内容，记明评议的过程和结果。

根据《刑事诉讼法》第200条规定，在被告人最后陈述后，审判长宣布休庭，合议庭进行评议，根据已经查明的事实、证据和有关的法律规定，作出被告人有罪或者无罪、犯的什么罪、适用什么刑罚或者免除刑罚的判决。因此刑事案件的合议庭评议笔录正文部分应主要记明：对案件事实、证据、性质、罪名的认定；适用法律定罪量刑的具体意见；对赃证物的处理；对有附带民事诉讼的如何解决；评议中的分歧意见、评议结果。

民事案件的评议，应记明评议人员对纠纷事实、证据的认定；对是非责任、权利义务的认定；适用法律解决纠纷的处理意见；对事实不清、证据不足所采取的具体措施；对民事违法行为的制裁情况；评议中的分歧意见和评议的结果。

二审、再审案件的评议，应记明承办审判员对案件事实的简介，对原审判决、裁定的意见及其评价（二审案件还应针对上诉或抗诉理由做出评定）；评议中的分歧意见和评议结果等。

记录时应注意如实记载评议全过程，并能抓住重点问题。对评议结果，一定要明确具体。意见分歧之处，应如实记入笔录。要语句通顺，保持评议人员的原意，不能妄自推测有些案件，评议不止一次的，应在各次的笔录上记明是第几次评议。

（三）尾部

笔录记完后，由合议庭成员和书记员核对审阅，并由合议庭成员签名。

第七节　执行笔录

一、概念

执行笔录，是指人民法院对于发生法律效力的判决、裁定和调解协议中关于财物部分以及其他依法应由人民法院执行的法律文书采取强制措施时所制作的笔录。

《刑事诉讼法》第263条第6款规定，执行死刑后，在场书记员应当写成笔录。交付执行的人民法院应当将执行死刑情况报告最高人民法院。

刑事诉讼法中除对执行死刑规定了应当制作执行死刑笔录外,判处其他刑罚的,均不需制作笔录。

根据《民事诉讼法》第228条第2款和第250条第2款规定,采取强制措施后,执行员应当将执行情况制作笔录,由在场的有关人员签名或者盖章。

执行笔录记载了执法机关在诉讼程序的最后阶段的诉讼活动情况,对于保证实现人民法院判决、裁定、调解协议和其他法律文书中确定的内容,维护法律的尊严,确实保护当事人的合法权益,有着重要意义。

二、格式

执行笔录

时间:　年　月　日　时　分至　时　分。

地点:

执行人员:

书记员:

通知到场的被执行人或其成年家属:

被邀在场人:

执行依据:

执行标的:

执行情况:

三、内容和制作方法

(一) 首部

首部包括文书名称和笔录头两部分内容。其中"通知到场的被执行人或其成年家属"一项,应写明被通知到场人的姓名,被通知到场人拒不到场的,应在笔录中记明。"被邀在场人"一项,应写明在场人的姓名、工作单位和职务(或职业)。"执行依据"项,应写明人民法院已经发生法律效力的判决、裁定或调解书,如"××人民法院(××××)×民初字第10号民事调解书"。"执行标的"项,要具体写明被执行的财物的名称、品种和数额。

(二) 正文

依执行的时间顺序,将执行的过程和结果如实记入笔录,出现什么情况就记什么情况。例如:执行中双方当事人自行和解达成协议的;执行中案外人对执行标的提出异议的;执行中人民法院决定暂缓执行的;采取查封、扣押被执行人财产的强制措施是否通知有关人员到场;查封、扣押被执行人财产是否造具清单并交给被执行人或者其成年家属收执;责令当事人当面交付财物或者票证,强制迁出房屋或移出地点等措施;执行过程中协助执行的情况;执行回转的情况;对妨害执行行为采取的强制措施等等均应一一记录。

（三）尾部

依次由执行人员、书记员、申请执行人、被执行人和在场人签名或盖章。

思考与练习

1. 笔录制作须注意哪些事项？

2. 下面是某公安机关的一份讯问笔录的节录，请指出其中存在的问题。

问：你抢了人家手表没有？

答：没有抢，是拿的。

问：是怎么拿的？

答：是从她手上拿的。

问：人家是死人，你要拿就拿得到？

答：……（沉默）。

问：说话呀，不要装死！

答：是拿的嘛。

问：是拿的？你再去拿一块给我看！！

答：拿不到了，你们缴的那块手表是拿的。

问：还讲是拿的，你是不是想吃花生米（指枪毙——注）？嗯?！说呀！

答：我又不想吃花生米，那就算我抢的吧。

第十一章 律师实务法律文书

第一节 概　　述

一、律师实务文书的概念、功能

律师实务文书,是指律师在开展业务活动过程中,根据事实和法律规定,制作和使用的具有法律意义的各种法律文书的总称。这一概念明确了三方面内容:(1)律师实务文书是律师在开展业务活动过程中制作和使用的文书。(2)制作律师实务文书必须依据事实和法律规定。(3)律师实务文书的特点是具有法律意义。

我国《律师法》规定:律师的职责是依据事实和法律为当事人提供法律服务,维护当事人的合法权益,维护法律正确实施,维护社会公平和正义。律师为当事人提供法律服务,在大多数情况下要求制作相应的法律文书,以实现维护法律,维护当事人合法权益的目的。因此,对律师使用的文书有严格的要求,部分重要的律师实务文书已由司法机关规定统一的制作格式,其他律师实务文书虽无统一格式,也有约定俗成的书写规格。

律师通过制作文书,把当事人的意志用文字形式表达出来,既为当事人进行诉讼提供了依据和凭证,也为司法机关正确审理案件提供了有利条件。具体地说,律师实务文书主要具有以下几个方面的功能:(1)有利于维护当事人的合法权益;(2)有利于诉讼程序的顺利进行;(3)有利于宣传社会主义法制;(4)有利于完整地记录全部诉讼活动。

二、律师实务文书的分类

司法实践中,律师实务文书范围广泛,种类繁多,内容也各不相同。根据不同的标准,可以进行不同的分类。

1.根据文书性质的不同,可以分为诉讼文书和非诉讼文书。诉讼文书是指律师参与诉讼活动制作的法律文书,如诉状类文书、代理词、辩护词等。非诉讼文书是指律师参与非诉讼法律事务活动制作的法律文书,如出具律师意见书、代书遗嘱、代签合同等。

2.根据文书制作主体的不同,可以分为律师代书的文书和律师自用的文书两大类。律师代书的文书是指律师根据委托人的委托,代替委托人书写的相应法律文书,如起诉状、答辩状、申请书等,其制作主体为委托人。律师自用的文书是指律师接受当事人的委托,作为代理人或辩护人参加诉讼而以律师名义书写的法律文书,如辩护词、代理词等,其制作主体为律师。

3.其中诉状类文书,又称"状子"。它是指在刑事、民事(包括经济)、行政诉讼过程中,公民、法人与其他组织等为维护自身的权益,行使诉讼权利,依法向人民法院递交的书面请求。诉状属于民用法律文书,是非规范性法律文书之一,它不是严格意义上的司法文书,因为其制作主体并非司法机关。但是它的出现往往是引起审判文书的开端,它是法院诉讼文书的一部分,与人们的实际生活密切相关。本章择要予以介绍。

根据案件性质来分,包括民事诉状、刑事诉状、行政诉状三大类。其中经济纠纷、劳动纠纷和海事、海商等案件的诉状均属于民事诉状。各类诉状又因具体内容不同分为起诉状、答辩状、上诉状、反诉状、申诉书(状)和有关诉讼问题申请书等。

诉状的语言同样要做到准确、凝练、简洁、客观,叙述要实事求是,不能夸大或缩小,不能掺杂个人的感情色彩,力避采用文学的形象性表达方式,论证应言之有据,鞭辟入里具有严密的逻辑关系,做到无懈可击。

第二节　起　诉　状

一、刑事自诉状

刑事自诉状是指被害人或其法定代理人,直接向人民法院提起控诉,控告被告人侵犯其人身权利或其他合法权益的犯罪行为,要求人民法院追究被告人刑事责任或附带民事责任时所递交的书面请求。

刑事自诉是相对于公诉的一种起诉方式。刑事自诉案件是由法律规定的可以由被害人或者其法定代理人、近亲属直接向人民法院起诉,要求追究被告人刑事责任,人民法院能够直接受理的刑事案件。这些案件往往比较轻微,侵犯的主要是公民个人的权利,这也是起诉权可以交由被害人行使的基础。并且由于这类案件的社会危害性相对较小,即使被害人追诉不力或疏于追诉也不会危及国家安全与社会稳定。自诉案件一般不经专门的侦查程序,依凭个人的力量就能获取充足的证据。自诉人提起自诉必须符合条件,否则,人民法院不予受理,自诉案件的受理和起诉条件是一致的。

根据我国《刑事诉讼法》第210条、最高人民法院关于适用《中华人民共和国刑事诉讼法》的解释及刑法有关规定,刑事自诉案件的范围包括:(1)告诉才处理的案件。包括侮辱、诽谤案件,暴力干涉婚姻自由案件,虐待案件,侵占案;(2)被害人有证据证明的轻微刑事案件。包括轻微伤害案,非法侵入住宅案,侵犯通信自由案,重婚案,遗弃案,生产、销售伪劣商品案(严重危害社会秩序和国家利益的除外),侵犯知识产权案(严重危害社会秩序和国家利益的除外),刑法分则第四章、第五章规定的,对被告人可能判处三年有期徒刑以下刑罚的案件;(3)被害人有证据证明对被告人侵犯自己人身、财产权利的行为应当依法追究刑事责任,且有证据证明曾经提出控告,而公安机关或者人民检察院不予追究被告人刑事责任的案件。这类刑事案件案情简单,有明确的当事人,不需要进行专门的侦查活动,法院受理后可依法进行调解,法律也允许当事人自行和解或由自诉人撤回起诉。

(一) 格式

刑事自诉状

自诉人……。

被告人……。

案由和诉讼请求

…………

事实与理由

…………

证人姓名和住址,其他证据名称、来源

…………

此致

××××人民法院

附:本诉状副本××份

自诉人　×××

××××年××月××日

(二) 内容和制作方法

根据最高人民法院关于适用《中华人民共和国刑事诉讼法》的解释(2021)第 318 条规定,提起自诉应当提交刑事自诉状;同时提起附带民事诉讼的,应当提交刑事附带民事自诉状。第 319 条规定,自诉状一般应当包括以下内容:(1)自诉人(代为告诉人)、被告人的姓名、性别、年龄、民族、出生地、文化程度、职业、工作单位、住址、联系方式;(2)被告人实施犯罪的时间、地点、手段、情节和危害后果等;(3)具体的诉讼请求;(4)致送的人民法院和具状时间;(5)证据的名称、来源等;(6)证人的姓名、住址、联系方式等。对两名以上被告人提出告诉的,应当按照被告人的人数提供自诉状副本。

1. 首部。依次写明标题、当事人情况。

(1)标题,即文书的名称,只写作"刑事自诉状",不应以"起诉状""刑事诉状"等代替。

(2)当事人情况。其称谓分别为"自诉人"和"被告人",均应依次写明:姓名、性别、出生年月日、民族、出生地、文化程度、职业或工作单位、住址等项目,当事人如系未成年人,一定要另外写清其法定代理人的情况即姓名、工作单位和职务以及与自诉人(或被告人)的关系等项目。对被告人出生年月日确实不知的,可写其年龄。

自诉人和被告人为二人以上的,自诉人按受害程度轻重排列;被告人按罪行轻重列出,重的在前,轻的在后,然后分别写明各人的基本情况。

2. 正文。文书的主体部分,依次写出:

(1)案由和诉讼请求。案由是案件的内容提要,应根据被告人的犯罪事实和触犯的刑法条款认定其行为的性质,以按照刑法分则规定的具体的罪名明确案由,通常将案由写成罪名即可。案由应准确具体,不能以类名代替具体罪名。例如可写为"轻伤害罪",不能写为"侵犯人身权利罪"。

诉讼请求。要具体、明确,切合实情,说明被告人犯何种罪,请人民法院依法惩处。但不要提过于具体的要求,如"追究被告人遗弃罪刑事责任,判处十年有期徒刑"则属不当,应将后一句删除。如果同时要求被告人承担相应的民事责任,则应写清具体的赔偿数目。

此段文字要概括、洗练,点到即止,具有标题的意义,勿须多作解释,因为下文还要详述。

(2)事实和理由。这一部分应重点阐述,它是自诉人提出诉讼请求的依据。

首先采用叙述的方式写明被告人对自诉人侵权行为的具体事实,交代清楚犯罪的时间、地点、动机、目的、手段、情节、结果等要素。写入自诉状的犯罪事实应当实事求是,经得起法庭调查以及被告人、辩护人的质询和反驳。证据要充分、确凿。注意明确罪与非罪的界限,切忌将被告人一般违法乱纪行为、道德品质和思想意识方面的问题写入事实。案件中关键性情节一定要详细、具体,如关系到案件性质的情节、影响到量刑的情节等应详叙。自诉的八种刑事案件中,某些犯罪的构成刑法规定了必备的要件,例如《刑法》第 261 条:"对于年老、年幼、患病或者其他没有独立生活能力的人,负有扶养义务而拒绝扶养,情节恶劣的,处五年以下有期徒刑或者拘役。"这里规定了遗弃罪的构成要件,因而在诉状中应写明自诉人属年老、年幼、患病或者其他没有独立生活能力的人这一事实,以及被告人有扶养义务而拒绝扶养的有关情节,以此反映遗弃罪的特征。

叙事时最常用的方法是自然顺序法,即依犯罪事实发生的时间线索,从犯罪的起因、犯罪的预备到实施犯罪的过程一一写清,使人便于了解案件全貌。如一罪数次的案件也可采用突出主罪的叙述方法,以强调重点情节。无论是哪种叙事方法都要将案情的因果关系如实讲清,即损害结果是否由被告人的犯罪行为引起,被告人主观上是出于故意还是过失,以明确被告人的刑事责任。

其次阐述提起控诉的理由。包括两层内容:第一,对案情事实作法理上的概括。即依照犯罪构成的理论,说明被告人行为的性质及社会危害性,已具备构成某一犯罪的要件;第二,在概括事实的基础上,对被告人犯罪的动机、目的、手段、危害后果及被告人事后的态度以及影响量刑的情节、条件进行简要的论证分析,以高度精练的语言援引相应的法律条款写明结论性意见,重申诉讼请求。例如:"被告人杨×,明知张×为有妇之夫,公然以夫妻关系与张×同居和生活长达 2 年之久,张×已有妻子、孩子,又与她人以夫妻关系共同生活,根据《中华人民共和国刑法》第二百五十八条之规定,被告人的行为已构成重婚罪,请依法追究其刑事责任。"在引用法律条款时应具体、完整、准确,可参照一审刑事判决书的写法。

事实和理由要前后呼应,密切相关,理由应根据案情确定犯罪性质,阐述从重从轻处罚的情节,不能出现彼此脱节甚至矛盾的现象,做到摆事实,讲道理,以理服人,以法服人。

(3)证人姓名和住址,其他证据名称、来源。根据刑事诉讼法规定,自诉案件的自诉人负有举证的责任。诉状中应列举充分的证据证明被告人的犯罪事实,使前面的事实和理由拥有坚实的基础。

列举证据时应当注意:①证据与犯罪事实有客观联系,凡是能证明事实的真实性的证据都应列举,尤其应注意收集关键性证据;②证据来源要清楚,以说明取证的合法性;③对证据力应适度分析,以说明证据的可信度;④证据名称要规范化。《刑事诉讼法》第 50 条规定了证据的法定形式有物证、书证、证人证言,被害人陈述,犯罪嫌疑人、被告人供述和辩解,鉴定意见,勘验、检查、辨认、侦查实验等笔录,视听资料、电子数据等八种,证据名称应与此一致;⑤物证等要写明具体名称、件数,鉴定结论,勘验、检查笔录要写明制作单位,以及针对的内容等。证人姓名要准确,住址具体详细。

尾部,依次写明送达法院的名称、诉状副本份数、自诉人署名并注明年月日。

(三)实例

实例:刑事自诉状

二、民事起诉状

民事起诉状,指民事案件原告为维护自身的民事权益就有关民事权利和义务的争执向人民法院提起诉讼的书状。

法人、其他经济组织、个体工商户、农村承包经营户之间的经济纠纷与民事纠纷适用同一程序即我国的民事诉讼法,因而因经济纠纷提起的起诉状,通常叫经济起诉状,也可统称民事起诉状,其制作方法是相同的。

根据我国《民法典》《民事诉讼法》以及处理民事法律关系的其他法律法规的规

定,人民法院主管的民事案件,可归类如下:(1)由民法所调整的财产关系和与财产相联系的人身关系所发生的争议;(2)由婚姻法、继承法、收养法等所调整的婚姻家庭、继承、收养关系所发生的争议;(3)由经济法律、法规所调整的经济关系所发生的按照民事诉讼程序审理的争议;(4)由其他法规所调整的其他法律关系所发生的并按照民事诉讼程序审理的争议。

另外行政诉讼使用的诉状也同民事起诉状。

(一) 格式

1. 公民提起民事诉讼用的

民事起诉状

原告:……。

被告:……。

诉讼请求

……

事实与理由

……

证据和证据来源,证人姓名和住址

……

此致

××××人民法院

附:本诉状副本××份

起诉人　×××

××××年××月××日

2. 法人或其他组织提起民事、经济、行政诉讼

民事起诉状

原告:……。

法定代表人/主要负责人:……。

委托诉讼代理人:……。

被告:……。

诉讼请求

……

事实与理由

……

　　　　　　　　　　证据和证据来源,证人姓名和住址

　　……

　　此致

××××人民法院

附:本诉状副本××份

　　　　　　　　　　　　　　　　　　　起诉人(公章和签名)

　　　　　　　　　　　　　　　　　　　××××年××月××日

　　(二) 内容和制作方法

　　1. 首部。依次写明文书名称和当事人情况。文书名称写"起诉状"即可,忌画蛇添足写成"民事起诉状"或"行政起诉状"等。当事人的基本情况格式 1 和格式 2 有别。

　　格式 1:根据《民事诉讼法》第 120 条第 1 款、第 121 条规定,公民在提起民事诉讼时使用。原告、被告均应写明姓名、性别、出生年月日(对被告出生年月日确实不知的,可写其年龄)、民族、职业或工作单位和职务、住址、联系方式等。原告是无民事行为能力或者限制民事行为能力人的,应写明法定代理人姓名、性别、出生日期、民族、职业、工作单位、住所、联系方式,在诉讼地位后括注与原告的关系。起诉时已经委托诉讼代理人的,应写明委托诉讼代理人基本信息。

　　被告是自然人的,应当写明姓名、性别、工作单位、住所等信息;被告是法人或者其他组织的,应当写明名称、住所等信息。

　　原告在起诉状中直接列写第三人的,视为其申请人民法院追加该第三人参加诉讼。是否通知第三人参加诉讼,由人民法院审查决定。

　　格式 2:根据《民事诉讼法》第 120 条第 1 款、第 121 条规定,法人或者其他组织提起民事诉讼使用。被告是法人或者其他组织,应当写明名称、住所等信息。民事诉讼的被告是公民的应写明姓名、性别、工作单位、住所等信息;被告是法人或者其他组织的,应当写明名称、住所等信息。

　　2. 正文。依次写明诉讼请求、事实与理由、证据和证据来源、证人姓名和住址。

　　(1)诉讼请求。写明提起民事诉讼请求的标的,即请求法院依法解决有关民事权益争议的具体问题,如要求解决损害赔偿、要求离婚、要求履行合同、要求撤销某项行政处罚等等。语言要明确、简练,合理合法。诉讼请求应当区分为给付之诉、确认之诉和变更之诉。给付之诉应当明确给付标的的名称、范围、数量及品质等;确认之诉应当明确确认权利的范围;变更之诉应当明确变更权利的对象。民事起诉状中确认的诉讼请求必须进行可执行性的论证和审查,保证所主张的诉讼请求具有可执行性。

　　诉讼请求中,如果涉及欠款本金、利息或违约金等项计算的,应当由经办律师独立计算,或对客户提交的计算方式及计算结果进行复核。客户提交的计算方案未经经办律师审查,不得使用。诉讼请求中,如果涉及利息或违约金等随时间变动的请求的,应当计算至提起诉讼前一天,以便于立案时确认案件受理费用。针对利息或违约金的请求,按如下情形分别表述为:(1)有约定利息或违约金标准的,表述为:"以×××为本金,按合同约定的×××标准,自××××年××月××日,计算至被告实际还清之日止,现暂计算至××××年××月××日,计×××元";(2)如果没有约定利息或违约金标准的,需要按法定的利率标准计算的,表述为:以×××为本金,按中国人民银行公布的金融机构同类同期贷款基准利率,自××××年××月××日,计算至被告实际还清之日止,现暂计算至××××年××月××日,计×××元。

请求事项中应当明确诉讼费用的承担方式。其表述方式为:依法判令被告承担本案的诉讼费用。除了法律明确规定或合同约定被告应当承担原告因处理案件而支付的律师费外,原则上原告不要求被告承担律师费。在缺乏依据的情况下,如果客户要求被告承担律师费的,经办律师应当告知其诉讼风险,客户仍坚持提出该主张的,方可将律师费作为一项请求事项。

(2)事实与理由。事实和理由应当围绕诉讼请求进行组织。民事起诉状选定的事实和理由应当以促成诉讼请求成立为目标。包括叙事和说理两层内容。诉讼请求相当于提出的论点,而事实和理由就是为论点服务的事实和法律论据。

事实部分主要写明被告侵权行为的具体情况。首先,应交代清楚原、被告之间的关系,如离婚案件当事人之间为夫妻关系等,以便于了解纠纷的起因和经过。其次,写明当事人双方争议的焦点和实质性分歧,这是事实部分的核心。例如请求离婚的起诉状,叙事的重点就在于用典型、具体、有力的事实材料说明当事人"双方感情已经破裂",凡是能够说明感情确已破裂的材料都可以写进事实部分。在叙述方法上可采取顺叙法,一般应先写明结婚时感情状况,即双方何时结婚,是自由恋爱,还是经人介绍相识,结婚时感情基础如何;然后写婚后感情变化情况,即双方何时因何产生感情隔阂,以至进一步恶化,如何发展到破裂地步,以客观地再现感情演变过程;最后说明被告应承担的责任,如原告有一定责任,亦应如实说明。

民事起诉状中陈述每个事实原则上应当与证据清单中每份证据确定的证明对象一一对应。如果民事起诉状中陈述的事实,证据清单中没有证据与之对应,应当向客户披露并告知可能存在的风险。

事实部分一般只叙述不议论,即只摆事实,为下文的议论说理铺垫基础。可分单元进行表述,每个单元事实应当进行编号,以便于被告答辩和法庭审理。

理由部分主要写明认定被告侵权和违法行为的性质、后果、应负的责任和提出请求要求判决的法律根据。原则上应当描述诉讼请求成立所适用的主要法律法规、司法解释以及参照的指导性案例和借鉴的其他案例,并简要论述法律适用的逻辑过程。可分两个层次进行,首先针对事实从法理上加以概括,然后引用相应的法律条款。事实理由不能是对前面案情的重复,而是对全部事实从法理角度进行高度概括,以分析纠纷的性质,说明是非曲直,分析危害后果以及应负责任。引用法律条款要与事实相符,准确、完整,即根据不同性质的案件,援引有关的法律条款阐明起诉理由。如婚姻纠纷与继承纠纷案件,可以援引民法通则有关条款。

(3)证据和证据来源,证人姓名和住址。写法与刑事自诉状同。

3. 尾部。写明致送法院名称,起诉状副本份数,公民提起民事诉讼的最后由本人签名,法人或者其他组织提起民事诉的应当加盖单位印章,并由法定代表人或者主要负责人签名。法院名称、具状人签名应当为全称,不得使用简称。

(三) 实例

实例1:民事起诉状(公民提起民事诉讼)

实例2:民事起诉状(法人或其他组织提起民事诉讼)

第三节　答　辩　状

一、概念

答辩状,是指刑事自诉案件、刑事附带民事案件的被告人(或被上诉人)、民事或行政诉讼的被告(或被上诉人、被申诉人)针对起诉(或上诉、申诉),在法定期限内作出答复和辩驳时所使用的书状。

答辩状是与起诉状、上诉状相对应的一种诉讼文书,根据案件的性质可分为刑事答辩状、民事答辩状和行政答辩状。民事答辩状又因答辩人不同而分为公民对民事起诉提出的答辩状和法人或其他组织对民事起诉提出的答辩状。

在民事诉讼、行政诉讼中,设有专门的答辩制度。《民事诉讼法》第125条规定,人民法院应当在立案之日起五日内将起诉状副本发送被告,被告应当在收到之日起十五日内提出答辩状。答辩状应当记明被告的姓名、性别、年龄、民族、职业、工作单位、住所、联系方式;法人或者其他组织的名称、住所和法定代表人或者主要负责人的姓名、职务、联系方式。人民法院应当在收到答辩状之日起五日内将答辩状副本发送原告。

《行政诉讼法》第67条规定：人民法院应当在立案之日起五日内，将起诉状副本发送被告。被告应当在收到起诉状副本之日起十五日内向人民法院提交作出行政行为的证据和所依据的规范性文件，并提出答辩状。人民法院应当在收到答辩状之日起五日内，将答辩状副本发送原告。

被告不提出答辩状的，不影响人民法院审理。

二、格式

民事答辩状

（公民对民事起诉提出答辩用）

答辩人：×××，男/女，××××年××月××日生，×族，……（写明工作单位和职业），住……。联系方式：……。

法定代理人/指定代理人：×××，……。

委托诉讼代理人：×××，……。

（以上写明答辩人和其他诉讼参加人的姓名或者名称等基本信息）

对××××人民法院（××××）……民初……号……（写明当事人和案由）一案的起诉，答辩如下：

……（写明答辩意见）。

证据和证据来源，证人姓名和住所

……

此致

××××人民法院

附：本答辩状副本×份

答辩人（签名）

××××年××月××日

三、内容和制作方法

答辩状的格式比较简单，除了首部当事人情况有所变化外，其余项目在民事答辩状和行政答辩状中皆同。

（一）首部

1. 标题。

"民事答辩状""行政答辩状""刑事自诉答辩状""刑事附带民事答辩状"，根据案件性质而定，但不能只写作"答辩状"。

2. 答辩人情况。

答辩人是自然人的，应当写明姓名，性别，出生年月日，民族，工作单位和职务或职业，住址，联系方式。

答辩人是法人或者其他组织的,应当写明单位全称、地址(即注册地址)和法定代表人或者负责人的姓名、职务、联系方式。

诉讼代理人身份情况与信息,与民事起诉状中的具体内容与要求相同。

(二) 正文

民事答辩状和行政答辩状,均由"因…一案,提出答辩如下:……"一句引起答辩的理由。

答辩,是一种应诉法律行为,提出答辩状是法律赋予被告、被上诉人或被申诉人的一种诉讼权利。被告、被上诉人或被申诉人,通过提出答辩状,向人民法院表明自己的态度和意见,以维护自己的合法权益。同时也有助于人民法院全面了解案情,查明事实真相,分清是非曲直,公正地审理案件。因而,答辩状正文应针对起诉状中那些与事实不符、证据不足、缺少法律依据等内容,进行重点突出的系统辩驳,与此同时要申诉自己的理由和观点,提出证据,阐明法律依据,从事理、法理两方面反驳对方的观点,确立己方的理由,以处于不败之地。

答辩状在写作方法上相当于一篇驳论文,故多运用反驳论证的手段,极具针对性地抓住诉状或上诉状中的要害,集中反驳,深入分析。

答辩理由一般分以下三个层次展开论证。

首先,针对被控事实或上诉理由明确表态。对被控事实符合实际的要予以承认,也可以回避不谈。

其次,是针对不符合实际的事实、证据等分别予以辩驳。这是正文的重点层次。在起诉状、上诉状或申诉状中提出的事实和证据,一般有以下四种情况:①事实、理由、请求,都合理合法,对此,可放弃答辩;②部分事实和证据是虚假的,应针对虚假事实予以驳斥,以真实情况纠正之;③事实客观存在,但曲解法律,请求不合法的,应以相应的正确法律条款加以反驳;④事实和证据全是虚假、歪曲的,则应补充事实,逐一澄清。除第①种情况可以放弃答辩、寻求和解外,其余三种情况都要进行答复或辩解。答辩时可先扼要地摘引对方原话,即抓住诉状中错误之处作为反驳的论点,然后进一步列举实情,以此为论据进行反驳,整个反驳的过程要事理与法理相切合,形成一个严密的逻辑论证系统,力求无懈可击。最后,引用有关法律条款的规定,证明自己的观点正确、意见合法,并总括答辩的目的。

最后,答辩理由部分还要考虑到有没有可以提起反诉的内容,如有则应在反驳的同时,着重指出不是被告、被上诉人或被申诉人侵犯了原告、上诉人或申诉人的合法权益,相反倒是原告、上诉人或申诉人侵犯了被告、被上诉人或被申诉人的合法权益,然后提出具体的反诉要求。如能达到抵销、排斥、吞并对方诉讼请求的目的,效果会更好,反诉要求可分项列出。

(三) 尾部

写明送达机关、附项和签署。除答辩人称谓的变化外,其余同民事起诉状。

四、实例

实例 1：民事答辩状（公民对民事起诉提出答辩的）

实例 2：行政答辩状（被诉行政机关提出答辩）

第四节　反　诉　状

一、概念

反诉状是民事诉讼（含经济）中的被告或刑事自诉案件的被告人，在第一审诉讼程序进行之中，为抵销、排斥或吞并原告或者自诉人的诉讼请求，维护自身的合法权益，以原告为被告或以自诉人为被告，向人民法院提出独立的诉讼请求时所用的书状。

根据《民事诉讼法》第 51 条、《刑事诉讼法》第 213 条规定，民事案件和经济案件中的被告、刑事自诉案件中的被告人，都可提起反诉。这便是制作反诉状的法律依据。

反诉的特点是：（1）只能在起诉之后，在法庭辩论结束之前，向审理本诉的人民法院提起；（2）只能针对本诉的原告或自诉人提起；（3）其内容只能是与本诉有牵连，并且与本诉又是各自独立的，需要由法院调解或裁判的。

反诉状与答辩状是两种不同的诉讼文书：（1）内容不同。反诉是诉讼过程中的独立之诉，反诉一经法院受理，即使当事人撤回本诉，法院对反诉照样开庭审理，依法进行调解或判决；答辩则是诉讼过程中被告人（或被告）的一种诉讼权利。（2）所指对象不同。反诉状是被告人（或被告）对自诉人（或者原告）提出反诉；而答辩状是被告人（或被告）针对自诉人（或原告）在本诉中提出的"诉讼请求""事实与理由"予以答复和辩驳的法律行为。（3）作用不同。反诉状是被告人（或被告）向自诉人（或原告）提出实体权利的诉讼请求时使用的文书，即刑事反诉状是被告人控告自诉人的犯罪行为，要求法院依法惩处时递交的书状，民事反诉状是被告针对原告的本诉提出的新的并可以抵销、排斥或吞并原告诉讼请求时所用的文书；而答辩状的作用在于讲清答辩人主张的事实、理由以及提出的请求事项，使案件得到公正的处理，从而维护答辩人的合法权益。(4)虽然反诉与本诉并案审理,但反诉要另行立案,并按规定收取诉讼费用;答辩状必须在规定期限内提出,不提出的亦不影响法院审案,答辩不用交诉讼费用。

民事被告和刑事自诉案件被告人提起反诉时使用的反诉状格式相同。

二、格式

民事反诉状

反诉原告(本诉被告):×××,男/女,××××年××月××日生,×族,……(写明工作单位和职务或职业),住……。联系方式:……。

法定代理人/指定代理人:×××,……。

委托诉讼代理人:×××,……。

反诉被告(本诉原告):×××,……。

……

(以上写明当事人和其他诉讼参加人的姓名或者名称等基本信息)

反诉请求

……

事实和理由

……

证据和证据来源,证人姓名和住所

……

此致

××××人民法院

附:本反诉状副本×份

反诉人(签名)

××××年××月××日

三、内容和制作方法

格式和制作方法与起诉状基本相同。可分为首部、正文、尾部三部分。

(一)首部

1. 文书名称,写"民事"或"刑事"反诉状。

2. 当事人写"反诉人(本诉被告)"和"被反诉人(本诉原告)"。刑事案件的则应在括号中注为"反诉人(本诉被告人)"和"被反诉人(本诉自诉人)"。当事人的身份事项同起诉状。

(二)正文

1. 反诉请求。即反诉人提出实体权利的要求,是要通过法院审判解决的焦点,应当写明。刑事自诉案件如无附带民事诉讼,一般只要写明请求法院追究被反诉人什么刑事责任即可,无须具体指明处罚方式。例如"被反诉人×××犯故意伤害罪,请依法判处"。如附带民事诉讼,则应写明诉讼标的,如"判令被反诉人×××赔偿医疗费×××元"。民事反诉案件则应写清请求抵销、排斥或吞并本诉标的具体数额和方式。例如"请依法判令被反诉人应向反诉人补交自××××年××月至××××年××月的所欠租金×××元"。又如"请依法确认反诉人与被反诉人所签购货合同无效,并依法予以撤销"。

2. 事实与理由。该部分的写作方法与起诉状基本相同。应围绕反诉请求叙事,客观真实地反映案件发生的原因、经过、情节、结果等要素。首先要考察起诉状中事实的真实度如何,以便有针对性地叙述反诉事实。如果本诉有部分事实不切实际,则要先否定这部分事实,然后摆出相反的全部事实情节,以表明反诉人对这一部分事实的主张。如果本诉事实基本属实,则仍应围绕反诉请求叙述,因为反诉提出的事实和理由必须与本诉以同一法律关系或法律事实为依据,否则反诉便不成立。

反诉的理由和起诉状相同,包括事实的概括与法律依据的引用两个层次。其中可采用立论和驳论两种论证方法,在正面确立己方的观点时,适当反驳本诉的意见。

3. 证据和证据来源,证人姓名和住址。证据应全面、合法、具体,以充分肯定事实的可靠无疑。其写法同于民事起诉状。

（三）尾部

落款写"反诉人",附项写"反诉状副本×份",其余项目同起诉状。

四、实例

实例:民事反诉状

第五节　上　诉　状

一、刑事上诉状

刑事上诉状是刑事诉讼当事人及其法定代理人不服地方各级人民法院第一审判决或裁定,在法定期限内向上一级人民法院要求撤销、变更原裁判所提交的文书。

根据《刑事诉讼法》第 227 条的规定,可以提起上诉的有:自诉人、被告人、附带民事诉讼的原告人和被告人,以及这些人的法定代理人;被告人的辩护人和近亲属,经被告人同意,也可以提出上诉。

上诉是法律赋予公民的一种诉讼权利,是第二审人民法院进行审理的依据。不服刑事判决和裁定的期限,分别为10天和5天。上诉人应当在法定期限内制作上诉状,上诉人自己不能制作的,可以委托律师或他人代书。

(一) 格式

上诉人(原审诉讼地位):×××,……。(刑事案件被告人、刑事自诉案件自诉人、刑事附带民事案件原告人或被告人)

被上诉人(原审诉讼地位):×××,……。(刑事自诉案件自诉人或被告人、刑事附带民事案件原告人或被告人,刑事公诉案件被告人提出上诉则不列被上诉人)

(姓名等基本情况)

上诉人因××××一案,不服××××人民法院××××年××月××日( )字第……号刑事判决(或裁定),现提出上诉。

上诉请求

(具体的上诉请求)

上诉理由

(对一审判决或裁定不服的具体内容,阐明上诉的理由和法律依据)

此致

××××人民法院

附:本上诉状副本×份

上诉人(签名或者盖章)
××××年××月××日

(二) 内容和制作方法

可分为首部、正文、尾部三部分。

1. 首部。

(1)文书名称。居中写明"刑事上诉状"。

(2)当事人基本情况。当事人称"上诉人",并写明其姓名、性别、出生年月日、民族、出生地、文化程度、职业或工作单位和职务、住址等项目。

如果上诉人是被告人的近亲属,则应在上诉人姓名之后括注与被告人的关系,然后列明其余项目,如"上诉人×××(系被告人之弟)……"。然后在下一行写一审被告人的情况。如果上诉人是被告人的辩护人,而辩护人又是律师的,其基本情况写姓名、工作单位和职务等项,如"上诉人×××(本案辩护人),××律师事务所律师"。然后在下一行写明一审被告人的基本情况。

(3)案由。如"上诉人××一案,于××××年××月××日收到××××人民法院××××年××月××日(年度)×××字第×号刑事判决(或裁定),现因不服该××提出上诉"。

2. 正文。

（1）上诉请求。应具体、明确。如对附带民事诉讼部分提出上诉的,要针对民事责任部分提出上诉人的请求,写明是否承担赔偿责任及其具体数额等。又如刑事被告人提出上诉的,"请求撤销××人民法院(××××)×刑初字第 10 号刑事判决,宣告上诉人无罪"。不能含糊其词,例如"请求法院依法审判"便近乎苟简了。

（2）上诉理由。这是上诉状中核心部分。制作时应充分把握上诉状的特点,即根据事实和法律,对原审判决或裁定进行申辩。它具有强烈的针对性及反驳观点的鲜明性,应深入周密地论证。一般可从以下四方面出发阐述理由:①针对原审判决或者裁定认定事实的错误进行反驳论证。搞清原裁判认定事实上有无罪与非罪混淆之处,有无张冠李戴之处,有无漏缺或夸大之处,是部分错误还是全错,然后摆出正确的事实,并运用证据加以证明。正误形成对照,案情一目了然。②针对原审判决或者裁定适用法律条款的不当进行反驳论证。指出原判事实与法律脱节之处,然后准确完整地引用相应法律条款,说明原审量刑不当问题。③针对原裁判认定性质的不当或错误进行反驳,犯罪性质同刑事处罚密切相关,因而制作上诉状时就应抓住这一点进行申辩,并提出纠正不当或错误的事实和法律依据。④针对原裁判在诉讼程序上的不当进行申辩。分析其对定罪量刑的影响。比如 14 岁以上不满 16 岁未成年人犯罪的案件,应一律不公开审理,而原审法院公开审理了,这就不符合法定的诉讼程序,抓住这一点便可展开论述。

3. 尾部。

写明送达的人民法院,上诉状副本份数,签署上诉人姓名和时间。

（三）实例

实例:刑事上诉状

二、民事上诉状

民事上诉状,指民事诉讼当事人或其法定代理人不服人民法院的一审判决或裁定,在法定期限内,向上一级法院要求撤销、变更原裁判所提交的文书。

上诉是当事人的一项重要诉讼权利,当事人通过行使上诉权,达到保护自己合法权益的目的。享有上诉权利的人有:第一审程序中的原告和被告;第一审程序中有独立请求权的第三人和判决其承担实体法责任的无独立请求权的第三人。无行为能力人、限制行为能力人的法定代理人虽可以代理当事人提起上诉,但仍是以被代理人的名义进行。上诉状是这种权利的体现。

上诉可以引起第二审程序的发生,有利于第二审法院全面、公正、客观地审理。不服民事判决和裁定的上诉期限分别为 15 天和 10 天。上诉人必须在法定期限内提起上诉,否则不具有法律效力。

(一) 格式

民事上诉状

(当事人提起上诉用)

上诉人(原审诉讼地位):×××,男/女,××××年××月××日出生,×族,……(写明工作单位和职务或者职业),住……。联系方式:……。

法定代理人/指定代理人:×××,……。

委托诉讼代理人:×××,……。

被上诉人(原审诉讼地位)×××,……。

……

(以上写明当事人和其他诉讼参加人的姓名或者名称等基本信息)

×××因与×××……(写明案由)一案,不服××××人民法院××××年××月××日作出的(××××)……号民事判决/裁定,现提起上诉。

上诉请求

……

上诉理由

……

此致

××××人民法院

附:本上诉状副本×份

上诉人(签名或者盖章)

××××年××月××日

(二) 内容和制作方法

民事上诉状有下列两种情形:一是公民当事人提起上诉的,根据《民事诉讼法》第164条、第165条、第166条、第269条规定,供不服第一审人民法院民事判决或者裁定的当事人,向上一级人民法院提起上诉。一是法人或其他组织提出上诉的。二者在格式上除首部当事人情况不同外,其余项目均相同。

1. 首部

(1)文书名称。居中写"民事上诉状"。

(2)当事人情况。①公民提出上诉的,写"上诉人"和"被上诉人",并在当事人项内写明姓名、性别、出生年月日、民族、职业或工作单位和职务、住址等。如果被上诉人是法人、组织或行政机关的,应写其名称、地址、法定代表人或代表人姓名。②当事人是法人或者其他组织的,写明名称住所。另起一行写明法定代表人、主要负责人及其姓名、职务、联系方式。

（3）案由。写为："上诉人因……一案，不服××人民法院××××年××月××日（年度）××字第×号民事判决（或裁定），现提出上诉。"

2. 正文

（1）上诉请求。简要写明上诉人向二审法院提出的要求。针对第一审法院的判决或裁定不当之处，请求二审法院撤销、变更原裁判或重新审理，或予以改判。文字要具体明确精练。

（2）上诉理由。和刑事上诉状一样，这部分内容构成了上诉状的核心。围绕上诉请求这一论点，对原判决或裁定不当之处进行事实和法律上的申辩，为上诉请求提供充分的依据。内容上应围绕以下三方面进行针对性的论证：①原判认定事实方面的错误；②原判适用法律方面的不当；③原裁判诉讼程序上的违法。可分条分段阐述，也可只针对某一方面集中反驳，因案情而定，可参照刑事上诉状的写法。

3. 尾部同刑事上诉状。

（三）实例

实例：民事上诉状

三、行政上诉状

行政上诉状是指行政案件的当事人（原告或被告）不服人民法院第一审行政判决或裁定，在法定期限内，向上一级法院要求撤销、变更原裁判所提交的书面请求。

《行政诉讼法》第85条规定，当事人不服人民法院第一审判决的，有权在判决书送达之日起15日内向一级人民法院提起上诉。当事人不服人民法院第一审裁定的，有权在裁定书送达之日起10日内向一级人民法院提起上诉。逾期不提起上诉的，人民法院的第一审判决或者裁定发生法律效力。

行政上诉状有下列两种情形：一种是公民当事人提起上诉的；另一种是法人或其他组织提出上诉的。其格式和制作方法与民事上诉状相同，但内容上要反映行政案件的特点。

（一）格式、内容和制作方法。

与民事上诉状相同。

（二）实例

实例1：行政上诉状

第六节 申 诉 状

一、概念

申诉状，是指诉讼当事人及法定代理人，刑事被害人及其家属或其他公民，不服已经生效的裁决，向人民法院或者人民检察院提出的要求重新审理案件的书状。

不论有关的裁判是否经过上诉，也不论这些裁判是否已经执行完毕，都可以不受时间限制而提交申诉状，但是提出申诉状并不能停止判决、裁定的执行。申诉状只能被视为决定是否审判监督程序的主要参考资料，可能由此引起这一程序的发生，也可能不引起这一程序发生。

《刑事诉讼法》第252条规定，当事人及其法定代理人、近亲属，对已经发生法律效力的判决、裁定，可以向人民法院或者人民检察院提出申诉，但是不能停止判决、裁定的执行。第253条规定因申诉而重新审判的情形，当事人及其法定代理人、近亲属的申诉符合下列情形之一的，人民法院应当重新审判：（一）有新的证据证明原判决、裁定认定的事实确有错误，可能影响定罪量刑的；（二）据以定罪量刑的证据不确实、不充分、依法应当予以排除，或者证明案件事实的主要证据之间存在矛盾的；（三）原判决、裁定适用法律确有错误的；（四）违反法律规定的诉讼程序，可能影响公正审判的；（五）审判人员在审理该案件的时候，有贪污受贿，徇私舞弊，枉法裁判行为的。

《最高人民法院关于适用〈中华人民共和国刑事诉讼法〉的解释》第372条规定，向人民法院申诉，应当提交以下材料：（一）申诉状。应当写明当事人的基本情况、联系方式以及申诉的事实与理由。（二）原一、二审判决书、裁定书等法律文书。经过人民法院复查或者再审的，应当附有驳回通知书、再审决定书、再审判决书、裁定书；（三）其他相关材料。以有新的证据证明原判决、裁定认定的事实确有错误为由申诉的，应当同时附有相关证据材料；申请人民法院调查取证的，应当附有相关线索或者材料。申诉不符合前款规定的，人民法院应当告知申诉人补充材料；申诉人对必要材料拒绝补充且无正当理由的，不予审查。

申诉和再审有区别。根据《民事诉讼法》第199条的规定,当事人对已经发生法律效力的判决、裁定,认为有错误的,可以向上一级人民法院申请再审;当事人一方人数众多或者当事人双方为公民的案件,也可以向原审人民法院申请再审。当事人申请再审的,不停止判决、裁定的执行。《民事诉讼法》第201条规定,当事人对已经发生法律效力的调解书,提出证据证明调解违反自愿原则或者调解协议的内容违反法律的,可以申请再审。经人民法院审查属实的,应当再审。《民事诉讼法》第203条规定,当事人申请再审的,应当提交再审申请书等材料。从上述规定可知,《民事诉讼法》中并没有当事人在人民法院所作判决、裁定生效以后提出申诉的规定,而是规定当事人可以在法定期限内申请人民法院再审,申请再审时所提交的是民事再审申请书,而非民事申诉状。法律依据上,申诉状是基于当事人具有宪法赋予的公民基本民主权利而提出的;而再审申请书则是基于民事诉讼法赋予当事人的诉权而提出的。二者在提出的法定期限亦不同。《民事诉讼法》第205条规定,当事人再审的申请应当在判决、裁定或者调解书发生法律效力后六个月内提出;申诉状是在申请再审期限过后提出,因此,当事人及其法定代理人对生效判决、裁定不服,而在其生效后六个月之内提出的申请都应以民事再审申请书形式提交,而在申请再审期限过后,要求对该案重新审理的,都应以申诉状形式提出。《民事诉讼法》第200条规定了申请再审要符合的十三种情形,如:(1)有新的证据,足以推翻原判决、裁定的。(2)原判决、裁定认定的基本事实缺乏证据证明的。(3)原判决、裁定认定的事实主要证据是伪造的,等等。

《行政诉讼法》第90条规定,当事人对已经发生法律效力的判决、裁定,认为确有错误的,可以向上一级人民法院申请再审,但判决、裁定不停止执行。同时在第91条规定了引起法院再审的八种情形。

申诉状可分为刑事申诉状、民事申诉状、刑事附带民事申诉状、行政申诉状、行政附带民事申诉状等类别。

二、格式

申 诉 状

申诉人:姓名、性别、出生年月、民族、文化程度、工作单位、职业、住址。

被申诉人:姓名、性别、出生年月、民族、文化程度、工作单位、职业、住址。

申诉人因××××(写明案由,即纠纷的性质)一案不服××××人民法院(写明原终审法院名称)××××第××××号××××判决,现提出申诉,申诉请求及理由如下:

请求事项:(写明提出申诉所要达到的目的)

事实和理由:(写明申诉的事实依据和法律依据,应针对原终审判决认定事实、

适用法律或审判程序上存在的问题和错误陈述理由)

　　此致
××××人民法院

申诉人:(签名或盖章)
××××年××月××日

　　附:本申诉状副本×份(按被申诉人人数确定份数)

三、内容和制作方法

　　民事诉讼、行政诉讼、刑事诉讼各类案件申诉状的格式与制作方法基本相同。

　　申诉状应当写明当事人的基本情况、联系方式以及申诉的事实与理由。

　　1. 首部。

　　(1)文书名称。居中写"申诉状",不必冠以"民事"等案件类别。

　　(2)当事人情况。申诉人与被申诉人均需要写明:姓名、性别、出生年月、民族、文化程度、工作单位、职业、住址。如为单位,应写明单位名称、法定代表人姓名及职务、单位地址。

　　(3)案由。写为:"申诉人因××××(写明案由,即纠纷的性质)一案不服××××人民法院(写明原终审法院名称)××××第××××号××××判决,现提出申诉,申诉请求及理由如下:"

　　2. 正文。

　　(1)申诉请求,即请求事项。简要写明申诉人向法院或者检察院提出的要求,提出申诉所要达到的目的。针对生效的判决或裁定不当之处,请求法院撤销、变更原裁判或重新审理,或予以改判,文字要具体明确精炼。

　　(2)申诉理由。写明申诉的事实依据和法律依据,应针对原终审判决认定事实、适用法律或审判程序上存在的问题和错误陈述理由,这部分内容构成了申诉状的核心。

　　围绕申诉请求,对原判决或裁定不当之处进行事实和法律上的申辩,为申诉请求提供充分的依据。内容上应围绕以下三方面进行针对性的的论证:①原判认定事实方面的错误;②原判适用法律方面的不当;③原裁判诉讼程序上的违法。可分条分段阐述,也可只针对某一方面集中反驳,因案情而定,可参照上诉状的写法。

　　申诉的原因和理由要写清楚、充分,申诉状的事实和证据必须绝对真实可靠。申诉状完全主次不分,对于案件事实问题、实体法适用问题只字不提或者只是寥寥数语,或者放在申诉状很不起眼的角落,而对于原审侦查、起诉和审判中的程序性问题则大加渲染。由于再审程序启动的困难,要想在难上加难的申诉程序中获得成功,没有比较扎实的证据证明原审被告人确实是被冤枉的,只是努力证明原审在侦查、起诉和审判中存在程序性的错误,是很难打动负责审查申诉的办案人员的。在大多数申诉案件中,除非原审在侦查、起诉或审判程序中出现的错误十分离谱甚至离奇,或者申诉人对于原审被告人被冤枉的事实,能够证明到比原审检察机关证明被告人有罪还要清晰的程度,否则都很难获得成功。

3. 尾部。写明致送的人民法院或检察院,申诉状副本份数(按被申诉人人数确定份数),签署申诉人姓名(签名或盖章),时间。最后是附项,"附:本申诉状副本×份。"

四、实例

实例:刑事申诉状

第七节　法律意见书

一、概念

法律意见书,是指律师应当事人的要求,针对某项非诉讼法律事务,根据掌握的事实和材料,运用法律进行阐述和分析,作出肯定或否定结论后出具给当事人的书面意见。为当事人确定行动的法律依据。

二、格式、内容和制作方法

1. 首部。首部包括标题、呈送单位和有关事宜。

(1)标题。应居中写明"法律意见书"。

(2)写明呈送单位名称。"致(单位或负责人):"

(3)有关事宜。写明律师针对委托人委托的何种事务出具法律意见。"现就贵单位委托之事务,提出法律意见如下:"

2. 正文。正文是法律意见书的核心,重点在于正确运用法律,针对当事人咨询的有关事务进行分析和阐述,并作出肯定或者否定的结论。法律意见书是针对当事人提出的某项具体的非诉讼事务或者法律行为、法律事实、法律文件而出具的书面意见,主要内容包括:出具法律意见书的法律、政策依据,具体法律意见,需要明确的有关事宜以及可行性分析。内容应明确、具体,切实可行。

叙写法律意见书应当注意两点:一是律师提出的法律意见不受任何人的影响,具有完全的独立性。二是法律意见书只能就事论事,当事人咨询什么,律师依法论证什么。当事人提请咨询的事项是否真实,由当事人负责,律师一般不负责进行调查。

3. 尾部。尾部应由律师事务所署名,"律师×××"及所在律师事务所名称,并加盖印章,并注明日期。

三、实例

实例：法律意见书

第八节　律师见证书

一、概念

律师见证书，是指律师所在的律师事务所应当事人的要求，依法对其亲眼所见或亲自审查的法律事件或法律行为的真实性、合法性进行证明的一种活动。律师以见证书的形式对当事人的法律活动予以证明，一方面可以保证当事人实施的法律行为的合法性，另一方面，一旦发生纠纷，也可以为人民法院提供真实的书面证明材料。

二、格式、内容和制作方法

律师见证书由首部、正文和尾部组成。

1. 首部。首部包括标题和委托人的基本情况。

(1)标题。应居中写明"律师见证书"。

(2)委托人的基本情况。委托人是单位的，应写全称。数名委托人可分别简称"甲方""乙方""丙方"等。

2. 正文。正文是文书的核心，主要写明三方面内容：

(1)见证事项。说明律师见证何种行为，如订立合同，立遗嘱等。

(2)见证材料。写明律师在见证事项中所审查的与当事人的行为有关的材料。

(3)见证结论。写明律师根据有关法律规定，对自己亲临见证现场所目睹的当事人所为的法律行为和所审查的材料，明确写出是否符合客观性、真实性、合法性标准的法律评语。格式化用语为"根据法规之规定，委托人之间从事的上述活动程序合法，材料真实有效，应视为合法行"。

3. 尾部。尾部先由参加见证活动的委托人签名，然后由见证律师签名并加盖律师所在律师事务所的印章，最后注明年月日。

三、实例(略)

第九节 收养协议书

一、概念

收养协议书,是指收养人与送养人之间为确立收养人与被收养人为养父母与养子女之间的亲属关系而订立的书面协议。

二、格式、内容和制作方法

收养协议书由首部、正文和尾部组成。

1. 首部。首部包括标题和当事人的基本情况。

(1)标题。应居中写明"收养协议书"。

(2)当事人的基本情况。应写明收养人和送养人的姓名、性别、年龄、民族、职业、住址,并载明被收养人的姓名、性别、年龄等。

2. 正文。

正文是文书的核心。由"经协商,上列当事人达成如下协议:"引起,主要应写明以下内容:一是送养的理由。二是送养人和收养人的权利、义务。三是收养关系成立的表述。四是公证或见证的有关内容。另外,必须写明送养人与被送养人之间原有的法律关系应解除。具体表述如下:

一、收养人×××因,符合国家收养法规的规定,愿收养被收养人×××为养子或养女、养孙、养孙女。

二、送养人与被送养人×××系父子(或母子、父女、母女等)关系,现完全同意收养人×××收养×××。

三、收养人×××与送养人×××商定,收养人须切实关心被收养人的生活和成长,尽到养育责任。

四、自本协议成立起,上列当事人均应共同遵守国家有关收养关系的规定。

五、本协议请×××、×××作为见证人(或请××公证处公证)。

3. 尾部。尾部应由送养人、收养人、见证人签名或盖章,并注明年月日。

三、实例(略)

第十节 遗 嘱

一、概念

遗嘱,是公民生前处分自己的财产或者其他事务,并于死亡时发生法律效力的法律行为。通常用文字形式予以表述。我国《民法典》第1133条第1款规定:自然人可以依照本法规定订立遗嘱处分个人财产,并可以指定遗嘱执行人。

二、格式、内容和制作方法

遗嘱由首部、正文和尾部组成。

1. 首部

首部包括标题和立遗嘱人的基本情况。

(1)标题。应居中写明"遗嘱"。

(2)立遗嘱人的基本情况。应写明立遗嘱人的姓名、性别、年龄、民族、籍贯、住址等。

2. 正文

正文是文书的核心。主要应写明下述内容:一是立遗嘱的原因。二是立遗嘱人所有的财产的名称、数额及特征。三是立遗嘱人对身后财产的具体处理意见,以及对其他有关事务的处理意见。四是所立遗嘱的份数。其中,立遗嘱人对身后财产的具体处理意见是遗嘱的重点,应分别写明每个遗嘱继承人的基本情况、与立遗嘱人的关系,以及各继承人继承的遗产的名称、数额、处所等。立遗嘱人的遗产较多的,还应当附上详细的遗产分配清单。具体表述格式为:

为了××××,特请和作为见证人,并委托××××律师事务所×××律师代书遗嘱如下:

一、立遗嘱人所有的财产名称、数额、价值及特征。

二、立遗嘱人对所有财产的处理意见。

三、其他。

本遗嘱一式×份,由×××、×××、×××保存。

3. 尾部

尾部应由立遗嘱人、见证人、代书人签名或盖章,并注明年月日。

三、实例

实例:何某某遗嘱

第十一节　辩　护　词

一、概念和特点

辩护词是刑事案件被告人的辩护人,在法庭审理程序的法庭辩论阶段,为被告人作无罪、罪轻或者减轻、免除刑事责任的辩护时发表的演说词。是帮助刑事被告人行使辩护权的重要手段,是刑事诉讼中的重要法律文书之一。

辩护词是专为被告人讲话的,但绝不是为被告人开脱罪责。它是辩护人对案件事实如何认定和怎样适用法律的基本观点和看法,有利于澄清案情、保证人民法院裁判的公正性。因而,从写作学角度看,辩护词是具有驳辩性的议论文。具有以下特点:

1. 内容上的针对性。辩护词要有的放矢,是针对起诉书中(或自诉状中)不实和错误的控告内容而发。没有控诉,便没有辩护,辩护观点的树立,是建立在驳倒指控的基础上的。

2. 观点的鲜明性。辩护词中应明确指出控诉内容的正确与否,对于起诉书(或诉状)中有异议的观点,要进行具体评析,并根据事实和法律提出鲜明的辩护意见,绝不能采取中庸之道,含混其词。

3. 语言的感染性。辩护词应以事理、法理为骨,以情理为肉,以语言为血液流贯其中,语言应新鲜、充满生机,这样才能体现辩护人敏捷的思维,使辩护词具有较强的说服力和感染力。

二、内容和制作方法

由于刑事案件情况复杂多变,指控的真实和正确程度亦各有别,因而辩护词的写法没有一个固定的格式。但是多数辩护词包括以下三个组成部分:序言、辩护理由和结论。

(一)序言

序言,又称前言、引言或开场白。此段语言应简明扼要,观点需鲜明精练。

首先要说明辩护人出庭的法律根据和职责,是被告人一方委托的,还是人民法院指定的;其次简述辩护人对本案的基本观点,使人初步了解辩护人与公诉人(或自诉人)意见的根本分歧。表述要讲求语言艺术和技巧,要吸引审判人员、公诉人、诉讼参与人以及旁听群众的注意力,以先声夺人之势发挥辩护的实效。

序言的制作应注意以下弊病:

1. 公式化、教条化。不同的案件应有不同的序言,即使是同一案件的几个不同辩护人,其序言也要力避雷同,应从案件的特点、辩护的角度写出具有个性的开场白。

比如同为伤害案件，可因其伤害后果的轻重制作不同的序言。请看下面二例：

①根据《中华人民共和国刑事诉讼法》第33条第(1)项和《中华人民共和国律师法》第28条第3项之规定，××市法律顾问处接受被告人刘某亲属的委托，并取得被告人的同意，指派我担任被告人刘某的辩护人，为其故意伤害一案进行辩护。

在庭审前，我查阅了本案卷宗材料，会见了被告人。经被告人申请和辩护人的要求，法庭对被害人于×的伤情，又送请上一级法院法医重新作了鉴定，结论为轻伤。我们对法庭如此尊重被告人及其辩护人的诉讼权利，严格依法办案的做法，表示赞赏。今天，又听取了庭审调查和公诉人的意见，我认为，本案事实清楚，证据确凿，庭审程序合法。现只就对被告人刘×的处罚问题，提出以下辩护意见。

②依据《中华人民共和国刑事诉讼法》第33条第(3)项的规定，我今天出庭担任被告人王某某的辩护人。作为被告人王某某的哥哥，我代表我们全家对××市中级人民法院主持这次公开审判，表示坚决支持。

被告人王某某的犯罪行为给被害人齐某造成了极大的不幸和痛苦，我们全家都深表同情和抱歉。下面我仅就被告人王某某的犯罪年龄和犯罪的形成方面提出以下辩护意见，请法庭予以充分考虑。

第①例是由辩护律师制作的，案件中伤害后果轻微，序言中只从律师出庭的法律依据和对本案的观点两方面说明，比较客观、简单；例②是被告人的近亲属出庭辩护的演说词，从辩护人发言的内容、口气到感情色彩都有别于例①，表达了对被害一方的安抚、慰藉和歉疚之情，与辩护人的身份极相符。而例①则无需多费这番口舌。

2. 包罗万象。序言篇幅宜简短，观点宜鲜明突出，语言宜经济练达，切忌长篇大论、内容庞杂，因为辩护理由部分才是文书的正文，序言只是起到引起下文的开端作用。比如下面一份无罪辩护词的序言，可谓开门见山，干净利落，不落俗套。

"根据……（法律依据），指定由我担任被告人张某贪污案的辩护人。经过多次查证，我认为被告人张某的行为并未构成犯罪，理由如下："只写了出庭辩护的法律依据和与公诉方截然不同的观点，重点突出。可谓惜墨如金，删除了"辩护人认真审阅了卷宗材料，多次会见被告人，……"等汇报工作式的无关痛痒的套话。

(二) 辩护理由

这一部分是整篇辩护词的核心所在。辩护人要对案件的基本看法进行系统全面的论证，即根据有关法律规定和法学理论，论证被告人的行为不构成犯罪，或者罪轻，或者可以从轻、减轻、免除处罚。

辩护词的具体内容和范围归纳起来主要有以下几个方面：

1. 看起诉书指控被告人的犯罪事实能否成立。如果所指控的犯罪事实全部不成立，就制作被告人无罪的辩护词；如果所指控的犯罪事实只有部分成立，就制作部分否定和减轻被告人罪行的辩护词;如果被告人的行为虽已构成犯罪,但没有起诉书所指控的那么严重,就应当重点从情节上制作被告罪行较轻的辩护词。其中无罪辩护是难度最大的一种辩护。无罪辩护词以无罪观点为前提,以卓有成效的效益性为目的,这种效益性应充分体现在对审判人员的说服性、对控诉内容的反驳性以及取得社会舆论赞同和支持的感染性之中。

2. 看起诉书适用法律是否正确。针对适用法律不当之处进行反驳,并以相应正确的法律依据纠正之。可从以下方面考察起诉书中适用法律恰当与否:(1)看被告人是否已达到刑事责任年龄,有无不负刑事责任和其他不应当追究其刑事责任年龄,或者是有法律规定的不应当追究其刑事责任的情形,就应当制作不负刑事责任的辩护词;(2)运用犯罪构成的理论来衡量已经查清的事实,看起诉书对案件定性和认定罪名是否正确,如有错误,则应依法据实制作辩护词,抓住决定犯罪性质和罪名的关键情节,予以反驳,请求法院重新定性、定罪;(3)看被告人有无法律规定的从轻、减轻或者免除刑罚的情节。如:过失犯罪、防卫过当、犯罪后自首等等,如有这类情节,则应制作从轻、减轻或者免除其刑事责任的辩护词;(4)对共同犯罪的案件,要看起诉书中是否分清首犯、主犯、从犯、胁从犯等,如有将责任颠倒或混淆的情况,就应依据法律规定加以反驳,制作罪刑相适应的辩护词。

3. 看起诉书在诉讼程序上是否合法。如收集的证据是否依照法定的程序进行的;侦查、起诉过程中有无刑讯逼供的情况;审判过程中有无违犯程序之处,如依法应该公开审判而没有公开,审判人员和公诉人应当回避的而没有回避,某证人应出庭作证而被驳回,等等。如有上述某一情形,辩护词中都应予以指出,要求法庭依法纠正。

另外,辩护词的制作还要注意从情感上阐述辩护理由。虽然辩护人的辩论发言主要是从事实和法律两方面说服审判人员采纳自己的意见,但绝不能不考虑辩护的内容和情感要与法庭上所有的听众进行有效的交流,使听众在思想上产生共鸣,在心理上接受和理解律师的论证和判断,因而辩护词不仅要依法论理、依事论理,还要依情论理,从情理上全面、客观地分析被告人犯罪起因、犯罪后果、认罪态度、悔罪表现等,以利于对被告人的从宽处理。比如:在付某等人抢劫一案中,辩护律师抓住案件实质,针对付某等人作案时,对受害人未采取过激言行,被告人是在受害人所在生产队非法侵占其耕地的范围内抢收的花生,其强行拆走受害人的排灌机水管,所造成的危害结果较小(价值约 150 元)这一客观事实,提出了被告人的行为情节显著轻微,危害不大,依法不构成抢劫犯罪的辩护观点,并进行了详尽的分析论证,同时结合案件实际,对被告人所在生产队近 200 亩耕地被受害人所在生产队非法耕种至今已长达 15 年之久,使被告人所在生产队蒙受严重的经济损失进行了详细的分析和说明(每年每亩按 400 斤小麦计算,被告人所在生产队就减收小麦 120 万斤,……),从而对听众产生了强烈的感染力,取得了较好的辩论效果。案情不同辩护理由自然有别,从情理上进行辩护也应抓住个性。

（三）结论

结论是辩护人对本案全部辩护观点的归纳和总结,例如对结论为不构成犯罪的,应请求法院宣告无罪释放。结论必须从辩护词的论证中合乎逻辑地推导出来,表达要简明扼要、合情合理,并实事求是地向法庭提出适用法律的建议,切忌结论模棱两可,似是而非。

总之,辩护词的制作应有针对性,即针对起诉指控或一审裁判不正确的内容,提出辩护意见;紧密结合本案事实进行论证与反驳,对被告人的行为要严格按照法律的规定进行判断,不能用其他任何标准代替法律;要以理服人,不能意气用事。用语如行云流水,明白晓畅,文字要朴实无华,准确精练,不求华辞丽句,但应条分缕析,亲切含情,切忌出语冷嘲热讽,强词夺理。做到实事求是,有理不放弃,无理不强辩,保持冷静客观的态度;论点应简明突出,回答公诉人的质疑或者反驳控诉论点时,要紧紧抓住影响定罪量刑的关键问题,切忌在细枝末节无关紧要的问题上纠缠不休;讲究科学论辩,对专门性的科学问题,应运用专门知识来说明,如对有疑问的鉴定,应当请教专家或提请法庭依法重新鉴定。恰到好处地应用科技知识为法庭辩论服务,使辩论语言更加简明准确。

三、实例

实例:邱某某案二审律师辩护词

第十二节 代 理 词

一、概念和特点

代理词是诉讼代理人为了维护被代理人的合法权益,在法庭辩论阶段,根据事实和法律,当庭发表的综合性演说词。

代理词不是法定的法律文书。有的案件代理人发表代理词,有的则并不发表代理词。从写作特点上来看,代理词是一种说明性或辩驳性的文书。要求代理人在代理权限内维护被代理人的合法权益,所提要求、意见应合情合理合法,注意以理服人,不能侵害对方当事人的合法权益,并结合案情宣传法律,增强公民的法制观念。

二、内容和制作方法

有关代理词的制作在实践中并不一致,如原告代理人和被告代理人或上诉人的代理人和被上诉人的代理人发表的代理词写法上就不一样,这需根据不同案情来定。但是代理词的结构和辩护词基本相同,一般可分为前言、代理意见、结束语三部分。

前言部分主要讲明代理人出庭的法律根据,代理人的职责等。如上诉案件,则要简要说明对一审判决的意见和看法。文字力求简洁。

代理意见是代理词的核心内容,主要根据具体案情和委托权限,阐明本案的起因、矛盾发展过程、争执的焦点、协商的情况及协商不成的原因,提出证明被代理人有理的证据,提出解决本案的法律根据和事实根据,分清是非责任。

代理意见的基本内容如上所述,但因适用案件范围不同具体写法有所变化。根据法律规定,民事案件(含经济纠纷、劳动争议、海事、海商案件)的当事人、行政诉讼案件的当事人、刑事自诉案件的自诉人、公诉案件的受害人及其近亲属、仲裁案件的当事人均可委托诉讼代理人参加诉讼,于辩论阶段发表代理词。因而代理意见自然不同。下面以民事案件为例加以说明。

民事案件的法庭辩论和刑事案件的辩护是不同的。前者应考虑到给和解创造条件的特点,后者则是针锋相对。因而民事案件的代理词语言应力戒夸张、华而不实或带有刺激性,态度要诚恳端正,切忌纠缠细节,意气用事。其中原告代理人的代理词主要说明下列事项:①分析和评论证据;②肯定和论证案件的事实情节;③发表有关适用法律规范的意见;④建议制作特别裁定;⑤建议裁判案件。被告代理人的代理词是针对原告的请求而发,因而有其自身特点。如果原告一方的陈述在法律和事实上有弱点,那么被告一方就可以把答辩的锋芒针对原告一方有弱点的那部分陈述。多数情况下,原告是有相当的准备才提出诉讼请求的,不可能轻易被驳倒,故被告的代理词中必须从自己这一方面提出新的事实材料进行反驳,或者提出新事实,或者引用新的证据材料来证明这些事实,或者引用适用于新事实的法律规范,等等。

结束语,是代理词的小结。代理人对自己的发言进行归纳总括,提出结论性看法即对本案的处理意见,以供法庭采纳。

三、实例

"李某某名誉权案"的原、被告代理词(摘要)

1991年7月11日,本案审理程序进入辩论阶段。原告李某某的律师巩某着重从主观动机、正常的舆论监督与侵害名誉权的界限、舆论监督与公民名誉权之间的关系及举证责任等角度,阐述法理,论证河南南阳《声屏周报》和汤某某(该报记者,因1991年1月16日该报刊登汤某某撰写的《著名歌星韦某接受本报电话采访道出个中原因》一文,而引发此案)应当承担侵害李某某名誉权的法律责任。被告方律师李某进、窦某某则引用证据,分析、论述报道中提及的艾滋病、停发工资、分配住房、出国等问题基本属实,只是部分细节略有疏漏,并非原告所说的"杜撰""捏造""歪曲""篡改"等。

实例1:原告代理人的代理意见　　　　　实例2:被告代理人的代理意见

思考与练习

  1. 根据以下材料,你作为高某的律师,为高某写出民事起诉状的正文部分。

案件材料1

  2. 根据以下案件材料,拟写民事上诉状的理由部分。

案件材料2

参 考 文 献

[1] 最高人民法院关于适用《中华人民共和国刑事诉讼法》的解释,法释〔2021〕1 号,自 2021 年 3 月 1 日起施行。

[2] 《公安部关于修改〈公安机关办理刑事案件程序规定〉的决定》,2020 年 9 月 1 日起施行。

[3] 最高人民法院关于印发《民事诉讼程序繁简分流改革试点实施办法》的通知,法〔2020〕11 号。

[4] 最高人民法院关于印发《民事诉讼程序繁简分流改革试点相关诉讼文书样式》的通知,法〔2020〕261 号。

[5] 《人民检察院刑事诉讼规则》(2019 年 12 月 2 日最高人民检察院第十三届检察委员会第二十八次会议通过,自 2019 年 12 月 30 日起施行)。

[6] 中华人民共和国公安部:《公安机关刑事法律文书格式(2012 版)》。

[7] 胡云腾主编:《认罪认罚从宽制度的理解与适用》,人民法院出版社出版,2018 年版。

[8] 最高人民法院:《关于加强和规范裁判文书释法说理的指导意见》,2018 年 6 月 1 日。

[9] 最高人民检察院:《人民检察院法律文书格式》,中国检察出版社 2002 年 5 月版。

[10] 《最高人民检察院关于加强检察法律文书说理工作的意见(试行)》,高检发研字〔2011〕15 号。

[11] 最高人民检察院:《人民检察院刑事诉讼法律文书格式样本(2020 版)》。

[12] 《增强刑事裁判文书说理性实用手册》,中国方正出版社 2000 年 3 月版。

[13] 周道鸾:《最新刑事裁判文书样式和实例》,人民法院出版社 2000 年版。

[14] 罗庆东、李世清主编:《阳光司法与检察文书》,中国检察出版社,2016 年 1 月版。

[15] 最高人民法院:《法院诉讼文书样式(试用)》,吉林人民出版社 1992 年 6 月版。

[16] 最高人民法院办公厅:《法院刑事诉讼文书样式(样本)》,人民法院出版社 1999 年 5 月版。

[17] 《最高人民法院关于印发〈法院刑事诉讼文书样式〉(样本)的通知》,法发〔1999〕2 号。

[18] 《最高人民法院关于刑事裁判文书中刑期起止日期如何表述问题的批复》,法释〔2000〕7 号。

[19] 《最高人民法院办公厅关于实施〈法院刑事诉讼文书样式〉若干问题的解答》,2001 年 6 月 15 日法办〔2001〕155 号。

[20] 《最高人民法院关于在裁判文书中如何引用刑法修正案的批复》,法释〔2007〕7 号。

[21] 《最高人民法院关于在裁判文书引用法律、法规等规范性法律文件的规定》,法释〔2009〕14 号。

[22] 《最高人民法院关于加强司法建议工作的意见》法〔2012〕74 号。

[23]《最高人民法院关于人民法院案件案号的若干规定》(最高人民法院审判委员会第1645次审议通过,最高人民法院2015年12月31日制定,2016年1月实施)。

[24] 最高人民法院行政审判庭编:《行政诉讼文书样式(试行)》,人民法院出版社2015年版。

[25] 最高人民法院关于印发《人民法院民事裁判文书制作规范》《民事诉讼文书样式》的通知,法[2016]221号。

[26] 沈德咏主编最高人民法院修改后民事诉讼法贯彻实施工作领导小组编:《民事诉讼文书样式(上下册)》,人民法院出版社2016年版。

[27]《最高人民法院关于印发〈海事诉讼文书样式(试行)〉的通知》,法发[2003]4号。

[28] 最高人民法院办公厅关于印发《一审未成人刑事案件适用普通程序的刑事判决书等4份补充样式的通知》,法办发[2001]1号。

[29] 最高人民法院办公厅关于印发《一审未成年人刑事案件适用普通程序的刑事判决书样式和一审未成年人刑事公诉案件适用简易程序的刑事判决书样式》,法办发[2009]25号。

[30] 司法部监狱管理局:《监狱执法文书格式(试行)》2002年7月颁布。